刑事法学之形而下研究

李瑞生　著

群众出版社
·北　京·

图书在版编目（CIP）数据

刑事法学之形而下研究/李瑞生著．—北京：群众出版社，2016.2

ISBN 978-7-5014-5460-0

Ⅰ.①刑…　Ⅱ.①李…　Ⅲ.①刑法—法学—研究—中国
Ⅳ.①D924.01

中国版本图书馆 CIP 数据核字（2015）第 259161 号

刑事法学之形而下研究

李瑞生　著

出版发行：群众出版社
地　　址：北京市西城区木樨地南里
邮政编码：100038
经　　销：新华书店
印　　刷：北京泰锐印刷有限责任公司

版　　次：2016 年 2 月第 1 版
印　　次：2016 年 2 月第 1 次
印　　张：12.25
开　　本：880 毫米×1230 毫米　1/32
字　　数：329 千字

书　　号：ISBN 978-7-5014-5460-0
定　　价：42.00 元

网　　址：www.qzcbs.com
电子邮箱：qzcbs@sohu.com

营销中心电话：010-83903254
读者服务部电话（门市）：010-83903257
警官读者俱乐部电话（网购、邮购）：010-83903253
法律图书分社电话：010-83905745

本社图书出现印装质量问题，由本社负责退换

前　言

《易经·系辞》中有“形而上者谓之道，形而下者谓之器”的说法，“形而下”就是指具体器物，“形而上”则指抽象规律。形而上者道理，起于学，行于理，止于道，故有形而上者谓之道；形而下者器物，起于教，行于法，止于术，故有形而下者谓之器。本书是作者在新疆工作六年研究刑事法学问题的结晶之一，既包括普遍性的法学问题，也包括区域性的社会与法律问题；研究的内容涵括刑法学、犯罪学、刑事政策、司法改革、法治国家等方面的内容，具体讨论了中国刑事政策、刑事和解、危险驾驶罪、拒不支付劳动报酬罪、犯罪原因理论与预防、犯罪化、不作为刑事责任、司法改革、依法治国等；还包括刑事法学理论付诸社会的实践活动。本书是将“形而上”的法学理论运用到诸多社会实践问题之解决的结果，符合“形而下者谓之器”的古训，书中“形而上”刑事法学理论的探究篇幅较小，所以本书命名为“刑事法学之形而下研究”。本书不仅介绍引进了西方部分较新的刑事法学理论，还对中国当下的一些法学热点问题根据事实与法律提出了自己的见解，有利于解决阻碍当今中国社会发展的一些难点问题。

目　录

第一部分　刑法学理论与实践研究

第二部分　犯罪学理论与实践研究

第三部分　法学理论服务社会实践

第一部分

刑法学理论与实践研究

论中国刑事政策的文化导向

文化是上层建筑的重要组成部分，其对一个国家的刑事政策具有决定性的作用，因而影响对犯罪的预防与控制。正确地认识文化与刑事政策的关系，理性地反思文化对犯罪预防与控制的作用，具有重要的意义。

一、西方文化与西方刑事政策

（一）关于西方刑事政策

关于西方刑事政策的内容，学界有大致相似的认识。一种观点认为，西方刑事政策思想嬗变与现代发展：（1）刑事古典学派的刑事政策思想——贝卡利亚、边沁、康德、黑格尔、费尔巴哈。（2）刑事实证学派的刑事政策思想——龙勃罗梭、菲利、加罗法洛、李斯特。（3）西方刑事政策的现代发展：社会防卫论——格拉马蒂卡、马克·安塞尔、戴尔玛斯、博斯霍洛夫。[①] 另外一种观点，将西方刑事政策的基本理论分为“理性主义阶段”、“实证主义阶段”、“人道主义阶段”以及“社会防卫思想”，分别对贝卡利亚、边沁、费尔巴哈；龙勃罗梭、加罗法洛、菲利、李斯特；安塞尔等学者的思想进行了总结。这种观点进一步指出，20 世纪下半叶，新社会防卫学派的刑事政策思想在世界范围内广泛传播，推动了刑法和监狱改良运动。这一运动持续到今天，其围绕以下三大主

---

① 蒋熙辉、郭理蓉、马冬梅、方文军：《刑事政策之反思与改进》，中国社会科学出版社 2008 年版，第 14~33 页。

题展开：非犯罪化、非刑罚化、非监禁化，是人道主义刑事政策强势话语的结果。[①]

从广义刑事政策角度讲，趋向轻缓是西方最根本的刑事政策。储槐植教授对西方二百多年刑事司法制度资料做了研究，认为在西方世界范围和较长历史时期的时、空条件下，犯罪的数量和质量稳步上升，而对犯罪的反应——刑罚却波浪式地趋向下降，由此得出了西方刑法的“趋轻规律”。[②] 当然，随着现代社会生活的复杂化，暴力性犯罪的实施手段以及造成的严重后果在不断升级，各国在强调对轻微犯罪，甚至一般中等程度犯罪非犯罪化、非刑罚化的同时，也十分重视对新型犯罪的犯罪化和集中有限刑罚资源严厉处罚严重犯罪；前者代表了西方国家刑事政策“轻轻”的一面，后者代表了西方国家刑事政策“重重”的一面；“轻轻重重”构成了现代西方国家刑事政策的基本内容，是刑事政策运动的当前趋势；“重重”在20世纪后半期的各国刑事政策中占据了重要位置，“重重”政策的直观表述其实就是“严打”。[③] 其实，这种所谓的“轻轻重重”刑事政策并不是一种独立的刑事政策，而是西方总体趋轻刑事政策的一种具体表现。这主要表现为当今死刑在欧洲的废除、自由刑的科学化以及非刑措施的多样化三个方面。

首先，关于死刑的废除。在基督教的欧洲，近代以来死刑陆陆续续在一些国家被废除。到了1983年，《欧洲人权公约》（EMRK）第6补充议定书第1条规定，“应当废除死刑，任何人不得被科处死刑或执行死刑。”该议定书得到大部分欧洲国家的认可，欧洲的

---

① 卢建平：《西方刑事政策基本理论》，载谢望原、卢建平等著：《中国刑事政策研究》，中国人民大学出版社2006年版，第42~48页。

② 储槐植：《刑事一体化与关系刑法论》，北京大学出版社1997年版，第217页。

③ 卢建平：《西方刑事政策基本理论》，载谢望原、卢建平等著：《中国刑事政策研究》，中国人民大学出版社2006年版，第48页。

死刑因此在很大程度上被废除，虽然在部分国家受到强烈的反对，如在瑞士（1937 年瑞士刑法典在全民公决时受到死刑追随者的强烈反对，但仍然被通过）、法国（1981 年废除死刑）、西班牙（在西班牙，死刑是因为 1978 年宪法第 15 条被废除的）和英国（英国首先于 1965 年规定废除死刑，于 1969 年最终废除死刑。但是，在英国，在犯叛国罪和暴力劫持飞机罪的情况下，仍可适用死刑）。在英国和加拿大，各该国的议会试图恢复死刑，但均未成功。①

其次，关于自由刑的轻缓化。自由刑的轻缓化表现在刑期的多样化和执行的人道化。例如，在现今德国，根据《德国基本法》第 102 条废除死刑后，终身自由刑是现行法律中最重的刑罚。被科处终身自由刑的有谋杀罪（第 211 条第 1 款）和灭绝种族罪的最严重情况（第 220 条 a 第 1 款第 1 项）；在一些刑法规定中，终身自由刑被作为提倡刑罚与有期自由刑选科；在情节特别严重的情况下，有时被单科。实践中，在德国，就刑罚而言，罚金刑的适用处于突出的地位。在原西德，1991 年大约有 84%的被判刑的成年人被科处罚金刑。大约 16%的行为人被科处自由刑，其中约有 2/3 的行为人被予以缓刑交付考验（《德国刑法典》第 56 条），也就是说，只有大约 5%的被判刑人被立即执行自由刑。交通犯罪在数量上的意义在于，在所有行为人中，29%的行为人被吊销驾驶执照（《德国刑法典》第 69 条）；另有 5%的行为人被命令禁止驾驶（第 44 条）。其他的处分从数量上讲相对而言是无关紧要的；只有大约 0. 2%的被判刑的行为人被科处处分。② 德国刑法学家克劳斯·罗克辛也指出，除了废除重罪监禁刑（这种对最严重的犯罪适用的

---

① ［德］汉斯·海因里希·耶赛克、托马斯·魏根特：《德国刑法教科书（总论）》，徐久生译，中国法制出版社 2001 年版，第 916 页。

② ［德］汉斯·海因里希·耶赛克、托马斯·魏根特：《德国刑法教科书（总论）》，徐久生译，中国法制出版社 2001 年版，第 918~919 页。

重罪监禁刑，与关押的区别，仅仅在于更严厉的执行方法和额外的附属后果，其主要弊端是阻碍行为人的重新社会化。1969 年是废除重罪监禁刑之前的最后 1 年）①、压制 6 个月以下的自由刑以外，德国刑法改革的重要内容之一就是“刑罚的放弃”。② 又如，2002 年颁布的丹麦刑法典所设立的一般刑罚方法仅有罚金和监禁刑（第 31 条）。监禁刑分为终身监禁和有期监禁。其中，有期监禁为 7 日至 16 年，法律规定可以加重处罚的情况下，监禁刑最高可达 20 年。“一般而言，丹麦刑法典对犯罪规定的刑事处罚较为轻缓。”③ 再如，瑞典刑法典第 26 章和《公共机构矫正待遇法》（1974 年 203 号）规定了监禁的适用，监禁包括固定期限监禁和终身监禁。固定期限的监禁可以在 14 日至 10 年之间选择。终身监禁在一定条件下可以转化为固定期限的监禁。“在监禁刑的执行上，瑞典于 2001 年启动了一个以电子监测手段进行严密监督的项目，对于监禁刑刑期长的囚犯在服最后 4 个月之刑罚时可以通过电子监测手段进行，而不必在监狱服刑。”④ 所有这些，都显示了西方自由刑的人性化和轻缓化。

最后，关于非刑罚化。非刑罚化趋势正在加强。为使人们尊重社会价值应给予刑法什么样的地位，这是一个刑事政策问题。当这一地位逐渐变小时，我们就可以说这是一种“非刑法化”倾向。在现代，这一现象经常表现出来。这种现象提倡赋予法官更广泛的从宽处罚的权限。当立法者以矫正刑（轻罪刑罚）替代惩治某一犯罪的重罪刑罚时（法定的轻罪处分），或者当立法者以违警罪刑

---

① ［德］克劳斯·罗克辛：《德国刑法学总论》（第 1 卷），王世洲译，法律出版社 2005 年版，第 70 页。

② ［德］克劳斯·罗克辛：《德国刑法学总论》（第 1 卷），王世洲译，法律出版社 2005 年版，第 71 页。

③ 《丹麦刑法典与丹麦刑事执行法》，谢望原译，北京大学出版社 2005 年版，译者序第 16 页。

④ 《瑞典刑法典》，陈琴译，北京大学出版社 2005 年版，译者序第 4 页。

罚替代矫正刑时，也属于一种“非刑法化”倾向，所以采取行政性处罚措施也是对“非刑法化”的强调。[①] 非刑罚化是“非刑法化”的重要组成部分，是对犯罪人的处理尽量避免刑罚的负面作用的举措，这种非刑罚化的趋势在欧洲国家呈现加强的趋势。从实践来看，各国对轻微犯罪以及中等严重程度的犯罪广泛适用非刑罚制裁措施的实践效果表明，社会对那些不严重威胁社会秩序和公共福利的犯罪采取较以往更为宽容的态度，并没有导致犯罪率的明显上升。相反，“由于非刑罚制裁措施的独立或辅助适用，在很大程度上避免了传统刑罚特别是短期剥夺自由刑的种种弊端，从而有效地控制了一段时期以来累犯率和再犯率明显上升的局面，总体上保持了犯罪形势的相对稳定”。[②]

（二）西方文化与西方刑事政策

德国曼海姆大学法学院原院长 Dr. Lothar Kuhlen 教授认为，由于政策是致力于通过对社会现实的影响来实现特定的目标，解决特定的问题，刑事政策是试图通过公布刑法来实现这一点，崇尚自由的刑法理念与刑事政策的关系很重要。[③] 从深层原因上分析，西方文化特别是基督教文化对于其刑法理念及其刑事政策起了决定性的作用（正如张中秋教授所指出的，在西方，宗教对法律有着深刻的影响，而这里的宗教就是基督教，它是唯一对整个西方法律产生重大影响的宗教）。[④] 在欧洲，大约90%以上的人信仰基督教，基

---

① ［法］卡斯东·斯特法尼等：《法国刑法总论精义》，罗结珍译，中国政法大学出版社1998年版，第98~99页。

② 梁根林：《非刑罚化——当代刑法改革的主题》，载《现代法学》2000年第6期。

③ ［德］Dr. Lothar Kuhlen：《刑事政策的原则》，陈毅坚译，载谢望原、肖中华、吴大华主编：《中国刑事政策报告》（第3辑），中国法制出版社2008年版，第704~717页。

④ 张中秋：《比较视野中的法律文化》，法律出版社2003年版，第200~201页。

督教现行教义的基本精神是爱和宽恕，例如其教义说“你们曾经听见有这样的教训说：‘以眼还眼，以牙还牙。’但是我告诉你们，不要向欺负你们的人报复。假如有人打你的右脸，左脸也让他打吧！假如有人拉你上法庭，控告你，要你的内衣，连外衣也给他吧！”（《圣经·马太福音》5：38-40）“要爱你们的敌人，并且为那些迫害你们的人祷告”（《圣经·马太福音》5：44）。这种宗教教义的精神深刻地影响了欧洲文化，不仅老百姓的精神状态是这样，即使立法者、执法者也不例外。因此就不难想象欧洲为什么能够废除死刑了。其实，德国学者对于欧洲能够废除死刑的原因有着类似的看法。[①] 美国学者也认为，欧洲的死刑废除根源在于其政治文化，大部分西欧国家已经开始认识到，即使是在战争情况下，被国家强加于头的死刑也有悖于他们维护人权的承诺。[②] 但是，在与欧洲有着血缘关系的美国，为什么在有的州废除了死刑，有的州却没有？甚或有的州在废除了死刑后又恢复？这同样源于其精神状态。美国是个包容性极强的国家，各式人种、各种信仰的人都有。正是基于此，基督教信仰就难以全面贯彻。之所以有些州曾经废除死刑，根本上是由于当时宽容精神的影响；后来有的州又恢复死刑，主要是出于对恶化的治安形势的本能反应，但也不排除非宽容精神的影响；但是其近 30 年来判处的死刑才大约一千人，[③] 也足以窥见其相对的宽容。

基督教在西方，法律是神的意志的体现。早在古希伯来时期，法律是上帝意志的体现这一本体性论证就已经得到人们的承认。按

① ［德］汉斯·海因里希·耶赛克、托马斯·魏根特：《德国刑法教科书（总论）》，徐久生译，中国法制出版社 2001 年版，第 914~915 页。

② ［英］罗吉尔·胡德：《死刑的全球考察》，刘仁文、周振杰译，中国人民公安大学出版社 2005 年版，第 30 页、第 37 页。

③ 陈兴良：《口授刑法学》，中国人民大学出版社 2007 年版，第 397 页。

《圣经·旧约·出埃及记》的记载，古希伯来人在途经西奈山时，上帝亲自颁给摩西两块刻着“十诫”（摩西“十诫”的具体内容是：除耶和华外，不可信仰他神；不可雕刻和崇拜偶像；不可妄呼耶和华之名以发虚誓；当纪念安息日为圣日；当孝敬父母；不可杀人；不可通奸；不可偷盗；不可作假见证，陷害他人；不可贪恋他人的房屋、妻子、奴仆、牲畜以及他人的一切所有物。见《圣经·出埃及记》20：11）的石板，并让摩西向他的部众晓谕，以使他们子孙世代都遵守这些诫命，从而获得世俗的平安及灵魂的拯救。这十诫中，前四诫涉及纯宗教性质的内容，第五诫“当孝敬父母”是家庭观念诞生的第一要素，到今天为止它仍然是现代世界文明的必要基础；第六诫“不可杀人”，是所有文明社会成立的第一规则；第七诫“不可通奸”，是通过对“通奸行为”的否定来确保婚姻家庭的稳定，从而实现社会稳定；第八诫“不可偷窃”，是为了确立和保护人类社会的财产与所有权制度；第九诫“不可作假见证，陷害他人”，从法制文明的角度讲，禁止伪证是善良的诉讼制度的基础性条件之一；从犯罪学的角度来看，第十诫的内容——“不可贪恋他人的房屋、妻子、奴仆、牲畜以及他人的一切所有物”——这是预防犯罪的重要措施。可见，摩西十诫十分系统地确立了人类组织社会生活的基本规则，这些规则至今仍然是人类建立现代公共秩序的基石。这“十诫”，即使从现代来看也不是多余的，它从更深、更基本的层面上解释了法律的精神和基础，为人们确立对法律特别是刑法的忠诚提供了思想依据。至今，全世界的犹太教徒和基督教徒都仍以遵守“十诫”为达于永生的必要条件。从这里我们看到的是古希伯来人为法律合法性所作的论证，其最终的结论是法律乃神的旨意的体现，是神为了使人得救而颁布的不可违背的命令，神意乃是法律的根源性本体。

美国法哲学家博登海默在论述古希腊的法律理论时曾明确指出，我们是通过荷马的史诗和海希奥德（Hesiod）的诗歌了解古希腊人的法律思想的。当时，法律被认为是由神颁布的，而人则是通过神意的启示才得知法律的。“奥林匹斯山众神之首宙斯把法律作为他最伟大的礼物赐予了人类。”[①] 这种神源本体观直接影响到当时希腊国家的立法和司法活动。在古希腊的早期阶段，法律和宗教在很大程度上是合一的，人们经常援引的是特耳非（Delphi）的至理名言——他的名言被认为是阐明神意的一种权威性意见。宗教仪式渗透在立法和司法的形式之中，祭司在司法中也起着至为重要的作用。国王作为最高法官，其职责和权力也被认为是宙斯亲自赐予的。[②] 在古罗马，法律同样被视为神的意志的体现。法是上帝贯彻始终的意志，上帝的理性依靠强制或者依靠约束支配一切事物。为此，“上帝把赞美过的那个法赋予人类；由于法是制定者应用于支配和禁止方面的理性和意志，因此，真正的和原始的应用于支配和禁止的法，就是最高的朱庇特的正当理性。因为神的理智就是至高无上的法。”[③] 法律是规范的体系，规范是相对静止稳定的，而生活在不断地变化。所以法律对社会生活的规范化永远是不完全的，生活永远比规则要丰富。法律规范有了一种恒久的精神，它就具有了永恒的生命力。既然法律是神的意志的体现，那么刑法也不例外；而神的意志的中心就是基督教的爱与宽恕，所以基督教之爱与宽恕就成为了西方刑事法律的指导精神，对其刑事政策起到了决定性的作用。

对一个可能存在异议的反驳——客观认识宗教裁判所。中世纪惩罚异端分子的火刑等残酷措施，在近现代被看成是教会愚昧、恐

---

① ［美］埃德加·博登海默：《法理学：法律哲学与法律方法》，邓正来译，中国政法大学出版社 1999 年版，第 3 页。

② ［美］埃德加·博登海默：《法理学：法律哲学与法律方法》，邓正来译，中国政法大学出版社 1999 年版，第 4 页。

③ ［古罗马］西塞罗：《国家篇·法律篇》，沈叔平、苏力译，商务印书馆 1999 年版，第 180 页。

惧真理和拒绝宽容的象征，但显而易见的矛盾是存在的：基督教的教义是不会容许所谓的“宗教裁判所”的野蛮行径的，或者说两者之间存在明显的矛盾——这是学者没看到，或者已经看到但没有正确加以解释的。彭小瑜教授就此指出，这里面有被夸大或者虚假宣传的成分，如在鼓吹自由探索科学真理的旗帜下，布鲁诺和伽利略受迫害的事件被夸大到忽略和修改历史事实的地步，比如说下列事实：布鲁诺所宣传的并非是哥白尼的天文学知识，而是一种神学、星相学、巫术和哥白尼的观点的混合物；伽利略并没有受到拷打、带上镣铐和被刺瞎眼睛，也没有被长期关在监牢里，他在被监禁一年后就得到了软禁的待遇。对布鲁诺和伽利略的神化是妖魔化宗教裁判所的一个重要环节。19 世纪前半叶出现的一些记述宗教裁判所历史的著作开始系统地使用原始档案文献，但是作者的观点仍然富有教派争论的性质。这种情况要到 19 世纪后半期和 20 世纪才有所改变；到 20 世纪后半叶，人们才看到完全摆脱教派色彩的有关研究著作。① 退一步讲，即使这段对于宗教裁判所的历史的记载具有真实性，实际上它们也是当时的世俗政权所常用的刑罚，对异端分子的经济剥夺和肉体摧残主要是国家的作为，而不能全都归罪到基督教及教会身上。

综上所述，由于基督教的深刻影响，基督教之爱与宽恕思想变为深刻的法律意识，即便是在宗教裁判所的中世纪也是如此，西方由此很快就走上了刑罚文明的道路，刑罚趋轻成为其刑事政策的精髓。

---

① 彭小瑜：《教会史的学科界定与方法论——以宗教改革和宗教裁判所研究为例》，载彭小瑜、张绪山主编：《西学研究》（第 1 辑），商务印书馆 2003 年版，第 184 页。

二、中国传统文化与中国古代刑事政策

（一）中国古代刑事政策解读

作为国家打击和预防犯罪的策略，中国古代也不乏刑事政策思想，但是关于其具体内容，我国学界有不同观点。

第一种理论按照朝代顺序详细阐述中国古代的刑事政策，具体分为：（1）尚古时代的刑事政策思想——夏商周时代的刑事政策。（2）秦汉至明清时代的刑事政策。（3）清末和民国时期的刑事政策。① 第二种观点认为，中国古代的刑事政策具体包括“礼刑并用、德主刑辅”，刑罚世轻世重，刑罚宽缓和慎刑思想。② 第三种理论认为，中国古代的刑事政策思想与实践包括：（1）德主刑辅，礼法并用。（2）刑罚世轻世重。（3）刑罚威慑主义。（4）刑罚轻重思想。（5）恤刑宽缓思想。③ 还有学者认为，中国古代重要的刑事政策有：德礼与刑罚的关系、刑罚世轻世重、“天人感应”中的刑事政策、“以刑去刑，以杀止杀”、“欲加之罪，何患无辞”、“国之利器，不可以示人”六个方面。其中，德礼与刑罚的关系、刑罚轻重、“天人感应”中的刑事政策属于正统的刑事政策；而“以刑去刑，以杀止杀”、“欲加之罪，何患无辞”、“国之利器，不可以示人”属于非正统的刑事政策，统治者虽不愿公然宣传，内心却奉为圭臬。④

以上理论和观点，从不同角度对中国古代刑事政策的具体内容

---

① 杨春洗主编：《刑事政策论》，北京大学出版社 1994 年版，第 59~147 页。

② 卢建平：《刑事政策概念与研究范畴》，载谢望原、卢建平等：《中国刑事政策研究》，中国人民大学出版社 2006 年版，第 28 页。

③ 蒋熙辉、郭理蓉、马冬梅、方文军：《刑事政策之反思与改进》，中国社会科学出版社 2008 年版，第 36~46。

④ 司绍寒：《中国古代刑事政策》，载谢望原、张小虎主编：《中国刑事政策报告》，中国法制出版社 2007 年版，第 354~377。

进行了说明，对于全面理解我国古代刑事政策思想有所裨益，然而各个朝代具体刑事政策最本质的、共同性的东西则是重刑主义的刑事政策传统。

诚然，中国历史也有“刑罚世轻世重”的思想。早在周初，为贯彻“明德慎罚”的政策，统治者就提出“刑新国用轻典，刑乱国用重典。”这一思想对后世影响十分深远，如明太祖朱元璋就接受这一思想，表示“用刑之道贵在得中，得中则刑清，失中则刑乱。刑乱则政衰矣。”（刘基《诚意伯文集》卷一）“刑罚世轻世重”可以说是中国历代专制统治者的共识，但是中国历史现实是乱世多于治世，所以维护权力的需要必然是重刑盛行。例如，在我国古代，不孝、不友是死罪，《尚书·康诰》中有：“元恶大憝，只惟不孝、不友……速由文王作罚，刑兹无赦。”就是说，如果一个人不孝敬父母、不友好，也会被处以死刑。秦朝法律规定，若60岁以上的老人控告儿子不孝行为的，儿子将被处死。《法律答问》：“免老告人以为不孝，谒杀，当三环之不？不当环，亟执勿失。”这是关于不孝罪的死刑，以后历朝都有规定。饮酒是死罪，《尚书·酒诰》：“群饮，汝舞佚，尽执拘以归于周，予其杀。”此罪是周朝建立以后针对商朝遗民喜饮酒的风俗制度的罪名。到了金朝，饮酒仍是死罪，《金史·海陵志》记载正隆五年十二月，“禁朝官饮酒，犯者死。”甚至妄言或者乱言历史也是死罪，《史记·高祖本纪》中有：“召诸县父老豪杰曰：‘父老苦秦苛法久矣，诽谤者罪，偶语者弃市。’”《史记·项羽本纪》：“毋妄言，族矣。”《金史·刑法志》中有大定四年“大兴府民赵无事带酒乱言，父千捕告，法当死。”这是重刑主义在立法上的一般表现。中国古代的重刑主义刑事政策与中国的专制体制密切相关，后者表现为君王或者皇帝（秦统一以后，建立皇帝制度，使皇权制度化、法律化，皇帝握有国家的最高权力。在这之前，中国的最高统治者一般称为君王）的权力独断化、最高化，皇帝一言可以立法，一言可以废法，皇帝凌驾于法律之上；皇帝既是大家长，又是国家的独裁者，还是最高的祭司。由于在其权力行使过程中的精细体制保证，权力受体对之不可能有任何有效的反抗，导致专制权力在中国盛行两千多年，形成了重刑主义刑事政策的传统。

（二）传统文化与中国古代刑事政策

中国古代奉行的重刑主义刑事政策，最初表现是“议事以制，不为刑辟”，也就是临事制刑，不预设法；“法无常设、刑无定制、任情为法、随意制刑”，企图借此起到“刑不可知，威不可测”的作用，而在以后的历史发展中，重刑主义主要表现为对于严刑峻法的迷信。这种刑事政策表面上是专制权力所决定的，但是从深层原因上分析，其与中国的传统文化有着密切的联系。

儒家思想是我国历史上的传统思想，而传统思想是重要的文化范畴。关于儒家思想或者学说，有不同的认识。有的学者对它持有批判态度，有的则予以充分的肯定。前者如陈独秀、李大钊、鲁迅、吴虞等人，他们对儒家学说进行了猛烈批评。“因为儒家学说一直被封建者用作维持其反动统治的思想武器，用作锢蔽人民智慧的工具。中国人民要冲破外来侵略者和国内封建势力的压迫和束缚，便不能不‘攻击’维持封建社会的儒家学说，便不能不‘非难’阻碍中国人民个性解放的旧礼教。”① 又如刘绪贻教授指出，中国两千年来的朝代更替，所改变的只是各个王朝的姓氏，社会总体结构，特别是建立在儒学之上的政治体制，却一次又一次地完善起来。只要社会分层结构存在一天，任何与儒学相悖或不同的事物就不可能得势。② 也有学者对儒家思想进行了充分的肯定，例如20

---

① 《五四运动史》，华东人民出版社1954年版，第35页。

② 刘绪贻：《中国的儒学统治——既得利益抵制社会变革的典型事例》，中国人民大学出版社2006年版，第4~5页。

世纪以来的梁漱溟、熊十力、冯友兰等。[①] 这两种对于儒家思想的认识都有所偏好，侧重点不同，所以结论迥异。笔者认为，儒家思想可以从文化和体制两个角度去理解，其中作为制度的儒家思想是应当摒弃的，因为它主要是迎合了专制统治的需要，束缚人们的思想，也阻碍了社会的进步；对于作为文化的儒家思想应给予客观的评判，其中有值得予以充分肯定的方面，如其中体现对人本身重视的仁爱、中和、孝敬思想以及相关的哲学思想、教育科学规律思想，等等。这些理论大部分本身是没有问题的。关键是看在什么语境下提出来的——在专制社会提出这样的主张，其对社会进步的阻力是相当大的。与几千年的封建社会相伴而行的儒家对专制政治的竭力维护、礼教思想以及等级制度观念等则应予否定。

所以，在对作为文化的儒家思想进行部分肯定的同时，不能忘记它对于中国人刻骨铭心的型塑。儒家思想是权力的产物，同时其又通过对中国人思想的控制而对权力起到了无与伦比的维护作用，这或许可以用福柯关于权力和知识的关系理论来加以解释。“不是认识主体的活动产生某种有助于权力或反抗权力的知识体系，相反，权力-知识，贯穿权力-知识和构成权力-知识的发展变化和矛盾斗争，决定了知识的形式及其可能的领域。”[②] 儒家思想作为一种权力知识在中国的产生和发展就契合福柯的这一阐释。中国古代社会是以自给自足的自然经济为主导的，一个个的小农家庭是社会的细胞，在这种小农家庭里，以长幼尊卑形成一个相对独立的宝塔形的等级结构，维持这一等级结构稳定的准则便是伦理的制度及观

---

① 具体可参见汪东林：《梁漱溟答问录》，湖南人民出版社 1988 年版；梁漱溟：《梁漱溟全集》，山东人民出版社 1993 年版；冯友兰：《三松堂自序》，生活·读书·新知三联书店 1984 年版；余英时：《现代儒学论》，上海人民出版社 1998 年版。

② ［法］米歇尔·福柯：《规训与惩罚——监狱的诞生》，刘北成、杨远婴译，生活·读书·新知三联书店 1999 年版，第 29~30 页。

念，具体化为“礼”的要求，儒家就是在“礼”的基础上诞生的。而中国古代社会的国家政权架构，很大程度就是家族结构的模拟和放大，因而统治阶级基于其维护统治和治理国家的需要，自然地选择儒家思想作为其最好的精神武器来强化这种伦理化的制度，使之纳入立法和司法之中，使得刑律儒家化。关于这一点，陈寅恪先生指出：“古代礼律关系密切，而司马氏以东汉末年之儒学大族创建晋室，统治中国，其所制订之刑律尤为儒家化，既为南朝历代所因袭，北魏改律，复采用之，辗转嬗蜕，经由（北）齐隋，以至于唐，实为华夏刑律不祧之正统。”①

此外，自中国古代刑律儒家化开始，儒家思想作为知识霸权就逐渐形成了一种强烈的集体情感。我国学者余英时认为，通过政治、社会、经济、教育种种制度的建立，儒学已一步步进入百姓的日常生活的每一角落。上自朝廷的礼仪、典章、国家的组织与法律、社会习俗，下至族规家法、个人的行为规范，凡此自上而下的一切法律制度之中都贯注了儒家的原则（正是由于其建制化的发展，儒家才成为中国文化的主流）。② 李泽厚先生更深刻指出，儒家思想在历史中已经渗透在广大人民的观念、行为、习俗、思维、情感之中，自觉或不自觉地成为人们处理事务、关系、生活的基本原则和方针，构成了中华民族的某种共同的心理状态和性格特征，积淀为一种文化——心理结构，它不完全、不直接依赖于经济的基础或政治的变革，具有相对的独立性。③ 儒家思想由于专制权力的极力维护以及其对于专制统治的独特作用，其在历史上形成了一种强烈的集体情感，并影响到现在。

---

① 陈寅恪：《隋唐制度渊源略论稿》，河北教育出版社 2002 年版，第 102 页。

② 余英时：《现代儒学论》，上海人民出版社 1998 年版，第 230 页、第 237 页。

③ 李泽厚：《中国古代思想史论》，人民出版社 1985 年版，第 34~35 页。

刑罚作为一种对于犯罪的反应，特别是对作为触犯强烈集体情感的犯罪的反应——这种犯罪所侵犯的集体情感“达到一种固定的平均强度——它不仅要铭刻在每个人的意识里面，而且要刻得更深。它绝不是一种游移不定的、浮于表面的和变化多端的意志，而是深植在人们内心里的感情和倾向”①，所以其进化速度远远慢于其他部门法，因而具有很大程度的迟钝性。由儒家思想所形成的中国人的集体情感，在清末以前的中国古代是相当强烈的，清末刑法改革后这种集体情感得以某种程度的缓解，但其后来由于民族战争的缘故中国人的集体情感又得以加强，其不仅影响到中国人对于犯罪本质的认识，更使中国人对刑罚之“巨大作用”和功能深信不疑，重刑主义刑事政策得以根深蒂固。

从以上西方文化与西方刑事政策关系以及中国传统文化与中国古代刑事政策关系的研究，可以看出，文化作为一种底蕴性的东西，对于一个国家的刑事政策具有根基性的决定作用。中国的传统文化具有历史的延续性，与中国当下先进的文化相融合，一起对中国的刑事政策产生影响。那么，中国当下的刑事政策与文化的关系及其对犯罪预防控制的影响是什么呢？

三、文化与中国当下刑事政策

中国先进文化之“和谐”、“人权”、“爱与宽恕”对中国当下刑事政策具有积极的影响，所以也应当对目前通行的宽严相济刑事政策作出先进文化语境下的解读。以先进文化为依托的“宽严相济”刑事政策，实质上是一种远离重刑主义的刑事政策。

（一）传统文化语境下的宽严相济刑事政策

新中国的刑事政策紧紧地围绕犯罪和刑罚而展开，刑事政策概念主要是被狭义地使用，集中体现为“惩办与宽大相结合”的刑事政策。“社会治安综合治理方针”、“对犯罪的惩办与宽大相结合

---

① 李泽厚：《中国古代思想史论》，人民出版社1985年版，第40~41页。

的政策”是我国重要的刑事政策。[①]

关于宽严相济刑事政策的性质，学者们有不同的见解，主要有三种观点：一是“宽严相济刑事政策广狭两义区分说”[②]。该说认为，所谓“严”，从广义上讲，是指对罪犯给予揭露，并判处相应的刑罚；从狭义上说，严指的是从严，即对犯有严重罪行的罪犯处以较重的刑罚，或者对具有从重情节的罪犯，在法定刑幅度内处以较重的刑罚。“宽”一是指对犯罪分子的惩办必须结合教育改造，给予悔改自新之路，贯彻人道主义。二是指对犯有较轻罪行的罪犯处以较轻的刑罚或者对具有从轻或减轻情节的罪犯，在法定刑幅度内处以较轻的刑罚，或者依法对罪犯免除处罚。二是“惩办与宽大相结合政策中心内容说”[③]。该说认为，宽严相济是惩办与宽大相结合政策强调的中心内容，宽和严密切结合，有宽有严，是对立统一不可分割的两个方面。宽和严有张有弛，惩办与宽大不可偏废，既不能“宽大无边”，也不能“镇压无边”，忽视惩办与宽大其中任何一方面的倾向都是错误的。三是“宽严相济刑事政策两重性说”[④]。该说认为，宽严相济刑事政策不仅是一个刑法问题，而且也是一个刑事诉讼法问题。宽严相济刑事政策只是刑事对策中的一种，它主要体现的是对犯罪的惩治政策。宽严相济之“宽”确切含义应当是轻缓，“严”是指严格或者严厉，严厉主要是指判处较重刑罚，当然是指该重则重，而不是指不该重而重，当然也不是刑罚过重。“济”是指救济、协调与结合之意。

以上观点均是对我国宽严相济刑事政策的有益解释和论证，揭

---

① 杨春洗：《刑事政策论》，北京大学出版社 1994 年版，第 198~246 页。

② 马克昌：《中国刑事政策学》，武汉大学出版社 1992 年版，第 95 页。

③ 肖扬：《中国刑事政策和策略问题》，法律出版社 1996 年版，第 73~74 页。

④ 陈兴良：《宽严相济刑事政策研究》，载《法学杂志》2006 年第 1 期；2006 年第 2 期。

示了宽严相济刑事政策的丰富蕴涵。不管刑事司法实践和理论如何发展，刑罚的惩罚性本质不会改变，只是在报应和预防的关系中，何者占据主导地位的问题。“报应与特别预防两者如何调和，确实是刑事政策上极其困难之课题。如吾人过度强调报应刑罚，势将使受刑人之改善与矫治无以发挥其功能；反之，如全然置报应刑之作用于不顾，仅以‘近代’之美名将自由刑之焦点汇集于改善与教育之时，将导致若干‘无法改善’之习惯犯罪人经常奔走于社会与‘学校监狱’之间，使人民对刑罚丧失畏惧，最后即真正之犯罪人无以摒弃于社会之外，致破坏社会之安定性也。”① 由此，刑事政策必须有宽有严，应当辩证地认识其宽严相济性。

在实践当中，宽严相济刑事政策可从“严”和“宽”两个层面来理解。宽严相济政策之“严”，指严密刑事法网，并保留严厉的刑种，但对其适用范围严格加以限制；宽严相济政策之“宽”，是指对过分严格的刑种予以大幅度削减，调整部分刑种的刑期，并适用社会发展增加适当的刑种，扩大非监禁刑的适用范畴。但是，宽严相济刑事政策并不意味着“宽”和“严”两者齐头并进、不分轻重。“宽”和“严”是矛盾的两个方面，适应不同的社会治安状况，其地位会分别处于“主-次”或“次-主”的地位。也就是说，宽严相济政策具有一定的易变性。宽严相济刑事政策的良苦用心，是要求对于犯罪的惩治应该根据具体情况，区别对待，当宽则宽，该严则严，宽严结合，以求得最佳的法律和社会效果。但事实表明，我们在实践中往往过分强调其“严”的一面，忽视了其“宽”的一面；“严”和“宽”一直处于“主-次”地位，从而没有很好地体现“严”和“宽”的互济，这应当是受重刑主义刑事政策影响的结果。

重刑主义在犯罪预防控制方面的主要特点，就是过于迷信和依赖刑罚的作用，具体体现为“严打”和“厉而不严”的刑法控制

---

① 谢瑞智：《犯罪学与刑事政策》，台北文笙书局2002年版，第209页。

结构。"严打"即严厉惩治严重刑事犯罪，其基本内涵是"应该把严重刑事犯罪分子当作敌我矛盾来处理"，"对这类分子的法律措施要从严，从严了才可以教育过来一批青年"。[①]"对于绝大多数破坏社会秩序的人应该采取教育的办法，凡能教育的都要教育，但是不能教育或教育无效的时候，就应该对各种罪犯坚决采取法律措施，不能手软。"[②]"解决刑事犯罪问题，是长期的斗争，需要从各方面做工作。现在是非常状况，必须依法从重从快集中打击，严才能治住。搞得不疼不痒，不得人心。我们说加强人民民主专政，这就是人民民主专政。要讲人道主义，我们保护绝大多数人的安全，这就是最大的人道主义！严厉打击刑事犯罪活动是一件大快人心的事。"[③] 也就是说，严打是政治权威对于严峻客观形势的刑事政策反应。此外，在重刑主义的宽严相济主导下的刑法结构是一种"厉而不严"的结构。正如储槐植教授指出的，各刑种在刑罚体系中的配制比重即刑罚结构，自古至今大致为四种：以生命刑和身体刑为中心的；以生命刑和自由刑为中心的；以自由刑为中心的；以自由刑和财产刑为中心的。以生命刑和身体刑为中心的刑罚结构已成为历史。以生命刑和自由刑为中心的在当今世界属重刑结构，以自由刑和财产刑为中心的当为轻刑结构。我国1997年刑法规定的死刑罪名多达68个，约占全部罪名总数的16%，这在当今世界极为罕见。由于死刑多，刑罚整体阶位必然提高，所有的罪均被挂上了徒刑，没有一个罪的法定刑只限于拘役或者罚金。这种刑罚结构决定罚金不能成为主刑。[④] 刑罚严苛与法网不严二者看来似乎矛

---

① 刘复之：《"严打"就是专政——记小平同志对"严打"的战略决策》，载《人民公安报》1992年1月14日第3版。

② 邓小平：《邓小平文选》（第3卷），人民出版社2005年版，第217页。

③ 邓小平：《邓小平文选》（第3卷），人民出版社2005年版，第330页。

④ 储槐植：《刑事一体化论要》，北京大学出版社2007年版，第54页。

盾，其实完全符合政治逻辑。法网严密，意味着入罪数量增加，制裁面扩大；刑罚又严苛，长此以往造成的后果必定是政权树敌过多，政府处于孤立境地，这是任何稍有明智的政权都不愿意看到的局面。法网不严的正面提法就是“法不责众”。① 所以，重刑主义影响下的宽严相济必然会使得刑法对于犯罪的控制呈现出“厉而不严”的特点。

可见，传统文化语境下的宽严相济刑事政策，难免成为一种重刑主义的犯罪控制策略。但是，对于重刑主义思想具有强烈反作用的先进文化已经出现，并逐渐形成一种气候。所以，对我国宽严相济刑事政策应当全面地认识，即将先进的文化——和谐、人权、爱与宽恕等作为考察的语境，从而正确地解读宽严相济刑事政策。

（二）和谐文化语境下的宽严相济刑事政策

在我国，和谐是一种国家政策，主要表现就是执政党对于该政策的充分肯定。在2005年2月19日，胡锦涛总书记在中共中央举办的省部级主要领导干部“提高构建社会主义和谐社会能力专题研讨班”开学典礼上发表重要讲话指出：“我们所要建设的社会主义和谐社会，应该是民主法治、公平正义、诚信友爱、充满活力、安定有序、人与自然和谐相处的社会。”这是我国自古就有的和谐观念的新阐释，它为当今社会的发展指出了一种追求的理想目标，是以执政党政策的形式对和谐观念的肯定。这在我国现今社会的语境下，对于解决刑罚结构问题起到了一种导向性作用。

1. 认识和谐文化

关于和谐的界定，有许多不同观点。有的学者认为，和谐社会是指人们的生活安定（安全）有序，诚信、友爱、富裕，且充满活力、心情舒畅的一种状态。有的学者认为，和谐是指事物协调地生存与发展的状态；还有学者认为，和谐观是对和谐现象的根本看法和总的观点，和谐概念是和谐哲学的基本范畴，和谐哲学的全部

---

① 储槐植：《刑事一体化论要》，北京大学出版社2007年版，第55页。

理论成果，都是对这一基本范畴的理论展开。[①] 前两种观点将和谐看作一种状态，是一种理想或者目标，后一种观点将和谐视为一种哲学，是理解万事存在和发展的一种理论，在不同事物协调、均衡存在的观念上是一致的。笔者认为，从本源意义上来讲，和谐不仅是一种状态，更是一种理想，也是一种哲学观念。

首先，作为东方文明的代表，中国传统文化很早就有了比较成熟的和谐理念，虽然“和谐”一词未见于先秦文献，但代表和谐理念的“中”、“和”等思想观念则遍布于先秦经史和诸子表述中。“中也者，天下之大本也。和也者，天下之达道也。”（《礼记》、《中庸》）在先秦诸子中，对和谐思想最有阐发力的是孔子。但在孔子之前，在被称为“群经之首”、“三玄之冠”的《易经》中就已经出现了和谐的思维。《易经》中的天人合一、居中得正、反复其道等思想都体现了朴素的和谐观念。此外，《尚书》、《周礼》中也有许多关于“执中”的观念。据《国语·郑语》记载，西周末年郑国史伯对郑桓公有一段“和”与“异”的谈话：

夫和实生物，同则不继。以他平他谓之和，故能丰长而物归之。若以同禅同，尽乃弃矣。故先王以土与金木水火杂，以成百物。是以和五味以调口，刚四肢以卫体，和六律以聪耳，正七体以役心，平八索以成人，建九纪以立纯德，合十数以训百体。出千品，具万方，计亿事，材兆物，收经入。故王者居九亥之田，收经入以食兆民，周训而能用之，和乐如一。夫如是，和之至也。于是乎先王聘后于异姓，求财于有方，择臣取谏工而讲以多物，务和同也。声一无听，物一无文，味一无果，物一不讲。

这段话虽然是针对君主听取不同意见的重要性而发的，但史伯从哲学的角度分析了“和”与“同”的优劣，并进而对事物的产生与发展的根本规律作了较为系统的阐述，对于我们理解和谐的内涵很有裨益。从史伯的这段话可以看出，“和”是宇宙中无限杂多

---

① 易超：《和谐哲学原理》，重庆大学出版社 2007 年版，第 3 页。

因素的统一，无“异”就无所谓“和”。“异”构成了“和”的方方面面，建立“和”，首先要存“异”，即先要承认事物是由杂多因素组成的，才能谈“和”。这段话里的“土金木水火”（五行）、“五味”、“四肢”、“六律”、“七体”、“八索”、“九纪”、“十数”、“千品”、“万方”、“亿事”、“兆物”等，说明万事万物是由众多的因素构成的，“和”的前提是“杂”，也就是构成某种事物的要素是“多”，而不是“一”，是“异”而不是“同”。《左传·襄》载：“八年之中，九合诸侯，如乐之和，无所不谐。”

其次，和谐也是一种理想。和谐就其本意而言是万事万物融洽共存的正常状态，只有在这样的状态下，事物才能得以全面发展。和谐作为事物之间的关系，指事物自身构成要素之间或此物与彼物之间的关系，处于对称平衡、相宜相生、和衷共济的状态，而作为事物的本性则是指一切事物发展的对称平衡、相宜相生、和衷共济状态。这种状态的完全达致是十分困难的，所以，和谐又是一种理想，在当今人际关系的反应就是“诚信、友爱、富裕，且充满活力、心情舒畅”的一种状态。秦汉以来，和合概念被普遍运用，中国文化呈现出融合之趋势。西汉董仲舒崇尚“和”：“和者，天地之正也，阴阳之平也，其气最良，物之所生也。诚择其和者，以为大得天地之奉也。”（《春秋繁露·循天之道》）赖永海教授认为：“整个中国古代的传统哲学，在相当程度上都是在探讨‘天’、‘人’关系问题，都是在‘天人合一’这个基本框架内谈道德、做文章——一言以蔽之，这就是中国传统最大、最基本的思维模式。”[①] 和谐是涵盖人与自然、人与人、人与社会关系的范畴，是中国人的一种最高的理想状态。

最后，和谐是一种哲学观念。正如学者指出的，和谐作为哲学术语，指存在者与存在性、此在与彼在的关系处于对称平衡、相宜相生、和衷共济的状态。其逻辑内涵为“相宜相生的情况”，简称

---

① 赖永海：《儒学与佛学》，浙江人民出版社 1996 年版，第 19 页。

"相宜性"；其逻辑外延为"整体性"、"规则性"、"均衡性"、"自洽性"和"开放性"。[①] 哲学意义上的和谐，可以分为和谐观念、和谐状态、和谐过程、和谐关系、和谐规律等范畴。和谐观念是对和谐现象的根本看法和总的观点；和谐状态就是对称平衡、相宜相生、和衷共济的状态；和谐过程，就是达成这种对称平衡、相宜相生、和衷共济状态的过程；和谐关系，就是处于对称平衡、相宜相生、和衷共济状态的关系；和谐规律是万事万物的根本规律或普遍规律，比如万有和谐律、和谐近似律、和谐差别律；等等。[②]

2. 和谐文化与国家政策

如上所述，作为一种文化，和谐是一种状态、一种理想、一种哲学。但是，从规范角度看，和谐则可以上升为国家政策。众所周知，国家政策是国家意志的体现；和谐在当今中国以执政党意志，也就是国家意志的形式出现，因而便是一种国家政策。"和谐"之所以能够在中国以国家政策的形式出现，是因为其所具有的深刻历史背景。

首先，儒家的和谐思想其实就是历代政治权威的国家政策。按照《说文解字》的解释："和，相应也"；而"谐"是"配合得当"；"和谐"就是"相应"并且"配合得当"。儒教以"中"、"和"为理想状态，崇尚周初提出的"明德慎罚"，提倡"为政以德"（《论语·为政》），主张通过教化使人们克己复礼，达到"不中不刑"的目的。以民为本、使民以时、富民养民、敬臣恤民、先教后刑等观念成为德政的重要内容。同时，为了维系社会稳定，儒家倡导人们在家族中要重孝道，营造"父慈子孝，兄友弟悌"的家庭内部长幼有序、上下融洽的和谐局面。在社会交往中，倡导讲礼仪，和为贵，反争讼，构建讲信修睦的社会交往环境。

---

① 易超：《和谐哲学原理》，重庆大学出版社 2007 年版，第 3 页。

② 可进一步参见易超：《和谐哲学原理》，重庆大学出版社 2007 年版诸章节。

“政宽则民慢，慢则纠之以猛。猛则民残，残则施之以宽。宽以济猛，猛以济宽，政是以和。”（《左传·昭公二十年》）王夫之也说：“太和，和之至也。道者，天地人物之通理，即所谓太极也。阴阳异撰，而其絪缊于太虚之中，合同而不相悖害，浑沦无间，和之至矣。”（《张子正蒙注》）戴震说：“中和，动静俱得之美名。”（《孟子字义疏证》）所以中国古代的哲人对和谐适中的认识，最后的落脚点往往集中到政治上，尤其是儒家学派更是如此。

其次，墨家、法家也分别从国家角度阐释和谐。先秦墨家把“一同天下之义”（《墨子·尚同上》）作为理想的和谐状态，认为春秋社会天下不和谐的原因是一人一义，十人十义，社会混乱、人人相争的根源在于人们之间“交相恶”，要求以符合“天志”的“兼相爱，交相利”的原则来改造社会，主张“尚同”、“尚贤”，充分发挥法律的劝善、阻暴作用，真正做到“赏当贤，罚当暴”，由此建立一个“天下之人皆相爱”的“和谐”社会。先秦法家是强调用“法”和“刑”来实现和谐的——在法家看来，“法者，事最适者也”。（《韩非子·问辨》）把法看作行事的最适度的标准和规范，适度也就是和谐。法家认为治国不在于德政，而在于令行禁止，使人民不得为非，“正明法，陈严刑，将以救群生之乱，去天下之祸，使强不凌弱，众不暴寡，耄老得遂，幼孤得长，边境不侵，君臣相亲，父子相保，而无死亡系虑之患”。（《韩非子·奸劫弑臣》）法家企图通过严法重刑达到“以刑去刑”、没有犯罪的社会和谐。这些在某种程度为专制政治所采纳，成为一种重要的国家政策。

最后，即使道家的无为而治也是国家政策的反应。先秦道家尊奉自然无为为最高和谐境界，主张人类社会的一切活动都要取法自然，自然秩序的和谐基础就在于无为。老子认为“治大国若烹小鲜”（《道德经·第六十章》），过多地有为，则反而破坏社会的和谐。庄子也认为自然天成是最佳状态。他主张“绝圣弃智”（《庄子》），反对任何有违自然法则的行为。道家的法律和谐思想概括起来就是主张“无为”而治，强调“我无为而民自化”的自然顺化，其出发点是为专制政治出谋划策。

学者总结认为，先秦百家争鸣，诸子各持其趣，但对于“和谐”的观念，却都一致地加以倡导，不过在思想角度的着眼点上及其达到的途径上却各有不同。儒家讲和谐，着重于纳入“礼制”的范围；墨家讲和谐，着重在人人发挥“兼爱”的互助精神；法家讲和谐，着重在法制的实施与履行。如果我们从哲学的角度来考察，儒、墨、法是在政治社会的层面来提出人际关系如何和睦相处，也就是说，儒、墨、法各家在“人和”的范围内提出和谐的主张，而道家不只重视“人和”，还从一个更为宽广的思想视野出发提出“天和”，也就是道家所关注的人间的和谐是由宇宙的和谐推衍而来的。[①] 所以，我们可以得出这样的结论：中国传统文化中的和谐思想渊源于“天人合一”观念，只有这样才能算作和谐。如果违犯了“天人合一”的原则，违背了天道尚中的规律，其结果就是不和谐，而法律是防范不和谐发生的社会调整工具。从这个意义上说，和谐是社会政治制度、社会规范、法律意识的反应，也是传统中国社会一种重要的国家政策。

3. 和谐政策下的“宽严相济”

和谐作为一种国家政策，不仅是一种意识，更是一种技术，反应在刑事法领域就是一种规训和惩罚的技术。学者指出，从法律发展的历史看，人类法律文明的进步不只是法律观念上的进步，同样也是法律技术上的进步；而法律技术的进步则是法律观念进步的必然要求和反应。作为行为评价标准和行为指引规范的法律，只有通过语言、概念、逻辑等技术要素的支持才能成为可行的制度规范。“法律的种种目的，以及内含于目的之中的法律的正当性，都必须通过一定的技术手段才能实现。而包括刑法规范在内的法律规范，

① 陈鼓应:《道家的和谐观》，载陈鼓应主编:《道家文化研究》（第15辑），生活·读书·新知三联书店1999年版，第43页。

其实就是立法者将统治阶级的道德原则和政治思想在制度上加以体现的一种技术。如果把法律看成是人类自我控制的技术，那么刑法就是关于惩罚的制度技术。”①

从技术的角度理解和谐政策具有重要意义。福柯认为，古代社会对个人的控制主要是通过控制人的肉体来实现的——正是通过对人的肉体的摧残，通过酷刑制造一些血淋淋的场面，来彰显权力的尊贵和不可侵犯，从而达到社会对个人的控制的目的。在这样的社会背景下，必然会存在酷刑。在近代西方，酷刑之所以慢慢变得不能得势，轻刑得以迅速发展，主要是因为社会对个人控制的技术改变了，也就是社会发明了一种新的技术手段，借助于这种技术手段，社会对个人的控制就不需要通过肉体来实现，而是通过对人的精神思想的控制来实现，这是一种权力技术。这种权力技术，“借助对人精神的控制来实现社会对个人的控制，是对个人治理方式的一种改变，发现一种新的治理技术，从而导致酷刑的消失。这样一种分析是非常另类的，但也是更为深刻的。刑罚人道主义的影响也只有在发明了这样一种权力技术之后才能发生作用，如果这样一种权力技术没有发明，社会对个人的控制仍然需要通过对人的肉体作用，即使你有刑罚人道主义，酷刑也同样不会消失”。②

以和谐解读宽严相济刑事政策，有其深刻的理论和实践根据。首先，从刑罚理论角度看，刑罚是对犯罪的反应，具有惩罚性，是报应、预防和矫正三种目的的统一，要求对罪犯必须实行“严”的行刑政策。现代刑罚观虽然经历了很大的变化，但刑罚之固有本质还是惩罚性的。不同的时代，只是刑罚惩罚的方式、缓和程度有所调整而已。正如法国学者所指出的，现代刑罚的三项主要功能是威慑功能、报应功能与社会再适应功能，追求一种“复合性目

---

① 周少华：《刑法理性与规范技术——刑法功能的发生机理》，中国法制出版社 2007 年版，引言。

② 陈兴良：《刑法的格致》，法律出版社 2008 年版，第 153 页。

标”，这种“复合性目标”相互之间有时很难协调一致。在追求刑罚的各种目的中，保持刑罚的报应功能，不应削弱其追求的使犯罪人重新适应社会的目的所应有的地位。① 其次，刑事责任理论的发展要求对罪犯实行宽和的政策。传统意义上的责任主义有两层意思：一是无责任即无刑罚，责任是刑罚的前提；二是刑罚必须为责任之抵偿，刑罚之种类与轻重必须根据责任程度而决定。责任为刑罚之充分必要条件，这种责任主义系“双面责任主义”。20 世纪 60 年代以后，为了达到刑罚制裁的合理化，德国学者克劳斯·罗克辛等人提出了“单面责任主义”，其含义有二：一是责任是刑罚之前提，刑罚之轻重不得逾越责任之范围；二是基于预防犯罪之考虑，有责任并非一律皆须赋科刑罚。据此，责任仅仅为之必要条件，而非充分条件。单面责任主义乃为尽量排除刑罚中的哲学与道德之色彩，并促使刑罚社会化与人道化。单面责任主义最重要的意义在于：责任仅有限制刑罚之机能，亦即刑罚不得逾越责任之程度（也就是责任的上限），但是责任并无构成刑罚之机能（具体刑罚的量定，仍应本着社会复归之考虑）。② 单面责任主义所体现的人权保障思想、刑罚人道主义与刑罚复归理念深刻地反映了教育刑主义与一般意义上的预防主义的区别，单面责任主义理论为实行宽严相济刑事政策中的宽松政策提供了必要的理论根据。最后，短期自由刑的弊端也为实行轻缓政策提供了现实的背景依据。关于短期自由刑，现在多数学者认为其弊多而利少，认为短期自由刑没有教育效果，反而使罪犯自尊心受伤害，成为促成再犯的重要原因。短期

---

① ［法］卡斯东·斯特法尼等：《法国刑法总论精义》，罗结珍译，中国政法大学出版社 1998 年版，第 416~417 页。

② 转引自吴景芳：《刑事责任与量刑》，载蔡教授墩铭先生六秩晋五寿诞祝寿论文集编辑委员会编：《现代刑事法与刑事政策——蔡教授墩铭先生六秩晋五寿诞祝寿论文集》，台湾财团法人刑事法杂志社基金会发行 1997 年版，第 253~256 页。

自由刑无益于罪犯的改善，也没有威吓的效果。为了避免短期自由刑带来的弊端，必须对初犯、偶犯、未成年犯等予以宽松的政策，主要体现为非刑罚化、非监禁化。

远离了重刑主义的“宽严相济”是建设和谐社会的必然。和谐社会的重要特征是人与人之间的诚信友爱。而重刑主义不但有违人道精神，还会使人变得残酷。刑罚的有效性并不在于刑罚的泛化，而在于刑罚的不可避免性，以最小的刑罚成本取得最大的刑罚效益是刑罚经济的必然要求。在构建和谐社会的过程中，为了应对社会转型带来的复杂局面，给人与人的和谐相处创造良好的社会氛围，倡导多样化、轻缓化是必要的。这一方面可以减少罪犯与社会的隔阂和破除罪犯悔改的心理障碍，有利于塑造服刑犯的“公民人格”，增强重新做人的社会责任感。另一方面可以培养人的宽容精神，培养人的爱心，从而在本质上促进和谐社会的进程。这样，不仅可以化消极因素为积极因素，提高司法的公信度，增强社会稳定，而且可以使得民众对服刑人予以关心与帮助，自觉营造起一种参与管理、文明向上的社会氛围，全面实现社会的和谐。

（三）人权保护语境下的宽严相济刑事政策

关于人权和刑事政策的关系，储槐植教授深刻地指出：“对人身权利的重视（人身价值日益高于非人身价值）必然导致刑罚在总体上的趋轻。轻不是全部内容，在趋轻过程中相伴实现刑罚结构合理化，以此弥补轻缓可能带来的刑罚乏力的缺憾。”① 也就是说，如果把人权的重视放在首位，人们有了足够的宽恕精神，刑罚必然趋向轻缓化。

1. 关于人权

人权就是人的权利，是人作为“个体”的存在，以及作为“类”的存在而享有的权利。“人的自然属性与社会本质的内在统一是人权产生的内因，所以人权是人按其自然属性和社会本质所应

---

① 储槐植：《刑事一体化论要》，北京大学出版社 2007 年版，第 170 页。

该享有的权利。”[①] 人权的主体是所有的人，人权的客体是内容十分广泛和丰富的权利。人权主要是指个人权利，尤其是在国内法上，人权具有无可辩驳的个体性。

从构成上看，人权是由不同层次的因素组成的——人权在现实生活中表现为权利，而权利是由利益、主张、资格、权能、自由等因素组成；从范围上说，人权具有广泛性。“人权是全部人类所享有的权利”[②]，人权是不分种族、阶级、国籍、肤色、年龄、职位、身份等，由一切人享有的权利。1948 年《世界人权宣言》第 1 条规定：“人人生而自由，在尊严和权利上一律平等。他们富有理性和良心，并应以兄弟关系的精神相对待。”第 2 条规定：“人人有资格享受本宣言所载的一切权利和自由，不分种族、肤色、性别、语言、宗教、政治或其他见解、国籍或社会出身、财产、出生或其他身份等任何区别。……”继《世界人权宣言》之后，1966 年联合国大会通过《公民权利和政治权利国际公约》和《经济、社会、文化权利国际公约》，推动了权利体系的国际化、普遍化。一方面，欧美革命所铸造的权利体系在国际范围内得到了不同程度的确认和重申，它主要包括如下方面的权利：男女平等，保全生命，免受酷刑或残忍的、不人道的或有辱性待遇，不被强迫役使，人身自由和安全，无罪推定，公平审判，法律援助，迁徙自由，隐私及荣誉、名誉，受法律的平等保护，思想、良心和宗教自由，持有主张，表达自由，集会，结社，罢工，参政，选举与被选举，婚姻自由，儿童受必要的保护，受教育，等等。另一方面，发展、自决、少数人受保护，乃至达到相当的生活标准等一切可以被看作与人的尊严有关的利益，几乎都被视为权利。

---

① 李步云：《社会主义人权的基本理论与实践》，载《法学研究》1992 年第 4 期。

② ［英］肯尼思·麦克利什主编：《人类思想的主要观点——形成世界的观念（中）》，查常平等译，新华出版社 2004 年版，第 689 页。

从存在形态上看，人权是一种状态，更是一种观念，一种意识。作为意识观念的人权，是人对于自己权利的自觉和追求。在权利观念方面，“最突出的莫过于，通过始于古希腊自然法理论的超验正义观念、平等人格观念和本性自由观念的长期演化和融合，包括‘jus’词义的嬗变，关于‘应有’、‘应得’的凭据，遂从当初的武力、血缘身份、财产和社会等级进化到后来的公民资格，最后进化到人之作为人的资格”。尽管在当代社会，几乎每个人都要以民族国家公民的身份来享有权利，而且，对权利的实际享有要受到财产、国籍、性别、能力、教育等因素的制约，但人权观念无疑是权利观念的一个升华，它表明，“权利主体关于权利的意识从利己的本能冲动和简单的利益动机上升到维持自己作为人所固有的尊严和价值的层次，表明权利主体在维护自己的利益和尊严时有了一种终极的凭借。同时，也意味着人类开始走向一种超功利的相互认同与合作”。①

人权观念具有导向性作用，是人权状态的决定性因素和内在动力。权利意味着权利主体资格的提升、利益的安全、能力的增长或主张的强化，并因此意味着人的地位的提高，人格尊严的强化和个人自由的增进。权利发展更实质的意义在于，“它意味着支持那些资格、利益、力量或主张并因此使它们成为权利的道德、法律和社会体制的进步，并因此意味着权利的社会配置方式的改善，意味着社会正义的增进”。② 这样一来，享有一项权利就是享有一种正义，就是被赋予一种表达个人主张的力量。所以，这样一种正义也可以被说成是一种绝对的权益，是行为道德、社会政策以及政治的基础。

---

① 夏勇：《走向权利的时代——中国公民权利发展研究》，中国政法大学出版社 1999 年版，第 5 页。

② 夏勇：《走向权利的时代——中国公民权利发展研究》，中国政法大学出版社 1999 年版，第 9 页。

人权观念对于刑罚的影响，一是要求刑法严格保护人权，二是要求刑罚人道化、轻缓化。前者表现为刑法的人权保障功能，主要应指刑事诉讼过程中对弱者一方的权利保护，[①] 表现为对被告人权利的严格保护，此外还要保障被害人以及社会一般人的权利。人权状况既是一个社会文明发达程度的标志，也是一个社会文明发达程度最基础的条件之一。人权的法律保障是人权之最基本、最有力的保障，而人权的刑法保障又无疑是其中最重要的保障。人权观念对刑罚影响的后一方面，具有更为实质的意义，因为如果没有权利保护的要求，即使“权利”摆在人的面前也难以得到实现。因此，从本质上说，人权是反对刑罚的严酷性、非人道性的，其体现的是对人性以及人的尊严的充分而全面的理解、同情和尊重，其根基是对人的爱和宽恕。它要求不仅要爱自己还要爱整个人类，要把人作为目的而不是手段来对待。这种观念在西方诞生较早，而在中国，从一定意义上说是一种舶来品，所以必须予以充分的重视。

2. 人权与刑事政策关系的西方考察

从西方历史上对于人权的认识和保护来看，可以分为人权蒙昧阶段、消极权利阶段和积极权利阶段。在不同的阶段，由于人权的要求不同，刑罚呈现出不同的状态。

西方人权蒙昧阶段之于酷刑的容忍。西方人权蒙昧阶段，是指中世纪及其以前的时期。在这一时期，虽然各国的政治制度差异很大（仅就希腊城邦而言，就有君主制、僭主政治、寡头政治以及民主制等）[②]，但大都处于报复刑和威慑刑时期，在社会保护的名义下酷刑盛行，人们对酷刑采取容忍态度。

西方人权消极权利阶段对于酷刑的反对。消极权利阶段是指

---

① 储槐植：《市场经济与刑法》，载《中外法学》1993 年第 3 期。

② ［爱尔兰］J. M. 凯利：《西方法律思想简史》，王笑红译，法律出版社 2002 年版，第 4 页。

20世纪以前，基于个人自由主义而产生的对于人权的认识和保护时期，[①] 这一时期由于文艺复兴以来启蒙思想的影响，酷刑受到人民的强烈反对，因而西方各国大都进行了相当程度的刑法改革，加大对于人权的刑罚保护，刑罚趋于轻缓。

霍布斯的自然权利就是近代人权的起源。刑事古典学派针对中世纪的残暴刑罚，提出了刑罚人道主义，其宗旨是为了将政府的刑罚权纳入法治的轨道。在启蒙思想家以及刑事古典学派人权思想的影响下，各国进行了较大的刑罚制度的改革。“各国各地纷纷酝酿或制定‘现代’法典：俄国在1769年，普鲁士在1780年，宾夕法尼亚和托斯坎尼在1786年，奥地利在1788年，法国在1791年、共和4年、1808年和1810年。这是刑事司法的一个新时代。”[②] 1789年法国《人权宣言》第8条规定：“……除非根据在犯法前已制定和公布的且系依法施行的法律以外，不得处罚任何人。”这条规定深深影响了欧洲诸国的立法和司法。

总之，在20世纪以前，随着人权保护意识的产生和增强，刑罚在保护社会的同时也兼顾对人权的保障，刑罚的人道性日趋彰显。黑格尔指出：“由于文化的进步，对犯罪的看法已经比较缓和了，今天的刑罚早已不像百年以前那样严峻。犯罪或刑罚并没有变化，而是两者的关系发生了变化。”[③] 就整体犯罪现象而言，尽管犯罪现象并未减轻甚至趋向严重，尽管犯罪率并未下降甚至趋于上升，作为人类对于犯罪反应的刑罚却呈现出趋于轻缓的发展态势。

西方人权积极权利阶段刑罚的轻缓。人权认识和保护的积极权

---

① 夏勇：《走向权利的时代——中国公民权利发展研究》，中国政法大学出版社1999年版，第5页。

② ［法］米歇尔·福柯：《规训与惩罚——监狱的诞生》，刘北成、杨远婴译，生活·读书·新知三联书店1999年版，第8页。

③ ［美］庞德：《通过法律的社会控制》，沈宗灵译，商务印书馆1984年版，第9页。

利阶段，是指 20 世纪以来的西方权利保护时期。“在这个时期，由于人们普遍认为政府应该承担保护公民免受工业社会生活之诸多不幸的任务，并通过积极的政策来满足新的经济、社会需求，相应地，公民则应该享有要求政府做出如此积极行为的权利。”人们对于刑罚的轻缓化要求更加迫切，刑罚及其执行的人道主义更加受到重视，如前所述，其具体表现在死刑在西欧绝大多数国家的废除以及自由刑执行的轻缓化和非刑罚化。这一时期刑罚的轻缓化是对于人性的更加深切的关怀，不仅死刑令人难以容忍，就是长期的自由刑也受到诟病，这些可以说是刑事实证学派和新社会防卫论等推动的结果。“完整的行刑人道主义不仅关注罪犯肉体的存在和需要，而且关注罪犯个人价值的复归、个人尊严的复归。在某种意义上讲，关注个人社会价值的复归、个人尊严的复归，更能反映人道主义的真谛，表现出对人的关怀。”①

作为人权保护积极阶段的结果，刑罚人道主义得以广泛传播，国际人权运动得以深入开展。这主要表现在 20 世纪 50 年代以后陆续通过了一系列关于罪犯人权保障的国际公约和文件，如《囚犯待遇最低限度标准准则》（1955 年）、《公民权利和政治权利国际公约》（1966 年）、《保护人人不受酷刑和其他残忍、不人道或有辱人格的待遇或处罚宣言》（1975 年）、《执法人员行为守则》（1979 年）、《关于医务人员、特别是医生在保护被监禁和拘留的人不受酷刑和其他残忍、不人道或有辱人格的待遇或处罚方面的任务的医疗道德原则》（1982 年）、《世界人权宣言》（1984 年）、《禁止酷刑和其他残忍、不人道或有辱人格的待遇或处罚公约》（1984 年）、《关于保护面对死刑的人的权利的保障措施》（1984 年）、《联合国少年司法最低限度标准规则（北京规则）》（1985 年）、《囚犯待遇基本原则》（1990 年）等。国际公约对加入的缔约国来

① 翟中东：《刑罚个别化研究》，中国人民公安大学出版社 2001 年版，第 190 页。

说是属于具有法律约束力的国际文件，缔约国有义务遵照执行，尚未加入的国家也要考虑是否加入。对此，美国 Zimring 教授总结认为，欧洲死刑的废除，人权观念的强化是一个重要因素。[①]

3. 人权保护倡导刑罚轻缓的“宽严相济”

人权观念的发展有助于增进人与人的相互理解与尊重，构筑和谐而自由的社会关系，尤其是扼制强权的暴虐，从而促进人类和平与进步。“如果我们把爱、力量和正义看作人类政治的三个要素，那么，现代人权观念和制度便代表着正义，并且把正义寓于爱和力量之中。”[②] 这一认识是真理性的，反映了人权保护与刑罚文明的关系。人权保护与刑罚轻缓化的关系已如上述，它的另一种说法就是人权排斥重刑，学者对人权之于刑罚的重要意义有深刻的认识：废除死刑运动之所以在过去短短的几十年里取得迅速发展，“最根本的一点在于世界人权运动的蓬勃发展，是人权将死刑推向了被审判的命运，是人权判处了死刑的死刑”。[③]

正如涂尔干所说的，既然惩罚真正的存在理由，就是它必然含有的责难，既然惩罚就是斥责，那么，最好的惩罚就是尽可能采取富有表现力的、代价又最低的方式进行责备。[④] 或许，这就是人权保护语境下“宽严相济”刑事政策的底蕴性诠释。

（四）爱与宽恕精神下的宽严相济刑事政策

如上所述，爱与宽恕是基督教文化的实质。其实，它也是人类生活终极精神的表现，具体到我国刑事法领域，我国当下“宽严相济”刑事政策也应以爱与宽恕为精神指导。

---

① Franklin E. Zimring, The Contradictions of American Capital Punishment [M]. Oxford University Press, 2003:17.

② ［德］保罗·蒂里希：《政治期望》，徐钧尧译，四川人民出版社1989年版，第155页。

③ 刘仁文：《死刑存废最新动态》，载《检察日报》2003年8月13日。

④ ［法］涂尔干：《道德教育》，陈金光等译，上海人民出版社2001年版，第175页。

1. 传统文化中的爱与宽恕

传统文化中的爱与宽恕，表现为儒家的“仁爱”与恕道，以及墨家的“兼相爱，交相利”。

首先，关于“仁爱”。关于“仁”，《论语》中多有记载，如“仁远乎哉？我欲仁，斯仁至矣。”（《论语·述而》）“当仁不让于师。”（《论语·卫灵公》）“己欲立而立人，己欲达而达人。”（《论语·雍也》）“己所不欲，勿施于人。”（《论语·卫灵公》）那么“仁”是什么？《说文解字》称：“仁，亲也。”这是从最本质的字义来解释“仁”的意义，也最能说明孔子思想的核心，“仁”就是要“爱人”（《论语·颜渊》），要“泛爱众”（《论语·学而》）。这种“爱人”是出自内心深处的平和、谦恭和亲热之情，系一种相当普遍的感情。

“仁爱”的进一步发展便是“恻隐之心”，孟子认为，人人生而都有潜在的向善可能即“端”，恻隐之心就是“仁之端”（《孟子·公孙丑上》），“恻隐之心，人皆有之”（《孟子·告子上》）。“无恻隐之心，非人也”（《孟子·公孙丑上》）。为仁由己，而由人乎哉？（《论语·颜渊》）孟子从性善论出发，不仅将道德规范进一步深化为自觉的主体意识，而且将仁学进一步转向政治领域，提出了仁政理论。

按照孟子的说法，“爱人”所应达到的高度是“老吾老以及人之老，幼吾幼以及人之幼”（《孟子·梁惠王上》）。他还指出，“爱人”也是双向的，“爱人者人恒爱之”（《孟子·离娄下》）；“爱人”的顺序是“亲亲而仁民，仁民而爱物”（《孟子·尽心上》），即由爱亲人进而爱百姓，由爱百姓进而爱万物，这与礼制的先由家人和谐，再及乡里和谐，最后达到天下人普遍和谐的顺序是一致的。荀子虽主“性恶”说，但他认为正是由于人性恶，所以更需要通过教化使之“无不爱也，无不敬也，无与人争也，恢然如天地之苞万物”（《荀子·非十二子》）。他也跟孔子、孟子一样，认为“爱”出自“仁”。他在著述中不仅引用了“仁者爱人”，而且指出“不幸不顺见恶，而能无失其爱，非仁人莫能行”（《荀子·子道》）。后世儒家在处理人际关系、主张仁爱这一问题上基本世代相沿，没有多大变化。如《礼记》认为“有知之属，莫不爱其类”，人若不知仁爱，“则是鸟兽之不若也。”（《三年问》）因此，世间道理千千万，却应以“爱人为大”（《哀公问》），“存爱”是“人道”的五项内容之一（《大礼》），存爱的表现应是“不独亲其亲，不独子其子”（《礼运》）。

但必须明确的是，儒家的“爱”与基督教之爱是有区别的：基督教之爱是超世的，从而具有一种精神的指导作用，其出发点是个人的；儒家的爱是世俗的，因而功利性极强，其出发点是社会的，系为统治阶级的统治服务。儒家的“仁爱”是具有严格的伦理等级意蕴的，亦即具有等差性。

其次，关于恕道。《卫灵公》篇中，子贡问曰：“有一言而可以终身行之乎?”子曰：“其恕乎！己所不欲，勿施于人。”“己所不欲，勿施于人”，就是出自内心深处的一种对“人”的平等与亲切之情，是儒家恕道的核心所在。

儒家为什么要讲究“恕道”？其目的是为了实现“仁者爱人”的理想。怎样才能实行“仁者爱人”呢？孔子认为，关键是人与人之间能行忠恕之道。他说：“夫仁者，己欲立而立人，己欲达而达人。能近取譬，可谓仁之方也已。”（《论语·雍也》）所谓“仁之方”，就是实行仁的方法。“能近取譬”，就是要设身处地，将心比心，推己及人。从积极方面来说，就是“己欲立而立人，己欲达而达人”，自己要站住，同时也使别人站得住；愿意自己的要求得到满足，同时也要使别人的要求得到满足。从消极方面来说，就是“己所不欲，勿施于人。”自己不喜欢的事情，也不要强加于人。这种宽恕之道是《论语》所构筑的道德规范体系中最值得称道的一种伦理目标，同时也是一种最值得称道的行为规范。

最后，关于墨家的“兼相爱，交相利”。即墨子思想的核心则是“兼爱”。“兼爱”是墨子法哲学的理论基础，也是墨家区别于其他学派的主要标志。墨子提倡“兼爱”，并不否认个人利益，而是主张人与人之间互爱互利。墨子说：“天下兼相爱则治，交相恶则乱。”（《墨子·兼爱上》）他提倡“兼爱”，就是不分贫富贵贱大家都来相爱。墨家的“兼爱”和儒家的“爱有差等”是对立的，但其出发点与儒家一样都是国家和社会的，是忠君和皇权主义的而非个人的。

2. 现实生活中的爱与宽恕

爱并没有远离我们中国人——从远处着眼，如上所述，中国文化有宽恕和爱的基因；从近处看，2008 年 5 月的四川大地震中，涌现了无数的可歌可泣的人与事，有像谭千秋老师那样，舍身保护学生、抢救学生的事迹（谭千秋老师的女儿、北京大学法学院的本科生谭君子说：“在地震中，几乎所有的老师都会首先想到保护和抢救学生。”①），更有父母舍身救子女、子女奋力救老人的感人事迹。四川大地震发生后，国务院总理温家宝第一时间赶到现场，指挥抢险救灾。之后，全国人民展开一场支援四川灾区的战役。各行各业积极捐款捐物……沂蒙山区的农民甚至自发组织起来、不远万里开着农用三轮车来到灾区，以自己的血肉之躯去支援灾区人民。灾区北川县的武警官兵，在地震发生的第一时间将在县礼堂参加颁奖的全部青少年安全转移，北川看守所的武警官兵还奋力抢救出 12 名犯罪嫌疑人。中央电视台记者采访了看守所的值班武警，这名武警说：

我们的职责是负责看守所的安全，不能让犯罪嫌疑人逃跑，但

① 参见百度百科，http://baike.baidu.com/view/1591622；新华网，http://news.xinhuanet.com/politics/2008-05/20/content_8212115；中央电视台新闻频道，http://news.cctv.com/special/2008gandongzhongguo/20081111/101850；中国教育和科研计算机网，http://www.edu.cn/yxjs_7391/20080605/t20080605_301010.shtml。

也要保证他们的人身安全——他们毕竟也是一个个鲜活的生命。[①]

这就是一种爱的体现。四川地震抢险救灾中一幕幕爱的奉献，叫人感动、催人泪下——它们表明中国人是富有爱心的人民，[②] 2010年，青海玉树地震中也涌现了许多可歌可泣的抗震救灾的事迹……中华民族是一个自强不息的民族，是一个伟大的民族！但是理性而又冷静地说，抗震救灾中这种爱的表现，还不能足以说明中国人爱与宽恕的超世化，而刑罚结构改革需要的是立法者和社会大众的普遍的爱和宽恕，一种普遍的人道化的情怀和宽恕的心态。

所以，爱和宽恕在中国历史上有其存在的影子，在现实生活中也不乏其存在，但其并没有成为一种普遍性的超世的共识。只有使得爱与宽恕成为一种理念而深入人心，才有望解决包括减少犯罪在内的中国的诸多问题。

3. 爱与宽恕倡导的“宽严相济”

爱与宽恕文化对刑事政策的解读，其本质是对犯罪的深刻理解，以及对于人性的深切体认，是一种近乎超世的文化精神的体现。爱与宽恕文化倡导的“宽严相济”有其犯罪学、刑罚学、行刑社会化的合理根据。

犯罪学基础。首先，犯罪现象是不可避免的。犯罪作为一种严重违反社会规范、破坏社会正常秩序的行为，具有不可避免性。关于犯罪存在的必然性，龙勃罗梭认为：无论从统计学的角度看，还是从人类学的角度看，犯罪都是一种自然现象；用某些哲学家的话

---

① 参见中央电视台新闻频道2008年6月12日13时45分的新闻节目：“北川英雄”。

② 关于这次大灾难中的众多英雄事迹，可参见徐华：《汶川·汶川：四川大地震纪实》，花城出版社2008年版；忠俊摄：《震撼》，新世界出版社2008年版；李曜明等：《师魂绚丽如虹：记“5·12”汶川地震中的英雄教师》，四川教育出版社2008年版；朱成山：《危难真情：汶川地震大救援故事》，南京出版社2008年版等。

说，同出生、死亡、妊娠一样，是一种必然现象。[①] 迪尔凯姆指出："犯罪不但存在于某些社会，而且存在于一些社会中。如杀人、伤害，在古今中外任何一个社会群体中都未能避免。"[②] 如果不承认犯罪必然存在这个规律，把犯罪作为社会不该有的个人行为来认识和处理，则严重妨碍着人们对犯罪的本质和本源的认识，削弱人们从宏观上认识犯罪现象的动力，使人错误地认为除了社会危害性之外，犯罪与社会再也没有其他关系了。其实，从客观存在的角度看，犯罪不仅是社会的正常现象，而且，在整个社会现象的体系中，犯罪是与政治、经济、法律等现象处于同一逻辑层次的重大社会历史现象，"犯罪如同政治、经济和法律等重大社会现象一样，是一定历史条件下必然的、不以人的意志为转移的产物"。[③] 其次，犯罪人不应承担全部责任。刑事古典学派认为犯罪人在本质上是意志自由的，犯罪人是基于自己的意志自由而选择实施犯罪行为，因而应当对自己的行为后果承担刑事责任。以贝卡利亚为代表，古典犯罪学在犯罪本源问题上持决定论立场，坚持认为犯罪现象背后的神秘力量就是人性与环境的互动，既非神学预定论又非自由意志论的决定论立场，对古典犯罪学的这种犯罪观形成了重要影响。[④] 始于19世纪30年代的犯罪学研究，证明了犯罪人意志并不是完全自由的，在特定情况下甚至是不自由的，因而犯罪人不应承担犯罪的全部责任。犯罪产生的原因是复杂的，既有社会的因素，也有自然的因素；既有被害人的原因，也有犯罪人的原因，所以犯罪人不应承担犯罪的全部责任。

---

① ［意］龙勃罗梭：《犯罪人论》，黄风译，中国法制出版社2000年版，第319页。

② ［法］迪尔凯姆：《社会学方法的规则》，胡伟译，华夏出版社1999年版，第53页。

③ 王牧：《学科建设与犯罪学的完善》，载《法学研究》1998年第5期。

④ 白建军：《关系犯罪学》，中国人民大学出版社2005年版，第52~66页。

刑罚论基础。我们一向重视刑罚的正面价值，认为其是社会生活必不可少的重要组成部分，“一个没有刑罚存在的社会，其秩序至紊乱，生命、身体、自由与财产受到任意侵犯的危险情况，是我们不难想象的”。[①] 这使得我们往往在某种程度上看不到或者忽略了刑罚的负面价值，甚至将其负面价值作为必要的牺牲而予以正当化。其实，刑罚在具有正面价值的同时，具有其与生俱来的恶害性、功能的有限性以及经济上的昂贵性。学界认为，使犯罪人受剥夺性痛苦是刑罚的惩罚性质与内在属性。恶有恶报、善有善报的朴素正义观念决定了没有痛苦内容的措施在任何时代都不可能成为刑罚。[②] 边沁指出，任何惩罚都是伤害，所有的惩罚都是罪恶。根据功利原理，如果惩罚被认为确有必要，那仅仅是因为它可以起到排除更大的罪恶。[③] 刑罚从本质上说是一种惩罚和痛苦，是对人的权益的剥夺。由刑罚的本质所决定，刑罚具有与生俱来的恶害性。监狱行刑也加剧了刑罚的恶害性，即罪犯监狱化与罪犯再社会化的矛盾，以及封闭的社会与开放的社会的矛盾，其突出表现就是犯罪人的“监狱化”现象。刑罚的恶害性启示我们，在不能期待刑罚十全十美的情况下，以宽容态度对待犯罪和刑罚是理性的。除此之外，刑罚功能是有限性的。在现代西方国家，“刑罚吓不住人”已成为犯罪学家的共识。[④] 这主要是因为刑罚功能的有限性。如前所述，犯罪原因是复杂性的，这就决定了刑罚预防功能的局限性。不管是从理论上来说，还是从事实上观察，刑罚的功能都是有限的。在刑罚功能本身具有缺陷，不能保证其正面价值的情况下，选择一

---

① 林山田：《犯罪问题与刑事司法》，台湾商务印书馆 1982 年版，第 148 页。

② 张明楷：《刑法学》，北京大学出版社 2006 年版，第 19 页。

③ 法学教材编辑部《西方法律思想史编写组》编：《西方法律思想史资料选编》，北京大学出版社 1983 年版，第 493 页。

④ ［挪威］安德聂斯：《刑罚与犯罪预防》，钟大能译，法律出版社 1983 年版，第 1 页。

定程度的宽恕是明智的。

行刑社会化要求。为了避免刑罚执行中犯罪人的监狱化，行刑社会化已经成为人们的共识。但是，行刑社会化的顺利进行需要人们对犯罪人持爱和宽恕的心态。爱和宽恕是解决行刑社会化问题的重要切入点。所谓行刑社会化，概言之，就是为了缓解监禁刑对罪犯再社会化的负面作用，一方面扩大非监禁刑的适用，尽可能把罪犯放到社会上接受矫正；另一方面适度弱化监狱的封闭性，使其尽可能接近于自由社会，并扩大社会力量对矫正事业的参与，以利于罪犯重归社会。“行刑社会化代表着行刑发展的国际趋向，也是我国行刑改革的重要方向。”① 在西方，行刑社会化的措施主要有设置开放监狱、广泛适用建立在累进处遇基础上的假释制、用公共服务代替监禁刑等。② 从历史上考察，我国是报复刑很发达的国家，报应刑观念迄今还广有市场。而行刑社会化是建立在对犯罪人爱和宽恕的基础上的，报复刑观念体现的是一种对于犯罪人的极大的不信任。

（五）先进文化影响下的宽严相济刑事政策

综上，和谐、人权保护以及爱与宽恕先进文化主导下的宽严相济的刑事政策在犯罪预防与控制方面，明显区别于重刑主义的宽严相济，具体表现为社会治安综合治理的做法和“严而不厉”的刑法控制结构以及体现现代刑罚发展趋势的社区矫正等罪犯处遇方式。

首先，关于社会治安综合治理。在近 30 年来，人们对这一新的犯罪对策思想的实践进行了若干有益的尝试。社会发展到今天，在宽严相济刑事政策的指导下，社会治安综合治理有了新的内涵，

---

① 冯卫国：《行刑社会化的思想源流与发展趋向》，载《中国监狱学刊》2003 年第 6 期。

② 谢望原、翟中东：《对我国行刑社会化的思考》，载《法学评论》2000 年第 1 期。

那就是特别强调预防犯罪的重要作用，强调动员社会各种积极因素来进行犯罪预防，并恰当处理好预防犯罪和保护人权的关系，而人权保护又是矛盾的主要方面。

其次，先进文化主导下的宽严相济要求建立“严而不厉”的刑法控制结构。“严而不厉”包括两个方面的内容，一方面是刑罚轻缓，另一方面是法网严密，而法网有两层：整体法网和刑事法网，前者为后者的基础。整体法网指的是国家对社会事务的管理法规。管理出秩序，秩序是刑法追求的价值目标，又是畅通刑法机制的环境保障。从总体效用观察，严管胜于严打。欧美经济发达国家对公职人员、金融财政、市场运行以及与民众生活息息相关的食品生产销售和医药卫生事业等均有细密周详的管理法规，因而这些领域的犯罪尤其程度严重的犯罪相对较少。刑事法网，包括刑事实体法和程序法以及行政执法。① 宽严相济首先要求在刑罚轻缓化的前提下，严密法网特别是严密刑事法网，从而理性而又合理地对犯罪作出反应，而不是求助于重刑控制。

最后，宽严相济要求加强刑罚执行的社会程度。我国的行刑社会问题始于对罪犯实施“三分”的制度。实施分级处遇，是改革开放后监狱系统实施的重要改革措施之一，分级处遇的实施在一定程度上激发了罪犯的改造积极性。然而，目前分级处遇的不足之处也是存在的，突出问题是处遇差别拉不开。要想提高我国监狱的处遇效果，必须考虑走行刑社会化的道路。可考虑设置开放性处遇级别，允许经严格把关进入开放性处遇级别的罪犯参加监狱组织的在社会上进行的劳务承包等，待条件成熟，可以推行允许进入开放性处遇级别的罪犯白天在社会上劳动，晚间返回监狱报到的制度。社区矫正制度也是一种有效的行刑社会化的措施。社区矫正制度在不同的国家有不同的内容，如英国 1972 年的刑事审判法（Criminal Justice Act，1972）创设了社区服务令（Community Service Order）

---

① 储槐植：《刑事一体化论要》，北京大学出版社 2007 年版，第 61~62 页。

制度（该法第15条至第19条）。适用对象包括初犯和累犯，大多适用于未满25岁的罪犯。所从事的工作种类很多，例如，有医院、精神病医院的一般劳务、社会福利机构的服务、道路清扫、修缮公用房屋、从事公共工程建设等。近几年，在我国试行的社区矫正主要是针对五种情况，即被判处管制、缓刑的罪犯以及被假释、保外就医和监视居住的犯罪人。我们建议应从立法上解决短期自由刑的执行问题，如对被判处1年以下有期徒刑或拘役刑的罪犯采用类似英国的社区服务令的内容，纳入社区矫正范围。此外，半拘禁制度与周末拘禁均为可以避免短期自由刑的行刑社会化措施。例如，比利时1963年立法规定，对于遗弃、家属保护义务违反、酗酒及某种交通事件等而被科处1个月以下自由刑者，用周末拘禁制代替，亦为一种短期自由刑的分期执行。半拘禁适于被科处3个月以下短期自由刑者，白天允许在社会内照常工作或就学，但夜间及周末须在监狱中拘留，可以称为一种“半自由刑”。[①] 在我国，交通肇事导致的犯罪增多，家庭及邻里间因琐事而发生的轻伤害案件也不少，还有一些发生在家庭成员间的虐待、遗弃类犯罪，应该说属于轻罪，如判处自由刑刑期也不宜长，此时参用国外半拘禁制度可能行刑效果会更好。可见，行刑社会化的方式多种多样，但都要求对于犯罪人有充分的信任；如果固守报应刑理念，没有爱和宽恕精神的支持，这些行刑社会化措施是难以有效进行的。

（本文原载《宁夏大学学报（人文社会科学版）》2010年第5期）

---

① 《韩忠谟教授纪念论文集：刑事思潮之奔腾》，台湾财团法人韩忠谟教授法学基金会2000年版，第552页。

刑事和解实体根据三维论

随着国际刑事法改革的发展，对被害人和犯罪人进行双重保护的观点得以确立。1999 年 4 月，联合国经济及社会理事会的《制订和实施刑事司法调解和恢复性司法措施》的决议草案指出，虽然大量轻微犯罪影响到公民的安全和舒适，但是无论从受害者角度还是从惩罚的充分和恰当与否的角度来看，传统的刑事司法机制并非总能针对这些现象做出适宜而又及时的反应。因此，调解和恢复性司法措施作为解决轻微纠纷和轻罪的重要手段，应当加以强调。

2002 年 4 月，联合国预防犯罪和刑事司法委员会第 11 届会议通过了《关于在刑事事项中采用恢复性司法方案的基本原则》，其序言部分强调恢复性司法为受害人提供了获得补偿、增强安全感和寻求将事情了结的机会，使罪犯能深刻认识其行为的原因和影响并切实承担责任，同时使社区能够理解犯罪的根本原因，促进社区福利并预防犯罪。由此，各国开始把恢复社会正常秩序、增加社会和谐与福祉作为自己的刑事司法目标，刑事和解就是其中的一项重要内容。

一、刑事和解之界定

在西方诉讼法学理论上，“刑事和解”也称为被害人与加害人和解、被害人与加害人会议或者恢复正义会议，指在犯罪发生之后，经由特定的调停，使犯罪人与被害者直接商谈、协商解决纠纷，目的是为了恢复被犯罪人破坏的社会关系、弥补被害人受到的损害，为犯罪者回归社会、平抑社会冲突创造良好条件。由此出发，有观点认为刑事和解是指，“为了让犯罪人直接对其犯罪行为承担责任并给被害人以帮助和补偿，在安全和预先安排好的环境下，给刑事被害人和犯罪人提供面对面会见的机会。刑事和解又称为‘被害人——犯罪人会议’或‘被害人——犯罪人座谈会’”。[①] 我们认为，这样的定义有其特定的学术背景，反映了西方研究的最新理念，但是具体到我国的国情，应当有所修正。

现代意义的刑事和解与西方国家的恢复性正义理论密切相关。每个社会都有解决争端的不同的法律、社会制度，其性质、结构和运作方式都与该社会的文化、社会模式和经济政治组织相适应。传统的正义模式是报应和惩罚，随着社会的发展，西方国家的刑事司法开始践行恢复性司法活动。例如，德国 1994 年 10 月 28 日的《预防犯罪法》第 46 条 A 第 1 项规定：如果行为人致力于被害人达成和解，对其行为全部或大部分予以补偿的，或者为补充而做真诚努力的，可以免除处罚。此种规定被称为“行为人-被害人和解程序”。《俄罗斯联邦刑法典》第 76 条也认为，初次实施犯罪的人，如果他和受害人和解并弥补给受害人造成的损害，则可以被免除刑事责任。西方学者根据司法实践，提出了恢复性正义（或修复式正义）理论。该理论认为：“任何主要目的为恢复犯罪所造成的损害的活动，均称为修复式正义，它是一项特殊犯行的所有利害当事人共同聚在一起，共同处理犯罪后果及其未来意涵的过程。它有四个要素：以‘社会’、‘冲突’的观点，而非‘法律’的观点来看待犯罪事件；修复式正义是一种恢复损害的‘关系式正义’；修复式正义主张，借着发现问题、恢复损害、治疗创伤而能进行广泛有意义的社会革新，从而为社会创建更多的‘和平及福祉’；修复式正义要求加害者、被害者及社区的共同参与修复及治疗。”[②]

① 张伦：《论刑事和解》，北京大学 2003 年硕士学位论文。

② 甘添贵教授祝寿论文集：《刑事法学之理想与探索》（第 4 卷），学林文化事业有限公司 2002 年版，第 38~42 页。

刑事和解被认为是在刑事诉讼价值多元化的理论指导之下，为了实现平抑社会冲突，实现对刑事被害人权益救济的一种理论选择。被害人参与刑事和解的内心动因的理论基础是刑事和解程序所固有的恢复、平衡和为被害人提供一个叙说被害体验的空间之功能。[①]

刑事和解在我国有其事实和法律基础，并具有一定的可操作性。从事实情况看，刑事和解的雏形是调解。在一般含义上，调解又称调停，是指具有中立的第三者通过当事人之间的意见交换或者提供正确的信息，从而帮助当事人达成合意，解决纠纷的活动。[②]在我国，调解作为一种有效的纠纷解决机制在国际上被誉为“东方经验”。我国的调解源远流长，最早可以追溯到原始社会。进入阶级社会后，社会结构和人与人之间的关系发生了根本性的变化，但受儒家“无讼”[③] 思想的影响，调解作为改善和调整人际关系的主要手段和方式被保存下来。新中国成立后，1954 年政务院颁布了《人民调解委员会暂行组织通则》，正式确立了人民调解制度。后来，调解制度在司法实践中也得到确认，形成了民间调解和官方调解并存的纠纷解决机制。调解制度在维护社会稳定、促进民主与法制、保障改革和经济建设的顺利进行，促进社会的发展等各方面都发挥了不可替代的独特的作用。现在官方调解主要适用于民事案件，但是在轻微的人身伤害案件以及刑事附带民事案件中调解也发挥了重要作用。

从法律规定看，我国的刑事诉讼法根据诉讼发动权的不同，将刑事案件分为公诉案件和自诉案件，自诉案件包括告诉才处理的刑

---

① 刘方权、陈晓云：《西方刑事和解理论基础介评》，载《云南大学学报》（法学版）2003 年第 1 期。

② ［日］棚濑存雄：《纠纷的解决与审判制度》，王亚新译，中国政法大学出版社 1994 年版，第 13 页。

③ 据《论语·颜渊》，孔子认为：“听讼，吾犹人也，必也使无讼乎。”即人与人之间要和睦相处，发生矛盾和纠纷要通过协商解决，不要动辄诉诸公堂。“无讼”遂成为历代统治者所追求的目标。

事案件、被害人有证据证明的轻微刑事案件和被害人有证据证明对被告人侵犯人身、财产权利的行为应当追究刑事责任而公安机关或人民检察院不予追究被告人刑事责任的案件。在自诉案件的情况下，被害人是自诉人，除第三类自诉案件外，被害人享有完全的当事人的地位，有权决定是否起诉、撤诉，人民法院可以对自诉案件进行调解，被害人也可以决定与被告人自行和解。《刑事诉讼法》第 99 条规定，被害人由于被告人的犯罪行为而遭受物质损失的，在刑事诉讼过程中，有权提起附带民事诉讼。如果是国家财产、集体财产遭受损失的，人民检察院在提起公诉的时候，可以提起附带民事诉讼。

从实际操作可能性上讲，许多犯罪发生后，被害人为了挽回自己损失、恢复正常的社会生活，往往希望能够与加害人达成和解。在加害人真诚悔罪并积极赔偿的前提下，相当一部分被害人对加害人持有谅解的态度，不是绝对地坚持报复。在一些重大的刑事案件，如重伤害案件、甚至故意杀人案件中也存在类似的现象。在司法实践中，在被告人积极赔偿、真诚悔罪的情况下，许多严重刑事犯罪的被害人亲属请求对被告人进行从轻处罚，就是明显的例证。由此可见，通过刑事调解达到利益恢复存在很大的可能性和可操作性。对于刑事法上被害人利益损害恢复的可能性，德国学者科尔纳（Kernna）通过对大量被害人的问卷调查发现，只有那些相当严重或者特别值得非难的犯罪，被害人才会真的希望对行为人施以刑罚制裁。在欧洲国家，在中度严重或者轻微的犯罪行为发生后，被害人将利益恢复居于突出地位。他们往往也想知道为什么是他，而不是其他人遇上犯罪。他们也希望被破坏的社区、邻里关系能够同样恢复正常。对加害人而言，显然也有相当部分愿意真诚悔过，弥补他们造成的损失。美国的实证性研究表明，一般公众，特别是犯罪被害人，远不像人们想的那样具有报复性。①

基于以上分析，笔者认为，在我国所谓刑事和解，是指犯罪行为发生后，经由司法机关的职权作用，被害人与犯罪人面对面地直接商谈，促进双方的沟通与交流，从而确定犯罪发生后的解决方案，目的是恢复犯罪人所破坏的社会关系、弥补被害人所受到的伤害，使犯罪人改过自新，复归社会。司法机关的职权作用，可以保障和解的有效性及合法性。刑事和解包括侦查阶段的刑事和解、起诉阶段的刑事和解以及审判阶段的刑事和解。侦查阶段的刑事和解，是指公安机关在刑事案件立案之后，基于基本的案情，认为具备刑事和解的条件，将案件受害人和加害人召集到一起通过平等协商的方式解决纠纷的一种刑事司法活动。起诉阶段的刑事和解，是指属于刑事和解范畴的犯罪发生后，经由检察官的主持，使被害人与加害人直接商谈、解决刑事及民事纠纷，对达成和解协议的案件由检察机关做出暂缓不起诉决定。如果犯罪嫌疑人在规定期限内不履行规定的义务，检察机关就要对其进行起诉，请求法院追究其刑事责任。这种制度主要适用于主观恶性比较小的过失犯和初犯、偶犯、胁从犯等，以及犯罪行为发生时客观因素起主导作用的情形。前提是案件事实清楚、犯罪嫌疑人自愿认罪且双方自愿和解。审判阶段的刑事和解，是指在刑事案件的审理过程中，法官依据法律规定，结合具体案情，认为对某些特定的案件（主要是刑事自诉案件和轻伤害案件）可减轻或者不予追究被告人的刑事责任。经合议庭决定后，如果双方当事人同意在平等的基础上进行和解，在法庭主持下，由案件当事人直接商谈以解决纠纷，了解矛盾，恢复社会的正常秩序。以上三种刑事和解都是为了保护被害人和犯罪人双方的利益，并以恢复社会和谐为最终目的，其不同之处在于所处的刑事案件阶段相异，和解的调停人不同。在西方，刑事和解主要适

---

① ［美］博西格诺等：《法律之门》，邓子滨译，华夏出版社 2002 年版，第 661 页。

用于未成年人犯罪和一些有关个人权益的轻微犯罪，如盗窃、欺诈、伤害等。实践中也存在专门针对严重暴力犯罪的刑事和解程序，但是为数不多，且在理论上争议很大。鉴于我国的国情，我国的刑事和解案件应主要限于刑事自诉案件和部分危害程度不大的侵害人身权利犯罪。此外，刑事和解也适用于案件性质难以明确界分的案件，因为“民事与刑事的区分并不是法律上唯一的分类，但也许是法律分类最无可置疑的一种。不过……那种认为民刑之分具有公理性和普适性的看法无疑是一种心理上和观念上的幻想。事实上，民事和刑事的区分像法律上的许多其他分类一样是人为的和‘构成性’（constitutive）的。它并不具有不证自明的合理性，更不是放之四海而皆准的客观真理。”① 为了规范刑事和解活动，杜绝刑事和解中的违法行为发生，建议刑事和解案件的具体范围由立法机关以法律的形式予以明确规定。

由以上刑事和解的定义可以看出，刑事和解不是私了，也与辩诉交易有很大的区别。有观点认为：“刑事和解是刑事司法契约的典型形态，其通俗的称谓即‘私了’。”②该观点有失全面。“私了”其实不是一个严格的法律术语，指不经过司法程序而私下了结。③私了的范围包括民事案件和刑事案件，其主体包括受害人、加害人或者亦包括起促进纠纷解决作用的第三者。在民事争议中，私了意味着侵权人承担了对被侵权人的损害赔偿责任，从而双方之间的债权债务关系结束。在刑事案件中，私了的常态是加害人向受害人进行经济赔偿或者满足受害人的其他正当或非正当、合法或非法的要求，从而使受害人不将案件诉诸司法机关。其最大的特点是没有经过国家法律所规定的正式程序，在某种程度上规避了法律规定，因

① 梁治平：《在边缘处思考》，法律出版社 2003 年版，第 67~68 页。

② 聂昭伟：《论我国刑事和解制度的建立》，载陈光中、江伟主编：《诉讼法论丛》（第 10 卷），法律出版社 2005 年版，第 166 页。

③ 《现代汉语词典》，商务印书馆 1979 年版，第 1075 页。

而难以保证其合法性和纠纷解决的妥当性。而我们上述的刑事和解，由于司法机关的监督和确认作用，不仅保证了纠纷解决的有效性，而且能确保其合法性和正当性。

刑事和解与辩诉交易。辩诉交易是指，被告人和检察官在刑事案件中努力达成相互满足，并提出于法院获得同意以处理案件的程序。通常包括被告人对较轻的罪名或起诉的多项罪名中之一项或几项答辩有罪，以换取比可能的严重控诉更轻的判决。[①] 辩诉交易可分为三种：（1）罪名协商，指检察官起诉的案件中其构成要件有时包括另一较轻的犯罪构成，经协商之后，被告人就被包括的轻罪表示认罪，检察官则同意不再对原起诉之重罪名追究，直接以表示认罪的轻罪起诉。（2）罪数协商，意指检察官以数项罪名提起控诉，但以减少控诉之罪数为谈判筹码与被告人进行协商，被告人就其中一罪或数罪认罪后，检察官撤销其他指控。（3）量刑协商，意指被告人就检察官原控诉之罪认罪，换取检察官从宽、从轻量刑建议（如缓刑、监禁刑的减少、监禁外处遇等）或者不反对被告人请求法官判处较轻的刑罚。[②] 可见，辩诉交易的主体是控辩双方，主要是被告人和检察官，其主要目的是为了减轻检察官的证明责任，以有利于刑事案件的审结。而刑事和解的主体是三方，其侧重点是保护被害人的利益，求得被告人利益与被害人利益的平衡，增加社会和谐和福祉。由此可见，我们所指的刑事和解既不同于私了，也不同于辩诉交易，是一个具有积极意义的严格的法律概念。

二、刑事和解的被害人学探析

20世纪中叶以来，鉴于德国纳粹在战争中对于被占领地区人民的迫害，特别是对犹太人的种族灭绝造成以千万计的被害人这一

---

① Black's Law Dictionary 1152(6th ed. 1990)。

② 彭喜有氏：《如何改进刑事简易程序适用范围》，载台湾《司法研究年报》（第17辑）。

残酷现实，犯罪学开始关注被害与被害人问题，促使传统犯罪学母体中分离出一门新兴学科——被害人学。[①]

现代被害人学对犯罪原因问题予以了关注，但其重点放在如何保护被害人权益问题上。根据研究，被害人在刑事诉讼过程中希望得到的利益有：（1）希望加害人得到报应和道德谴责，有些被害人在被害后，无论其损失怎样地得到赔偿，总是义愤填膺地希望加害者受到加倍制裁，才能抚慰其被害情绪；（2）希望从加害者身上得到赔偿，有些被害人认为对加害人施以刑罚制裁尚不能弥补其遭受到的损失，还要求加害者赔偿其遭受的身体、物质尤其是精神方面的全部损失；（3）希望政府给予自己补偿，受害人在求赔偿无果的情况下，就会要求政府赔偿，认为政府没有尽到维护社会法制秩序、保护社会公众安全的职责，因此希望政府予以补偿，以弥补损失；（4）希望对遭受损害事实予以保密，以免因被公开而遭受更大的伤害，尤其是性犯罪案件中的被害人；（5）有些被害者希望社会有专门的被害人援助机构，能够作为临时避难所对其提供一定支持和帮助；（6）有些被害者不愿意提出告讼，也不愿求偿而是自认倒霉；（7）有些被害者不要求得到物质赔偿，但希望加害人能够向他真诚道歉与悔过；（8）有些被害人希望加害者能够通过具体行为向社区或社会作出一定补偿性劳动或服务，以向社会道歉；等等。[②] 但是，由于近现代以来的刑事司法是一种报应型刑事司法[③]，被害人的权益没有得到有效的保护，存在一定的问题。

被害人的主体地位没有得以确立，被害人的物质损失难以得到

---

① 储槐植、许章润等：《犯罪学》，法律出版社 1997 年版，第 120 页。

② 参见张平吾：《被害者学》，台湾中央警察大学出版社 1996 年版，第 145 页。

③ 其基本特点是绝大部分国家的刑法理念都是将犯罪在本质上视为对国家和社会公共利益的侵犯，或者说是对法益和法律秩序的侵犯。刑罚的目的主要是惩罚犯罪，以达到预防犯罪的目的。这样的司法模式具有很强的工具主义色彩。

赔偿。在报应型刑事司法中，被害人主要是作为程序客体出现的，他们的实体利益被化约为社会公共利益和国家利益。根据刑事程序法，他们有义务提供证据、协助国家机关追究和惩罚犯罪，实际上处于证人的地位。根据刑事诉讼法的规定，被害人因犯罪行为遭受的物质损失可以通过提起附带民事诉讼而获得赔偿。但在司法实践中，由于犯罪嫌疑人、被告人本人不愿意赔偿或者愿意赔偿但客观上无能力赔偿，或者由于司法机关及其工作人员自身的因素，使得绝大多数被害人事实上得不到物质赔偿。在审判实践中，被害人或者其近亲属有的没有提起附带民事诉讼，有的提起附带民事诉讼并经人民法院判决，但这些判决大都未履行或未得到执行。此其一。其二，被害人诉讼权利没有得到有效保障。由于相关司法机关及其工作人员不履行职责，使得被害人应当享有的诉讼权利得不到保障。如在审判阶段，根据刑事诉讼法规定法院至迟在开庭 3 日以前传唤当事人，对于被告人的权利司法机关都能予以充分保障，但对于是否通知被害人出庭很多法院的做法具有很大的随意性，实践中只传唤被告人，而不通知或很少通知被害人出庭，法庭也未设置被害人席，实践中这种做法很普遍，甚至被害人不出庭已经是正常现象；被害人的陈述仅是作为证据的一种，对被害人仅是视为证人而非看作诉讼当事人；宣判后，法律虽然也规定被害人有权在法定期限内收到判决书，但在实践中，对未提起附带民事诉讼的被害人一般不发放判决书，这给被害人行使抗诉请求权带来很大障碍。刑事诉讼法赋予被害人的当事人地位及相应诉讼权利当然无法实现。其三，被害人精神伤害得不到抚慰。在司法实践中，由于司法机关及其工作人员不注意方法策略，不注意时间环境，不注意行为方式，对被害人或者反复询问，或者欺骗哄吓，使得被害人的精神伤害不仅得不到安慰，反而对被害人的人格、名誉造成严重的精神损害。如强奸案件的被害人在诉讼过程中容易受到新的伤害。诚如学者马克·尤姆布里特指出的：“将焦点集中在犯罪人身上的做法左右了刑事司法系统。结果是，刑事被害人被置于完全被动的地位，他们甚至经常得不到帮助或信息。一种无力和易受伤害的感觉是绝大多数刑事被害人的共同体验。一些人甚至觉得，刑事司法系统给他们的非个别化的待遇使他们遭受了第二次伤害。这个系统经常以犯罪人对待他们的方式对待他们：作为一个客体、一件证据，而不是有感觉和利益的人。”①

与报应型刑事司法模式相反，刑事和解制度承认并尊重被害人的主体地位，符合程序主体性原理。根据该原理，刑事司法程序的设计应当尊重程序参与者的人格尊严和意志自由，保障具有实体利益的诉讼参与者能够通过诉讼手段维护自己的切身利益。如果被害人没有程序主体地位，不能够独立、自主地参与、决定与自己利益密切相关的事项，只是国家刑事司法的客体，就根本无法与被告人展开平等、理性的对话与协商，也就难以解决自己的权益保护问题。刑事和解制度能够体现对当事人的尊重，重视国家权力和个人权利的平衡，被害人与犯罪人权益的平衡，从某种意义说是“以人为本”观念在刑罚领域的体现。

刑事和解制度有利于全面保护被害人的人权。米尔恩认为：“人权概念就是这样一种观念：存在某些无论被承认与否都在一切时间和场合属于全人类的权利。”② 从实证的角度看，人权不能脱离一定的国家地域，需要特定的国家法律保护。从人权概念产生的社会历史过程来看，人权是一种反抗权利，具有不可侵犯性。在这里主要是指：“人权系指不受公权力侵害为原则。”③ 可见，人权主要是公法意义上的权利。在传统的刑事诉讼中，被害人人权在一定

---

① ［美］博西格诺等：《法律之门》，邓子滨译，华夏出版社 2002 年版，第 661 页。

② ［英］A. J. M. 米尔恩：《人的权利和人的多样性——人权哲学》，夏勇、张志铭译，中国大百科全书出版社 1995 年版，第 2 页。

③ ［日］芦部信喜：《宪法》，李鸿喜译，月旦出版社 1995 年版，第 98~99 页。

程度上被忽视。学者夏勇先生提出权利有一些必不可少的要素：第一个要素是利益；第二个要素是主张；第三个要素是资格，资格有两种：一是道德资格，二是法律资格，无资格即无权利；第四个要素是权能，它包括权威和能力——利益、主张和资格不仅要有道德的或法律的权威，还要有实现其的实际能力；第五个要素是自由，这里应当包括意志自由和行为自由。对于一项权利的成立来讲，以上五个要素是必不可少的。[①] 我国现行刑事诉讼法赋予被害人一定的法律地位和权利，如对不立案不起诉决定的申诉权、鉴定结论知悉权、提起附带民事诉讼权、参与庭审权、申请检察机关抗诉权等，但是由于制度设计的缺陷，其缺少权利实现的第四个要素，因而其现实的兑现程度比较低，在一定程度上被虚置。刑事和解制度强调被害人的主体性和其权益保护的重要性，使其不仅能够参与刑事诉讼法，而且能够对刑事冲突的解决发挥主导作用，从而能够全面保护其包括平等权在内的诸多人权。

刑事和解制度还有利于被害人生活状态的恢复。刑事案件的被害人在遭受犯罪侵害后，其精神状态往往出现异常，一时难以恢复正常。其重要的因素之一是不理解自己的被害，缺少沟通。现代性的维护者，德国著名学者哈贝马斯提出了沟通行动理论，认为现代西方社会是一个沟通行动不合理而工具行动合理化的社会，应当用沟通理性来代替工具理性。沟通行动是一种语言行为，实现沟通行动合理化最重要的途径是：在建立共同价值规范和充分论证基础上平等展开对话，真理就是人们在理想对话情景下所达成的共识。沟通行动理论将研究重点从主客两分模式的以主体为中心转到了以主体之间的关系为中心（主体间性），强调只有充分尊重个体主体的言谈权利，沟通行动合理化的社会才是一个人人理解、平等、和睦相处的社会，人才能实现作为“人”的意义，不受拘束地自由地

---

① 夏勇：《人权概念的起源——权利的哲学历史》，中国政法大学出版社 2001 年版，第 30~32 页。

获得发展。哈贝马斯认为沟通行动理论的哲学基础实现了从知识范式向理解范式、从“以主体为中心的理性”向“沟通理性”的转变。[①] 在刑事和解过程中，让犯罪人和其他参与人一起听取被害人的被害体验，一方面是让被害人的恐惧、怨恨等不良情绪在和解过程中通过沟通得到宣泄；另一方面也可以让犯罪者在被害者叙说过程中进行与被害者的互动交流，得以沟通思想，诚恳地向受害人认罪悔罪并积极补偿其因此受到的物质损失和精神损失，以得到被害者的宽恕和谅解，真正使社会冲突得到平抑。而被害人也可以将自己的感受表达给犯罪人和其他参与人，从而使其心理伤痕和物质损失得以弥补。

三、刑事和解的犯罪人角度观察

犯罪人是实施了初犯刑律行为的人，由于其行为的社会危害性，国家理所当然地对其采取否定性的态度。但是由于犯罪现象的复杂性，对犯罪人采取一概否定的态度也是不科学的。从犯罪论的角度看，刑事和解对犯罪人采取谅解的态度，没有把犯罪完全归咎于行为人，有其科学根据。犯罪产生的原因是复杂的，既有社会的因素，也有自然的因素；既有被害人的原因，也有犯罪人的原因。比利时学者凯特来认为，犯罪的原因不在个人而在社会，犯罪的发生、消灭及增减，莫不受社会的影响；而气候的寒暖、年景的丰欠，与犯罪也有很大关系。[②] 菲利认为：“无论哪种犯罪，从最轻微的到最残忍的犯罪，都不外乎是犯罪者的生理状态，其所处的自然条件和其出生、生活或工作于其中的社会环境三种因素相互作用

① 梁治平：《法律解释问题》，法律出版社 1998 年版，第 171 页。

② 马克昌主编：《近代西方刑法学说史略》，中国检察出版社 2004 年版，第 158 页。

的结果。”① 可见，将犯罪的责任完全归咎于犯罪人的观点和做法是有失全面的。新社会防卫运动的代表、法国学者安塞尔主张非刑事化的思想，即实行过时罪名非犯罪化、非刑罚化、犯罪预防社会化以及刑事案件受害人化（指对刑事案件首先弄清楚所受损失，做出估价，并责令侵害人或社会专门组织对受害人进行赔偿）。安塞尔认为，当前严重暴力犯罪增加的原因主要是个人尤其是青年人得不到任何真正对话的机会，寻找不到他人谅解或理解，因而失望之至所致。② 刑事和解为犯罪人提供了对话的机会，可以寻求被害人的谅解，有利于其自身罪行的矫正。此外，刑事和解有利于对犯罪人合理利益的保护。及时诉讼是犯罪人在刑事司法过程中的一项权利，侦查、起诉、审判的有效运行能够大大地减少加害人对不确定的前途命运的担忧。刑事和解的进行与和解协议的达成使犯罪人避免了长期羁押对其造成的不利影响，避免了“标签”的副作用。

从刑罚论的角度看，刑事和解有利于对犯罪人的教育和矫正。一般认为，刑罚的目的包括报应和预防两个方面。贝卡利亚、边沁对一般预防格外钟情，导致此后以费尔巴哈与菲兰吉利等人的一般预防主义的崛起。当一般预防主义占据长期的统治地位以后，西方国家的犯罪率，尤其是累犯率大幅度增加，刑罚的威慑作用引起人们的怀疑。同时，由于欧洲大陆兴起实证主义哲学，以实证主义为思想方法的个别预防主义应运而生。李斯特倡导教育刑的理论，主张刑罚不是一种本能或原始同害报复，而应以改造罪犯保全社会为出发点。不但要根据犯罪人的具体情况，进行教育改造，使其尽快复归社会，而且要根据犯罪者的社会危险性所侵害社会利益的程

① ［意］菲利：《实证派犯罪学》，郭建安译，中国政法大学出版社1987年版，第27页。

② 参见马克昌主编：《近代西方刑法学说史略》，中国检察出版社2004年版，第359~360页。

度，适用相应的刑罚，以达到保卫社会的目的。[①] 刑事和解的结果往往是犯罪人弥补了受害人的损失，刑罚的报应目的达到；同时，由于其真诚悔罪，犯罪人的人身危险性也大为减小甚至消失，刑罚的个别预防目的也得以实现。此其一。

其二，可以刑事和解的犯罪，大多案件性质相对轻微，对社会的危害不大，因而对犯罪人可能判处的刑罚多为短期自由刑。而短期自由刑的弊端向来受到人们的指摘。短时期的自由刑不可能改善受刑人，而会使之恶化，特别是占短期自由刑受刑人的大半的初犯者，由于短时期在刑务所被拘禁，丧失对拘禁的恐惧感，使自尊心低下，开始走向累犯的道路，受刑人的家庭也在精神上、物质上两方面蒙受沉重打击，作为国家、社会，为了维持短期自由刑必须支出很多费用等。短期自由刑的威吓的、一般预防的效果不足，完全难于期待将受刑人的改善作为目标的有效的处遇。[②] 刑事和解既否定行为人的犯罪行为，又要相信犯罪人在本质上仍是善良的，并在此基础上采取相应的措施使其远离罪恶，能够起到更好的特殊预防作用。同时，通过对犯罪人的否定评价和对犯罪行为可能给犯罪人带来后果的揭示，告诫想犯罪的人不要以身试法，起到一般预防的作用。这就避免了短期自由刑的弊端，有利于犯罪人的向善改造。

从社会和谐和增加社会福祉角度看，刑事和解有利于被告人复归社会。刑事古典学派理性地构建了保障犯罪人权利的客观主义刑法理论。刑事实证学派则表现出激进和务实的立场，认为犯罪人是刑事司法制度的被害者，主张他们有复归社会的权利，并倡导了一系列的处遇，如缓刑、假释、保安处分等。第二次世界大战后，在战争期间被忽视的对人的尊严的保护和对个人的尊重，引起人们的普遍关注。适用这样的形势，在意大利学者格拉马蒂卡的倡导下，

---

① 陈兴良：《刑法哲学》，中国政法大学出版社 2000 年版，第 429 页。

② 参见马克昌：《比较刑法原理——外国刑法学总论》，武汉大学出版社 2002 年版，第 858 页。

社会防卫运动产生。格拉马蒂卡认为，社会防卫不应该只是为保障市民人身、财产等安全这一客观目的，更重要、更本质的目的是“改善那些反社会的人”，使之回归社会，即他强调的是个人的权利、个人的利益。他不赞成国家总是把自己看成刑罚权主体的做法，他认为国家应该首先负起使个人改善，使反社会的人重新社会化的义务。[①] 使犯罪人复归社会已经成为当今各国刑事政策的一个基本内容，犯罪人有复归社会的权利，社会则有承担其回归的义务。20 世纪初以来，随着人类文明的进步，刑罚人道主义的兴起，惩罚性刑罚观日渐式微，矫正性刑罚观开始产生重要影响。矫正性刑罚观实际上与刑罚个别化、具体化这些刑法基本原则相适应。它侧重于在惩罚犯罪行为的基础上，针对每个特定犯罪人本人的人身危险性以及未来的可矫正性适用不同的刑罚，以使犯罪人经过惩罚与改造后重归社会。20 世纪 70 年代后，西方国家的复归社会思想就进一步发展为尽量不让犯人入狱，而是使其在社会上改造。但是，复归社会不是抽象的，回到曾经被犯罪侵害过的社会中，需要犯罪人、被害人和社会多方面的努力。20 世纪 80 年代以来，替代性刑罚观又在矫正刑基础上进一步兴起。为了更好地使犯罪人回归与服务社会，替代性刑罚观主张弱化监禁刑的作用，提倡刑罚执行的社会化。在犯罪人真诚认罪之后不再执行监禁刑，而是采取其他恢复社会秩序或被害人利益的措施替代刑罚的执行。刑事和解就是尝试适用替代刑的策略程序之一，刑事和解的结果是减轻或免除犯罪人的刑事责任，是犯罪人复归社会的最佳途径。而犯罪人顺利复归社会，有利于社会的稳定、和谐。

此外，从现代刑事理念角度观察，刑事和解符合刑法谦抑的思想，是对犯罪人影响最小的处置方式。刑法谦抑的基本蕴涵是，“即使行为侵害或威胁了他人的生活利益，也不是必须直接动用刑

---

① 马克昌主编：《近代西方刑法学说史略》，中国检察出版社 2004 年版，第 345 页。

法。可能的话，采用其他社会统制才是理想的。可以说只有在其他社会统制手段不充分时，或者其他社会统制手段（如私刑）过于强烈，有代之以刑罚的必要时，才可以动用刑法”。[①]

四、刑事和解的公权力视角

“大道之行也，天下为公。”[②] 几千年来中国主流思想一直推崇这个公权力思想。马克思主义的犯罪本质观认为犯罪是孤立的个人反对统治关系的斗争，[③] 即犯罪不是对被害人个人利益的侵犯，而是对国家和社会公共利益的侵犯。但是自从人类进入现代社会，这一公权力思想主导下的犯罪本质观受到了很大的挑战。

国家和社会公共利益即公益，奥地利纯粹法学代表凯尔森认为，整个法制度不过是公益之明文规定。[④] 公益概念可以自古希腊说起。古希腊社会特殊的城邦制度造就了一种“整体国家观”，与“整体国家观”相联系的是具有整体性和一致性的公共利益，公共利益被视为一个社会存在所必需的一元的、抽象的价值，是全体社会成员的共同目标。古希腊哲学家亚里士多德把国家看作最高的社团，其目的是实现“最高的善”，这种最高的善在现实社会的物化形式就是公共利益。亚里士多德把公共利益作为划分政体的标准——“依绝对公正的原则来评断，凡照顾到公共利益的各种政体就是正当或正宗的政体；而那些只照顾统治者们的利益的政体就都是错误的政体或正宗政体的变态（偏离）。”[⑤] 近代法国思想家卢梭在谈到公益时指出，公益永远是公正的，它只着眼于公共利益，

---

① ［日］平野龙一：《刑法总论》，有裴阁1972年版，第47页。

② 《礼记·礼运》篇首。

③ 《马克思恩格斯全集》（第2卷），人民出版社1960年版，第379页。

④ 城仲模主编：《行政法之一般法律原则》，台湾三民书局1997年版，第160页。

⑤ ［古希腊］亚里士多德：《政治学》，吴寿彭译，商务印书馆1965年版，第132页。

且并非所有人的利益——“唯有公益才能按照国家创制的目的，即公共幸福，来指导国家的各种力量；因为，如果说个别利益的对立使得社会的建立成为必要，那么，就是这些个别利益的一致才使得社会的建立成为可能。”①

德国学者弗得罗斯不同意上述观点，认为公共利益既不是单个个人所欲求的利益的总和，也不是人类利益的整体，而是一个社会通过个人的合作而生产出来的事物价值的总和，而这种合作极为必要，其目的就在于使人们通过努力和劳动而能够建构他们自己的生活，进而使之与人之个性的尊严相一致。② 18 世纪的英国社会功利主义学派学者杰里米·边沁认为，公共利益绝不是什么独立于个人利益的特殊利益。“共同体是个虚构体，由那些被认为可以说构成其成员的个人组成。那么，共同体的利益是什么呢？是组成共同体的若干成员的利益的总和；不理解什么是个人利益，谈共同体的利益便毫无意义。”③ 英国自由主义学者哈耶克认为公共利益只能定义为一种抽象的秩序——“自由社会共同福利或公共利益的概念，绝不可定义为所要达至的已知特定结果的总合，只能定义为一种抽象的秩序。作为一个整体，它不指向任何特定的具体目标，而是仅仅提供最佳渠道，使无论哪个成员都可以将自己的知识用于自己的目的。”④

当公益与私益发生冲突时，拉仑兹归纳出以下解决冲突的原则：（1）首先取决于——依基本法的“价值秩序”——与此涉及

---

① ［法］卢梭：《社会契约论》，何兆武译，商务印书馆 1980 年版，第 35 页。

② ［美］E. 博登海默：《法理学：法律哲学与法律方法》，邓正来译，中国政法大学出版社 1998 年版，第 298 页、第 316 页。

③ ［英］边沁：《道德与立法原理导论》，时殷弘译，商务印书馆 2000 年版，第 58 页。

④ ［英］哈耶克：《经济、科学与政治——哈耶克思想精粹》，冯克利译，江苏人民出版社 2000 年版，第 393 页。

的一种法益较他种法益是否具有明显的价值优越性。他认为，相较于其他法益（尤其是财产性的利益），人的生命或人性尊严有较高的位阶。(2) 当涉及位阶相同时，或所涉及的权利如此歧异，因此根本无法做抽象的比较时，一方面取决于应受保护法益被影响的程度，另一方面取决于：假使某种利益须让步时，其受害程度如何。(3) 最后尚需适用比例原则、最轻微侵害手段或尽可能微小限制的原则。①

从公益与私益的辩证关系可以看出，犯罪的本质不仅仅是孤立的个人对国家和社会公共利益的严重侵犯，而且也是对被害人个人利益的严重侵犯，被害人的利益应当得到有效维护和救济。也就是说，由于犯罪所形成的刑事法律关系主体不限于是犯罪人与国家，还应包括被害人在内。刑事诉讼作为实现国家刑罚权、确定被告人刑事责任的过程，被视为国家主动追究犯罪的专门活动，是公权力的反映和象征。但是，回顾历史可以看出，这一公权力实际上是由被害人的私权力演化而来的。在原始社会，血亲复仇和血族复仇以及后来代替这两种方式的同态复仇和赎罪，都是由被害者、被害者的近亲属或由被害者所属的氏族实施的。在这一时期，被害人实际上一直处于惩罚执行者的地位。随着社会的发展，出现了国家，惩罚犯罪、执行刑罚成为国家主权的重要组成部分，被害人失去了刑罚执行者的地位。不过，被害人仍然享有较大的权利，处于犯罪起诉者的地位。中世纪欧洲实行纠问式诉讼后，对犯罪（尤其是侵害国家利益的犯罪）是否起诉，已经不完全取决于被害人的意志，国家开始主动追究犯罪。但是，这并非完全排除了被害人作为犯罪起诉者的诉讼地位，大多数侵犯公民人身和其他权益的犯罪依然由被害人起诉。直到国家专门的公诉人制度建立起来之后，被害人才丧失了对严重犯罪的起诉权。此后，被害人的权利不断萎缩，被害

① ［德］拉仑兹：《法学方法论》，陈爱娥译，台湾五南图书社 1996 年版，第 319~320 页。

人越发不受重视。[①] 在现代社会，私权力的逐渐回归成为趋势，被告人和被害人双重保护的人权观受到重视。作为刑事法主要组成部分的刑事程序法，在保障被告人人权的同时，应当适应社会历史的发展，尽最大努力保护好作为社会弱者的被害人的权益。刑事和解制度就是这个理性程序的重要组成部分，它打破了“公益优先于私益”的传统公权力观念，带来的是崭新的全面保护的刑事理念。

公权力在一定程度上向私权力让步的情况下，其自身的完善也必须予以重视。卢梭认为：“正如自然赋予了每个人以超乎于他的各部分肢体之上的绝对权力一样，社会公约也就赋予了政治体以超乎其各个成员之上的绝对权力。”[②] 按照卢梭的观点，国家是社会契约的产物，国家的最高权力应当属于人民，一切权力的表现和运用，都必须体现全体人民的意志。这样的公权力的重要使命就是实现社会正义。美国学者庞德认为：“正义总是存在于个别的案件中。如果司法机关不能高效率、低成本地运作，在交由它处理的具体诉讼中不能有效发挥作用，那么谈不上任何实践和理论的完善。”[③] 我国的刑事诉讼效率不高，存在较大的问题，表现在司法实践中一方面严重暴力性犯罪、黑社会组织犯罪等恶性犯罪十分突出，诉讼打击难度越来越大；另一方面罪行轻微的刑事案件大量存在，其侦查、起诉难度并不因为案件性质较轻而有所降低。轻微刑事案件分散了司法机关的精力，直接影响到对恶性犯罪案件的打击力度。我国刑事诉讼程序缺乏有效的分流机制，大量的案件是通过普通程序，即依次经历侦查、起诉、审判而最终完成。随着当事人主义对抗因素的增加以及程序正义理念的确立，刑事普通程序的诉

---

① 郭建安：《犯罪被害人学》，北京大学出版社 1997 年版，第 5~14 页。

② ［法］卢梭：《社会契约论》，何兆武译，商务印书馆 1980 年版，第 41 页。

③ ［美］罗斯科·庞德：《普通法的精神》，唐前宏、廖湘文、高雪原译，法律出版社 2001 年版，第 39 页。

讼成本必将进一步增加，诉讼效率问题将更加严重。刑事和解制度能快速、合法、有效地解决大量轻微案件的责任归属，使案件及时得到分流，大量轻微刑事案件避开冗长且复杂刑事普通程序。因而可以成为公权力完善之首选。

刑事和解制度的实施，不仅从程序上保障正义的实现，而且可以从实体上促进社会正义的践行。亚里士多德在其《尼各马可伦理学》中提出了影响西方法学颇深的“正义”法哲学思想。他将正义分为普遍正义和特殊正义，后者又可分为分配正义和矫正正义。分配正义表现为社会共同体成员间分配名誉、金钱或其他财产时的正义，包含一种几何比；矫正正义是指收益与损失之间的平均值，是种算术比例，意味着尽量使不平等状态中实施非正义的一方收益减少，遭受非正义的一方损失减少。[①] 刑事和解制度的首要目的是恢复被害人的权益，使遭受非正义的一方的损失得到弥补，从而实现全面的社会正义。

有观点认为，“刑事和解可以使被告人和被害人的愿望都得到满足，避免走上法庭撕破脸皮双方结下仇恨。目前，由于社会贫富差距已经急剧拉大，各种社会矛盾已经急剧凸显，刑事和解理论的核心，在于用金钱作媒介而出让法律原则，如果扩大适应范围，弊远远大于利，让富人们疏通法律变得名正言顺且明目张胆。因此，允许刑事和解，换来的是富人的和谐，而不是穷人的和谐。相反，穷人的基本权利会因此而丧失”。[②] 这种观点担心刑事和解会损害社会的公平与正义。通过以上的分析，对这个问题的否定回答已经不言自明。

综合以上三维度的分析论证，我们可以认为，刑事和解既是被害人学研究得出的重要结论之一，也是被告人矫正和回归的必然要

---

① 张乃根：《西方法哲学史纲》，中国政法大学出版社 1993 年版，第 33~61 页。

② http：//www. tzblog. com/user1/888/archives/2005/3291. shtml.

求，是社会和谐与社会福祉增加之所需要，是公权力完善及公权力向私权力妥协的必然结论。有法律明确限定范围的刑事和解值得提倡和推广。

（本文主要内容原载《中国石油大学学报》（社会科学版）2010 年第 5 期。）

论危险驾驶罪的行为构成

2011年2月通过的《中华人民共和国刑法修正案（八）》（以下简称《刑法修正案（八）》）第22条规定，在刑法第一百三十三条后增加一条，作为第一百三十三条之一："在道路上驾驶机动车追逐竞驶，情节恶劣的，或者在道路上醉酒驾驶机动车的，处拘役，并处罚金。有前款行为，同时构成其他犯罪的，依照处罚较重的规定定罪处罚。"《最高人民法院、最高人民检察院关于执行〈中华人民共和国刑法〉确定罪名的补充规定（五）》对此条确定的罪名是"危险驾驶罪"。据此，在我国，危险驾驶罪是指违反道路交通安全管理法规，在道路上驾驶机动车追逐竞驶，情节恶劣，或者在道路上醉酒驾驶机动车的行为。但是，由于这是一个崭新的罪名，对于如何认识危险驾驶罪以及在司法实践中如何正确认定该罪，它有什么样的价值，尚未取得共识。而现代社会已经逐渐进入全球性的风险社会①，所谓风险社会，是指在后工业化时期，

---

① 在风险理论领域可能没有人的影响力比乌尔里希·贝克更大。尽管"风险社会"观点的出现不能归功于一个人，但贝克的《风险社会：朝向新的现代性》（Risk Society: Towards a New Modernity, 1992）从首次用德语发表到现在已经重印了5次并产生了广泛影响。《风险社会》反映了一批著作的特点：试图证明在过去30年中，传统的资本主义社会已经向着"晚期现代主义"（late modernity）、"后现代主义"（postmodernity）或者"后传统社会"（post-traditional society）的方向转变。参见［英］大卫·丹尼：《风险与社会》，马缨、王嵩、陆群峰译，北京出版集团公司、北京出版社2009年版，第27页。

随着科学技术的迅猛发展，产生于人类实践活动的各种全球性风险和危机对整个人类生产生活乃至对人类的生存和发展造成严重威胁，而人类对此又失去掌控的一种状态。[①] 在此背景下，从风险社会的视角对此罪加以深入研究，无疑具有重要的理论和实践意义。

一、危险驾驶罪行为构成概述

危险驾驶罪包括两种行为：在道路上醉酒驾驶机动车和驾驶机动车追逐竞驶。根据《中华人民共和国道路交通安全法》第119条的规定，这里的“道路”是指公路、城市道路和虽在单位管辖范围但允许社会机动车通行的地方，包括广场、公共停车场等用于公众通行的场所。这里的“机动车”是指以动力装置驱动或者牵引，上道路行驶的供人员乘用或者用于运送物品以及进行工程专项作业的轮式车辆。

有论者认为，危险驾驶罪的行为不要求造成致人死伤或者物质损失的严重后果，在犯罪形态上属于行为犯而非结果犯，也非危险犯。[②] 笔者不同意这种观点，认为危险驾驶罪是危险犯。危险犯是实害犯的对称，指行为人的行为对法益所构成的危害，仅达到形成危险的程度即可成立的犯罪，即以侵害法益的危险作为构成要件的犯罪。实害犯又称侵害犯，指行为人的行为对法益所构成的危害，必须达到实际损害后果才能成立的犯罪。二者的划分反映了犯罪行为对犯罪客体的危害在构成程度上的不同。行为犯是结果犯的对称，指仅实施构成要件所描述的行为，无须发生物质性的危害结果即可构成既遂的犯罪。如杀人罪、伤害罪要求有人身伤亡的结果方可构成既遂。日本学者认为，结果犯是指行为的终了与结果的发生之间存在时间的间隔，没有时间间隔的则称为行为犯。因此，伪证

---

① 陈晓明：《风险社会之刑法应对》，载《法学研究》2009年第6期。

② 周道鸾：《中国刑法罪名解释：原由、发展与司法适用》，法律出版社2011年版，第125页。

罪和住居侵入罪等并不是以形式意义的结果，而仅仅是以行为作为构成要件要素，而被作为行为犯；前者是在作虚伪证言的同时而导致错误的审判这种结果，后者的场合是由于侵入住居而直接发生住居权被侵害的结果。[①] 行为犯与结果犯的划分和危险犯与实害犯的划分有一定的联系。上述概念的划分在内涵和外延上有重叠和交叉，行为犯多为危险犯，实害犯多为结果犯。但从概念的定义出发点和意义上来说是不同的。结果犯概念中所指的危害结果是指行为对法益所带来的实际损害后果。广义的结果犯包括犯罪所导致对法益的危险在内。所以行为犯不等于危险犯，实害犯不等于结果犯。例如，《日本刑法典》第 108 条所规定的现住建筑物放火罪则既是危险犯又是结果犯。因为现住建筑物放火罪的行为客体为现住建筑物，保护法益为不特定多数人的生命、身体、财产。对于行为客体的侵害结果（如烧毁）也是危险结果，必须有这样的侵害结果方能折射出对保护法益的危险，也方能成立危险犯。所以有学者指出，“危险犯既可能是行为犯，也可能是结果犯”。[②]

可见，以上论者所说的前半句话是正确的，即危险驾驶罪之行为不要求造成致人死伤或者物质损失的严重后果，但后面的判断，即“在犯罪形态上属于行为犯而非结果犯，也非危险犯”，在逻辑上是混乱的，存在自相矛盾之处。危险驾驶罪以一定危险状态的存在作为构成犯罪的基本要件，其在客观行为方面属于危险犯。下面分述之。

二、醉酒驾驶——抽象危险犯

危险驾驶罪之一是醉酒驾驶，简称“醉驾”。关于什么是醉驾，不同国家与地区有不同的标准。

---

① ［日］野村稔：《刑法总论》，全理其、何力译，法律出版社 2000 年版，第 114 页。

② 参见张明楷：《危险犯初探》，载马俊驹主编：《清华法律评论》（1998 年第 1 辑），清华大学出版社 1998 年版，第 118 页。

美国有将近50个州以及哥伦比亚行政特区都对血液中的酒精含量有限制——对于21岁以上的公民而言，其血液中的酒精含量必须低于80mg/100ml，否则构成醉驾。[①]《芬兰刑法典》之"交通犯罪"第3条规定了"迷醉状态下驾驶罪"，其中情形之一是酒后驾驶机动车或者有轨电车，以致驾驶过程中或者驾驶后其血液酒精水平达到最低每毫克0.5或者其呼出的气体中达到最低每立升空气0.22毫克酒精含量。"严重迷醉状态下驾驶罪"的情形之一是罪犯的血液酒精水平达到最低每毫克1.2或者其呼出的气体中达到最低每立升空气0.53毫克酒精含量。《加拿大刑事法典》第253条将这种情形定为无能驾驶罪，是指：驾驶机动车辆或船舶、或驾驶或帮助驾驶航空器或铁轨运行的车辆或看守或者控制者，无论他们的机械是否在发动中：（1）因酗酒或吸食毒品损害其驾驶能力；（2）饮酒过量致使其每100毫升血液酒精含量超过80毫克的行为，构成犯罪。我国《刑法修正案（八）》实施之后，尚无关于醉驾认定的新的立法或司法标准，实践中执行的是国家质量监督检验检疫总局2004年5月31日发布的《车辆驾驶人员血液、呼气酒精含量阈值与检验》（GB 19522-2004）的规定。其中，饮酒驾驶是指车辆驾驶人员血液中的酒精含量大于或者等于20mg/100ml，小于80mg/100ml的驾驶行为；醉酒驾驶是指车辆驾驶人员血液中的酒精含量大于或者等于80mg/100ml的驾驶行为。

从犯罪形态分析，醉驾是抽象危险犯，只要实施醉酒驾驶行为，立法就推定危险状态已经存在，即使醉酒驾驶行为并未实际引起危险状态，也被推定为危险已经出现。抽象危险犯通常并不引起任何实际损害，也未引起法益的具体危险，其危险为立法者所拟制的就其行为本身所具有的一般危险，与行为犯在构造及性质上基本

---

① 杨志琼：《美国醉驾的法律规制、争议及启示》，载《法学》2011年第2期。

相同。抽象危险犯在我国更多地被人们习惯地称为“行为犯”，[1]是单就危险性活动的行为方式自身的惩罚，在构成要件中不要求出现具体危险和危害结果，甚至把危害结果的发生视为一种加重情形，在我国刑法中，生产、销售有毒、有害食品罪被认为是典型的抽象危险犯。因此，有学者主张：“抽象的危险犯是行为犯，行为犯的应受处罚性，是以符合构成要件行为对特定法益的一般危险性为基础的。”[2] 我国台湾地区学者韩忠谟认为：“至于抽象的危险，则指单就某一行为客体本身所蕴含之危险，作抽象的判断，而于该行为具体的干涉公共安全违于何种程度，则不一并计及，由此认定的危险，乃是抽象的危险。”[3] 在德日刑法理论中，大多数学者都不直接对“抽象危险”下定义，而一般从反面推导出“抽象危险”的轮廓。立法的路径为：一个行为没有或不要求实害、也没有或不要求具体危险，但是仍然符合构成要件，那么这种行为就具有抽象危险。[4] 就醉驾而言，只要实施了醉酒驾驶行为，就对刑法保护的交通法益产生危险，是一种典型的抽象危险犯。运用抽象危险构成要件的主要理由是，可以避免实害犯举证上的困难，减轻追诉机关的负担，是非常有实用性的构成要件。另外，抽象危险构成要件也符合刑法所要求的一般预防功能，由于任何人都可能是交通犯罪的潜在犯罪人，所以，抽象危险构成要件被认为是对抗交通犯罪的重

---

① 我国大陆学者对于行为犯与举动犯、抽象危险犯之间的关系存在争论。我国台湾学者多数认为举动犯和行为犯只是译法的不同，把抽象危险犯视为举动犯或行为犯的一种形式。参见林东茂：《刑法综览》（修订 5 版），中国人民大学出版社 2009 年版，第 50 页；林钰雄：《新刑法总则》，中国人民大学出版社 2009 年版，第 68 页、第 77 页。

② ［德］汉斯·海因里希·耶赛克、托马斯·魏根特：《德国刑法教科书（总论）》，徐久生译，中国法制出版社 2001 年版，第 322 页。

③ 韩忠谟：《刑法原理》，中国政法大学出版社 2002 年版，第 105 页。

④ 高巍：《抽象危险犯的概念及正当性基础》，载《法律科学》2007 年第 1 期。

要手段。[①]

在国外，关于醉驾，有实质犯和形式犯之争。有观点认为，作为抽象危险犯的醉驾属于实质犯的范畴[②]。实质犯的对称是形式犯，所谓形式犯，是指当法律为了对于作为保护对象的法益予以间接的保护而负有一定的义务时，违反这些义务的行为。例如，关于驾驶证的携带、出示义务的违反；仅仅具有该行为本身很难讲是构成了对交通安全的危险，因而是形式犯。但是关于最高速度限制则不一样。因为一般来讲它是被作为发生人身事故的危险性较高的禁止行为，属于抽象的危险犯，因而被作为实质犯。[③] 根据该观点，一旦作为禁止行为，即使是在周围并无来车也无行人的平坦大道上，也构成该犯罪。例如，德国学者罗克辛教授认为，关于醉酒驾车（德国刑法典第316条），当根据事情的状态（例如在没人的地区）可以完全排除一种危险时，也应当认定一种刑事可罚性。这产生于一般预防的（“学习理论的”）根据。否则，立法者所努力追求的那种对确定行为方式（在这里，在醉酒状态下驾驶汽车）的绝对禁忌，就会受到危害。[④] 这种见解可能在结论上对于抽象的危险犯予以抑制的把握。但是，对于抽象的危险这样予以解释是不恰当的。[⑤]

与此相反的观点认为，醉驾等危险驾驶行为是形式犯，因为即

---

① 张麗卿：《探索刑法》，神州图书出版公司2003年版，第309页。

② 关于实质犯，分为必须存在法益的侵害的实害犯以及只需具有危险性的危险犯。如前所述，后者又可进一步分为抽象的危险犯与具体的危险犯。还有分为结果犯与举动犯的。

③ ［日］野村稔：《刑法总论》，全理其、何力译，法律出版社2000年版，第113页。

④ ［德］克劳斯·罗克辛：《德国刑法学总论》（第1卷），王世洲译，法律出版社2005年版，第280页。

⑤ ［日］野村稔：《刑法总论》，全理其、何力译，法律出版社2000年版，第114页。

使是形式犯，也并非是仅仅实施了“不能为的行为”这种形式义务违反行为就可以肯定。这种行为至少应当具有一些对法益的危险性才被处罚……因此，对上述的违反最高速度限制的犯罪属于形式犯。据此见解，作为对此罪的法益的交通安全的危险所涉及的人或车辆都是极不特定的，他们在哪里出现预测上也很困难。因此，对于形式犯的成立，比抽象的危险犯更轻的间接危险犯就可以构成犯罪（内藤)。[①] 当然，在完全没有危险的情况下并不构成犯罪（西原)。这种见解是为了在形式犯的问题上尽量贯彻保护法益的原理，因此基本上是妥当的。[②]

在我国，也有学者从保护交通法益的角度出发，认为应去掉“在道路上”的限制，以免在社区或其他地方的危险驾驶行为无法纳入该条款，[③] 这实际上认为醉驾等危险驾驶行为属于形式犯，因而是相当深刻的见解。但是关于醉驾，我国《刑法修正案（八）》没有采纳这个建议，仍然强调在道路上醉酒驾驶机动车。所以，这里的“道路”必须作扩大解释，指公路、城市道路和虽在单位管辖范围但允许社会机动车通行的地方，包括广场、公共停车场等用于公众通行的场所。所以，根据我国的刑事立法，不存在实质犯论者所说的那种极端的情形。因而可以说，我国刑法的醉驾应归属于形式犯，而非实质犯。

三、追逐竞驶——具体危险犯

“追逐竞驶”是危险驾驶罪的另一种情形，即在道路上驾驶机

---

① ［日］野村稔：《刑法总论》，全理其、何力译，法律出版社 2000 年版，第 113 页。

② ［日］野村稔：《刑法总论》，全理其、何力译，法律出版社 2000 年版，第 114 页。

③ 刘仁文：《对〈中华人民共和国刑法修正案（八）（草案）〉的几点意见》，载《法学杂志》2010 年第 12 期。

动车追逐竞驶，情节恶劣的。一般理解为以同行的其他车辆为竞争目标，追逐行驶。其具体情形包括在道路上进行汽车驾驶“计时赛”、若干车辆在同时行进中互相追赶；既包括超过限定时速的追逐竞驶，也包括未超过限定时速的高速追逐竞驶；既包括二人以上基于意思联络而追逐竞驶，也包括单个人自行设定目标而追逐竞驶；等等。

有论者认为，追逐竞驶即俗语的“飙车”，系以行驶速度和驾驶技术标志“胆识”和技术的另类体现自己能力的危险行为。[①] 但是，根据现代汉语词典的解释，“飙车”是一种方言，意思是开快车。由于不是一个法律概念，在法律上也就找不到界定飙车的标准。从广义而言，在高速公路上按规定的时速快速行驶也可以说是飙车。但从狭义而言，飙车就是超过规定速度行驶。一般民众大多是从狭义上理解的。还有一种更狭义的解释，就是以竞技、追求刺激、娱乐或者赌博为目的，而开车在公共道路上超速行驶。如杭州市公安局2006年4月6日发布的《关于禁止机动车飙车等有关事项的通告》指出，本通告所称的飙车，是指以竞技、追求刺激、娱乐或者赌博为目的，机动车在道路、广场、校区等地方超速行驶，严重影响社会秩序和道路交通安全的驾驶行为。[②] 飙车大体有三种定义：一是指开快车；二是指超过规定速度行驶；三是以竞技、追求刺激、娱乐或者赌博为目的，驾驶机动车辆在公共道路上超速行驶。[③] 所以，“飙车”概念比较宽泛，包含了超速行驶行为，与我国刑法关于危险驾驶罪的具体规定不符，不宜将危险驾驶罪的

---

① 高铭暄、马克昌主编：《刑法学》（第5版），北京大学出版社、高等教育出版社2011年版，第363页。

② 刘明祥：《有必要增设危险驾驶致人死伤罪》，载《法学》2009年第9期。

③ 叶良芳：《危险驾驶罪的立法证成和规范构造》，载《法学》2011年第2期。

“追逐竞驶”简称为飙车。

一般来说，追逐竞驶在犯罪形态上属于抽象危险犯。而“在道路上驾驶机动车追逐竞驶，情节恶劣的”是具体的危险犯。具体危险犯、抽象危险犯虽同为危险犯，但前者强调行为可能会造成什么样的具体危险，属司法认定的危险或外在于行为的危险，突出结果无价值；后者则强调一定的行为方式自身是非常危险的，属立法推定的危险或固化于行为中的危险，突出行为无价值。[①] 罗克辛教授指出，具体的危险性犯罪要求，在具体案件中，对于一种通过有关的行为构成加以保护的对象，出现了一种真正的危险。在实践中最重要的案件是道路交通的危险（德国刑法典第 315c 条），在这种案件中，除了在法律中所描述的危险的驾驶方式之外，还要求由此对“他人的身体和生命或者他人的重大财产造成威胁”。这种具体的危险性犯罪是结果犯罪。这就是说：它与前面讨论的侵害性犯罪，基本上不是通过不同的归责标准来加以区别的，而是通过在一种侵害性结果的位置上出现了各种行为构成性的危险结果来加以区别的。因此，与在侵害性犯罪中一样，一种在恰当的、不许可的侵害性风险意义上的具体“结果性危险”，就必须首先被创设出来。这种危险应当根据那种已经发展出来的归责标准，借助一种客观的、事后的估计加以查明；如果缺乏一种结果性危险，那么，这个构成行为就是不可归责的，即使在出现一种事实性的危险时，情况也一样。如果一个结果性危险应当加以肯定，那么，这个危险就必须在一个结果中实现，这种结果表现了“具体的危险性结果”，同时，就像在其他情况下一样，这种结果也必须包括所有事后所知的情况。[②]

---

① 邓定远：《危险驾驶罪比较研究及其对中国的启示》，载赵秉志主编：《刑法论丛》（第 24 卷），法律出版社 2010 年版，第 70 页。

② ［德］克劳斯·罗克辛：《德国刑法学总论》（第 1 卷），王世洲译，法律出版社 2005 年版，第 275 页。

至少能够从这些内容广泛的司法判决中，剥离出两个公认的具体危险的条件：第一，一个构成行为的对象必须存在过一次，并且在这个危险的作用范围之内出现。第二，这个被指控的行为创设了对这个构成行为对象的一种容易发生侵害的危险。例如，当“一个人在临近山顶前，以应受刑事惩罚的轻率进行超车”，从而使他本来会与对面的来车不可避免地发生相撞，但是，当对面车道上偶然地没有车辆驶过来时，就缺乏了一种具体构成行为对象的存在。在这样一种情况下，这名行为人虽然是以最大的过失在进行行为，但是缺乏一种具体的危险。①

根据《刑法修正案（八）》第22条规定，在追逐竞驶的危险驾驶罪中，不仅要实施特定的危险行为，而且必须引发现实的具体危险，才能认为构成要件该当，而具体危险状态的有无，不能立法推定，必须由司法人员进行个案判断。这里的具体危险的判断标准就是追逐竞驶是否“情节恶劣”。判断是否“情节恶劣”，应从追逐竞驶造成的危害程度以及危害后果等方面进行认定。所以，由于立法技术的原因，追逐竞驶由本来意义上的抽象危险犯变为了具体危险犯。这是否合理，还值得深思。所以，有学者指出……这一差别规定是否合理还值得进一步推敲。生活事实显示，醉驾者由于处于醉酒状态，因而其辨认能力和控制能力较处于正常状态的飙车者要低得多，如果要附加“情节恶劣”的要件，恰恰应当是醉驾，而非飙车。②

（本文原载《新疆警察学院学报》2012年第5期）

---

① ［德］克劳斯·罗克辛：《德国刑法学总论》（第1卷），王世洲译，法律出版社2005年版，第276页。

② 叶良芳：《危险驾驶罪的立法证成和规范构造》，载《法学》2011年第2期。

论危险驾驶罪的主观方面及其认定

2011 年 2 月通过的《中华人民共和国刑法修正案（八）》（以下简称《刑法修正案（八）》）第 22 条规定："在刑法第一百三十三条后增加一条，作为第一百三十三条之一：'在道路上驾驶机动车追逐竞驶，情节恶劣的，或者在道路上醉酒驾驶机动车的，处拘役，并处罚金。有前款行为，同时构成其他犯罪的，依照处罚较重的规定定罪处罚。'"《最高人民法院、最高人民检察院关于执行〈中华人民共和国刑法〉确定罪名的补充规定（五）》对此条确定的罪名是"危险驾驶罪"。

在我国犯罪构成理论中，犯罪主观方面是必要条件之一。《刑法修正案（八）》颁布之后，学界及实务界大多认为本罪行为人主观方面系故意。① 也有学者考虑到危险驾驶行为人主观方面的复杂情况，认为在单纯的危险驾驶的情形下行为人对危险或实害结果不存在希望或放任心态，不能认为该情形是故意犯罪；又因为单纯的危险驾驶的情形下没有发生危害结果，也不应该将该罪定性为过失犯罪。所以有必要对刑法有关犯罪故意的规定和传统犯罪故意理论进行重构，使其能够合理地解释这类犯罪的主观方面，为行为犯

---

① 具体可参见赵秉志：《〈刑法修正案（八）〉理解与适用》，中国法制出版社 2011 年版，第 181 页。全国人大常委会法制工作委员会刑法室：《〈中华人民共和国刑法修正案（八）〉条文说明、立法理由及相关规定》，北京大学出版社 2011 年版，第 71 页。高铭暄、马克昌主编：《刑法学》（第 5 版），北京大学出版社、高等教育出版社 2011 年版，第 364 页；等等。

或抽象危险犯在刑法中争取到立足之地。[1] 可见，危险驾驶罪主观方面现在还是悬而未决的重要问题，有必要进行认真的研究。

一、故意还是过失

一般认为，本罪主体为一般主体，即任何道路上行驶的机动车的驾驶人；犯罪侵害的客体主要是道路交通秩序，同时也威胁到不特定多数人的生命、财产安全；犯罪人主观上应当为故意。[2] 也有学者认为，本罪主观方面由故意构成，“本罪处罚的是行为本身，因此，行为人的主观心理态度是针对行为本身，而不是针对结果”。[3] 这两种认识都有偏差。

第一，根据我国《刑法》第 14 条、第 15 条的规定，犯罪故意或犯罪过失，是指行为人对自己实施的危害行为必然或可能发生的危害社会的结果所持的一种心态。这里的“危害社会的结果”就实害犯而言是指一种现实的损害结果，而就危险犯而言则是指一种抽象的或具体的危险状态。正如学者所总结的，我国传统犯罪故意理论以结果本位和意志本位为关键内容，认识的内容需要以危害结果为核心，意志因素被认为是认定故意的决定性因素，犯罪故意的成立并非由对行为的故意决定，而是取决于对危害结果的意志态度。[4] 所以，危险驾驶罪行为人的主观方面应根据其对危害结果即危险状态的认识来确定，而不是根据其对醉酒驾驶或追逐竞驶行为

---

① 邓定远：《危险驾驶罪比较研究及其对中国的启示》，载赵秉志主编：《刑法论丛》（第 24 卷），法律出版社 2010 年版，第 69 页。

② 全国人大常委会法制工作委员会刑法室：《〈中华人民共和国刑法修正案（八）〉条文说明、立法理由及相关规定》，北京大学出版社 2011 年版，第 71 页。

③ 高铭暄、陈璐：《〈中华人民共和国刑法修正案（八）〉解读与思考》，中国人民大学出版社 2011 年版，第 90 页。

④ 劳东燕：《犯罪故意的要素分析模式》，载《比较法研究》2009 年第 1 期。

的认识来确定。有论者认为："饮酒者的辨认能力和控制能力虽然有所减弱，但一般还是能够驾驶操作的，只是高估自己的能力，因而属于过于自信的过失；而醉酒者虽然具有一定的辨认能力，但其操作车辆的能力往往很弱甚至几近丧失，没有轻信能够避免事故发生的客观根据，在实质上属于'放任'的间接故意。"① 这个结论存在自相矛盾之处——饮酒驾驶是过失，而醉酒驾驶是故意——显然与常情相悖，原因就在于判断标准的含糊性。

众所周知，酒精对人的中枢神经系统具有兴奋和抑制作用，酒精中毒会使人出现各种精神异常症状，影响到人对自身行为的辨认和控制能力。现代医学研究表明：生理上醉酒可分为三期：第一期为兴奋期，又称轻度醉酒，表现为脱抑制状态，如兴奋多语、情绪欣快、易激动、感情用事、招惹是非等，此期醉酒人的控制能力有所减弱。第二期为共济失调期，又称中度醉酒，此时醉酒者动作笨拙、步履蹒跚、举止不稳、语无伦次，辨认和控制能力都有所减弱。第三期为昏睡期，又称高度醉酒，此时醉酒者面色苍白、皮肤湿冷，口唇微紫，呼吸缓慢伴有鼾声，此期有一定程度的意识障碍。②

醉酒之后，由于大脑神经受到酒精的刺激作用而由兴奋转为抑制的状态，其反应能力会大幅度下降，难以应对车辆驾驶过程中可能出现的紧急情况，而危险驾驶人，就其本意而言，不但不希望或放任危险结果发生，甚至也不希望或不放任危险状态的发生。所以，从刑法立法规定来看，本罪危险驾驶罪不能界定为纯粹的故意或过失犯罪。

第二，从实际情况分析，危险驾驶之驾驶员（指有驾驶执照之人）对违章行为应该是明知故犯，但对危险状态是自信不会发生，因为其凭借自己的驾驶经验相信自己有能力安全驾驶，系属过于自信的过失。而非驾驶员行为人可能不知交通行政管理法规，系"不知法"，

---

① 石经海：《醉驾行为定性之我见》，载《人民检察》2010 年第 6 期。

② 汤涛、黄宫颖：《原因上的自由行为与急性酒精中毒的司法精神病鉴定》，载《法医学杂志》2000 年第 6 期。

对危险状态是疏忽大意的过失。所以有学者认为，“危险驾驶行为人的主观目的是追求交通工具的便捷性，而不是追求使用交通工具这一活动本身可能产生的危害……对危害结果是持一种排斥、否定或反对的心态（过失），至多是一种放任的心态（间接故意）”。[①]

第三，从社会相当性方面考虑。英国学者边沁认为：“惩罚之值在任何情况下，皆须不小于足以超过罪过收益之值。”[②] 我国学者据此来论证危险驾驶罪行为人的行为决意时指出，根据经济学的“理性犯罪人”理论，任何一个犯罪人都是一个“理性”的计算者，在实施犯罪行为之前，会将犯罪的预期成本与预期犯罪收益进行比较，从而决定是否从事具有风险的犯罪行为。[③] 如果犯罪的收益小于犯罪的成本，犯罪人就会放弃实施犯罪的计划；相反，如果犯罪的收益大于犯罪成本，犯罪人就可能从事犯罪活动。[④] 对于醉驾者而言，他（她）们恰恰不是理性的计算者！非醉酒状态下，他（她）们通常情况下是“爱车族”，不仅不会去实施对他人有害的行为，更不会实施损害自己“爱车”的行为。

第四，关于危险驾驶罪的性质。虽然“随着风险的扩散化与日常化，结果本位主义的刑法在危险预防与法益保护方面显得力不从心。于是，作为结果的危害渐渐不再是刑法关注的重心，尤其是在法定犯中，惩罚的根据越来越不依赖于现实的侵害结果，而取决于具有风险的行为本身。”[⑤] 但是危险犯既可能是行为犯，也可能

---

① 叶良芳：《危险驾驶罪的立法证成和规范构造》，载《法学》2011年第2期。

② ［英］边沁：《道德与立法原理导论》，时殷弘译，商务印书馆2000年版，第225页。

③ 劳东燕：《犯罪故意理论的反思与重构》，载《政法论坛》2009年第1期。

④ 叶良芳：《危险驾驶罪的立法证成和规范构造》，载《法学》2011年第2期。

⑤ 劳东燕：《犯罪故意理论的反思与重构》，载《政法论坛》2009年第1期。

是结果犯，危险驾驶罪在结果犯的情况下是一种抽象的危险结果。根据刑法的基本原理，任何犯罪都是主客观相统一的，既不能主观归罪，也不能客观归罪。即使在行为犯或抽象危险犯的情况下，也是如此。所以，认为本罪处罚的是行为本身，因此，“行为人的主观心理态度是针对行为本身，而不是针对结果”的结论是片面的。

综上，无论从刑事立法、客观情况、社会相当性，还是从危险驾驶罪的性质上看，危险驾驶罪的主观方面都不能说是纯粹的故意或过失。那么，追究危险驾驶行为人之刑事责任的根据是什么？是否为严格责任？下面对此予以阐述。

二、严格责任

严格责任本来是民事侵权的归责原则，系指只要产品有缺陷，对消费者和使用者具有不合理的危险性，导致他人人身伤害和财产损失，该产品的生产者和销售者即对此负赔偿责任。在刑法学界，英美学者一般认为，严格责任是一种不问主观过错的刑事责任，即只要行为人的行为或其结果符合法律的规定，便可被起诉和定罪。“在实行严格责任的绝大部分情况下，通行的观点是，只要具备了犯罪行为方面的某些特定因素，那么，被告人对事实的无知或认识的错误（不管这种错误多么合理），就不能成为辩护的理由，这是因为，对于具备这种特定因素的案件来说，被告人的犯罪意图如何，是不需要证明的。在有些有关严格责任的案例中，法庭认为，在防卫问题上产生的合理错误认识也不能成为辩护的理由。还有少数个别的案件，即使被告人没有任何过错，也仍然被认为是没有辩护理由的。”①

我国刑法学界，有学者坚决反对严格责任，如（1）储槐植教授认为：严格责任“就是法律许可对某些缺乏犯罪心态的行为追

---

①［英］鲁珀特·克罗斯、菲利普·A. 琼斯：《英国刑法导论》，赵秉志等译，中国人民大学出版社 1991 年版，第 68 页。

究刑事责任”。[①]（2）陈兴良教授认为：“在当前我国刑事立法和司法实践中不存在严格责任，而且将来也不应当采用严格责任。罪过责任始终是我国刑事责任的原则，无过失责任与我国刑法的性质是背道而驰的，应予否定。所谓的实行严格责任的犯罪，在大陆法系国家看来实际是行政不法或民事不法的行为，对之适用严格责任毫无必要。”[②]（3）张明楷教授认为，严格责任违背了我国刑法的主客观相统一的原则，“对没有故意、过失的行为也追究刑事责任……这实际上是将人作为实现自己目的的手段对待的……实际上是将人视为一般动物，不是尊重人的表现”。[③]“严格责任理论试图通过扩大刑罚处罚范围来保护公众利益，虽然重视了对社会利益的保护，但忽视了对公民人权的保障，与刑法的谦抑思想格格不入，他还指出：“英美刑法中的严格责任因为立证困难便不要求有犯意的理由，依此逻辑，只有容易立证的因素才是犯罪成立条件，立证困难的因素就不是犯罪成立条件。”从而导致“犯罪的定义只能是‘容易立证的行为’。”严格责任应当坚决地予以摒弃。[④]

我国另一些学者则坚决拥护严格责任，视英美严格责任为“他山之石”。如卢建平教授等认为，“事实上，我国刑法对严格责任并不陌生，无论在立法抑或在司法中均已存在追究严格责任的情形。持有型犯罪就是严格责任的适例。在对结果加重犯之加重结果的认定上，也采取了类似严格责任的做法。我国刑法总则对结果加重犯没有规定，学界通说认为结果加重犯的成立应以行为人对加重结果具有过失为条件。但事实上，在司法实践中，没有出现因行为人对加重结果不能预见而对加重结果不承担责任的案例。应当用严

---

① 储槐植：《美国刑法》，北京大学出版社 1996 年版，第 86 页。

② 陈兴良：《刑法适用总论》（上卷），法律出版社 1999 年版，第 197 页、第 200 页。

③ 张明楷：《刑法格言的展开》，法律出版社 2003 年版，第 185 页。

④ 张明楷：《刑法格言的展开》，法律出版社 2003 年版，第 185 页。

格责任来对付污染环境犯罪”。[①] 还有学者认为：“严格责任给我们

---

① 污染环境犯罪应当实行严格责任的观点，其理由是：“（1）由于该类犯罪的主体大多为企业，受害者多为普通百姓，力量之悬殊自可想象。公民个人相对于庞大的企业来说，实际是处于弱势的地位（这一点在公共健康领域尤为突出）。如果说刑法是社会保障的最后防线，那么在这些领域，这道防线是必不可少的，是弱小的公民个体可资以运用保障个人权利的有力工具。（2）既然选择了从事对公共健康、安全有潜在危险的行业，那么对从事这些活动的人而言，自然意味着要承担更高的注意义务，采取任何必要的行动防止刑法所禁止的行为发生，这类防护措施本身就是他们应该承担的社会成本，不能将这个社会成本转给社会来承担，更不能在违反了这样的规则后以不存在犯罪意图逃避责任，将损失后果也转嫁给社会。（3）现代刑法进化的一个重要特征是从单纯的惩罚到预防的发展。严格责任的严厉性促使人们更加谨慎地履行自己的注意义务，体现着刑法的威慑效果，这种作用是必要的，也是可能实现的。因为这些犯罪大部分是过失犯罪。这其中，潜在加害人比潜在被害人更能预防危害结果的发生，其对犯罪行为的预防程度直接关系到对该罪的社会控制效果。不仅如此，一旦对此类罪行适用严格责任，还能通过有效的处罚来弥补社会资源的浪费与损失，增强社会对该类罪行的关注力度，提高公民的自我防护意识，在另一个层面上达到良好的社会预防效果。因此，严格责任的存在是刑法经济性的体现。（4）严格责任的适用所带来的社会效益还体现在能够及时有效地惩处犯罪上。以诉讼方便为由支持严格责任的合理性，并不是否定实体真实的存在，也不是本末倒置。我们强调诉讼公正与实体真实具有同等的重要性，无所谓本末之分。‘迟来的正义不是正义’，若一味纠缠于犯罪意图的证明，势必因小失大，不利于刑法公正目的的实现。大多数造成严重后果的污染犯罪行为，其犯罪主观动机和目的与其社会危害性并不一致。（5）在我国的环境污染犯罪中，虽然也有故意实施法律明令禁止的行为的人，但大多数是盲目追求经济利益，忽视环境效益的结果。其犯罪目的和动机难以反映行为人的主观恶性程度，如果一定要强调其主观过错，并不一定有利于惩戒教育犯罪行为人，有利于保护环境和自然资源。但从环境保护的要求出发，又必须加强对环境犯罪的处罚。因此，在环境犯罪的主观方面不能同其他犯罪那样严格强调行为人的主观过错，而可将严格责任作为追究污染犯罪刑事责任的归责原则。”参见卢建平、刘皎：《严格责任及其在环境污染犯罪中的适用》，载赵秉志主编：《刑事法治发展研究报告》.（2004年卷），中国人民公安大学出版社2005年版，第675页。

的启迪是深刻的，它留给我们的不仅仅是借鉴和引进的问题。严格责任的适用过程对我国的刑事立法和司法实践具有重要的启发作用。”①

笔者认为，以上争论的产生除了价值观念的不同外，在很大程度上是由于没有正确界定严格责任。实际上，英美刑法严格责任可分为绝对的严格责任和相对的严格责任。肯定观点的立论根基是绝对的严格责任，否定意见的立论根基是相对的严格责任。英美刑法严格责任的主要蕴涵是指，法律法规规定行为人即使行为当时确实不具备犯罪构成要件所要求的主观过错，或者法律并不要求证明有其犯罪意图，只要被告人实施了法律所规定的犯罪或者实施了被法律所禁止的行为，就可以认定其成立犯罪，并承担相应的刑事责任。绝对的严格责任是指行为人不具有任何过错，只要行为或其结果符合法律的规定，法院就可以定罪处罚的刑事。绝对的严格责任不允许提出任何辩护理由的，即只要起诉方证明被告有法定的行为或造成了法定的结果，就是绝对的严格责任。相对的严格责任是指允许辩护理由存在刑事责任形式，这种严格责任只是不要求起诉方证明被告的主观过错，但被告可以“无过失”等理由来进行辩护，属于过错推定，其中包含了部分罪过责任。

因醉酒而实施的危害社会行为，各国法律大都予以严格处罚，我国法律也不例外。例如，我国《侵权责任法》第33条第2款规定：“完全民事行为能力人因醉酒、滥用麻醉药品或者精神药品对自己的行为暂时没有意识或者失去控制造成他人损害的，应当承担侵权责任。”在这里，侵权责任的承担并不需要行为人主观上有过错。在刑法中，就醉酒驾驶行为而言，行为人主观上可能存在四种情况：一是，明知自己的行为会危害交通安全或公共安全而希望或放任这种危险发生（此种情形，特别是直接故意的情形，在现实

---

① 孙光骏：《论英美刑法中的严格责任》，载《法商研究》1998年第1期。

生活中少之又少），此乃故意犯罪。二是行为人疏忽大意没有预见到自己的行为会发生危害公共安全的结果（这里的结果是一种广义上的结果，即抽象危险），或者已经预见而凭借自己的酒量、驾驶技术以及客观情况等轻信能够避免（这种情形居多），是过失犯罪。三是行为人因为醉酒而失去辨认控制能力而率性驾车，于驾车时没有故意或过失，追究其刑事责任的主观根据只能是“原因上的自由行为”；而原因上的自由行为通常认为以故意或过失使自己陷入无责任能力状态为足，这似乎可以解释其正当性。四是，虽然行为人血液中酒精含量超标，属于法律上的“醉酒驾驶”，但其生理上并没有“醉酒”，而是相当清醒，这是其主观上既无故意，亦无过失，也不存在原因上的自由行为，对其追究刑事责任，属于刑法上的严格责任。

就在道路上追逐竞驶的危险驾驶罪而言，行为人之行为无疑是故意实施的，但其对危险结果的发生不排除间接故意或过失的，但间接故意犯与过失犯都要求实际危害后果发生才能构成犯罪。而追逐竞驶“情节恶劣”的，并不包括已经造成实害的情形。所以，根据刑法故意或过失理论，追究追逐竞驶危险驾驶罪行为人的刑事责任，实际上属于严格责任。

关于危险驾驶罪，国外刑法及其实践中大多不要求主观上是故意还是过失。例如，在英国，从交通肇事的行为特征看，该类犯罪行为人通常未预见到损害后果，或即使预见到也不希望损害的发生，行为人有意导致损害的情形是很少见的，但行为人在驾驶时，对自己的违章常常是明知的，因此有学者认为，决不能认为在道路交通中不存在或很少存在着故意和轻率犯罪。当然，这并不意味着，这些犯罪需要故意或者轻率的证明。[①] 又如，根据美国模范刑法典的规定，要构成刑法规定的犯罪，必须具备作为或不作为的犯

---

① ［英］J. C. 史密斯、B. 霍根：《英国刑法》，马清升译，法律出版社 2000 年版，第 538 页。

罪意图，犯罪意图是刑事司法体系的控诉要旨。而从美国司法实践来看，在那些涉及公共安全的犯罪中，严格责任以其“保护公共利益、举证上的便宜”的诉讼优点被运用到各种法定犯中，在这些犯罪中，并不需要一般意义上的犯罪意图。在此背景下，日益增多且危害公共交通安全的醉驾案件便顺理成章地被法院用“严格责任”来定罪处罚。①

从立法上看，美国大多数州的交通法规都将醉驾规定为：在酒精的影响下或者在血液中酒精含量达到 80mg/100ml 的情况下驾车是违法行为。从实践来看，各州法院在决定是否对醉驾犯罪适用严格责任时，主要考虑如下因素：第一，本州处罚醉驾犯罪的历史和传统。由于不少州在 20 世纪初就已经开始对醉驾犯罪适用严格责任，因此这种做法往往被后来法院审理其他类似案件时援引。第二，醉驾犯罪对公共利益，尤其是公共安全的侵犯程度。从目前交通管理部门统计的数据来看，醉驾犯罪引起的人身伤亡和财产损失之巨大是毋庸置疑的，这促成了各州法院对醉驾犯罪适用严格责任的兴趣和决心。第三，控诉醉驾犯罪的案件数量。在各州每年都有大量控诉醉驾的案件，表明醉驾犯罪是一种最普遍的犯罪，因而有必要对之适用严格责任以示惩戒。第四，在醉驾犯罪中要求证明犯罪意图给控方带来的困难程度。控诉机关认为，要求醉驾犯罪具有一定的犯罪意图会使控诉变得费力且抑制执法效果。因此，不少法院在本州法律未对醉驾主观心态做明文规定时，更乐意“含蓄地”对其适用严格责任，而忽略犯罪意图这一犯罪成立的基本要素。②

综上所述，笔者认为，危险驾驶罪是一种严格责任的犯罪，不苛求是故意还是过失。

---

① 杨志琼：《美国醉驾的法律规制、争议及启示》，载《法学》2011 年第 2 期。

② 杨志琼：《美国醉驾的法律规制、争议及启示》，载《法学》2011 年第 2 期。

三、危险驾驶罪认定中的其他问题

在司法实践中，认定危险驾驶罪应注意的问题比较多。其中，关于该罪的主体，笔者认为危险驾驶罪的犯罪主体为一般主体，即年满 16 周岁、具备刑事责任能力的直接驾驶机动车辆的人员。有论者认为本罪主体为特殊主体，即机动车驾驶人员。① 根据刑法学的一般理论，犯罪主体身份是犯罪前就已具有的身份，而不是犯罪中形成的身份，所以不能认为行为人驾驶了机动车就成为特殊主体。但本罪主体不包括操纵交通设施，领导、指挥交通活动以及管理交通的人员。除了主体问题之外，还有以下几个方面的问题值得探讨：

（一）醉驾是否适用刑法总则的“但书”

一般认为，刑法总则指导分则，刑法总则的规定适用于刑法分则所规定的具体犯罪。所以有观点认为，《刑法》第 13 条的但书规定一律适用于危险驾驶罪的认定。② 最高人民法院副院长张军也指出，虽然《刑法修正案（八）》规定追究醉酒驾驶机动车的刑事责任，没有明确规定情节严重或情节恶劣的前提条件，但根据刑法总则第 13 条规定的原则，危害社会行为情节显著轻微危害不大的，不认为是犯罪。对在道路上醉酒驾驶机动车的行为需要追究刑事责任的，要注意与行政处罚的衔接，防止可依据道路交通安全法处罚的行为，直接诉至法院追究刑事责任。③ 笔者认为，就危险驾驶罪而言，由于其行为构成跨越了抽象危险犯与具体危险犯，所以

---

① 周道鸾：《中国刑法罪名解释：原由、发展与司法适用》，法律出版社 2011 年版，第 124 页。

② 根据《刑法修正案（八）》实施之后各种权威媒体的报道，最高人民法院的一些刑事法官持有这种观点；在学界，也有不少人持有这种观点。

③ 《最高人民法院副院长张军：正确把握危险驾驶罪构成条件》，载腾讯新闻，http：//news. qq. com/a/20110511/000003. htm，2012 年 8 月 21 日访问。

对但书的适用情况必须具体分析，不能一概而论。

如前所述，刑事立法规定危险犯，主要是出于保护比较容易受到侵犯的法益的需要。抽象危险犯，由于是立法者对某些按通常情形即可招致危险的特定行为和状态，预先认为其具有一般的抽象危险而构成犯罪，因而只要实施一定的行为，就认为构成一般的危险犯罪，如非法制造、买卖、运输、邮寄、储存枪支、弹药、爆炸物罪。日本学者植松正、泷川幸辰、木村龟二、佐伯千仞以及德国学者麦兹格、M.E. 迈耶等就认为，因为危险的发生是被拟制的，所以不是构成要件要素。这是一种形式上对抽象危险犯的见解，即仅从形式上探究行为是否符合法律规定构成要件要素，不需要具体对于危险是否存在进行判断。① 而就具体危险犯而言，行为对法益形成某种具体的客观实际危险，才能构成犯罪。如我国《刑法》第116 条规定的“破坏交通工具罪”。

所以，就危险驾驶罪而言，《刑法》第 13 条的但书——“……但是情节显著轻微危害不大的，不认为是犯罪。”——在作为抽象危险犯的醉驾之中，没有适用的余地，只要行为人的行为属于醉酒驾驶，就构成犯罪；而对于作为具体危险犯的追逐竞驶而言，情节没有达到恶劣标准的，根据具体案情则可能被认定为情节显著轻微，不构成犯罪，所以可以适用但书规定。

（二）醉驾标准应科学化

如前所述，我国目前认定醉驾的标准是根据国家质量监督检验检疫总局 2004 年 5 月 31 日发布的《车辆驾驶人员血液、呼气酒精含量阈值与检验》（GB 19522-2004）的规定认定的，驾车者血液每 100 毫升酒精含量的浓度大于或者等于 80 毫克为醉酒驾驶行为。这个标准虽然具有一定的科学性，但法院不能仅仅根据该标准来判断行为人是否属于“醉驾”。法院享有法定的自由裁量权，如果要

① 马克昌：《比较刑法原理——外国刑法学总论》，武汉大学出版社 2002 年版，第 200 页。

求法官机械司法，可能发生的后果就是以部门规章（或者说行政执法）取代法律（或者说刑事司法）。所以，笔者主张对于“醉驾”，法官应当根据驾驶人员血液中酒精的含量、呼气中酒精的情况、是否能够直线步行、正确接物或者能否画同心圆等，并结合驾驶行为发生的具体环境以及其他相关因素进行综合的判断。

我国台湾地区已有类似的司法实践。台湾地区的醉驾分为“绝对不能安全驾驶”与“相对不能安全驾驶”两种情形。“绝对不能安全驾驶”的标准是“呼气酒精浓度达每公升 0.55 毫克”（相当于血液中酒精浓度 1.1‰）。“相对不能安全驾驶”是指呼气酒精浓度在每公斤 0.25 毫克至 0.55 毫克之间。在后一种情形下，如果执行警察有其他客观事实认定不能安全驾驶（如蛇行）时，也依照醉驾论处。所以，台湾学者认为，这种区分“与德国实务界的做法相同，因此，法院仍须依具体个案调查重要事证，按自由心证认定事实，再透过多数判决，逐一统一法律见解。当然如果执行取缔酒后驾车的单位，能仿效国外做法，于取缔当时曾做诸如单脚直立、直线步行、接物或画同心圆等测试，并做成书面报告附卷，必定可以增强法院对于认定是否属于相对不能安全驾驶范围之裁判依据。”①

此外，笔者认为，应当科学地设定醉驾的认定程序，以保证实体醉驾认定的准确。关于这一方面，美国各州的司法实践可为我国借鉴。虽然各州对醉驾的法律规定并不完全相同，但其执法过程大多都包括如下步骤：

首先是停车检查程序。一旦执法人员有合理理由怀疑驾驶者醉酒驾车，就可以要求驾驶者停车并接受随后的各种醉驾测试。其次是现场清醒测试（FSTs）。这是由美国国家公路交通安全管理局发起用以评估驾驶者醉酒状态的一组测试方法，包括水平性眼震测

---

① 张麗卿：《探索刑法》，台湾神州图书出版公司 2003 年版，第 316~317 页。

试、直行和转弯、单腿站立三套测试。上述看似非常简单的测试对醉酒人而言是难以准确完成的，因此“现场清醒测试”成为各州交警确定驾驶者是否醉驾的重要手段。再次，是呼吸测试或血液检测、尿液检测。如果驾驶者未能通过“现场清醒测试”，那么警察将对驾驶者进行比 FSTs 更为准确的化学测试，包括现场进行酒精呼吸测试，或者进行血液检测、尿液检测。这些测试的主要目的是检测驾驶者血液中酒精含量是否达到法定限度。美国有将近 50 个州以及哥伦比亚行政特区都对血液中的酒精含量有限制——对于 21 岁以上的公民而言，其血液中的酒精含量必须低于 80mg/100ml，否则构成醉驾。最后，拘留驾驶者。如果上述测试证实驾驶者的确因服用酒精或其他麻醉品而导致驾车能力削弱，那么驾驶者将被拘留。在汽车署听证会之后，被确认醉驾的驾驶者必须根据各州法律接受刑事审判。刑事审判程序主要是确定驾驶者是否有罪以及承担何种刑事责任。[①]

（三）如何认定追逐竞驶的情节恶劣

根据危险犯的一般原理，追逐竞驶要求以产生交通危险的方式驾驶，行为的基本方式是随意追逐、超越其他车辆，频繁并线、突然并线，或者近距离驶入其他车辆之前，等等。但是否构成犯罪，还要具体判断其行为是否“情节恶劣”。至于什么是追逐竞驶情节恶劣，应该根据行为人的主观恶性、行为的危险性、行为造成或可能造成的危害结果等，进行综合的判断。

其一，追逐竞驶行为人主观方面的判断依据有：行为人有过交通违章行为而屡教不改的、行为人酒后（不包括醉驾）追逐竞驶的、行为人逞强好胜而进行追逐竞驶的，或者行为人出于流氓恶习而追逐竞驶等。这在外国醉驾刑事司法中已经成为实践的标准，如在美国，如下因素可能导致醉驾者的刑罚加重：（1）过去曾有醉

---

① 杨志琼：《美国醉驾的法律规制、争议及启示》，载《法学》2011 年第 2 期。

驾的违法犯罪经历；（2）酒后超速驾驶；（3）醉驾时车内有未成年人；（4）血液中酒精含量过分超标；（5）拒绝接受化学测试等。①

其二，判断行为危险性的主要根据有：（1）追逐竞驶发生的时间。午夜追逐竞驶的危害性显然小于正常上下班期间的追逐竞驶。（2）追逐竞驶的地点。在农村或沙漠道路上的追逐竞驶的危害性要小于在城市道路上的追逐竞驶。（3）追逐竞驶的车速。一般超速的追逐竞驶的危害性要小于严重超速的追逐竞驶行为。（4）追逐竞驶的环境。在车辆、行人较多，或者道路情况复杂的地段追逐竞驶，其危害性显然高于在车辆行人少、路况较好情况下的追逐竞驶。（5）追逐竞驶的目标。行为人驾驶机动车以救护车、消防车等车辆为追逐目标的危害性要大于追逐一般的车辆。

其三，判断危害后果大小的根据是未达到交通肇事罪标准的其他严重后果，如造成其他车辆为躲避追逐竞驶车辆而发生事故，致人轻伤、一定数额的公私财产损失，或者造成道路拥堵、被封闭或者造成需动用大量警力来恢复交通秩序，等等。

（本文原载《新疆财经大学学报》2012年第3期）

---

① 杨志琼：《美国醉驾的法律规制、争议及启示》，载《法学》2011年第2期。

论危险驾驶罪的价值及其完善

2011 年 2 月通过的《中华人民共和国刑法修正案（八）》（以下简称《刑法修正案（八）》）第 22 条规定："在刑法第一百三十三条后增加一条，作为第一百三十三条之一：'在道路上驾驶机动车追逐竞驶，情节恶劣的，或者在道路上醉酒驾驶机动车的，处拘役，并处罚金。有前款行为，同时构成其他犯罪的，依照处罚较重的规定定罪处罚。'"《最高人民法院、最高人民检察院关于执行〈中华人民共和国刑法〉确定罪名的补充规定（五）》对此条确定的罪名是"危险驾驶罪"。危险驾驶罪不仅是我国刑法的一个新罪名，而且是我国刑事立法技术进步的重要表征，具有多方面、多层次的重要的法社会价值。详述如下。

一、我国刑法应对风险社会之开始

现代社会已经逐渐进入全球性的风险社会①，所谓风险社会，

---

① 在风险理论领域可能没有人的影响力比乌尔里希·贝克更大。尽管"风险社会"观点的出现不能归功于一个人，但贝克的《风险社会：朝向新的现代性》（Risk Society：Towards a New Modernity，1992）从首次用德语发表到现在已经重印了 5 次并产生了广泛影响。《风险社会》反映了一批著作的特点：试图证明在过去 30 年中，传统的资本主义社会已经向着"晚期现代主义"（late modernity）、"后现代主义"（postmodernity）或者"后传统社会"（post-traditional society）的方向转变。参见［英］大卫·丹尼：《风险与社会》，马缨、王嵩、陆群峰译，北京出版集团公司、北京出版社 2009 年版，第 27 页。

是指在后工业化时期，随着科学技术的迅猛发展，产生于人类实践活动的各种全球性风险和危机对整个人类生产生活乃至对人类的生存和发展造成严重威胁，而人类对此又失去掌控的一种状态。[①] 贝克认为，生活的集体模式、充分就业和剥削现在已经被五个相关的过程破坏了。他列出的这五个过程是全球化、个体化、性别革命、不充分就业和全球风险。贝克认为，这些过程的共同点就是它们都是工业现代化的后果。它们所带来的政治挑战在于，社会必须同时对这些挑战作出回应。[②] 我们如今生活在一个"除了冒险别无选择的社会"，风险已经成为我们生产生活的组成部分，无处不在，无时不在。[③] 而风险，除了被认为与危险相关之外，也被视为全球资本发展的推动力、进步的经济力量，以及参与基于技术的全球化时代的前提。[④] 在各种各样的风险之中，交通风险是人们关注的重心之一。[⑤]

随着我国经济的发展和人们生活水平的提高，汽车逐渐成为重要的代步工具，特别是在一些经济发达、人口密集的城市，汽车的保有量正在逐年提高，相伴而行的是违法驾驶行为及其所致的交通事故频发。在我国，交通违法犯罪已经演变成为一种恶性"肿瘤"。有关部门调查显示，2009 年全国查处酒后驾驶案件 31.3 万

---

① 陈晓明:《风险社会之刑法应对》，载《法学研究》2009 年第 6 期。

② ［英］大卫·丹尼:《风险与社会》，马缨、王嵩、陆群峰译，北京出版集团公司、北京出版社 2009 年版，第 29 页。

③ 参见杨雪冬:《风险社会与秩序重建》，社会科学文献出版社 2006 年版，第 9 页；赵秉志主编:《〈刑法修正案（八）〉理解与适用》，中国法制出版社 2011 年版，第 181 页以下。

④ ［英］大卫·丹尼:《风险与社会》，马缨、王嵩、陆群峰译，北京出版集团公司、北京出版社 2009 年版，第 9 页。

⑤ 关于刑法如何应对风险社会的各种风险，已有学者进行了具体的设计与规划。详见郭浩、李兰英:《风险社会的刑法调适——以危险犯的扩张为视角》，载《河北法学》2012 年第 4 期。

起，其中醉酒驾驶4.2万起。酒后驾驶导致的交通事故和死亡人数虽比上年有所减少，但醉酒驾驶机动车和在城区飙车仍然是人民群众深恶痛绝的两大“马路杀手”。[①] 这两大“马路杀手”因其具有高度危险性，极易造成恶性事故，引起了社会的广泛关注。正如英国学者大卫·丹尼所指出的，对国际、国内和当地犯罪的恐惧在许多个人的风险感知中占据了核心位置。……一种围绕当地、国内和国家犯罪造成的危险的新的不安全的政治已经产生。这包括对人身安全的强烈关注，以及处理未来风险可能性的尝试性努力。……犯罪风险被全球的政府视为社会的“肿瘤”，如不加以控制，就将扩散并侵蚀整个社会秩序的核心。[②]

风险社会的一个伴随物是“规制国家”（regulatory state）的形成。“规制国家”是基于这样一个理念：一种新的制度和政策形式出现了，政府作为风险管理者的角色增强了。同时，政府作为直接雇主的角色淡化了。[③] 可见，风险社会促生了新的不安全的政治。这种政治在刑事法治领域的表现，就是“风险刑法”的诞生和扩张。风险刑法是国家针对各种严重风险而采取的刑罚应对手段。风险刑法在刑事立法上的突出表现是将刑法的防卫线向前推移，实行所谓法益保护的提前化或刑罚的前置化。在德、日等国，这种处罚的早期化主要是通过在各种行政刑法中增设危险犯尤其是抽象危险犯的立法来实现的。[④] 我国刑法在应对重大社会风险方面已经有所作为。例如，《刑法修正案（八）》取消了1997年《刑法》第

---

① 卢建平：《加强对民生的刑法保护——民生刑法之提倡》，载《法学杂志》2010年第12期。

② ［英］大卫·丹尼：《风险与社会》，马缨、王嵩、陆群峰译，北京出版集团公司、北京出版社2009年版，第133页。

③ ［英］大卫·丹尼：《风险与社会》，马缨、王嵩、陆群峰译，北京出版集团公司、北京出版社2009年版，第165页。

④ 刘明祥：《“风险刑法”的风险及其控制》，载《法商研究》2011年第4期。

141条生产、销售假药罪中的“足以严重危害人体健康”的规定，使得该罪由具体危险犯变成了抽象危险犯。又如，该修正案将1997年《刑法》第338条重大环境污染事故罪中的“造成重大环境污染事故，致使公私财产遭受重大损失或者人身伤亡的严重后果”修改为“严重污染环境”，降低了对结果要件的要求，还增设了食品安全监管失职罪等。这些都是我国刑法对如何规制“风险社会”中的风险所作出的回应。

风险刑法重要分支是交通刑法，即用刑罚手段抗制违反交通法律法规的犯罪行为的法律。交通刑法所要保护的是没有冲突的道路交通功能，让安全流畅的道路交通得以实现。交通刑法所干涉的违法行为，是一个没有具体攻击对象的行为。交通刑法要保护的是，超个人的集体利益。道路交通的参与者数量众多，即使是一个奉公守法的市民，也有可能发生交通事故，例如过失伤害。正因如此，我们的法律社会对于良好交通秩序的期盼，极其殷切，借着良好交通秩序的创造与维护，把可能的交通危险降至最低。这对还没有造成实际侵害的交通违规行为，运用抽象危险构成要件，在立法上规定为犯罪，就是为了保护超越个人的生活利益。①

二、人权保障与社会保护并重

法国思想家福柯多年前就提出，必须保卫社会。② 福柯的见解具有相当的预见性。“规制国家”对风险的规制现在已经无处不在，但却难以保障其有效性，甚至出现风险规制失灵的情况。风险规制失灵会引发法律危机。就刑事法而言，风险规制失灵引发的刑法危机表现为三个方面：第一，功利目的落空使得让渡自由的意义

---

① 张麗卿：《探索刑法》，台湾神州图书出版公司2003年版，第310~311页。

② 具体参见［法］米歇尔·福柯：《必须保卫社会》，钱翰译，上海人民出版社1999年版。

不复存在，秩序与自由两大价值无法实现新的平衡；第二，风险规制失灵所带来的恐慌在最后保障法中被最终释放，社会舆论和政治目的挤压下的政策性刑法严重冲击刑法的安定性与理性；第三，风险原则推动的刑法能动化倾向潜藏着重刑威慑的可能，一般预防的消极面在无效的风险规制体系面前，很可能成为决策者的救命稻草。[①] 所以有学者担心，对风险的过分强调可能会造成社会的断裂，并会使那些被认为是威胁或者危险的特定群体遭受污蔑。公正和法律程序可能没有风险重要，因为“安全”的政治超过了对“公正”的考虑。如果某人或某类人被认为对公共安全造成风险，那么对他们来说就根本无公正可言。[②] 这反映了法益保护与人权保障之间的紧张关系，德国学者罗克辛教授提出了处理这种关系的准则，即法益保护的要求不会因为人们强调刑法要使用禁止性手段来保护行为的价值（如尊重生命、他人财产，等等）而放弃，只要维护行为的价值是服务于有关法益保护的，就完全是正确的。[③] 在运用刑法与风险作斗争时，必须保护法益关系和其他法治国的归责原则。在无法做到这一点的地方，刑法的干预就必须停止。“为刑法提供的空间，仅仅是能够把风险决定看成是具体正义之处”。[④]

我国的危险驾驶罪对两者之间的关系作了比较好的处理。首先，危险驾驶罪侵犯了公共安全的同类。在道路上醉酒驾车，或者在道路上追逐竞驶，危害的是不特定的多数人的生命、健康或者重大公私财产的安全，这属于一种公共危险。危险驾驶罪的直接法益

---

① 程岩：《风险规制的刑法理性重构》，载《中外法学》2011 年第 1 期。

② ［英］大卫·丹尼：《风险与社会》，马缨、王嵩、陆群峰译，北京出版集团公司、北京出版社 2009 年版，第 141 页。

③ ［德］克劳斯·罗克辛：《德国刑法学总论》（第 1 卷），王世洲译，法律出版社 2005 年版，第 18 页。

④ ［德］克劳斯·罗克辛：《德国刑法学总论》（第 1 卷），王世洲译，法律出版社 2005 年版，第 19 页。

是交通安全。危险驾驶行为是发生在道路这一特定的空间场域中，与公共交通管理密切相关，因而直接危害了公共安全。① 风险社会中法益保护的重要性，并不要求只有在法益受到侵害的时候才能产生刑事可罚性。正如德国学者罗克辛教授指出的："只要在具体危险犯罪（例如，第315c条规定的危害道路交通）中，符合刑事可罚性条件的行为构成本身具有对法益的危险就足够了，与此同时，在抽象的危险行为（例如，第316条：酒后驾驶）中，在行为构成中完全没有提到所要保护的法益（在这里是：生命、身体、物品价值），而是仅仅提到了制定该条刑法条文的动机。……行为对象的侵害不再是作为刑事可罚性的条件来要求的，所要求的是这样一种行为，即根据这种行为所具有的客观或主观倾向，是以损害一种法益为指向的。"此外，法益保护的要求，也不会因为人们强调刑法要使用禁止性手段来保护行为的价值（如尊重生命、他人财产，等等）而放弃。只要维护行为的价值是服务于有关法益保护的，那么，就完全是正确的。② 而危险驾驶罪属于危险犯，在主观构成要件方面不苛求故意或者过失，所以这个刑事立法可以有效地预防交通肇事犯罪，保障交通安全，从而保护范围很大的相关法益，具有保护社会的重要作用。

其次，《刑法修正案（八）》采用列举的方式，规定该罪的危险驾驶行为仅限于醉酒驾驶和追逐竞驶两种最多发、最危险的行为。这就排除了以法律解释的方式扩大其构成范围，将与之危险性相当的其他危险驾驶行为，如无证驾驶、超速行驶、酒后驾驶、疲劳驾驶、吸食毒品或服用镇静类药物驾驶、超载驾驶、驾驶存在安全隐患的车辆、闯红灯等行为入罪的可能性，从而将有利于坚守刑

---

① 叶良芳：《危险驾驶罪的立法证成和规范构造》，载《法学》2011年第2期。

② ［德］克劳斯·罗克辛：《德国刑法学总论》（第1卷），王世洲译，法律出版社2005年版，第18页。

法的谦抑性，有利于保障人权。

最后，我国《道路交通安全法》已经以行政处罚的方式对绝大多数风险较低的危险驾驶行为进行了规制，填补了法律法规之间的空白。此外，根据中共中央办公厅、国务院办公厅转发国务院法制办等部门《关于加强行政执法与刑事司法衔接工作的意见》，行政执法机关在移送案件时已经作出处罚决定的，应当将行政处罚决定书一并抄送公安机关、人民检察院；未作行政处罚决定的，原则上应当在公安机关决定不予立案或者撤销案件、人民检察院作出不起诉决定、人民法院作出无罪判决或者免予刑事处罚后，再决定是否给予行政处罚。认定危险驾驶罪亦应处理好行政处罚与刑事犯罪的边界。[①] 这样看来，危险驾驶罪的正式确立，可以很好地协调交通刑法保护社会与保护人权之间的关系。

三、法治意识转型

有观点认为："从我国民族的文化心理角度来看，将酒驾从一种违法行为变成犯罪行为，并不符合中国人的民族文化心理。……如果立法者不顾中西民族文化的差异，盲目照搬西方的那种一元犯罪惩罚体系，这无疑是在逆真实的民族精神而动，其负面效应将会很大。"[②]

笔者对此不敢苟同，如前所述，风险社会的到来要求刑法作出有效的应对。如果刑事处罚的范围仍然局限在造成严重社会危害的实害犯上，则不能有效地保护法益。德国学者吕德森指出，将刑法限制在自古以来传统违法行为这个"核心领域"，就会意味着向"阶级刑法"的倒推。在小偷必须承担严厉惩罚的同时，富有的经济违法者和环境违法者却仅仅受到干涉法的轻微处罚。德国学者许

---

① 卢成仁：《"醉驾"之罪与罚》，载《河北法学》2011年第10期。

② 周详：《民生法治观下"危险驾驶"刑事立法的风险评估》，载《法学》2011年第2期。

内曼的见解更为深刻："今天，在持续的对自然资源掠夺性开采而产生无数废物的时代，一种将财产违法行为划入刑法的核心领域，同时将大部分环境违法行为归入违反秩序领域的做法，如法兰克福学派所宣扬的那样，正是一种返祖现象的表现。"① 所以，刑事立法将严重违反行政法或者严重侵犯民事权益的行为犯罪化，无异于告知公众，如果实施严重破坏行政监管秩序和严重侵犯公民民事权益的行政违法、民事侵权行为，那么就有被追究刑事责任的可能。这样一来，刑事立法的调整就犹如一把悬在行政活动以及民商事活动参与各方头上的利剑，不仅最大限度地发挥了刑法的一般预防功效，而且有力地保障了行政法、民商法等前提法的顺利实施和行政管理活动、民商事活动的正常进行，② 从而最大限度地实现刑法保障人权与保护社会之间的平衡。所以，我国刑法将醉驾等危险驾驶行为入罪是具有相当的科学性与合理性的。

我国传统上存在根深蒂固的"法制心理"，即认为只有严重的违法犯罪行为才是值得重视的，也只有这样的法律才值得遵守；对于社会危害性轻微、不明显的违法行为不予重视，认为这些法律不值得遵守，即使违反了，也没有什么大不了的。例如，民众对行政违法和犯罪行为的社会评价迥然相反。在民众看来，行政违法只是一种非常轻微的违法行为，道德非难性程度相当低，因为"在我国国民的心目中，犯罪是已经给社会或他人造成严重危害或者有可能造成严重危害并且十分可恶的行为"。③ 可以说，对犯罪的厌恶和对其惩罚的畏惧是每一个中国人固有的意识。受行政处罚的行

---

① ［德］克劳斯·罗克辛：《德国刑法学总论》（第1卷），王世洲译，法律出版社2005年版，第20页。

② 田宏杰：《"风险社会"的刑法立场》，载《法商研究》2011年第4期。

③ 刘明祥：《"风险刑法"的风险及其控制》，载《法商研究》2011年第4期。

为，不仅被处罚者本人不具有羞耻感、负疚感，而且执法机构、一般公众也认为这种行为并不具有悖德性。相反，如果一种行为被认定为犯罪，则无论是行为人、司法机构还是普通民众都会认为这种行为具有较高的悖德性。①

但进入风险社会之后，我们的这种传统法制意识必须转换为与时俱进的“法治意识”，即风险社会的严格遵守各种法律法规的意识。我们中华民族的精神确实有“执其两端用其中”的中庸文化心理，但不能适用于所有的社会方面。所以从本质上说，以民族文化心理的特殊性反对刑法规定危险驾驶罪，是对传统法制意识的固守，是对不良意识与不良行为的纵容。众所周知，我国民众法治意识特别是交通规范意识淡薄，行人乱穿马路，司机乱闯红灯等现象司空见惯。交通规则得不到很好的遵守，造成社会资源的浪费，在某种程度加剧了交通风险。正如学者所指出的，醉驾等危险驾驶行为之所以屡禁不止原因是多方面的，包括饮酒人的生理因素、根深蒂固的酒文化的影响、社会控制力弱化、遵守交通法规的意识淡薄等。② 虽然违章驾驶行为在我国道路交通安全法中已作了规定，但其对交通违法行为的遏制效果并不明显，这与落后的传统“法制意识”有着重要的关系。

所以将危险驾驶行为入罪有利于改变这一现状，促进良好交通法治意识的形成，使传统“法制意识”逐渐转变为适应风险社会需要的“法治意识”。

综上，我国《刑法修正案（八）》规定的危险驾驶罪虽然有若干不尽如人意之处，但总体上说是一大历史进步，是我国刑事立法的里程碑。它标志着我国刑法应对风险社会的开始，也必然会促

---

① 叶良芳：《危险驾驶罪的立法证成和规范构造》，载《法学》2011 年第 2 期。

② 参见汪明亮：《严惩“醉驾”肇事犯罪观念之反思》，载《法商研究》2009 年第 6 期。

生与之相适应的法治意识，因而从根基上促进了我国法律和社会的发展。我国台湾地区 1999 年修正“刑法”、增设酗酒驾驶罪之后，民间生活形态有了很大变化。喜宴或聚会，饮酒与劝酒的现象大为减少，刑罚加身的可能性已经成为不喝酒或浅尝辄止的绝佳护身符，[①] 就是一个有利的证明。

四、构成要件范围扩大——危险驾驶罪的完善

（一）西方的危险驾驶罪

1. 芬兰刑法典关于危险驾驶罪的规定

《芬兰刑法典》第 23 章交通犯罪中规定了造成交通危险罪、迷醉状态下驾驶罪、严重迷醉状态下驾驶罪、迷醉状态下进行水路运输罪、迷醉状态下进行航空运输罪、迷醉状态下进行铁路运输罪、将交通工具交予处于迷醉状态的人罪、在迷醉状态下运行非机动交通工具罪、无照驾驶罪、逃离交通事故现场罪等。这些犯罪有的属于具体危险犯，有的则属于抽象危险犯。下面简单予以介绍。

造成交通危险罪是指：（1）道路使用者故意或过失违反道路交通法或者交通工具法，或者以此为基础而颁行的规定或命令，以将会给他人造成危险的方式行事。（2）正在负责操纵船舶或者履行实质影响航海安全的职责时，违反水路交通法，或者在此基础上颁布的规定或命令，或者关于防止在海洋、内水或运河碰撞的规定；正在驾驶航空器或者履行机组成员职责或者影响航空运输安全的职责时，违反空中交通法或者在此基础上颁行的规定或命令，或者正在驾驶火车或者履行实质影响铁路运输安全的职责时，违反关于铁路安全的规定。

迷醉状态下驾驶是指：（1）酒后驾驶机动车或者有轨电车，以致驾驶过程中或者驾驶后其血液酒精水平（酒精含量与抽检血

---

① 参见叶良芳：《危险驾驶罪的立法证成和规范构造》，载《法学》2011 年第 2 期。

液之比）达到0.5或者其呼出的气体中达到最低每立升空气0.22毫克酒精含量，应当以迷醉状态下驾驶被判处罚金或者最高6个月有期监禁。（2）使用麻醉品后驾驶机动车或者有轨电车，以致在驾驶过程中或者驾驶后在其血液中含有所使用麻醉品的活性物质或者其代谢物，应当以迷醉状态下驾驶处罚。如果上述物质或代谢物来源于驾驶员有权使用的药品，本款的规定不适用。

严重迷醉状态下驾驶是指在迷醉状态下驾驶中（i）罪犯的血液酒精水平（酒精含量与抽检血液之比）达到最低1.2或者其呼出的气体中达到最低每立升空气0.53毫克酒精含量；或者（ii）罪犯应当具备的驾驶能力严重削弱；或者（iii）罪犯使用了酒精以外的致醉药物或者将这种致醉药物与酒精混用，以致其应当具备的驾驶能力严重削弱；并且具体的情况是这种犯罪将会危及他人的安全。①

2. 丹麦刑法典关于危险驾驶罪的规定

《丹麦刑法典》第138条规定了醉酒驾驶罪。系指故意或者严重过失醉酒，若行为人在当时条件下对他人之人身或者有价值之财产构成危险，则应当处以罚金，或者处以不超过6个月之监禁。②

3. 德国、日本刑事法律关于危险驾驶罪的规定

《德国刑法典》第316条规定的酒后驾驶罪（危险犯）仅限于“饮用酒或者其他麻醉品”，第315c条规定的危害公共交通安全罪（实害犯）除“饮用酒或者其他麻醉品”外，还包括“未注意优先行驶权”、“错误超车”、“超速行驶”、“未保持安全车距”等。③

---

① 参见：《芬兰刑法典》，于志刚译，中国方正出版社2005年版，第99页以下。

② 参见：《丹麦刑法典与丹麦刑事执行法》，谢望原译，北京大学出版社2005年版。第43页。

③ 叶良芳：《危险驾驶罪的立法证成和规范构造》，载《法学》2011年第2期。

日本对相关人员的处罚范围则更广：明知驾驶人员处于醉态下而向其提供车辆者、明知司机即将驾车而向其提供酒类的或劝酒者、明知司机饮酒而要求其驾驶者或搭乘者都要处罚，这些情形是将相关人员视为驾驶者的教唆犯或帮助犯而予以处罚。①

4. 英美国家规定的危险驾驶方面的犯罪

英国的交通犯罪规定分见于《1835 年公路法》、《1847 年城市警察条例》、《1861 年侵害人身罪法》、《1972 年道路交通法》、《1974 年道路交通法》、《1977 年刑事法》、《1988 年道路交通法》、《1988 年道路交通犯罪法》和《1991 年道路交通法》等法律法规中。其中《1991 年道路交通法》规定了一些新的交通肇事罪名。《1988 年道路交通犯罪法》是现行的主要交通法规关于交通犯罪，英美国家制定了一系列交通法规，并在这些专门法规或其他相关法规中设置了罪名。比较典型的是疏忽驾驶罪、危险驾驶罪及酒后驾驶罪。

疏忽驾驶罪，是指任何人如在公路或者其他公共场所驾驶机动车辆，而没有适当地关注和注意，或者对于使用该道路或公共场所的其他人没有给予合理的考虑，即构成犯罪。这是英国《1988 年道路交通法》第 3 条对疏忽驾驶罪的定义，其后又被《1991 年道路交通法》第 2 条所代替。

危险驾驶罪，对危险驾驶罪与轻率驾驶及疏忽驾驶在行为上作出区分比较困难，但绝不意味着这三种犯罪没有差异。一般认为，就主观恶性及客观危害来说，危险驾驶重于疏忽驾驶，而轻率驾驶又重于危险驾驶。英国《1988 年道路交通法》明确规定了危险驾驶的概念。第 2 条 A 项规定：“鉴于如上第 1 条和第 2 条的目的，

① 朱丹宁：《强化法律责任，加大处罚力度——看日本关于酒后驾车、机动车肇事的部分相关法律规定》，载《道路交通管理》2009 年第 12 期。转引自邓定远：《危险驾驶罪比较研究及其对中国的启示》，载赵秉志主编：《刑法论丛》（第 24 卷），法律出版社 2010 年版，第 61 页。

任何人将被认为构成危险驾驶，当（按照如下第 2 款规定）且仅当：1. 其驾驶方式远未达到一个令人满意、谨慎的司机所被期望的程度，且 2. 对于一个令人满意的、谨慎的司机而言，很明显地，以此种方式驾驶将是危险的。”

酒后驾驶罪，是一个类罪名，关于饮酒、吸毒与交通肇事犯罪的关系，英国《1988 年道路交通法》中规定了几个具体罪名，其中主要有三个罪名：第 4 条规定的在由于酗酒或吸毒不适宜开车时驾驶或企图驾驶机动车辆罪；第 5 条规定的血液中酒精浓度超过预定标准驾驶或企图驾驶机动车车辆罪和第 3A 条规定的上述不适宜状态下疏忽致死罪。《1991 年道路交通法》第 3A 条对酒后驾驶罪的规定是：如某人在道路或其他公共场所，对使用该道路或者场所的他人不予以正当的关注和注意，因驾驶机械助动车辆而致他人死亡的，且（1）当其驾驶时，他因饮酒或毒品而不适合于驾驶，或（2）他饮用了如此多的酒精以至于当时在其呼吸、血液或尿液中的酒精含量超过了规定的限制，或（3）在当时之后 18 小时内，他被要求提供本法第 7 条规定之样本，但其没有正当理由未能提供，他就构成犯罪。①

5. 加拿大刑事法律规定的危险驾驶罪

《加拿大刑事法典》第 249 条也规定了危险驾驶罪，但规定方式与英国的上述规定有差异，其规定以下列方式驾驶下列车辆或器械为犯罪：（1）于街道、公路或其他公共场所驾驶机动车辆，审酌其场所的性质、情况、道路的用法等周围环境以及当时实际或合理可能的交通流量，其情形足以危害公众者；（2）于加拿大国内、水域上或加拿大海上操作船舶或滑水板、冲浪板、水橇以及其他拖曳物体，依其水域或海洋的性质、情况等周围环境以及当时的利用情况或可能被利用的情况，其情形足以危害公众者；（3）驾驶航

---

① 参见赵秉志主编：《英美刑法学》，中国人民大学出版社 2004 年版，第 329 页以下。

空器，依当时航空器及航空器飞行穿越的领域或空中特点和状况等周遭情况，其情形足以危害公众者；（4）驾驶铁轨上的车辆，依当时铁路行驶车辆的特性和状况或所经过处，其情形足以危害公众者。[①]《加拿大刑事法典》第253条将这种罪名定为无能驾驶罪，是指：驾驶机动车辆或船舶、或驾驶或帮助驾驶航空器或铁轨运行的车辆或看守或者控制者，无论他们的机械是否在发动中：（1）因酗酒或吸食毒品损害其驾驶能力；（2）饮酒过量致使其每100毫升血液酒精含量超过80毫克的行为，构成犯罪。从罪名准确性上看，《加拿大刑事法典》对罪名的概括更准确，而且也避免了酒后驾驶罪这一名称不能包含因吸毒而致无能驾驶的情况。[②]

综上所述，世界上大多数国家对于危险驾驶方面的犯罪的构成要件规定得比较宽泛，只要是对交通安全有威胁的危险驾驶行为都可纳入刑罚的规制范围，而交通安全也不仅仅局限于公路交通安全，还涵盖了航空、铁路、航海、内河运输等诸多方面的交通安全。相比较之下，我国的危险驾驶罪之处罚范围显得过于狭小，在一定程度上缺乏预见性，会损害刑事立法的稳定性，从而不能充分满足保护公共交通安全的需求，难以全面应对风险社会对刑法提出的挑战。

（二）我国应借鉴西方经验

关于危险驾驶罪的立法是否有必要借鉴西方的立法经验，存在两种截然相反的观点。认为没有必要进一步借鉴西方经验的学者认为，我国刑法对危险驾驶行为的范围予以一定的限定，较好地体现

---

① 赵秉志主编：《英美刑法学》，中国人民大学出版社2004年版，第338页。

② 赵秉志主编：《英美刑法学》，中国人民大学出版社2004年版，第341页。

了立法理性。[1] 相反的观点认为，现在的条文只列举了醉酒驾驶和追逐竞驶两种情形，还应当包括“服用毒品、麻醉药品致使不能安全驾驶的情节恶劣的行为”。[2] 笔者赞同第二种观点，认为《刑法修正案（八）》规定了危险驾驶罪，是我国刑事立法的一大进步，但危险驾驶罪的构成要件范围尚需扩大，理由如下：

首先，在我国醉酒驾驶、飙车两种类型的危险性以及导致的严重交通事故的比例，并不比超载、超速、无证驾驶、疲劳驾驶、吸毒驾驶、闯红灯、逆行等类型的危险驾驶行为高。那么单单对醉酒驾驶、飙车两种类型入罪，就会产生处罚的不公平，违背民生的平等要义。[3] 其次，就像有的学者指出的，一些国家和地区以“醉酒驾驶、吸毒驾驶和严重超速驾驶”为危险驾驶的主要表现形式，这些危险驾驶的方式在世界范围内具有普遍性。……我国规定的危险驾驶罪，在内容上仅规定了“醉酒驾驶”以及“飙车”行为，似乎内容过于狭窄。[4] 最后，我国刑法规定的危险驾驶行为仅限于醉酒驾驶和马路飙车两种行为，并没有涵盖与之危险性相当的其他危险驾驶行为，从而大大降低未来对形势变化的适应性，甚至也完全排除以法律解释方式扩大其适用范围的可能性。[5]

扩大我国危险驾驶罪构成要件范围的具体方案是：（1）服用酒精性饮料、毒品、麻醉品、精神药品及类似物品后使驾驶能力受

---

① 叶良芳：《危险驾驶罪的立法证成和规范构造》，载《法学》2011年第2期。

② 刘仁文：《对〈中华人民共和国刑法修正案（八）（草案）〉的几点意见》，载《法学杂志》2010年第12期。

③ 周详：《民生法治观下“危险驾驶”刑事立法的风险评估》，载《法学》2011年第2期。

④ 参见刘宪权：《危险驾驶是否应该入罪》，载《法制日报》2010年9月28日第10版。

⑤ 参见李克杰：《情节恶劣与后果严重是两回事》，载《法制日报》2010年8月27日第3版。

损而驾驶机动车辆或船只、航空器构成犯罪。关于吸毒后驾驶机动车可否入罪，有学者认为，吸毒驾驶在实际生活中并不具有普遍性，且难以查证，而一旦发现，首先需要对行为人强制戒毒。强制戒毒的期限具有不确定性，且客观上具有限制人身自由的效果，而危险驾驶罪的法定刑又是一种短期自由刑，如果戒毒完毕之后再执行刑罚，可能存在过度威慑的问题，因而暂不纳入犯罪圈为宜。①从现在的实际情况来看，确是如此；但从长远的观点看，必须扩大危险驾驶罪的构成要件范围。（2）因身体或精神缺陷或过度疲劳，而不具备安全驾驶之条件者驾驶车辆或船只、航空器构成犯罪。（3）驾驶不合格交通工具而危及乘客安全的情形，驾驶装载存在隐患的车辆或船只、航空器危及乘客安全的，构成犯罪。（4）严重违章驾驶车辆或船只、航空器构成犯罪，如无证驾驶、超速行驶、未注意优先行驶权，等等。

此外，关于危险驾驶罪构成要件的立法模式，各国家和地区刑法或交通法律繁简不一，有详细列举式：如德国、芬兰和我国香港地区等对危险驾驶的各种情形都以详细列举的方式予以明确规定。抽象概括式：如西班牙刑法把危险驾驶抽象地表述为“鲁莽驾驶的”。再如《加拿大刑事法典》第249条对危险驾驶表述为“于街道、公路或其他公共场所驾驶机动车辆，审酌其场所的性质、情况、道路的用法等周围环境以及当时实际或合理可能的交通流量，其情形足以危害公众者”，表述虽然较长，但实际内容需要由法官在个案中具体认定。列举加概括式：如我国《澳门刑法典》第279条规定的危险驾驶行为中既明确列举了醉酒驾驶和疲劳驾驶，也概括规定了明显违章驾驶。② 笔者认为，由于交通犯罪多种多样，对

---

① 叶良芳：《危险驾驶罪的立法证成和规范构造》，载《法学》2011年第2期。

② 参见邓定远：《危险驾驶罪比较研究及其对中国的启示》，载赵秉志主编：《刑法论丛》（第24卷），法律出版社2010年版，第59页。

于交通安全的威胁程度也有不同，所以我国刑法宜以类型性的列举式为主，兼采概括式（兜底性条款）。这样既能保障人权又能充分保护重要的社会法益。

（本文原载《河北法学》2012 年第 11 期）

论拒不支付劳动报酬罪的行为构成

2013年1月11日下午，山东省庆云县渤海明珠建筑工地工人孙晨亮爬塔吊追要工资坠落身亡。11日上午，孙晨亮与数十名工人在渤海明珠工地向吴洪权项目部副经理吴洵高索要工资，未达成一致意见。13时许，孙晨亮酒后与其他工人继续在项目部索要工资，情绪激动，随手拿起花盆将开发商办公室的窗户玻璃砸碎，随即爬上工地塔吊，孙晨亮因身体不支从塔吊上坠落到工地地槽底部，经抢救无效身亡。记者了解到，为讨回工资，近年来跳楼讨薪、自焚讨薪、塔吊讨薪等极端讨薪方式不断上演。比如，2011年，为讨回100余名工人被拖欠的上百万元工资，四川省巴中市平昌县务工人员谭勇曾在塔吊上足足待了68天。①

拒不支付劳动报酬罪，是指以转移财产、逃匿等方法逃避支付劳动者的劳动报酬或者有能力支付而不支付劳动者的劳动报酬，数额较大，经政府有关部门责令支付仍不支付的行为。《刑法修正案（八）》将拒不支付劳动报酬的行为犯罪化，人们就此以为农民工讨薪有了刑法保障，可以促进劳动者的人权保障，促进政府积极依法行政，促进经济健康和谐发展。但是，上述孙晨亮塔吊讨薪坠亡等令人痛心的极端事件说明，拒不支付劳动报酬入罪以来，农民工讨薪之艰难未见减轻，说明劳动权益仍然没有得到有效保护。究其原因，可能方方面面，但就刑法而言，学界和司法界对于拒不支付

① 参见新华网，http://news.xinhuanet.com/local/2013-01/18/c_114413526.htm，2013年2月24日访问。

劳动报酬罪的模糊或者不正确的理解，是其中的重要原因之一。为此，必须对我国拒不支付劳动报酬罪进行重新解读。

一、保护法益

“对犯罪构成要件的解释结论，必须使符合这种犯罪构成要件的行为确实侵犯了刑法规定该犯罪所要保护的法益，从而使刑法规定该犯罪、设立该条文的目的得以实现。”[①] 关于本罪侵犯的法益，有不同的认识。第一种观点认为本罪保护的法益是国家对劳动市场的监管秩序。[②] 第二种观点认为本罪法益是“国家劳动秩序和劳动者获得劳动报酬的权利”。[③] 第三种观点认为本罪保护的法益是劳动者所应获得的报酬这种财产性利益。[④] 将此三种观点综合起来，本罪保护的法益是劳动者获得劳动报酬的权利和国家劳动秩序。为了正确解释本罪的构成要件，有必要对本罪保护的法益作进一步的阐释。

法益是指根据宪法的基本原则，由法所保护的、客观上可能受到侵害或者威胁的人的生活利益。其中由刑法所保护的人的生活利益，就是刑法上的法益。[⑤] 劳动法益是以宪法、劳动法、劳动合同法等法律的规定为基础的法益。劳动法益关乎劳动者的生存、自由与发展，具体包括劳动者平等就业权和择业权、获得劳动报酬权、休息休假权、获得劳动安全与卫生权、职业技能培训权、社会保险

---

① 张明楷：《刑法分则的解释原理》，中国人民大学出版社 2004 年版，第 141 页。

② 赵秉志主编：《〈刑法修正案（八）〉理解与适用》，中国法制出版社 2011 年版，第 341 页。

③ 高铭暄、马克昌主编：《刑法学》，北京大学出版社 2011 年版，第 524 页。

④ 黎宏：《刑法学》，法律出版社 2012 年版，第 770 页。

⑤ 张明楷：《刑法分则的解释原理》，中国人民大学出版社 2004 年版，第 135 页。

和福利权、提请劳动争议处理权、组织工会和参与民主管理权等。我国《宪法》第二章规定了公民诸多权利，其中一项重要权利就是劳动的权利，即第42条规定的：“中华人民共和国公民有劳动的权利和义务。国家通过各种途径，创造劳动就业条件，加强劳动保护，改善劳动条件，并在发展生产的基础上，提高劳动报酬和福利待遇。……”为了有效保护公民的劳动权等权利，我国于1997年10月签署了《经济、社会及文化权利国际公约》，1998年签署了《公民权利和政治权利国际公约》，2002年6月批准了《禁止和立即行动消除最恶劣形式的童工劳动公约》，等等。与之相对应，刑法关于本罪的规定所保护的就是这种以获得劳动报酬权为主体的多种劳动法益，劳动者所应获得的财产性利益是本罪侵犯的直接法益。“对于很多劳动者来说，最主要的收入就是工资，恶意欠薪行为不仅侵犯了公民的财产权利，还可能威胁到劳动者基本的生存权，危害程度达到了相关的民事法律所不能调控或难以有效调控的程度，这就需要刑法进行制裁。”① 由于《刑法修正案（八）》第41条规定：在《刑法》第276条后增加一条，作为第276条之一。而刑法第276条规定的是破坏生产经营罪，隶属于刑法分则第五章类罪名“侵犯财产罪”。所以本罪不仅直接侵害了劳动者的劳动法益，而且间接危害正常的劳动关系（劳资关系），损害国家劳动秩序。

劳动法益是劳动刑法理论上的必然逻辑结果。20世纪中叶以后，随着法律的全球化及放眼国际社会的劳动保护运动的深入开展，劳动刑法在美国、法国和日本先后确立，并在司法实践中得到了广泛运用，其立法成果对国际社会的法律统一产生着积极的影

---

① 参见法制网，http://www.legaldaily.com.cn/bm/content/2011-03/03/content_2493910.htm? node=20731，2013年2月12日访问。

响，引起了法学理论的高度关注。[①] 日本刑法学家庄子邦雄在劳动刑法研究方面取得了重大成功，他认为劳动刑法是用刑法手段来调整劳动关系的法规，包括刑法典中可适用于劳动关系的条款，也包括劳动法中规定了刑罚手段的条款；劳动刑法涉及劳动者的团结权、争议权等；判断劳动行为是否违法（指刑事违法）必须根据劳动法原理，只有在侵害了整体的劳动法秩序时，才能将劳动行为认定为犯罪，而且要十分慎重，以免对劳动权利形成不当限制；在判断是否侵害了整体的劳动法秩序时，要考虑侵害法益的程度，并且根据具体案情来确定。[②] 如果在我国劳动刑法理论可以确立，那么本罪就是一个典型的劳动刑法犯罪，其必然的结论是本罪侵犯了劳动法益。

劳动法益产生的基础是劳动法律关系。劳动法律关系是指劳动者与用人单位或雇主依据劳动法律法规，在实现社会劳动过程中形成的权利义务关系。它是劳动关系在法律上的表现，是劳动关系为劳动法律规范调整的结果。劳动法律关系除了具有法律关系的共同特征以外，还有自己独有的特征：（1）它的主体双方具有平等性和隶属性。在劳动法律关系建立前，劳动者和用人单位或雇主是平等的主体。劳动法律关系建立后，劳动者是用人单位的职工，处于提供劳动力的被领导的地位；用人单位或雇主则成为劳动力使用者，处于管理劳动者的领导地位，双方形成领导与被领导的隶属关系。劳动者与用人单位或雇主具有平等性和隶属性，这与民事法律关系主体间具有平等性、行政法律关系主体间具有隶属性相区别，

---

① 姜涛博士对此进行了有益的探讨。参见姜涛：《论劳动刑法的建构及其法理》，载《中国刑事法杂志》2007 年第 5 期；姜涛：《劳动法治视域下劳动刑法制度创生的法理求证》，载《法制与社会发展》2011 年第 2 期。

② ［日］庄子邦雄：《劳动刑法（总论）》，有斐阁 1959 年版。转引自姜涛：《劳动法治视域下劳动刑法制度创生的法理求证》，载《法制与社会发展》2011 年第 2 期。

是劳动法律关系的重要特征之一。(2)它具有国家意志为主导、当事人意志为主体的特性。(3)它具有在社会劳动过程中形成和实现的特性。劳动法律关系的基础是劳动关系。只有劳动者同用人单位或雇主提供的生产资料相结合,实现社会劳动过程,才能在劳动者与用人单位或雇主之间形成劳动法律关系。①

综上,本罪保护的是以劳动者获得劳动报酬权和正常的劳动法律关系为主体的劳动法益。由于"劳动法是倾斜立法,具有公法与私法的特征",② 所以劳动法益是立法倾斜保护的法益,解释本罪的所有构成要件必须围绕劳动法益进行。

二、行为主体与行为对象

(一)行为主体与"劳动者"的争议及其解决

关于本罪的行为主体,存在较大的争议。大体上可以分为广义的行为主体说和狭义的行为主体说。前者认为,刑法具有独立性,对有关概念的界定不必拘泥于其他部门法,从有效保护劳动者合法权益的角度考虑,宜将本罪行为主体作宽泛的解释,即不仅仅包括劳动法中具有劳动关系的用人单位,也包括民事法律关系中具有劳务关系或者雇佣关系的用人者。③ 后者认为本罪行为主体是负有向他人支付劳动报酬义务的自然人与单位;单位是指《劳动合同法》中所说的用人单位,包括具备合法经营资格的用人单位和不具备合法经营资格的用人单位以及劳务派遣单位。④ 与行为主体相对应的

---

① 参见李景森:《劳动法学》,北京大学出版社 2000 年版,第 58~59 页。

② 董保华:《论劳动合同法的立法宗旨》,载《现代法学》2007 年第 6 期。

③ 赵秉志主编:《〈刑法修正案(八)〉理解与适用》,中国法制出版社 2011 年版,第 343~344 页。

④ 参见高铭暄、马克昌主编:《刑法学》,北京大学出版社 2011 年版,第 524 页;张明楷:《刑法学》(第 4 版),法律出版社 2011 年版,第 912 页;黎宏:《刑法学》,法律出版社 2012 年版,第 771 页。

概念是行为对象，本罪的行为对象是劳动者及其劳动报酬。劳动者概念有广义和狭义之分。广义的劳动者，泛指为创造社会财富所进行的有意识、有目的的活动的一切人。狭义的劳动者，是指具有劳动权利能力和劳动行为能力，并且已依法参与劳动关系的公民，此即劳动法意义上的劳动者。那么，本罪行为主体到底是广义的还是狭义的？“劳动者”是哪种意义上的劳动者？由于行为主体和行为对象关系密切，所以这两个问题必须结合在一起进行回答。

从立法背景来看。全国人大法工委刑法室主任郎胜指出，之所以将拒不支付劳动报酬行为入罪，是因为“近些年来，一些地方用工单位恶意拖欠劳动者工资的现象比较突出，大量务工人员工资被拖欠，严重侵犯了劳动者的合法权益，有的甚至引发群体性事件和诸多社会矛盾，成为影响社会稳定的重要隐患。”① 这里将“用工单位”、“务工人员”、“劳动者”联系在一起，具有高度的同一性，说明“用人单位”、“劳动者”符合劳动法的具体规定。此其一。其二，“当前处理恶意拖欠劳动者工资主要通过以下几种途径：一是与用人单位协商解决；二是由劳动争议处理机构调解；三是由劳动争议仲裁机构仲裁；四是向人民法院提起诉讼”。② 这种争议处理程序也是典型的劳动法与劳动合同法意义上的劳动纠纷的法定处理程序，明显不同于一般民事案件可以直接起诉到法院的程序法规定。其三，“……形成‘企业逃薪，政府买单’的恶性局面，存在很大的负面影响和示范效应。同时，由于劳动行政主管部门在处理欠薪纠纷中受执法权的限制，手段不足，力度不够，清欠

① 郎胜主编：《中华人民共和国刑法释义》，法律出版社2011年版，第494页。

② 郎胜主编：《中华人民共和国刑法释义》，法律出版社2011年版，第494~495页。

工资的工作形成了年年清、年年欠的局面”。[①] 这里的关键词“企业”、“政府”、“劳动行政主管部门”，都是典型的劳动法意义的劳动关系的体现。司法实务界人士也指出，“就导致恶意欠薪的原因分析，敢于恶意欠薪的大多是一些中小企业，一旦经营不善发生债务危机，就关门大吉、金蝉脱壳”。[②] 可见，本罪主体主要是“用人单位”，行为对象是“劳动者”。但是，“法律者，系一事实而为过去生活之成果也。然法律之本体虽系事实，而法律之目的则在于规范。吾人解释法律，固欲明了其过去生活成果之法律，然其所以欲明了之者，乃系为规律将来之生活关系也”。[③] 为了使对于法律的解释合乎逻辑，具有规范性，必须探寻其立法原意（目的）。从立法目的上看，全国人大常委会法制工作委员会刑法室副主任黄太云指出，“近年来一些全国人大代表、政府有关部门和工会组织多次提出议案、建议，指出恶意拖欠劳动者报酬，本质上是一种盘剥和欺诈行为，侵犯了劳动者获得报酬的最基本人权，在行政手段难以遏制此类现象发生的情况下，应当适用刑事制裁手段，将该行为规定为犯罪，威慑和遏制其加剧的势头”。[④] 这里突出了劳动法所规定的“工会组织”。“关于拒不支付劳动报酬行为入罪，早在2005年全国人大常委会劳动执法检查组赴深圳市检查《劳动法》贯彻实施情况时，深圳市有关部门就建议在刑法中增设‘拒不支付劳动报酬罪’。之后针对因欠薪而引发的一连串恶性事件，人大

---

① 郎胜主编：《中华人民共和国刑法释义》，法律出版社2011年版，第495页。

② 周宜俊：《对〈刑法修正案（八）草案〉的意见和建议：刑法增设新罪的适度性分析——以危险驾驶、恶意欠薪入罪为例》，载《东方法学》2010年第5期。

③ ［日］牧野英一：《法律上之进化与进步》，朱广文译，中国政法大学出版社2003年版，第58页。

④ 黄太云：《〈刑法修正案（八）〉解读（二）》，载《人民检察》2011年第7期。

代表、劳动部门的官员以及部分学者强烈呼吁拒不支付劳动报酬行为入罪。”[①] 这里强调增设拒不支付劳动报酬罪的目的是为了贯彻劳动法。从以上关于本罪立法背景和立法目的资料的分析可以看出，本罪的行为主体和行为对象的“劳动者”都是劳动法意义上的概念。

那么，如何判断本罪的行为主体和行为对象中的劳动者呢？德日两国在判定劳动者[②]时遵循的是劳动关系中的“从属性”原则，二者的主要区别在于，日本将“经济从属性”与“人身从属性”相结合制定出了相关判定标准，德国却在认定劳动者的标准上，主要考虑的是“人身从属性”。“德国司法判决与理论界的主流学说均将人身从属性视为从属性的决定性标准”[③]，同时将一些特殊的虽不具有人身从属性，但是具备经济从属性的群体视为“与劳动者类似的人”。在德国的司法实践中，法官通常将以下几类职业者作为“与劳动者类似的人”：艺人和作家、商业培训机构中的教师、成人教育教师、电视台记者、律师、IT 工程师、加盟商、无线电收听费的征收人。[④] 德国劳动法认为“与劳动者类似的人”存在与劳动者相同的被劳动法保护的必要性，因此对“与劳动者类

---

① 参见张鸣起、张世平、盛明富等：《设立“拖欠工资罪”有效打击和遏制恶意欠薪、欠薪逃匿行为》，载《中国工运》2010 年第 4 期；人大代表建议增设“拖欠工资罪”，载新华网，http：//news. xinhuanet. com/newscenter/2005-03/03/content_ 2644803. htm，2011 年 3 月 30 日访问。

② 劳动法意义上的劳动者在外国还有雇工、劳工、受雇人、员工等称谓。

③ Dr. iur. Abbo Junker. Grundkurs Arbeitsrecht [M]. München：Verlag C. H. Beck，2010. S.52.

④ Dr. Ulrich Tsch pe，FAArbR. Anwalts-Handbuch Arbeitsrecht [M]. kln：Verlag Dr. Otto Schmidt KG. 2009. S.61.

似的人”与典型劳动者一样给予劳动法上的保护。[①] 德日的做法值得我们借鉴，判断是否本罪行为主体与行为对象的“劳动者”的基本依据应是具有从属性的劳动关系。劳动关系是指在实现社会劳动过程中，劳动者与用人单位或雇主之间的社会劳动关系。劳动关系是在实现劳动过程中所发生的关系，与劳动有着直接的联系；劳动关系的双方当事人，一方是劳动者，另一方是提供生产资料的用人单位或雇主；劳动关系的一方劳动者要成为另一方用人单位或雇主的成员，并遵守单位或雇主规定的内部劳动规则，具有一定程度的从属性。由此，本罪行为主体是依法参与特定劳动关系的用人单位或雇主，而劳动者除了必须依法参加劳动法律关系之外，还必须具有劳动权利能力与劳动行为能力。这里的劳动权利能力是指依法享有劳动权利和承担劳动义务的资格或能力。劳动行为能力，是指以自己的行为依法行使劳动权利和履行劳动义务的能力。只有同时具有劳动权利能力和劳动行为能力并依法参与具有从属性的劳动关系（以下简称劳动关系）的人才能成为这里的“劳动者”。劳动者的范围，从分类上来看，包括本国劳动者与外国劳动者（包括无国籍劳动者），职员和工人，正式工和临时工，固定制工和合同制工，城镇合同制工和农民合同制工（农民工），正式工和派遣工[②]，全日制工和非全日制工，等等。退休国家公务员、城镇失业人员和待分配人员、农民、个体工商业者等，如果依法参与了劳动关系，也可以成为这里的劳动者。

根据上述劳动关系的特征，可以把作为劳动法调整对象的劳动

---

① 冯彦君、张颖慧：《“劳动关系”判定标准的反思与重构》，载《当代法学》2011 年第 6 期。

② 这是以用工形式为标准的分类。派遣工是派遣单位招收并派遣到用工单位从事劳动的劳动者。相对于派遣工的正式工，是指用人单位招收并使用的劳动者。根据《劳动合同法》的规定，派遣工一般限于在临时性、辅助性或替代性岗位上使用。

关系与民法调整对象的劳务关系相区别。劳务关系是提供劳务的一方为需要的一方以活劳动形式提供劳务活动，而需要方应支付约定的报酬。[①] 劳务关系与劳动关系的主要区别在于，劳动关系的主体一方必定是劳动者，另一方是单位，而劳务关系则可以是双方都是单位，也可以双方都是公民，或者一方是单位，另一方是公民。劳务关系中提供劳务的一方并不是需要方的成员，他们不是以需要方单位职工的身份工作，不具有从属性，而是以劳务提供者的身份从事劳动，属于民法调整的范畴。此外，提供劳动力商品的一方人数单一，且一般情况下不存在劳动对价不能支付的问题；即使发生纠纷，也能很快通过诉讼等途径解决，社会影响面小，社会危害性小，不需要刑法进行规范。正如梁根林教授指出的，对反社会行为的规范调整本身具有多重层次和结构，其中既有非法律规范的调整，如道德规范、行业规范、乡规民约、社会风俗、宗教戒律等，又有法律规范的调整。法律规范又是一个具有多级层次和诸多部门的规范体系。专门规定犯罪和刑罚的刑法只是其他法律规范调整无效时的最后手段。[②] 民法意义上的平等主体之间发生的劳务等纠纷还没有发展到需要刑法予以调整的程度。所以前述的观点："拒不支付劳动报酬罪的主体不仅仅包括劳动法中具有劳动关系的用人单位，也包括民事法律关系中具有劳务关系或者雇佣关系的用人者。"是不可取的，其不仅与本罪保护法益相悖，而且不符合实际情况，与立法目的相去甚远。

如上所述，本罪行为主体是依法参与特定劳动关系的用人单位或雇主。与此相关的是劳务派遣问题。所谓劳务派遣，又称劳动派遣，是一种特殊的雇佣形态，1997 年 6 月第 85 届国际劳工大会上通过的《私营就业机构公约》第 1 条第 1 款 b 项对劳动派遣所下

---

① 民法意义上的平等主体之间发生的劳务关系往往涉及承揽合同，定做合同，保洁、保姆等方面的家政服务合同等。

② 梁根林：《论犯罪化及其限制》，载《中外法学》1998 年第 3 期。

的定义是："劳动派遣服务是指私营就业机构雇佣劳动者已为第三人所用，并由第三人分派任务和监督任务的执行。"我国《劳动合同法》第58条规定，劳务派遣单位是本法所称用人单位，应当履行用人单位对劳动者的义务；劳务派遣单位应当与被派遣劳动者订立二年以上的固定期限劳动合同，按月支付劳动报酬；被派遣劳动者在无工作期间，劳务派遣单位应当按照所在地人民政府规定的最低工资标准，向其按月支付报酬。第60条规定，劳务派遣单位应当将劳务派遣协议的内容告知被派遣劳动者，劳务派遣单位不得克扣用工单位按照劳务派遣协议支付给被派遣劳动者的劳动报酬，劳务派遣单位和用工单位不得向被派遣劳动者收取费用。根据国际公约和我国上述法律的规定，劳务派遣单位可以成为本罪的行为主体。但现实生活中，有的单位或组织为了规避劳动法法律法规规定的义务，从事假劳务派遣活动。所谓假劳务派遣是指虽为用工单位招人用人，但却让劳动者与劳务派遣单位签订劳动合同，或者将直接用工转为劳务派遣用工。假劳务派遣可以分为自设派遣、合谋派遣、自己派遣三种，[①] 具体涵括隐名派遣、自设派遣、虚拟（合谋）派遣、派遣组织公营化以及其他，[②] 其具体表现形式有：滥用劳务派遣，隐蔽用工，利用关联公司，租赁承包，签合同、上保险一分为二，包工头违法承包工程，私人车主挂靠经营，以劳务雇佣关系否认劳动关系，假借注销或吊销。[③] 对于假劳务派遣要进行实质判断，即看是否其已与劳动者形成了实质上的劳动关系，从而断定所谓的"用工单位"或"劳务派遣单位"是否为本罪行为主体。有论者认为，"在涉及工程承包、分包、转包等复杂民事关系的案件中，由于经常存在多个主体承担连带民事责任的情况，因而应注意不能将民事连带责任的关系适用到刑事犯罪中"。"恶意欠薪犯

① 李海明：《劳动派遣法原论》，清华大学出版社2011年版，第27~29页。

② 郑尚元：《不当劳务派遣及其管制》，载《法学家》2008年第2期。

③ 佟丽华：《劳动关系"变形记"》，载《瞭望》2011年第33期。

罪是用工方侵犯劳动者财产权益的犯罪，具有相对直接的用工和支付劳动报酬的关系，只有直接与劳动者发生用工关系的主体才能成为恶意欠薪罪的犯罪主体。”① 该观点的第一部分是非常精当的，提醒我们注意司法实践的复杂情况。第二部分则欠妥当，不是“只有直接与劳动者发生用工关系的主体才能成为恶意欠薪罪的犯罪主体”，而是“只有与劳动者形成劳动关系的主体才能成为本罪的行为主体”。总之，本罪行为主体包括劳动法意义上的具有合法经营资格的用人单位、不具备合法经营资格的用人单位以及与劳动者形成劳动法律关系的劳务派遣单位和个人承包经营者（雇主）。

（二）“劳动报酬”的争议及其解决

“劳动报酬”，顾名思义，是劳动者依据劳动法律关系，基于自己合乎规定的劳动而应当得到的报酬。但关于“劳动报酬”的性质及其范围，却存在不同的理解。关于“劳动报酬”的性质，有广义说和狭义说，前者认为本罪中的“劳动报酬”，不限于《劳动合同法》规定的劳动合同所约定的“劳动者的劳动报酬”，还包括民法所调整的雇佣合同所约定的“劳动者的劳动报酬”②；后者认为本罪的“劳动报酬”，是指劳动者依照《劳动法》或者《劳动合同法》应当得到的报酬，其范围不限于工资报酬，奖金、津贴、补贴等也包括在内。③ 笔者同意劳动报酬性质的狭义界定。如上所述，本罪是为了保护劳动法意义上的劳动者获取劳动报酬的权利而设置的，只有这样的“劳动者”的劳动对价才是本罪的劳动报酬。作为本罪行为对象的“劳动报酬”必须与“劳动者”具有高度的

---

① 韩炳勋、李双庆：《恶意欠薪犯罪在司法适用中的三个问题》，载京师刑事法治网，http://www.criminallawbnu.cn/criminal/Info/showpage.asp?pkID=30286，2012 年 12 月 28 日访问。

② 高铭暄、马克昌主编：《刑法学》，北京大学出版社 2011 年版，第 524 页。

③ 参见黎宏：《刑法学》，法律出版社 2012 年版，第 770 页以下；郎胜主编：《中华人民共和国刑法释义》，法律出版社 2011 年版，第 496 页

内在统一性。由平等主体之间的劳务关系或民法上的雇佣关系产生的劳动对价不是这里的“劳动报酬”。也就是说，本罪中的“劳动报酬”是指劳动者依照《中华人民共和国劳动法》和《中华人民共和国劳动合同法》等法律的规定应得的劳动报酬，包括工资、奖金、津贴、补贴、延长工作时间的工资报酬及特殊情况下支付的工资等。

关于“劳动报酬”的范围，也有广义说与狭义说之分。前者认为劳动报酬包括两部分：一是工资，包括货币工资与实物报酬，二是各种依法应由用人单位缴纳的社会保险。① 又如认为，“本罪的劳动报酬包括工资，但不限于工资，劳动者应得的奖金、津贴、补贴也属于劳动报酬”。② 后者认为：“《刑法修正案（八）》第41条所规定的‘劳动报酬’应从狭义的角度去理解，换言之，应当对劳动报酬做限制解释，仅仅是指工资性收入。”③ 笔者赞同劳动报酬范围的广义论。虽然2009年修订的《劳动法》共有五条提到了“劳动报酬”，其中两条将保险和福利待遇规定在劳动报酬范围之外，其他三条则笼统规定劳动者的劳动报酬权利，并没有明确的范围界定。但是从因果关系上讲，劳动报酬就是因为劳动者的劳动而应当获得的酬金或对价，而我国劳动法律法规为了充分保护劳动

---

① 根据我国《劳动法》与《社会保险法》有关规定，国家建立基本养老保险、基本医疗保险、工伤保险、失业保险、生育保险等社会保险制度。基本养老保险、基本医疗保险、失业保险由用人单位与职工即劳动者按照国家规定共同缴纳；工伤保险、生育保险由用人单位缴纳，职工即劳动者不缴纳。缴纳社会保险是用人单位的法定义务，以保障公民在年老、疾病、工伤、失业、生育等情况下依法从国家和社会获得物质帮助的权利。参见黄继坤：《论拒不支付劳动报酬罪的几个重要问题》，载《当代法学》2012年第3期。

② 张明楷：《刑法学》（第4版），法律出版社2011年版，第912页。

③ 参见宋伟卫：《〈刑法修正案（八）〉立法评论与司法适用——拒不支付劳动报酬行为的司法认定》，载《河北大学学报（哲学社会科学版）》2011年第4期。

者各方面的利益，特别是为了保护其长远的利益，将这些酬金或对价划分成不同的部分，于是就有了工资、奖金、津贴、加班费以及保险费等的区别。所以，劳动报酬是一个广义的概念，其范围由劳动法律法规和劳动合同等加以明确。外国刑法立法例有类似的规定，如德国“扣留与盗用劳动报酬罪”的规定，这个罪规定在德国刑法典第266A条中，包括雇主扣留应当为雇员向社会保险或者德国联邦劳工机构交纳保险基金的行为，以及健康保险机构的成员截留雇主为雇员向社会保险或者劳工机构交纳保险基金的行为。所以本罪的“劳动报酬”是指劳动者依照劳动法或劳动合同法应当得到的报酬，其范围不限于工资报酬，奖金、津贴、补贴，应当由用人单位交纳的各种保险费等也包括在内。2013年1月16日发布的《最高人民法院关于审理拒不支付劳动报酬刑事案件适用法律若干问题的解释》（以下简称司法解释）也肯定了这种界定。[①] 工资是劳动者劳动报酬的基本形式，根据劳动部1994年发布的《工资支付暂行规定》（劳部发〔1994〕489号）的规定，工资是指用人单位依据劳动合同的规定，以各种形式支付给劳动者的工资报酬；不得以实物及有价证券替代货币支付；用人单位应将工资支付给劳动者本人；劳动者本人因故不能领取工资时，可由其亲属或委托他人代领；用人单位必须书面记录支付劳动者工资的数额、时间、领取者的姓名以及签字，并保存两年以上备查；用人单位在支付工资时应向劳动者提供一份其个人的工资清单。另外，根据劳动部1995年8月4日发布的《关于贯彻执行〈中华人民共和国劳动法〉若干问题的意见》规定，工资一般包括计时工资、计件工资、

---

① 2013年1月16日发布的《最高人民法院关于审理拒不支付劳动报酬刑事案件适用法律若干问题的解释》第1条规定：“劳动者依照《中华人民共和国劳动法》和《中华人民共和国劳动合同法》等法律的规定应得的劳动报酬，包括工资、奖金、津贴、补贴、延长工作时间的工资报酬及特殊情况下支付的工资等，应当认定为……‘劳动者的劳动报酬’。”

奖金、津贴和补贴、延长工作时间的工资报酬以及特殊情况下支付的工资等。奖金是用人单位对劳动者超额劳动的奖励，津贴是用人单位按照规定对劳动者额外劳动消耗的补偿。保险费应限于用人单位应当交纳的部分。至于惩罚性的补偿，由于其与劳动者的劳动没有直接关系，不能算在劳动报酬之中。依照民事法律而形成的平等主体之间的劳务关系或雇佣关系中的劳动对价，不属于本罪行为对象的“劳动报酬”。

三、行为类型及其构成

本罪行为的实质是不履行支付劳动报酬的义务，属于不作为犯，包括积极的不作为和消极的不作为两种情形。前者是指行为人以转移财产、逃匿等方法逃避支付劳动者的劳动报酬。在这种行为模式下，行为人在应当支付劳动报酬时可能实际上已经没有支付能力，但立法者对此在所不问。就此而言，是原因行为的实行化。本罪消极的不作为是指行为人有能力支付而不支付劳动者的劳动报酬，数额较大，经政府有关部门责令支付仍不支付的行为。下面就这两种行为的构成进行分析论证。

（一）行为类型之一：逃避支付劳动者的劳动报酬

逃避支付劳动者的劳动报酬，是指以转移财产、逃匿等方法逃避支付劳动者的劳动报酬。既可以表现为逃避支付一个劳动者的劳动报酬，也可能表现为逃避支付多个甚至群体劳动者的劳动报酬。转移财产，既应包括将动产从甲地转移到乙地等距离上的变动，也应包括低价变卖或假卖动产或不动产等抽象的转移财产行为。逃匿，是指逃跑并藏匿。[①] 有不少观点[②]将本行为类型理解为数额犯（结果犯情形之一），认为本行为类型的构成是“以转移财产、逃匿等方法逃避支付劳动者的劳动报酬，数额较大，经政府有关部门责令支付仍不支付”。笔者不同意这种看法。理由如下：

从刑法规定的表述来看，刑事立法语言具有相对的独立性，对之必须按照语法和语言逻辑进行分析。《刑法修正案（八）》第41条规定：“在刑法第二百七十六条后增加一条，作为第二百七十六条之一：‘以转移财产、逃匿等方法逃避支付劳动者的劳动报酬或者有能力支付而不支付劳动者的劳动报酬，数额较大，经政府有关部门责令支付仍不支付的，处……”。根据语法和逻辑，可以将本款规定的文字表述分解为两层意思，即“以转移财产、逃匿等方法逃避支付劳动者的劳动报酬，处……”；“或者有能力支付而不支付劳动者的劳动报酬，数额较大，经政府有关部门责令支付仍不支付的，处……”。其中的“有能力支付而不支付”与“责令支付仍不支付”存在紧密的逻辑性和关联性，可以推定为一个行为类型；而“逃避支付”与“责令支付仍不支付”之间关系较为疏远，不能推定为一个行为类型。

---

① 也有的理解为，所谓转移财产逃避支付劳动者的劳动报酬是指行为人采取赠予、抛弃、恶意低价转让等方式藏匿财产，以达到其逃避支付劳动者的劳动报酬的目的。一些自然人或者单位为了逃避支付劳动报酬，采取一些合法的方式来转移财产以达到逃避支付报酬的目的。所谓以逃匿的方法逃避支付劳动者的劳动报酬是指一些自然人或者单位有能力支付劳动报酬，但为了达到不支付劳动报酬的目的，携款逃跑，逃避支付义务。参见赵秉志主编：《〈刑法修正案（八）〉理解与适用》，中国法制出版社2011年版，第341页。

② 参见张明楷：《刑法学》（第4版），法律出版社2011年版，第912页；赵秉志主编：《〈刑法修正案（八）〉理解与适用》，中国法制出版社2011年版，第341页以下；高铭暄、马克昌主编：《刑法学》，北京大学出版社2011年版，第524页；黎宏：《刑法学》，法律出版社2012年版，第770~771页；等等。

从法理上讲，刑法中的行为具有举止性、实行性与自愿性的特征。[①]“以转移财产、逃匿等方法逃避支付劳动者的劳动报酬”体现的是一种积极的不作为，主观上具有“逃避支付劳动者劳动报酬”的目的，是典型的目的犯；“有能力支付而不支付劳动者的劳动报酬，数额较大，经政府有关部门责令支付仍不支付”体现的是一种消极的不作为，是典型的结果故意犯，而不是目的犯。[②]以逃避支付劳动者的劳动报酬为目的，实施隐匿财产；恶意清偿债务；虚构债务；虚假破产；虚假倒闭；或者以其他方法转移、处分财产的；逃跑、藏匿；隐匿、销毁或者篡改账目、职工名册、工资支付记录、考勤记录等与劳动报酬相关的材料等[③]行为之一的，即可说明行为人的主观恶性和行为的严重社会危害性，充足了犯罪成立的必备条件，不需要再附加其他条件，符合德国刑法学家罗克辛教授所谓的“积极的行为终了，同时便充足构成要件，不会出现与行为相分离的结果的情形”[④]的行为犯定义。

将本行为类型解释为行为犯，符合罪刑均衡原则。刑法学界近来一种颇有影响的观点认为，刑罚（量刑）应该对于犯罪（定罪）具有反向制约的功能。论者梁根林教授认为：“罪生刑、刑制罪，展现的是罪对刑的正向制约关系。根据已经发生的犯罪决定要对其实施的刑罚，决定实施的刑罚又要考虑预防未来犯罪的需要，是一种正向的罪刑制约的关系。”“刑从（已然的）罪生，刑须制（未然的）罪的罪刑正向制约关系是否就是罪刑关系的全部与排他的内涵，抑或在这种罪刑正向制约关系的基本内涵之外，于某些疑难

---

① 参见陈兴良：《口授刑法学》，中国人民大学出版社 2007 年版，第 127~131 页。

② 下文“主观方面”部分有详细说明。

③ 司法解释第 2 条。

④ Claus Roxin, Strafrecht Allgenmeiner Teil, Band I, 4. Aufl., C. H. Beck 2006, S. 330。

案件中亦存在着逆向的立足于量刑的妥当性考虑而在教义学允许的多种可能选择之间选择一个相对妥当的法条与构成要件予以解释与适用，从而形成量刑反制定罪的逆向路径?”① 拒不支付劳动报酬的法定刑是“三年以下有期徒刑或者拘役，并处或者单处罚金；造成严重后果的，处三年以上七年以下有期徒刑，并处罚金”，这个刑罚规定弹性较大，从性质罪轻的单处罚金，到短期自由刑拘役、3 年以下有期徒刑，再到最重的 7 年以下有期徒刑，说明该罪的刑罚适应性较强，这种法定的刑罚量可以反制犯罪性质的认定。根据梁根林教授的观点，这可以从另一个向度上说明将本行为类型犯罪解释为行为犯，符合罪刑不均衡原则，从而进一步肯定了笔者的论断。

将本行为类型解释为行为犯，不仅有前述法理基础，而且符合立法目的，可以有效保护劳动法益。如果将本行为类型解释为数额犯，并且附加“经政府有关部门责令支付仍不支付”的条件，由于转移财产、逃匿等行为与劳动报酬数额之间没有必然的联系，也由于“政府有关部门”的不够明确②，使其可操作性几近丧失，不能有效保护劳动者的合法权益。《刑法修正案（八）》实施一年多的实践表明，劳动者的劳动权益并没有因此而得到改观，农民工讨薪依然艰难，正如论者指出的：“从最初的跳楼、跳桥、拦路讨薪，到现在的召开新闻发布会讨薪、扮演狄仁杰和李元芳唱大戏讨薪，乃至跪拜包公、范仲淹等历史上的青天大老爷讨薪，等等，频繁的‘讨薪秀’已经让公众产生了一定的审美疲劳，产生了麻木

① 梁根林：《现代法治语境中的刑事政策》，载《国家检察官学院学报》2008 年第 4 期。转引自付立庆：《绑架罪既遂标准的重新论证——以刑法修正案（七）的相关修改为背景》，载《法学评论》2012 年第 1 期。

② 下文“立法完善”部分详细述及。

感”。[①]，使广大群众对于刑事立法的有效性产生怀疑。学者指出，法治应当是良法之治，当代罪刑法定主义中的“法”应当是良法、正义的法，而不包括恶法、非正义的法。解释者必须做出有利于立法者的假定，相信立法者不会制定不公平、非正义的刑法；换言之，解释者应当抱着正义感，以一般人认同的法理念对刑法用语作出解释，在面临规范用语、抽象概念时，更应如此。[②] 所以，我们必须担当起维护刑法权威的重任，根据立法目的作出合理的解释，以有效地保护劳动法益。

从更深层次上讲，将本行为类型解释为行为犯是风险刑法的必然要求。人类社会已进入风险社会，风险社会要求现代国家树立风险刑法观。风险刑法的立法意旨就是将社会已形成共识的典型行为视为一种当然可能会造成实害的行为，而为了预防实害的发生，就有必要将其作为被禁止的行为而直接入罪，也就是通过事前的判断直接将该类行为拟制为风险行为，风险刑法采用的是行为犯的立法模式。[③] 受风险社会刑法观的影响，近年来，各国纷纷修改刑法。例如，日本国会因为向来对刑事立法持消极态度而被称为“沉默的金字塔”，但是，近年来，它却一反常态地积极地展开了刑事立法活动。在这种立法活动中，体现出了两个重要特点：一是“刑法干预的普遍化”，二是“刑法干预的早期化”。[④] 在我国现代社会，由于法治意识淡薄是一种普遍的社会现象，加之劳动者特别是

---

① 参见东北新闻网，http://news. nen. com. cn/system/2013/02/05/010224555.shtml,2013年2月5日访问。

② 张明楷：《刑法分则的解释原理》，中国人民大学出版社2004年版，第338页。

③ 陈晓明教授认为，风险社会的刑法范式应从社会安全的角度出发，关注现实中的风险行为，确立风险犯在刑法中的中心地位。他提出了“法益抽象化”、“行为拟制化”、“刑罚前置化”以及“罪责功能化”理论。参见陈晓明：《风险社会之刑法应对》，载《法学研究》2009年第6期。

④ 黎宏：《结果无价值论之展开》，载《法学研究》2008年第5期。

农民工的文化水平不高，心理承受力不够强等因素，逃避支付劳动者的劳动报酬的行为已经成为我国社会的重要危险源之一。① 将本行为类型的拒不支付劳动报酬罪解释为行为犯，可以有效防范劳动者合法权益受到侵害，也可以防止由此引发的危害更为严重的后果的发生。

其实，将侵害劳动法益犯罪规定为行为犯，外国早有成功的先例。例如，法国刑法规定雇主违反劳动法对企业委员会的组成、选举和运作进行干涉，或者在法定的事项上未征询该委员会意见，即构成妨碍企业委员会活动罪，雇主将受到1年的监禁和6000欧元的罚金；如果是累犯，则是2年的监禁。在工会自由方面，劳动刑法保护雇员在入会和参加工会活动的平等权利以及保护各大工会组织在企业中设立工会分会并开展活动。雇主违反这方面的规定，也

---

① 孙晨亮塔吊讨薪坠亡案即是明证。又如，2012年12月4日，广东汕头市陈店镇的一家内衣生产作坊发生大火，致14名工人不幸身亡，1人重伤。纵火者刘双云是这家小作坊的离职工人，因老板克扣其500元工资，一气之下纵火，意图报复老板。事后，刘双云解释，他是要“拿自己的生命跟他（老板）去赌”。参见东方早报网，http://www.dfdaily.com/html/63/2012/12/18/912996.shtml,2013年2月25日访问。

要受到上述刑罚。[①] 又如，《美国法典》第 18 篇第 664 节规定：“任何贪污、盗窃或非法地故意抽取或转移他人的金钱、基金、债券、保险费、贷款、财产、或雇员福利计划和雇员养老金计划中的资产归自己或他人使用的行为，可处以 1 万美元以下的罚金，或处不超过 5 年的监禁，或两者并处。”[②]

综上所述，以转移财产、逃匿等方法逃避支付劳动者的劳动报酬是行为犯，只要实施了此种行为，对劳动者劳动权益蔑视的危害

---

① 郑爱青：《法国劳动刑法对劳动权利的保护》，载《工人日报》2005 年 7 月 18 日第 7 版。法国刑法典对劳动权保护的规定还有：1. 关于侵犯平等权的犯罪：第 L12 3-1 条、第 152-1-1 条规定：在招工启事或广告中载明招工对象的性别或家庭状况，基于性别或家庭状况的考虑，拒绝聘用、调动雇员的工作，解除或拒绝延展劳动合同的，处 2 个月以上至 1 年的监禁并处 2000 法郎至 2 万法郎的罚金，或者仅二罚其一。法院得责令依《刑法典》第 51 条规定的条件张贴判决并且在指定的报纸上全文或摘录刊登该项判决，费用由受到处罚的人负担。2. 关于保护童工权利的条款：第 L211-11、第 L261-2 条：让未满 13 岁的儿童从事有危险的、需要强体力的杂要表演，或进行肢体柔折练习，或交付对其生命、健康或有危险的工作的，处 6 个月到 2 年监禁并处 2000 法郎到 1.5 万法郎罚金。第 L261-3 条：使用未成年人公开或以职业为掩护经常行乞者，处《刑法典》第 L227-20 条及第 L227-29 条的刑罚。3. 关于劳动安全卫生保护方面的犯罪：第 L263-2 条：机构主要负责人、经理、经营管理人员或职员，因其个人过错，违反劳动安全法规规定的，处 500 法郎到 1.5 万法郎罚金。第 L263-4 条累犯之场合，处 2 个月到 1 年监禁并处 2000 法郎到 6 万法郎罚金。第 L263-2-3 条：雇主或其代表不执行劳动巡视员依据劳动保护与卫生措施的行政规章而采取的措施，处 2 个月到 1 年监禁并处 2000 法郎到 2 万法郎罚金，或者仅二罚其一。4. 妨害工会活动的犯罪：第 L481-2 条：任何妨碍行使工会权利的行为，处以 2 个月至 1 年监禁并处 2000 法郎至 2 万法郎罚金，或者仅二罚其一。累犯、监禁可加至 2 年，罚金可加至 4 万法郎。参见严励、刘志明：《我国劳动权刑法保护研究》，载《山西大学学报》（哲学社会科学版）2002 年第 3 期。

② 周密：《美国经济犯罪和经济刑法研究》，北京大学出版社 1999 年版，第 375~378 页。

结果即刻发生，也充分说明行为人对法规范的敌对态度。当然，本行为类型也受《刑法》第 13 条但书的约束，即对于以转移财产、逃匿等方法逃避支付劳动者的劳动报酬情节显著轻微，危害不大的，不认为是犯罪。

(二) 行为类型之二：拒不不支付劳动者的劳动报酬

拒不不支付劳动者的劳动报酬，是指行为人有能力支付而不支付劳动者的劳动报酬，数额较大，经政府有关部门责令支付仍不支付的情形，是消极的不作为。本行为类型有三个条件，即行为人有能力支付而不支付劳动者的劳动报酬；行为人不支付的劳动报酬数额较大；经政府有关部门责令支付仍不支付。这三个条件缺一不可。其中的“行为人不支付的劳动报酬数额较大”，根据司法解释第 3 条，是指拒不支付 1 名劳动者 3 个月以上的劳动报酬且数额在 5000 元至 2 万元以上的，或者拒不支付 10 名以上劳动者的劳动报酬且数额累计在 3 万元至 10 万元以上的。[①] 学界和理论界对此没有异议，在此不予赘述。下面重点谈一下“行为人有能力支付而不支付劳动者的劳动报酬”与“经政府有关部门责令支付仍不支付”。

先谈一下关于“行为人有能力支付而不支付劳动者的劳动报酬”及相关的问题。在《刑法修正案（八）（草案）》讨论过程中，有学者对“有能力支付而不支付”提出过质疑，认为支付能力是一个抽象的概念，在立法未予充分明确规定的情况下，实践中不仅可能出现“能力”的认定障碍，而且还可能因司法裁判者不同的价值衡量而导致裁判结果的差异。[②] 为了避免不同价值衡量对

---

① 根据该司法解释第 3 条规定，各省、自治区、直辖市高级人民法院可以根据本地区经济社会发展状况，在这个数额幅度内，研究确定本地区执行的具体数额标准，报最高人民法院备案。

② 赵秉志：《关于〈刑法修正案（八）（草案）〉的研讨意见》，载赵秉志主编：《刑法论丛》（第 4 卷），法律出版社 2010 年版，第 20 页。

劳动者利益保护的影响，必须对“有能力支付”作出合理的解释。论者指出，有能力支付是指行为人有可供执行的财产或者是具有履行特定行为义务的能力，具体包括两种情形：一是财产，包括实物、货币、票证等，二是行为能力，即通过自身的能力为特定作为或不作为的资格。① 上述观点实际上将“有能力支付”的判断标准设定为两种情形进行叙说，强调行为人既要有可供执行财产，又要有权利能力和行为能力，才是“有能力支付”。其实，对于权利能力和行为能力的要求是多余的。因为行为人既然能够用工，并与劳动者形成劳动法律关系，就当然证明其有相应（包括支付劳动者劳动报酬）的权利能力和行为能力。此其一。其二，上述观点强调“可供执行财产”，似乎又把“有能力支付”的时间过于向后推迟。所以该观点尽管正确，但尚需完善。笔者认为，“有能力支付”是一种客观判断，指行为人有支付劳动报酬的财产，包括有形财产与无形财产、动产与不动产以及土地使用权、承包经营权等，还包括行为人的商业声誉和信誉等（因为据此可以借到相关款项）。关于“有能力支付”的判断，应当注意以下两个方面的问题：

第一，“有能力支付”的判断，以应当支付劳动报酬之时为准。所谓“应当支付之时”，是劳资双方在劳动合同中规定的或者口头约定的劳动报酬支付时间。但其约定不能违反法律法规的强制性规定。例如，劳动部 1994 年印发的《工资支付暂行规定》（劳部发〔1994〕489 号）规定，工资必须在用人单位与劳动者约定的日期支付；如遇节假日或休息日，则应提前在最近的工作日支付；工资至少每月支付一次，实行周、日、小时工资制的可按周、日、小时支付工资；对完成一次性临时劳动或某项具体工作的劳动者，用人单位应按有关协议或合同规定在其完成劳动任务后即支付工

① 参见赵秉志主编：《〈刑法修正案（八）〉理解与适用》，中国法制出版社 2011 年版，第 341 页。

资；劳动关系双方依法解除或终止劳动合同时，用人单位应在解除或终止劳动合同时一次付清劳动者工资。劳资双方关于工资支付时间的约定不得违反这些规定。

第二，对有无支付能力，应进行实质判断，即综合行为人全部财产、经营情况以及信誉情况，进行动态的判断。行为人“上家”或“左家”、“右家”不支付，不能成为行为人不支付的理由和判断标准。行为人因为投资失当导致经营困难的，不能认定为没有能力支付，因为作为用工者在用工之前就应当考虑并处理好劳动者报酬支付问题，并为此作出保证。正如刑法理论上的“保证人”说所指出的，“保证人是指在发生某种犯罪结果的危险状态中，负有应该防止其发生的特别义务的人，保证人虽然能够尽其保证义务却懈怠而不作为时，就能成为基于不作为的实行行为”。[①] 按照我国破产法及劳动法的规定，即使企业在破产的情况下，也应当优先支付劳动者的劳动报酬，所以用工者应当对劳动者的劳动报酬尽到其保证人的义务。如果行为人怠于履行该义务，为了其他目的而放任或造成经营财产减损的而危及劳动报酬支付的，不能认定为无支付劳动报酬的能力。

下面谈一下关于“经政府有关部门责令支付仍不支付”的理解与适用。根据司法解释第 4 条规定“经政府有关部门责令支付仍不支付”，是指经人力资源社会保障部门或者政府其他有关部门依法以限期整改指令书、行政处理决定书等文书责令支付劳动者的劳动报酬后，在指定的期限内仍不支付的情形，但有证据证明行为人有正当理由未知悉责令支付或者未及时支付劳动报酬的除外。根据该司法解释第 4 条第 2 款规定，行为人逃匿，无法将责令支付文书送交其本人、同住成年家属或者所在单位负责收件的人的，如果有关部门已通过在行为人的住所地、生产经营场所等地张贴责令支付文书等方式责令支付，并采用拍照、录像等方式记录的，应当视

① 陈兴良：《教义刑法学》，中国人民大学出版社 2010 年版，第 244 页。

为“经政府有关部门责令支付”。这里值得注意的问题有三个：第一，正确把握“经政府有关部门责令支付”的构成。有观点认为，“对其中的‘政府有关部门’不宜作广义理解（如不应包括工会组织），而应解释为劳动行政部门，包括其中的劳动监察部门”。[①] 笔者不同意这种观点，认为在现在的立法没有修改之前，为了有效保护劳动者的合法权益，对“政府有关部门”应当作广义的解释，即其包括了隶属于政府的工会组织，也包括其他一切政府部门。但责令支付必须依照法定程序进行，即“以限期整改指令书、行政处理决定书等文书责令支付劳动者的劳动报酬”。第二，“责令应是正式方式，包括书面方式以及通过会议方式责令。”[②] 还应当包括电视广播媒体的不特定责令。“劳动行政部门个别人的口头或者电话责令，不应当包括在内，否则会造成本罪认定的恣意性。”[③] 第三，在劳动仲裁部门作出生效裁决，劳动者以生效裁决向政府有关部门反映后，政府有关部门依据生效的裁决向用人单位或雇主责令支付，用人单位或者雇主仍然不支付的，应认定为“经政府有关部门责令支付仍不支付”。在人民法院作出生效裁决，劳动者以生效判决向政府有关部门反映后，政府有关部门依据生效的判决向用人单位或雇主责令支付，用人单位或者雇主仍然不支付的，也应认定为“经政府有关部门责令支付仍不支付”，但此时用人单位或者雇主的行为同时触犯了拒不支付劳动报酬和拒不执行判决、裁定罪两个罪名，应当按照想象竞合犯处理。

此外，必须正确认识“经政府有关部门责令支付”的法律性质。有观点认为，“行为人虽然在签订劳动合同（或劳务合同）、接受劳动者劳动时，有支付劳动报酬能力或支付劳动报酬的意思，但是在应该支付劳动报酬时，才产生不支付劳动报酬的意思的，

---

① 张明楷：《刑法学》（第4版），法律出版社2011年版，第912页。
② 张明楷：《刑法学》（第4版），法律出版社2011年版，第912页。
③ 张明楷：《刑法学》（第4版），法律出版社2011年版，第912页。

‘经政府有关部门责令支付仍不支付’是‘客观的超过要素’，在犯罪构成中起的作用是“使违法性的程度达到值得科处刑罚的程度”。① “在行为人签订劳动合同（或劳务合同）、接受劳动者劳动时，隐瞒没有支付劳动报酬能力或掩饰不支付劳动报酬意思的情况，行为人‘以转移财产或逃匿等方法逃避支付劳动报酬’，数额较大的，行为本来成立诈骗罪或合同诈骗罪，此时，‘经政府有关部门责令支付仍不支付’是客观处罚条件。”②

关于什么是“客观处罚条件”？什么是“客观的超过要素”？张明楷教授指出，在大陆法系通行的犯罪论体系中，在一些情况下，行为具有构成要件符合性、违法性与有责性时，并不能据此处罚行为人，还要求具备刑法所规定的一定的处罚条件。换言之，虽然成立犯罪时，原则上就可能对行为人发动刑罚权，但在例外情况下，刑罚权的发动，不仅取决于犯罪事实，而且取决于刑法所规定

① 黄继坤：《论拒不支付劳动报酬罪的几个重要问题》，载《当代法学》2012 年第 3 期。

② 黄继坤：《论拒不支付劳动报酬罪的几个重要问题》，载《当代法学》2012 年第 3 期。

的其他外部事由或客观条件。这种事由或条件称为客观处罚条件。[①] 在一些故意犯罪中，将某些客观要素作为客观处罚条件来对待，从而不要求行为人对这种客观处罚条件具有认识与放任（包括希望）态度，就解决了将其作为构成要件而要求行为人具有故意所带来的问题。但是，德日刑法理论对客观处罚条件的性质与地位问题存在激烈争议。有观点认为，客观处罚条件与行为人的故意无关，不是构成要件要素，也不影响行为的违法性与有责性，只是立法者基于刑事政策的考虑而设立的发动刑罚权的条件。也有相当多的学者认为客观处罚条件应还原为构成要件。[②]

我国刑法理论已经公认，犯罪构成是成立犯罪所必须具备的一切主客观要件的总和，行为符合犯罪构成就成立犯罪，行为符合犯罪构成是认定犯罪的唯一依据；犯罪构成是说明行为的社会危害性的，对说明社会危害性不起作用的因素不可能成为构成要件；反过来说，影响行为的社会危害性、决定行为是否成立犯罪的因素，理所当然是构成要件，所以在现行犯罪论体系之下，我们不能承认客

---

① 例如，德国刑法第 283 条前 5 款规定了破产罪的罪状与法定刑，其第 6 款规定：“行为人仅于停止支付或就其财产宣告破产程序或宣告破产之申请由于程序欠缺而被驳回时，始加以处罚。”据此，行为符合该条前 5 款的规定时，便构成犯罪，但只有符合第 6 款时，才能处罚。第 6 款所规定的便是客观处罚条件。再如，日本刑法第 197 条第 2 款规定：“将要成为公务员或仲裁人的人，就其将来担任的职务，接受请托，收受、要求或者约定贿赂，事后成为公务员或者仲裁人的，处五年以下惩役。”据此，将要成为公务员或仲裁人的人，只要就其将来所担任的职务，接受请托，收受、要求或者约定贿赂的，就成立事前受贿罪。但是，只有在行为人事后成为公务员或仲裁人时，才能处罚。“事后成为公务员或者仲裁人”就是客观处罚条件。参见［日］曾根威彦：《处罚条件》，载［日］阿部纯二、板仓宏等编：《刑法基本讲座》（第 2 卷），法学书院 1994 年版，第 320 页。转引自张明楷：《刑法分则的解释原理》，中国人民大学出版社 2004 年版，第 210 页

② 参见张明楷：《刑法分则的解释原理》，中国人民大学出版社 2004 年版，第 211~212 页。

观处罚条件。[1]借鉴“客观处罚条件”概念的启示，在我国，“有些因素虽然属于客观方面的内容，虽然是成立犯罪的客观要件要素，但它们超出了行为人的主观故意内容，而不需要行为人对之具有认识与放任（包括希望）态度”，张明楷教授称之为“客观的超过要素”。[2]也就是说，“客观处罚条件”与“客观的超过要素”在本质上是同一回事，都是对某些客观要素不要求行为人具有认识与放任的态度。而本罪中的“经政府有关部门责令支付”，根据我国现行的刑法理论和司法实践，是要求行为人对之具有认识因素和意志因素的，否则行为人的行为不能成立犯罪。例如，由于用人单位工作人员的原因，使得单位负责人不知道“政府有关部门责令支付”的事实，该负责人主观上既没有故意也没有过失，则不能追究该负责人“拒不支付劳动报酬”的刑事责任。所以本罪中的“经政府有关部门责令支付”不是客观的超过要素，当然也不是客观处罚条件，而是必备的犯罪客观方面的构成要件。

四、关于本罪行为类型的补充说明

有观点认为，本罪“行为内容为拒不支付劳动报酬，法条将其分为两种类型：一是以转移财产、逃避等方法逃避支付劳动者的劳动报酬；二是有能力支付而不支付劳动者的劳动报酬。实际上，后者可以包含前者。”[3]也就是说，拒不支付劳动报酬罪只有一种行为方式，即有能力支付而不支付劳动者的劳动报酬。笔者不同意这种观点。行为人实施转移财产或者逃匿等逃避支付劳动者的劳动报酬的行为之后，可能出现两种情况：一是尚有其他财产，足以支

---

① 张明楷：《刑法分则的解释原理》，中国人民大学出版社 2004 年版，第 214 页。

② 张明楷：《刑法分则的解释原理》，中国人民大学出版社 2004 年版，第 214 页。

③ 张明楷：《刑法学》（第 4 版），法律出版社 2011 年版，第 912 页。

付劳动者的劳动报酬，那么就可以适用第二种行为方式，即有能力支付而拒不支付；或者二者择其一即可，但后者更具有科学性与可操作性。二是在转移财产的过程中由于不可抗力或者意外事件（当然故意或过失的情况比较罕见），没有足够的财产或没有任何财产可以支付劳动者的劳动报酬，这时候行为人已无能力支付劳动者劳动报酬，政府有关部门还通知其支付吗？是否强人所难？是否就不作为犯罪处理了？所以，这种情况下是无法适用“责令支付而不支付”的条件限制的。所以，结合上述关于本罪行为类型及其构成的阐释，拒不支付劳动报酬罪只有一种行为方式的观点是不能成立的。

（本文原载《鲁东大学学报（哲学社会科学版）》2013 年第 5 期；为中国人民大学报刊复印资料《刑事法学》2014 年第 1 期全文转载）

论拒不支付劳动报酬罪的主观构成及其完善

《刑法修正案（八）》将拒不支付劳动报酬的行为犯罪化，人们就此以为农民工讨薪有了刑法保障，可以促进劳动者的人权保障，促进政府积极依法行政，促进经济健康和谐发展。但是，上述孙晨亮塔吊讨薪坠亡等令人痛心的极端事件说明，拒不支付劳动报酬入罪以来，农民工讨薪之艰难未见减轻，说明劳动权益仍然没有得到有效保护。究其原因，可能方方面面，但就刑法而言，学界和司法界对于拒不支付劳动报酬罪主观构成的模糊或者不正确的理解，是其中的重要原因之一。为此，必须对我国拒不支付劳动报酬罪的主观构成进行重新解读。

拒不支付劳动报酬罪，是指以转移财产、逃匿等方法逃避支付劳动者的劳动报酬或者有能力支付而不支付劳动者的劳动报酬，数额较大，经政府有关部门责令支付仍不支付的行为。本罪行为的实质是不履行支付劳动报酬的义务，属于不作为犯，包括积极的不作为和消极的不作为两种情形。前者是指行为人以转移财产、逃匿等方法逃避支付劳动者的劳动报酬。在这种行为模式下，行为人在应当支付劳动报酬时可能实际上已经没有支付能力，但立法者对此在所不问。就此而言，是原因行为的实行化。本罪消极的不作为是指行为人有能力支付而不支付劳动者的劳动报酬，数额较大，经政府有关部门责令支付仍不支付。本罪主观构成是故意，即行为人明知负有向劳动者支付劳动报酬的义务而不履行，会造成劳动者合法权益受损害的结果而希望或者放任该种结果的发生。但具体到不同的行为类型，其主观构成又有所区别，下面分别予以阐释。

一、逃避支付劳动者的劳动报酬行为及其主观构成：目的犯

逃避支付劳动者的劳动报酬，是指以转移财产、逃匿等方法逃避支付劳动者的劳动报酬。既可能表现为逃避支付一个劳动者的劳动报酬，也可能表现为逃避支付多个甚至群体劳动者的劳动报酬。转移财产，既应包括将动产从甲地转移到乙地等距离上的变动，也应包括低价变卖或假卖动产或不动产等抽象的转移财产行为。逃匿，是指逃跑并藏匿。[①] 以转移财产、逃匿等方法逃避支付劳动者的劳动报酬是行为犯，只要实施了此种行为，对劳动者劳动权益蔑视的危害结果即刻发生，也充分说明行为人对法规范的敌对态度。当然，本行为类型也受《刑法》第 13 条但书的约束，即对于转移财产、逃匿等方法逃避支付劳动者的劳动报酬情节显著轻微，危害不大的，不认为是犯罪。

逃避支付劳动报酬行为人主观上具有行为故意。所谓行为故意，是指明知自己的行为属于违法的、构成要件的事实，而决意并以意志努力支配实施该种行为的心理状态。行为故意以行为人对构成要件行为的明知及意志为主要内容，具备之则构成犯罪故意，并不要求行为人对行为的结果有所认识，也不必考察行为人对于行为结果的意志态度。行为故意就是行为犯的故意。我国刑法上所规定的行为犯，其犯罪故意的成立，均应以具备行为故意为已足，或者

① 也有的理解为，所谓转移财产逃避支付劳动者的劳动报酬是指行为人采取赠予、抛弃、恶意低价转让等方式藏匿财产，以达到其逃避支付劳动者的劳动报酬的目的。一些自然人或者单位为了逃避支付劳动报酬，采取一些合法的方式来转移财产以达到逃避支付报酬的目的。所谓以逃匿的方法逃避支付劳动者的劳动报酬是指一些自然人或者单位有能力支付劳动报酬，但为了达到不支付劳动报酬的目的，携款逃跑，逃避支付义务。参见赵秉志主编：《〈刑法修正案（八）〉理解与适用》，中国法制出版社 2011 年版，第 341 页。

说均应属于行为故意。[1] 具体到逃避支付劳动报酬的行为，这种行为故意是指行为人明知自己负有支付劳动者劳动报酬的义务，实施转移财产、藏匿等行为会发生侵害劳动者劳动权益的结果而希望或者放任这种结果的发生，以达到逃避支付劳动者的劳动报酬的目的。换言之，本罪的认识因素是行为人认识到与劳动者之间存在劳动法律关系，自己应当按照劳动法律法规以及合同按时支付劳动者劳动报酬，认识到自己转移财产、逃匿等行为会造成不能按时支付劳动者报酬的后果；意志因素是为了达到逃避支付劳动者劳动报酬的目的，而积极追求或放任该结果的发生。

本行为类型是典型的目的犯，而且是一种法定的目的犯，这表现在“以转移财产、逃匿等方法逃避支付劳动者的劳动报酬”的立法表述中。由于目的犯的目的“是一种超过的主观要素，是主观超过客观”[2]，是主观的违法要素，目的犯的“目的”决定着行为的性质，如果没有“逃避支付劳动者劳动报酬”的目的，“转移财产、逃匿”等行为就不能构成本罪。以逃避支付劳动者的劳动报酬的目的来认定“转移财产、逃避”等行为的性质，具有合理性；否则，雇佣他人劳动的单位或个人就没有自由可言了。所以逃避支付劳动报酬行为必须出于故意且具有特定的目的，过失“逃避”不成立本罪。

但必须正确理解这里的“目的”。有观点认为，本罪的目的是“非法占有劳动者的劳动报酬”，如黎宏教授认为，“本罪的主观方面是故意，更为准确地说，应是‘恶意’，行为人应是以非法占有劳动者劳动报酬为目的，而以转移财产、逃匿等方法逃避支付或者有能力支付而不支付劳动者的劳动报酬”。“如果仅仅是因为用人单位或雇主的资金暂时的周转不灵而导致的拖欠工资的行为，或者由于用人单位或雇主的经营策略失误导致的大量的亏损，客观上无

---

① 贯宇：《犯罪故意类型新论》，载《法律科学》2002 年第 3 期。

② 陈兴良：《口授刑法学》，中国人民大学出版社 2007 年版，第 209 页。

力支付劳动者劳动报酬的行为，因为行为人主观上不具备‘恶意’，故而不能认定为犯罪。”① 也有观点认为，非法占有的目的并不是唯一形式，也可以是非法暂时使用等其他目的，如行为人并不是无力支付，而是把劳动者的工资用于其他目的（如购买股票、进行投资等），致使在提起公诉前无法支付的，也可以构成犯罪。② 从“以转移财产、逃匿等方法逃避支付劳动者的劳动报酬”的立法语言来看，本罪的“目的”就是“逃避支付劳动者的劳动报酬”，至于行为人为什么逃避支付劳动者的劳动报酬，其原因可能是“赖账不还”、“非法占有”、“暂时使用”等，但不宜将这些原因解释为本罪的“目的”。因为犯罪目的是犯罪结果在行为人心目中的观念化，具有指导作用，是行为人积极追求的直接目标；而“逃避支付劳动者的劳动报酬”背后的原因，具有较大的间接性，不宜认定为“目的”。此外，立法谴责的是行为人对劳动者获取劳动报酬权的漠视，对于其逃避支付劳动者的劳动报酬背后的原因在所不问。所以，2013 年 1 月 16 日发布的《最高人民法院关于审理拒不支付劳动报酬刑事案件适用法律若干问题的解释》（以下简称司法解释）第 2 条将本行为模式作为主观的违法要素的“目的”界定为“逃避支付劳动者劳动报酬”，是非常精当的，也就是说，只有为了逃避支付劳动者劳动报酬而实施的隐匿财产、恶意清偿、虚构债务、虚假破产、逃跑、藏匿、隐匿、销毁篡改账目、职工名册、工资支付记录、考勤记录等行为才能构成本罪。司法解释强调这些行为必须是为了逃避支付劳动报酬；换言之，为了逃税、逃避其他处罚而转移财产、逃匿，但及时支付劳动者劳动报酬的，不构成本罪；但是，如果为了其他目的而转移财产、逃匿等，放任不支付劳动报酬结果发生的，仍然可以构成本罪。

---

① 黎宏：《刑法学》，法律出版社 2012 年版，第 772 页。

② 赵秉志主编：《〈刑法修正案（八）〉理解与适用》，中国法制出版社 2011 年版，第 346 页。

本罪立法的目的是促使用人单位或者雇主必须把劳动者劳动报酬的支付放在工作的首要位置，要求用人单位或者雇主在用人之前或之后，必须确保有能力支付劳动报酬，不能为了经营或所谓的“风险”投资而不管劳动者劳动报酬的支付问题。在这种情况下，即使用人单位或雇主的资金暂时周转不灵，或者经营策略失误导致大量亏损，甚至破产，都不能成为逃避支付劳动者劳动报酬的理由。即使出现这些情况，如果行为人“以转移财产、逃匿等方法逃避支付劳动者的劳动报酬”，就足以说明其主观上的“恶意”。所以，就逃避支付劳动报酬的行为类型而言，“如果仅仅是因为用人单位或雇主的资金暂时周转不灵而导致的拖欠工资的行为，或者由于用人单位或雇主的经营策略失误导致的大量的亏损，客观上无力支付劳动者劳动报酬的行为，因为行为人主观上不具备‘恶意’，故而不能认定为犯罪”的说法是错误的。

此外，需要注意的是本罪系故意犯罪，不能追究行为人的严格责任。但司法解释第 4 条第 2 款却违反了这一基本的犯罪构成理论。该解释第 4 条第 2 款规定：“行为人逃匿，无法将责令支付文书送交其本人、同住成年家属或者所在单位负责收件的人的，如果有关部门已通过在行为人的住所地、生产经营场所等地张贴责令支付文书等方式责令支付，并采用拍照、录像等方式记录的，应当视为‘经政府有关部门责令支付’。”司法解释的这一做法混同于民事诉讼的“公告送达”，即采取推定的方式来认定当事人对于有关法律事项的知悉。但刑事案件与民事案件的性质截然不同，中国刑法历来仅惩罚较为严重的法益侵害行为，在国人的传统观念中“犯点法”问题不大，但犯罪人却近乎“坏人”的代称；新中国成立以来，我国一直适用针对犯罪人的前科建档制度、前科报告义务等；所有这些都导致了就业单位、学校、社会乃至一般居民等对有前科者的零容忍态度。[①] 所以我国刑事立法和刑法理论都强调，行为人的行为构成犯罪必须具有主观罪过，而且对于主观罪过的认定不能采取“假定”的形式。但该司法解释实际上采取了假定逃匿的行为人已知悉“责令支付”事项而予以入罪。此外，本解释强调“并采用拍照、录像等方式记录的”视为已经“经政府有关部门责令支付”，那么“没有拍照、记录的”，就没有效力吗？民事诉讼的“公告送达”也没有这样的要求。其实质是做推定的故意，是假定的程序，是虚置的程序——如果想入罪，随时都可以这么做；所以该解释违反了严格解释的原则，有违反罪刑法定原则之嫌。笔者认为，最高司法机关对这一规定的解释，完全是多余的。因为，如前所述，行为人逃避支付劳动者劳动报酬是行为犯，根本不需要“政府有关部门责令支付”的前置性条件。

二、拒不支付劳动者的劳动报酬行为及其主观构成：非目的犯

拒不支付劳动者的劳动报酬，是指行为人有能力支付而不支付劳动者的劳动报酬，数额较大，经政府有关部门责令支付仍不支付的情形，是消极的不作为。本行为类型有三个条件，即行为人有能力支付而不支付劳动者的劳动报酬；行为人不支付的劳动报酬数额较大；经政府有关部门责令支付仍不支付。这三个条件缺一不可。其中的“行为人不支付的劳动报酬数额较大”，根据司法解释第3条，是指拒不支付1名劳动者3个月以上的劳动报酬且数额在5000元至2万元以上的，或者拒不支付10名以上劳动者的劳动报

---

① 屈学武：《中国刑法上的罪量要素存废评析》，载《政治与法律》2013年第1期。

酬且数额累计在 3 万元至 10 万元以上的。[①] 学界和理论界对此没有异议，在此不予赘述。

拒绝支付劳动报酬行为类型的责任形式为结果故意。所谓结果故意，是行为人明知自己的行为会导致违法的、构成要件的结果，而决意实施该行为并希望、容忍或放任这种结果发生的心理状态。因此，结果故意以行为人对行为结果的明知及一定的意志状态为主要内容，成立这种犯罪故意，不仅要求行为人明知行为事实及其违法性质并有实施该种行为的决意，而且要求行为人明知行为会导致违法的、构成要件的结果，并对这种结果的出现持希望、容忍或放任的意志态度。结果故意就是结果犯的故意。凡刑法规定以某种具体危害结果的出现为犯罪既遂要件的结果犯，其犯罪故意的成立，均应以行为人对该构成要件结果的认识及法定的意志态度为必要条件。[②] 具体到本行为方式而言，行为人具有直接的结果故意，即行为人明知负有向劳动者支付劳动报酬的义务而不履行，有能力支付而不支付，且经政府有关部门责令支付仍不支付，积极追求危害劳动者劳动权益结果发生的心理态度。本行为类型的认识因素是认识到自己应当按照规定及时支付劳动者的劳动报酬，认识到自己有能力支付，当然，有能力支付应该成为用人单位或雇主用工的前提条件，除非行为人在用工之始即明确告知劳动者将不支付劳动报酬，否则不能免除这种认识义务；认识到政府有关部门对不支付劳动报酬行为的责令支付的谴责态度，从而也就排除了不支付合法的抗辩事由；意志因素是拒绝支付（包括按时支付）劳动者的劳动报酬。这里应当注意以下几个问题。

第一，通常情况下，劳资双方是签订劳动合同的，并且在合同

---

① 根据该司法解释第 3 条，各省、自治区、直辖市高级人民法院可以根据本地区经济社会发展状况，在这个数额幅度内，研究确定本地区执行的具体数额标准，报最高人民法院备案。

② 贾宇:《犯罪故意类型新论》，载《法律科学》2002 年第 3 期。

中规定劳动者应当获得劳动报酬，而用人单位不支付劳动者工资是对劳动法的违反，是不履行自己的义务，是一种不作为犯罪。因此，单位或者自然人对于自己的这种拒不支付劳动报酬行为具有故意的心态。[①] 对于没有签订劳动合同的事实上的劳动法律关系而言，用人单位或雇主对于拒不支付劳动报酬行为的认识因素和意志因素，也可以通过逻辑判断得以确认。这里的故意的认识和意志因素应当限于“应当支付”之时。“应当支付之时”，如前所述，是劳资双方在劳动合同中规定的或者口头约定的劳动报酬支付时间。第二，对于“有能力支付”的认识，要求行为人根据自己的财产（动产、不动产、土地使用权、知识产权、债权）、经营情况以及自己的信誉、声誉情况，作出综合的判断。不能借口某一方面，譬如经营不佳，或者第三方没有履行债务等，作出自己“无能力支付”的结论。换言之，对于行为人“有能力支付”的判断不限于其主观认识，必须建立在客观事实的基础上。第三，如果根据查明的客观事实，行为人在用工之始有支付劳动者劳动报酬的能力，但在“应当支付”之时确无能力支付劳动报酬，则应当具体情况具体分析。如果这种“无能力支付劳动报酬”的状态是行为人通过转移财产、虚假债务等故意造成的，则应归于第一种行为类型，以本罪论处，其理由类似于刑法理论上的“原因上的自由行为”；如果是行为人过失造成或不可抗力、意外事件造成的，根据“法不强人所难”的原则，不能追究行为人的刑事责任。这样，既能严密法网，使恶意造成自己“无能力支付”的行为人不能逃避刑事责任追究，也能保护无罪的人不受刑事追求，实现刑法的人权保障和社会保护的双重机能。

需要重点指出的是，本行为类型的拒不支付劳动报酬犯罪不能解释为目的犯。因为本行为类型犯罪的目的为上述“结果故意”

---

① 赵秉志主编：《〈刑法修正案（八）〉理解与适用》，中国法制出版社 2011 年版，第 345 页。

所包容，而目的犯的“目的”是一种主观的超过因素。正如陈兴良教授指出的：“目的是主体对自己的行为指向客体的一种预见性的观念。……刑法中的目的又可以分为两种：一种是故意所包容的目的，另外一种是不为故意所包容的目的。这两种目的在性质上是完全不同的。不为直接故意所包容的目的，是一种存在于故意之外的主观要素，基于这种不为故意所包容的主观目的所构成的犯罪，在刑法理论上叫作目的犯。”[①] 贾宇教授将这类犯罪的目的纳入“非目的故意”之中。所谓非目的故意，是指其成立不以具备某种具体目的为必要条件的犯罪故意。如杀人故意，虽然行为人可能以杀人结果为希望、追求的目的，但刑法理论上一般不称之为目的犯，所以仍属于非目的故意。[②] 拒不支付劳动报酬行为类型的犯罪与故意杀人罪在这一点上相同的，虽然行为人对不支付劳动报酬的结果是积极追求的，但不能说其是目的犯。此外，在刑法分则没有明文规定主观的超过要素的情况下，能否在解释论上将某种目的、内心倾向确定为犯罪构成的主观要件内容（主观的超过要素）？对此，张明楷教授指出，不能笼统地做出回答，而应具体分析。根据法益侵害说的观念，某种目的、内心倾向等是否为主观的超过要素，应取决于它是否说明行为对法益的侵犯及其程度。如果某种目的、内心倾向对决定法益的侵犯及其程度具有重要作用，即使在刑法没有明文规定的情况下，也可能将其解释为主观要件的内容；如果某种目的、内心倾向对决定法益的侵犯及其程度不具有重要作用、甚至没有任何作用，则不应当随意将其解释为主观要件的内容。[③] 具体到本罪而言，在行为人有能力支付而又坚决不支付劳动

① 陈兴良：《口授刑法学》，中国人民大学出版社 2007 年版，第 205~206 页。

② 贾宇：《犯罪故意类型新论》，载《法律科学》2002 年第 3 期。

③ 张明楷：《刑法分则的解释原理》，中国人民大学出版社 2004 年版，第 191 页。

者劳动报酬的情况下，诸如非法占有、临时使用等目的对决定劳动法益的侵犯没有任何作用。此其一。其二，如果将本罪解释为目的犯，那么就会要求司法机关在查明基本事实之后，还要查明行为人有无特定的目的；而行为人具备支付能力而故意拒不支付本身已经说明了其“不支付”劳动者劳动报酬的目的，且“经政府有关部门责令支付”的条件说明行为人没有合法合理的不支付事由（抗辩事由）之存在，这导致自相矛盾的结局，不具有可操作性，会架空立法对于本罪构成要件的规定。也就是说，如果将本行为模式犯罪解释为目的犯，将导致几乎所有的拒不支付劳动报酬的行为不能作为犯罪处理。所以，不能因为本行为类型的犯罪行为人也有一定目的，就称之为“目的犯”。这从另一个侧面说明关于拒不支付劳动报酬罪刑法规定了两种截然不同的行为模式，从而进一步印证了本文“二行为类型”说的主张。

三、立法完善建议及其论证

拒不支付劳动报酬行为入罪当时即存在较大的争议[①]，《刑法修正案（八）》实施两年来的司法实践又证明拒不支付劳动报酬罪效果不佳。为了切实有效地保护劳动者的合法权益，促进我国劳动法制建设，有必要对将来的立法完善提出可资借鉴的意见。

（一）拒不支付劳动报酬行为类型应为情节犯而不是数额犯

《刑法修正案（八）（草案）》第39条第1款规定，构成本罪

① 参见郎胜主编：《中华人民共和国刑法释义》，法律出版社2011年版，第494~496页；赵秉志：《关于〈刑法修正案（八）（草案）〉的研讨意见》，载赵秉志主编：《刑法论丛》（第4卷），法律出版社2010年版，第20页以下；赵秉志主编：《〈刑法修正案（八）〉理解与适用》，中国法制出版社2011年版，第336页以下。

须“情节恶劣”。[1] 经过征询各方面的意见，《刑法修正案（八）》最后确定本罪行为类型之二成立犯罪必须具有“拒不支付劳动者的劳动报酬数额较大”的要件。立法机关之所以如此规定，非常重要的原因就是，有观点认为，“‘严重情节’在司法实践中难以把握，应该有数额限制”。[2] 还有观点认为，“对拒不支付劳动报酬如果没有一定的数量限制，仅仅依据欠薪造成的后果来认定，可能出现行为人只欠了很少工资，但由于被欠人采取了过激行为造成严重后果，而被处以重刑的情况”。[3]

必须明确，保护劳动者的合法权益是本罪的立法目的，刑法规范的设计应当紧紧围绕这个目的进行，而且对于犯罪的数量限制必须具有可行性。“刑事立法的可行性是指具体确定不法行为构成犯罪的程度和数量边界时，应当使犯罪的定量因素程度适当、高低合理，以保证不法行为受法律否定评价和责难的程度与不法行为的危害性相当、不法行为犯罪化的范围与刑法干预的主观能力相当。”[4]

---

① 党的十一届全国人大常委会第十六次会议初次审议了《中华人民共和国刑法修正案（八）（草案）》第 39 条规定：“在刑法第二百七十六条后增加一条，作为第二百七十六条之一：‘有能力支付而不支付或者以转移财产、逃匿等方法逃避支付劳动者的劳动报酬，情节恶劣的，处三年以下有期徒刑或者拘役，并处或者单处罚金；造成严重后果的，处三年以上七年以下有期徒刑，并处罚金。’‘单位犯前款罪的，对单位判处罚金，并对其直接负责的主管人员和其他直接责任人员，依照前款的规定处罚。’‘有前两款行为，尚未造成严重后果，在提起公诉前支付劳动者的劳动报酬，并依法承担相应赔偿责任的，可以不追究刑事责任’。”

② 参见赵秉志：《刑法修正案（八）（草案）热点问题研讨》，载赵秉志主编：《刑法论丛》（2010 年第 4 卷）（总第 24 卷），第 47 页。

③ 参见赵秉志：《刑法修正案（八）（草案）热点问题研讨》，载赵秉志主编：《刑法论丛》（2010 年第 4 卷）（总第 24 卷），第 47 页。

④ 梁根林教授提出了行为犯罪化的定量限制的三原则，即必要性原则、可行性原则以及统一性原则，对于解决犯罪化有关定量问题具有重要的指导作用。参见梁根林：《论犯罪化及其限制》，载《中外法学》1998 年第 3 期。

现在看来，立法机关据以将该罪规定为数额犯的根据是存在问题的。

从现实看，讨薪难是中国近些年来持续存在的问题。首先，拒不支付劳动报酬问题，已不仅仅是劳动纠纷，而有着严重的社会危害。“被拖欠薪酬者，往往是弱势群体，一些人被迫采取过激手段讨薪，而劳动者为讨薪被殴打、被羞辱的事件也时常见诸报端，如王鸿丽‘讨薪被辱案’，以及高志强‘讨薪摘肾案’等。欠薪行为严重损害了劳动者的合法权益，破坏了正常的社会秩序。”① 这个立法背景显示的是行为人恶意欠薪造成严重危害的是“情节”而不是“数额”。将“数额”入罪没有事实根据。其次，“数额较大”可以通过司法解释的形式加以明确，但是不仅不同地区经济发展水平不同，而且不同的劳动者对于金钱数量需求的急切度也不同。同样是800元，对一些劳动者来说可能无关紧要，而对个别劳动者来说，可能就是救命钱。所以，就劳动者权益保护而言，用“数额较大”来衡量一个行为的社会危害程度不具有确定性和可行性。最后，在法治意识普遍不强的情况下，难以求全责备作为“弱势群体”的农民工。非弱势群体可能会诉诸法律或其他手段讨薪，而弱势群体往往由于种种原因会采取极端手段讨薪，往往造成极端的结果——事实已经证明了这一点。就“行为人只欠了很少工资，但由于被欠人采取了过激行为造成严重后果”的情形而言，如果是因为行为人逃避支付或者拒绝支付劳动者的劳动报酬引起，对行为人定罪处罚是情理之中的事情；否则，刑法何以面对那些被烧死的人和造成的重大财产损失；况且本罪法定刑未必都是“重刑”！

有的人可能认为本罪规定在“侵犯财产罪”中，侵犯财产罪必须有数额限制。但是这种认识忽视了本罪是《刑法》第276条

① 赵秉志主编：《〈刑法修正案（八）〉理解与适用》，中国法制出版社2011年版，第332页。

之一，说明其与破坏生产经营罪具有质的一致性，而破坏生产经营罪是典型的情节犯。这样就出现了自相矛盾的局面：同一性质的犯罪既是数额犯，又是情节犯。① 至于“‘严重情节’在司法实践中难以把握，应该有数额限制”的论调，更不值一提，如果“情节严重”难以把握，我国刑法中那么多的“情节犯”何以生存？这是对事实的漠视所致。另外，司法解释第 6 条第 1 款规定：“拒不支付劳动者的劳动报酬，尚未造成严重后果，在刑事立案前支付劳动者的劳动报酬，并依法承担相应赔偿责任的，可以认定为情节显著轻微危害不大，不认为是犯罪……”这里认定犯罪的标准是“尚未造成严重后果”的“情节”，而不是“数额”与“有能力支付而不支付”，是对立法的一种突破，实际上是对数额论的一种积极补救措施，但也有以司法权否定立法权之嫌。这是司法者迫不得已的选择。《刑法修正案（八）》实施以来的实践也证明，拒不支付劳动报酬罪在司法实践中定罪的大多是因为情节严重，如造成劳动者自杀、精神失常或者实施犯罪行为；造成劳动者或者其被赡养人、被扶养人、被抚养人的基本生活受到严重影响、重大疾病无法及时医治；对要求支付劳动报酬的劳动者使用暴力或者进行暴力威胁的；等等。

综上，虽然“数额”具有明确性的特点，但具体到拒不支付劳动报酬罪而言，“数额”不具有明确性、可行性，应当将其修改为“情节严重”或者“情节恶劣”等符合本罪实际的入罪条件。

（二）构成要件去掉“经政府有关部门责令支付仍不支付”

原草案对有能力支付而不支付或者以转移财产、逃匿等方法逃避支付劳动者的劳动报酬，情节恶劣的，规定为犯罪。对此，“有的委员提出，《劳动法》第 91 条、《劳动合同法》第 85 条及《劳动保障监察条例》第 26 条均对不支付劳动者报酬的行为，规定了

① 当然，如果将情节犯理解为广义的，可以包含数额犯，那无可厚非；但本罪是在狭义上理解情节犯的，即两者截然不同，存在互斥关系。

由政府有关部门责令其支付的措施。为了更好地维护广大劳动者的合法权益，宜将刑事处罚与行政监管措施相衔接，建议在草案上述规定中增加经政府有关部门责令支付仍不支付的情形；同时将它作为政府有关部门采取措施，责令欠薪者支付劳动报酬的后盾，这将为劳动监察部门提供更加有力的工作方面的保证”。[①] 现在看来，这种建议具有不少弊端：

“经政府有关部门责令支付仍不支付”的规定，根据司法解释第4条，这里的政府有关部门主要是人力资源社会保障部门，还包括政府其他有关部门。责令的形式是限期整改指令书、行政处理决定书等文书。这里的政府其他有关部门，从实践中看，应该是劳动行政监察部门。但问题是，政府其他部门是否包括公安机关、卫生监督部门、环境保护部门、房地产管理部门，等等？如果它们也可以作出相应的文书“责令支付”劳动报酬，明显是违反了宪法和法律有关国家机关职权的规定。从刑法原理上来看，则违反了罪刑法定原则。因为“政府有关部门”过于模糊，不够明确，使公民对于自己行为的预测可能性大为降低，不能有效保护法益。此外，按照刑法犯罪构成理论，拒不支付劳动报酬的行为是否构成犯罪在某种程度上依赖于政府部门的作为或不作为：如果有关政府部门不作为或渎职，则拒不支付劳动报酬的行为无从定罪，劳动者获得劳动报酬的权利则无从保障；如果政府有关部门积极作为过度，则与劳动者存在合理经济纠纷的用人单位或雇主可能受到无辜的刑事追究；只有政府有关部门作为恰到好处，才能起到既保护劳动者合法权益又保护用人单位或雇主的合法权益的作用。这实际上是变相把定罪的司法权交给了国家行政机关，违反现代国家权力分立的原则。此外，如前所述，本类型行为构成犯罪的最低条件之一是拒不支付劳动报酬数额较大，但是如果拒不支付的数额巨大，且造成严

---

① 参见凤凰财经，http://finance.ifeng.com/roll/20110224/3478930.shtml，2013年1月25日访问。

重后果，但政府至案发时尚未责令支付，怎么处理？如果由于各种原因上的行为，致使政府作出责令支付的指令时，行为人已无支付能力，是否定罪——如果定罪，则是强人所难；如果不定罪，则违反罪刑法定原则，且显失公平；更为严重的是，责令之后是行为人需要立即支付，还是给其一个合理的支付时间？这个时间又有多长？一个月、半年、还是一年？劳动者如何据以养家糊口？所以，司法权不能依赖于行政权，否则会导致无所适从的结局，劳动者的合法权益无从保护。

由于上述原因，加之什么是“政府有关部门”并不明晰，导致农民工讨薪依然艰难，孙晨亮之死就是不可避免了。[①] 这也不能完全责怪政府不作为，因为在市场经济条件下，用工现象铺天盖地，政府如果竭尽全力积极作为（排除权力寻租等），也是难以顾及全面的。况且，政府的作为是需要劳动者的申请甚至上访，才能发动起来，那个时候社会矛盾已经接近激化甚至本身就已经激化了。另外，政府有关部门作出“责令支付”的时间也是个问题。正如学者研究指出的，对于获取劳动者报酬出现困难的案件，应尽可能通过劳动行政部门或者通过民事诉讼解决，如果经过行政部门解决和民事诉讼后，用人者拒不履行法定义务，方可动用刑法的手段。但是会出现进退两难的窘境：一方面是劳动行政或者劳动监察部门在劳动仲裁部门或者人民法院作出生效裁决之前，往往因为无法认定是否存在拖欠劳动报酬或者无法确定劳动报酬的数额而告知劳动者到法院起诉，在这种情况下，“经政府有关部门责令支付仍不支付”的构成要件便无法实现。另一方面是如果认为政府有关部门的责令支付应当是在劳动仲裁部门或者人民法院作出生效裁

---

① 该罪实施后，农民工讨薪依然艰难，恶性事件不断发生，就是该罪立法败笔的明证。当然，极端事件的发生原因是多方面的，如农民工法治意识淡薄，某些人心理素质等方面的原因以及处理问题简单等——但我们不能苛求处于急需、危难、畏难之中的属于弱势群体的讨薪者！

决、劳动者以生效裁决向政府有关部门反映后，政府有关部门依据生效的裁决向用人者责令支付，那么拒不支付劳动报酬罪与拒不执行判决、裁定罪又存在立法冲突。[①] 此外，如果用工单位或者雇主拒不支付劳动报酬，劳动者上访或者找关系，任何政府部门都可以责令支付；如果用人单位或雇主有合理理由不支付，起诉或者准备起诉到法院，是否也构成该罪？用人单位的合法权益又该如何保护？不为疑问，这也是一个窘境。

“经政府有关部门责令支付仍不支付”的立法动机，很可能是“将它作为政府有关部门采取措施，责令欠薪者支付劳动报酬的后盾，将为劳动监察部门提供更加有力的工作方面的保证”。但是有研究者指出，这很有可能引发劳动监察等部门“懒政”的现象，并使得劳动仲裁、劳动争议诉讼等机制进一步丧失效力。前期无有效监管，加之刑法处罚的低概率，即便有刑法处罚的威慑性，未必能有效遏制不良企业主恶意欠薪者的侥幸心理。[②] 客观事实已经证明这种观点的准确性：“……农民工为了讨要千元工资，得办 9 种证明[③]，有的农民工为了讨要工资，最多的要跑政府部门 20 多次才能讨要工资。毫无疑问，政府职能部门这样的说辞，寒了广大农民工的心，折射了政府职能部门行政不作为和推诿扯皮的作风，很

---

① 韩炳勋、李双庆：《恶意欠薪犯罪在司法适用中的三个问题》，载京师刑事法治网，http://www.criminallawbnu.cn/criminal/Info/showpage.asp?pkID=30286，2012 年 12 月 28 日访问。

② 周宜俊：《对〈刑法修正案（八）草案〉的意见和建议：刑法增设新罪的适度性分析——以危险驾驶、恶意欠薪入罪为例》，载《东方法学》2010 年第 5 期。

③ 解雇书面证明、考勤卡、工资单明细复印件等，再填写一份劳动仲裁申请书，“终止劳动合同证明书”、“公司登记情况咨询卡”、“仲裁争议申请书”。

让人气愤。”①

综上所述，“经政府有关部门责令支付仍不支付”的规定，在某种程度上虚置了拒不支付劳动报酬罪的构成要件，使得本罪保护劳动者合法权益的立法目的之实现大打折扣，建议将来立法时删除此规定。

（三）刑罚之完善

根据《刑法修正案（八）》第41条，拒不支付劳动报酬罪的刑种与刑度（从低到高）为：罚金、拘役、3年以下有期徒刑、3年以上7年以下有期徒刑。同为大陆法系的与我国刑法有“亲戚”关系的《俄罗斯联邦刑法典》第145条规定了拒绝支付工资、退休金、助学金、补助金和其他应付款项罪，其适用的刑种与刑度（从低到高）是：剥夺担任一定职务或从事某种活动的权利（5年以下）、罚金（数额为8万卢布以下、6个月以下的工资或其他收入）、罚金（数额为10万卢布以上30万卢布以下或者1年以上2年以下的工资或其他收入）、剥夺自由（2年以下）、剥夺自由（3年以上7年以下）。② 比较而言，我国刑法对于本罪的罚金没有数额限制，可能导致罚金刑的不正确使用；缺少资格刑的规定。此

① 东北新闻网 http://news.nen.com.cn/system/2013/02/05/010224555.shtml，2013年2月5日访问。

② 《俄罗斯联邦刑法典》第145条第1款规定：拒绝支付工资、退休金、助学金、补助金和其他应付款项：（1）任何所有制形式的企业、机关或者组织的领导，出于自私贪婪或者其他的私人利益，拒绝支付工资、退休金、补助金和其他法律规定的应付款项超过2个月，判处被判刑人数额为8万卢布以下，或者6个月以下的工资或其他收入的罚金，或者5年以下剥夺担任一定职务或从事某种活动的权利，或者2年以下剥夺自由。（2）实施上述行为造成严重后果的，判处被判刑人数额为10万卢布以上30万卢布以下，或者1年以上2年以下的工资或其他收入的罚金；或者3年以上7年以下剥夺自由。参见《俄罗斯联邦刑法典》，赵路译，中国人民公安大学出版社2009年版，第94页。

外，同为《刑法》第276条的“破坏生产经营罪”规定的刑罚是“管制、拘役、有期徒刑”；与之对比，本罪没有规定我国唯一的非监禁刑“管制”。根据《刑法修正案（八）》的规定，被判处管制的犯罪分子，可以根据犯罪情况对之宣布“禁制令”（即同时禁止犯罪分子在执行期间从事特定活动，进入特定区域、场所，接触特定的人）。这样一来，如果对犯罪分子适用管制并附加禁制令，则意味着剥夺了犯罪分子一定的资格，是一举两得的好刑种。所以，借鉴外国刑法的合理之处，同时照顾到我国刑事法治的实际情况，建议将来修改刑法时，对本罪的罚金加以明确限制，并增设管制刑。

（本文原载《河北法学》2013年第10期）

论后劳教时代的社会与刑事立法之应对

后劳教时代[①]，正处于风险社会的鼎盛期，社会矛盾重重。许多严重侵害社会的行为已经发展到屡禁不止的程度，迫切需要予以犯罪化处理，以有效保护法益，保障人权，保障社会的健康和谐发展。犯罪化又称入罪化，是指将不是犯罪的行为在法律上作为犯罪，使其成为刑事制裁的对象。[②] 犯罪化的实质是扩充刑法的限制范围，使刑法更多地渗透到社会生活，更大范围地限制人们的行为。[③] 犯罪化既是国家最高立法机关的重要工作之一，也是一个重要的刑法学理论问题，在后劳教时代复杂的社会背景下，有必要对这一问题进行深入探讨。

一、后劳教时代的社会特征

（一）后劳教时代是充满风险的时代

后劳教时代的社会是一个充满风险的社会，风险的规模、性质和程度远远超过以往任何时代，已经跨越了地域、民族、国家、阶

---

① 2013年11月12日中国共产党第十八届中央委员会第三次全体会议通过的《中共中央关于全面深化改革若干重大问题的决定》第34条第2款明确规定“废止劳动教养制度，完善对违法犯罪行为的惩治和矫正法律，健全社区矫正制度。”这标志着从2013年年底开始，我国社会正式进入了后劳教时代。

② ［日］大谷实：《刑事政策学》，黎宏译，法律出版社2000年版，第85页。

③ 陈兴良：《刑法哲学》，中国政法大学出版社1992年版，第7页。

级和意识形态的界限，成为一种新型的、全球性的危险，对人类安全提出了巨大挑战。后劳教时代社会的一个突出特点是高度不确定性。从世界范围看，政治、经济、金融、文化都充满不确定性，使得人们更加关注政治安全、经济安全、文化安全、生活安全、网络安全等，特别是国际恐怖主义犯罪。2001 年美国“9·11”事件、2005 年英国伦敦“7·7”连环爆炸案以及印尼巴厘岛爆炸案等，直到今年挪威奥斯陆的爆炸、枪击案，令人触目惊心。从国内范围看，从前几年的“三鹿毒奶粉案”，矿难事故频发，“桥脆脆”、“楼脆脆”、甬温线特大铁路事故、美国康菲石油公司蓬莱海底泄油事件，到新疆的暴力恐怖犯罪……

我国后劳教时代社会不确定性的增加引发了诸多冲突，主要有经济型的直接冲突与社会型的间接冲突两种类型。经济型的直接冲突表现在群体性事件基本上是利益受损群体与利益获益群体之间的冲突；利益冲突双方基于密切相关的利益博弈、面对面的冲突。社会型的间接冲突主要表现在由治安事件为导火索而引发的突发性群体事件，这类事件往往会导致大规模的社会骚乱。弱者受到不公正、不公平对待的相关信息传递时，会起到社会动员的作用。围观的人在特殊的群体氛围中会情绪高涨，出来“伸张正义”。随着事件升级，大量无直接利益关系的人情绪激动，主动参与到他人的维权行动中，由“旁观者”变成“参与者”。“这时，矛头并不是直接对着事件的对象，而会转移到处理事件机构。万州事件、瓮安事件中，围观的群众在谣言的作用下，将矛头对准了处理治安事件的公安部门、政府部门。”①

（二）后劳教时代是仇恨犯罪多发的时代

后劳教时代社会冲突加剧，群体性事件增多，“仇富”、“仇官”、“仇社会”成为社会的特征。城市国有企业下岗职工失业、

---

① 朱力：《转型期中国社会问题与化解》，中国社会科学出版社 2012 年版，第 263~265 页。

劳资纠纷、城市建设搬迁、集体土地征收征用、水库移民搬迁、环境污染等利益矛盾引发了一系列群体性事件。因环境问题有其特殊性，一旦某地产生污染，使当地群众的基本生活受到影响，甚至无法生存，即使金钱也无法补偿或替代，因而环境问题引发的群体性突发事件的对抗程度明显高于一般群体事件。① 在袭击警察、法官事件过后，被害的警察、法官得不到社会广泛同情，行凶者反而被许多人看作正义的化身。"杀贪官"成为一个最具时代性的网络情绪标签。②

在后劳教时代，仇恨犯罪频发。所谓"仇恨犯罪"，是指由于行为人自身的原因，以及家庭、社会等各种因素导致的对他人、国家机关、特定群体或社会的仇恨而引发的犯罪。实际生活中，因仇恨心理引发的犯罪每天都在发生。与其他犯罪动机相比，仇恨心理一旦形成，容易形成一个怪圈，被不断地无限放大，很难消除，行为人很难从这个怪圈中走出来，其犯罪的实施常常表现出目标坚定、破坏力强、杀伤力大的特点，且具有极强的传染性，很容易从个体的、局部的仇恨犯罪扩展为大面积、大范围的群体性事件。当前，我国正处在社会大变革的转型期，在构建和谐社会的进程中面临着多方面的挑战，而仇恨犯罪即为其中的典型表征之一。③

（三）后劳教时代是失范的时代

后劳教时代的失范表现为贫富分化加剧，道德缺失以及信任危机等。首先，关于贫富分化。最近几年官方承认中国的贫富分化已经到了极其危险的地步，但更为重要的是，社会对这种状况越来越不能忍受。少部分人在短时间或者是依靠不当的方式，或者是利用

① 朱力：《转型期中国社会问题与化解》，中国社会科学出版社 2012 年版，第 262 页。

② 郑永年：《保卫社会》，浙江人民出版社 2011 年版，第 161 页。

③ 王文华：《"仇恨犯罪"若干问题研究》，载《河北法学》2011 年第 4 期。

不当的国家政策，积累了大量的财富。很显然，那些不能分享发展成果的社会群体是不能接受这种状况的。这些社会阶层在不能得到政府的有效帮助，或者对政府产生失望情绪的情况下，就要用各种方式来争取他们认为应当得到的利益。这是当今中国社会各阶层之间关系紧张的根本原因。①

其次，道德严重缺失。我国经济的快速发展本应带来道德水准的上升，但实际情况恰恰相反，不管是个人道德还是职业道德方面，都出现了严重的道德缺失现象。突出表现为利他性行为减弱，见危不助、见死不救；公共场合突发事件中，群体冷漠，集体性坐视不救频频出现；经济领域、社会生活中出现了规模较大的制假售劣、欺诈、见利忘义等行为；渲染色情文化的期刊、报纸、音像制品充斥大街小巷，渗入日常生活中，诱发了性犯罪活动；国家工作人员贪污腐败、失职、渎职等方面的违法犯罪屡禁不止；等等。

最后，信任危机蔓延。在中国，社会不信任已经盛行多年，并且表现和深入社会关系的各个方面，包括人与人之间、家庭成员之间、民与官之间、官员之间、政府上下级之间，等等。最可怕的是不信任法律。在所有社会信任关系中，最令人恐惧的莫过于社会对法律失去了最起码的信任；法律是任何一个社会运行的框架，当法律不被社会信任的时候，各种各样的暴力就会泛滥起来。法律是任何社会必须具备的一个底线，并且往往是穷者和弱者需要法律的保护。如果不相信法律，那么穷者、弱者怎么来保护自己呢？如果他们相信法律俨然成了富者和强者的工具，那么他们要做些什么来保护自己呢？②

二、适时犯罪化是保障社会发展的需要

关于当今社会应当着力进行犯罪化还是非犯罪化，有不同的认

---

① 郑永年：《保卫社会》，浙江人民出版社 2011 年版，第 13 页。
② 郑永年：《保卫社会》，浙江人民出版社 2011 年版，第 181~182 页。

识。有学者反对犯罪化，例如，有学者指出，“我国刑法中规定的犯罪行为已经相当完备了，不宜再将更多的行为犯罪化，必须认真对待入罪习惯问题”。[①] 其实，这种认识之所以产生，是因为没有从微观上弄清楚刑法的任务与机能，没有从宏观上把握世界各国刑法发展的历史与趋势。

（一）西方国家的犯罪化

1. 德国

国际刑法学界享有崇高威望的刑法学家汉斯·海因里希·耶赛克教授指出，德国刑法的全面改革是随六部刑法改革法、众多的刑法修改法和 1974 年 3 月 2 日的刑法典实施法的颁布而得以进行的。1969 年 7 月 4 日的第一部刑法改革法对刑法总则进行了彻底的修改；以所谓的“犯罪构成要件”描写具体犯罪的分则，也因初步的改革换上了新面孔。刑法改革的第二个阶段主要包含于 1975 年 1 月 2 日新颁布的刑法典中。刑法总则改革因此暂告一段落，而分则部分的改革仍在继续，远没有结束，原因是其后颁布了数部刑法改革法和刑法典实施法以及其他法律。

不断的修改和完善导致立法机关于 1987 年 3 月 10 日又颁布了新版本的刑法典。随着引进对掠人勒索（第 239 条 a）和绑架人质（第 239 条 b）等恐怖主义犯罪加重处罚的规定，又颁布了 1989 年 6 月 9 日的法律。1990 年 6 月 13 日的法律将第 316 条 c 对航空器的保护扩大至民用航海船只。1990 年 7 月 14 日的第 26 部刑法修改法加重了第 180 条 b、第 181 条拐卖人口的刑罚。通过 1992 年 7 月 15 日的《防治非法毒品交易和其他形式的有组织犯罪法》，新增加了团伙盗窃（第 244 条 a）、团伙窝赃（第 260 条）、职业团伙窝赃（第 260 条 a）和洗钱（第 261 条）的犯罪构成。1993 年 10 月 25 日的洗钱法，通过规定金融机构在进行 2 万德国马克以上的金融交

---

① 张国轩：《漫谈立法的“入罪”习惯》，载《人民检察》2006 年第 9 期。

易时，有义务对交易伙伴进行认定，对洗钱罪又作出了补充规定。有组织犯罪法通过增加财产刑（第 43 条 a）和充公（第 73 条 d），加重了对上述犯罪和情节严重的拐卖人口（第 181 条）以及情节特别严重地违反麻醉品法的行为的处罚。1998 年 5 月 4 日的《改善与有组织犯罪斗争法》，明显地扩大了洗钱犯罪的范围并加重了处罚规定。1993 年 7 月 23 日第 27 部刑法修改法扩大了第 174 条第 1 款和第 3 款规定的对下属的性虐待，以及第 176 条第 1 款至第 4 款、第 5 款第 2 项和第 6 款规定的德国人在国外实施的针对儿童的性虐待的适用范围（该犯罪不受犯罪地法律的约束）。如果行为人和被害人是德国人，且其居住地在国内的，即适用第 174 条。就第 176 条而言，完全可以不考虑被害人的国籍（性旅游）。此外，第 184 条第 3 款传播以对儿童的性虐待为内容的淫秽文书的处罚被加重。第 184 条第 4 款和第 5 款包含了针对儿童的淫秽文书的补充规定。刑法分则的改革因引进贿赂议员，包括贿选欧洲议会议员的刑法规定而得以继续（第 180 条 e）。①

2. 法国

1810 年的《刑法典》将危害公共权益之重罪与轻罪放在首要地位，而《新刑法典》优先规定的是侵犯人身之犯罪，首当其冲的是反人类之重罪。同样，由于法人在当今社会中所占的地位，我们因之可以作出规定，在追究法人领导人的责任的同时可以追究法人本身应负的刑事责任。新法典的许多新规定在此之前已经见于单项法律。例如，现在写进《新刑法典》分则首编的“反人类之重罪”，这一概念早在 1964 年关于“不受时效限制”的法律中就已经作出了规定。不过，新条文比原有规定更加完整，列举了各种反人类重罪之情形，而这些反人类重罪，从现在的角度看，与第二次世界大战已经完全没有联系。

---

① ［德］汉斯·海因里希·耶赛克：《为德国刑法典序》，载徐久生、庄敬华译：《德国刑法典》，中国方正出版社 2004 年版，第 2~3 页。

对有些情况，《新刑法典》扩大了惩治的范围，因为法院的判例此前已经揭示出法律未加规定的缺项。所以，新法典将诈骗罪扩大到“对服务的诈骗”；无论允许挪用财产的合同为何种性质，均适用有关“滥用他人信任罪”的规定；最后，《新刑法典》中也出现了一些独立出来的概念。例如，恐怖活动罪，自 1986 年至今，一直是作为一种加重情节之法律制度的条件加以规定的，而现在则成为一种独立的犯罪；与此相同的，“置他人于危险”罪这一概念，从犯罪的主观要件来审视，也构成一种独立的犯罪。我们可以看到，此种演变几乎始终表明刑法惩治范围的扩大，因为取消惩罚的情况很少。①

3. 日本

日本现行刑法典于 1907 年 4 月 24 日公布，1908 年 10 月 1 日起施行。与仿效 1810 年法国刑法典的旧刑法典不同，现行刑法典是以 1870 年德国刑法典为样板制定的。制定于 19 世纪末 20 世纪初的刑法典，都不免受到新派刑法理论及当时刑事政策的影响。日本刑法典也不例外，其最大特色是犯罪类型的概括性与法定刑的宽泛性：前者表现为对犯罪类型的规定比较简化，对各种犯罪的罪状的表述也比较简短；后者表现为刑罚种类较少，而且对具体犯罪所规定的法定刑幅度较大。例如，旧刑法典用 7 个条文（第 292–298 条）规定了杀人罪，并根据不同的杀人类型规定了不同的法定刑；而现行刑法典只有一个条文（第 199 条）规定了杀人罪，其法定刑为死刑、无期或者 3 年以上惩役。再如，现行刑法典废除了重罪、轻罪与违警罪的区别，刑罚种类也比旧刑法典少 8 种。犯罪类型的概括性，使条文对犯罪的包容性强，从而有利于保护法益特别是防卫社会；法定刑的宽泛性，有利于贯彻刑罚个别化的原则，从而实现教育刑的理念。这种特色同时使得日本裁判拥有较大裁量权。

---

① 《法国新刑法典》，罗结珍译，中国法制出版社 2003 年版，“序”第 1~6页。

迄今为止，日本刑法典已修改了 13 次。从修改的方式来看，都是直接在刑法典上增删或修改条文，而不是以单行刑法的方式对刑法典本身进行修改。主要是适应惩治犯罪的需要，增设犯罪类型或者提高法定刑。例如，1921 年提高业务上侵占罪的法定刑；1941 年增设对安宁秩序的犯罪、将贿赂的犯罪类型具体化并提高法定刑；1958 年增设威迫证人罪、准备凶器集合罪、斡旋受贿罪；1960 年增设侵夺不动产罪、损坏境界罪；1964 年增设略取诱拐的犯罪并提高相关犯罪的法定刑；1968 年过失致死罪等罪的法定刑；1980 年再次提高行贿罪、受贿罪的法定刑；1986 年增设利用计算机的犯罪并增设对在国外犯罪的处罚规定；1991 年提高罚金刑的数额等；提高了公务员滥用职权罪、暴行罪、胁迫罪的法定刑；根据现代刑事政策对刑罚制度进行修改，使刑罚制度更加适应目的刑的需要。①

4. 芬兰

芬兰刑法是成文法，它的基础是 1889 年刑法典。1889 年刑法典的基本部分（相当于刑法总则）是该法典的第 1 章到第 9 章，其特别部分（相当于刑法分则）是该法典的第 10 章到第 50 章以及其他各种特别成文律，如 1981 年/267 号交通法，1994 年/1143 号饮酒法。自 1889 年起，该部刑法典作了多次零星的修改，刑法典之外的法规中规定的犯罪也与日俱增，这说明，1889 年刑法典已经不能满足现代社会的需要了。20 世纪 70 年代早期芬兰开始了全面的刑法改革，经过不断修订，截至 2003 年，芬兰刑法典已由 1889 年制定时的 39 条增至 650 条。在芬兰刑法典的修订中已经将部分特别成文律中的刑法规定纳入刑法典之中。

芬兰刑法典的改革工作可以大体分为三个阶段。第一阶段开始于 1988 年，其间对 1/3 的刑法典条款和 65 个特别法规中的分散的规定进行了修改。此次改革具有双重目的：第一个目的是使财产犯罪和经济犯罪的规定与社会发展相适应；第二个目的是用专门的章

① 《日本刑法典》，张明楷译，法律出版社 1998 年版，第 1~3 页。

节集中规定有关的经济活动，这一阶段的改革在许多方面体现了法规的“现代化”特征。第二阶段大致在1995年，这次改革对刑法典的12章内容进行了全面的修改，并增加了几章内容。另外，还修改了158个特别法。该阶段的显著特征是规定了环境犯罪的刑事责任主体，另外增加了侵犯通信秘密罪、非法侵入计算机系统罪和非法领养和拘禁儿童罪等的刑罚规定。1997年进入第三阶段，其间改革了以下刑罚条款：危害执法公正的违法行为、破坏公众权威和社会秩序的违法行为以及性犯罪。

2004年8月1日在芬兰开始生效的刑法新条款规定对媒体“拉皮条”、传播儿童色情图像以及贩卖人口等犯罪处以重刑，以严厉打击此类犯罪行为。根据这项新法令，传播儿童色情图像将被处以4个月至6年的监禁。此外，禁止在媒体上或互联网上刊登提供性服务的广告或者消息，违反这一法令的媒体主编将被判处有期徒刑3年。新条款同时规定，如果有组织的犯罪团伙从境外向芬兰非法贩运人口，或途经芬兰向他国贩运人口，将被视为严重犯罪行为，根据犯罪情节将被判处4个月至6年的监禁；如果在贩运人口过程中对当事人使用暴力或进行威胁，将被加重处罚，处以2年至10年的监禁。①

5. 美国

保罗·H. 罗宾逊和马库斯·德克·达博在为《美国模范刑法典及其评注》一书作序时指出，20世纪50年代起草法典之后，美国社会看待许多性与性别话题的观念日益改变。现今美国各刑法典的特点是运用性别中立的方法界定性犯罪，从而反映其更加关注性犯罪受害人，以及对女性遭受男性性侵犯的历史的更加敏感。例如，20世纪80年代以来，各州开始摒弃婚内强奸免责这一《模范刑法典》所延续的普通法原则。与此同时，毒品犯罪已跻身美国各刑法典中最严重犯罪之列。但1962年模范刑法典并未规定毒品

---

① 肖怡：《独具特色的芬兰刑法制度——芬兰刑法典译序》，载肖怡译：《芬兰刑法典》，北京大学出版社2005年版，第1~3页。

犯罪。在法典分则的附录中，起草者仅仅指出“要制定新刑法典的州，可以在这里编入有关烟毒、酒精饮料、赌博以及关于赋税、交易法等的犯罪”。[①]

综上所述，从世界范围看，各国为了适应社会的发展，都在对危害社会的行为进行适度的犯罪化，有的甚至是力度很大的犯罪化处理。那么，中国刑事立法的实践如何，下面予以考略。

（二）中国1979年以来的犯罪化与社会发展

1979年刑法规定了101个罪名。此后，随着政治、经济、社会治安等的发展，最高立法机关对于严重危害社会的行为，通过二十多个单行刑法陆续进行了必要的犯罪化处理。笔者对1997年之前的犯罪化情况进行了统计。按照年份，统计结果是：1981年新增罪名19个，1982年新增4个，1983年新增1个，1988年新增13个，1990年新增15个，1991年新增8个，1992年新增5个，1993年新增12个，1994年新增9个，1995年新增39个。到1997年刑法修改前，共计增加罪名125个。1998年新增1个罪名[②]，1999年新增6个罪名[③]，2001年新增6个罪名[④]，2002年

---

① 美国法学会编：《美国模范刑法典及其评注》，刘仁文等译，法律出版社2005年版，第12页。

② 1998年12月29日，全国人大常委会发布的《全国人大常委会关于惩治骗购外汇、逃汇和非法买卖外汇犯罪的决定》增加1个罪名：骗购外汇罪。

③ 1999年12月25日的《刑法修正案》增加6个罪名：隐匿、故意销毁会计凭证、会计账簿、财务会计报告罪，国有公司、企业、事业单位人员失职罪，国有公司、企业、事业单位人员滥用职权罪，编造并传播期货虚假信息罪，诱骗投资者买卖期货合约罪，操纵期货市场罪。2001年8月31日的《刑法修正案（二）》增加个0罪名。

④ 2001年12月29日的《刑法修正案（三）》增加6个罪名：资助恐怖活动罪，非法制造、买卖、运输、储存危险物质罪，盗窃、抢夺危险物质罪，抢劫危险物质罪，投放虚假危险物质罪，编造、故意传播虚假恐怖信息罪。

新增个 4 罪名[①]，2005 年新增 3 个罪名[②]，2006 年新增 10 个罪名[③]，2009 年新增 8 个罪名[④]，2011 年新增 5 个罪名[⑤]。

为了获得精确的认识，下面对中国犯罪化的历史予以考略。第一，1981 年 6 月 10 日第五届全国人民代表大会常务委员会第十九次会议通过的《中华人民共和国惩治军人违反职责罪暂行条例》规定了武器装备肇事罪，泄露军事秘密罪，擅离、玩忽军事职守罪

---

① 2002 年 12 月 28 日的《刑法修正案（四）》增加个 4 罪名：走私废物罪，雇佣童工从事危重劳动罪，执行判决、裁定失职罪，执行判决、裁定滥用职权罪。

② 2005 年 2 月 28 日的《刑法修正案（五）》增加 3 个罪名：妨害信用卡管理罪，窃取、收买、非法提供信用卡信息罪，过失损坏武器装备、军事设施、军事通讯罪。

③ 2006 年 6 月 29 日的《刑法修正案（六）》增加 10 个罪名：大型群众性活动重大安全事故罪，不报、谎报安全事故罪，违规披露、不披露重要信息罪，虚假破产罪，骗取贷款、票据承兑、金融票证罪，背信运用受托财产罪，违法运用资金罪，开设赌场罪，枉法仲裁罪，组织残疾人、儿童乞讨罪。

④ 2009 年 2 月 28 日的《刑法修正案（七）》增加 8 个罪名：走私国家禁止进出口的其他货物、物品罪，组织、领导传销活动罪，出售、非法提供公民个人信息罪，非法获取公民个人信息罪，组织未成年人进行违反治安管理活动罪，非法获取计算机信息系统数据、非法控制计算机信息系统罪，提供侵入、非法控制计算机信息系统的程序、工具罪，伪造、盗窃、买卖、非法提供、非法使用武装部队专用标志罪，利用影响力受贿罪。

⑤ 2011 年 2 月 25 日的《刑法修正案（八）》，增加 5 个罪名：危险驾驶罪，对外国公职人员、国际公共组织官员行贿罪，持有伪造的发票罪，组织出卖人体器官罪，拒不支付劳动报酬罪。

等[①]共计 19 个新罪名（选择性罪名在这里视为一个罪名）。1982 年 3 月 8 日第五届全国人民代表大会常务委员会第二十二次会议通过的《关于严惩严重破坏经济的罪犯的决定》补充或修改了走私、套汇、投机倒把牟取暴利罪，盗窃罪，贩毒罪，盗运珍贵文物出口罪，受贿罪 5 个罪名。

第二，1983 年 9 月 2 日第六届全国人民代表大会常务委员会第二次会议通过的《关于严惩严重危害社会治安的犯罪分子的决定》大幅度提高了故意伤害致人重伤或死亡，拐卖人口集团的首要分子，以及非法制造、买卖、运输或者盗窃、抢夺枪支、弹药、爆炸物，情节特别严重，或者造成严重后果等的处罚力度，并特别规定了传授犯罪方法罪 1 个新罪名。时任全国人大常委会秘书长、法制委员会副主任的王汉斌在《“关于严惩严重危害社会治安的犯罪分子的决定”等几个法律案的说明》中指出，几年来社会治安情况一直很严重。各级政府和公安、司法机关做了很多工作，采取了许多措施，虽然有所好转，但总的来说没有解决问题，许多地方社会治安情况仍然不好。发生了上海控江路流氓分子聚众在光天化日之下侮辱残害妇女那样的恶性案件。有一些老流氓、惯犯、教唆犯猖狂地传授犯罪方法，教唆青少年犯罪，对社会危害极大。更为恶劣的是，他们在劳动教养或者在服刑劳改期间也进行这类犯罪活动，以致一些劳教、劳改场所成了“犯罪技术传习所”。我们决不能容许那种社会治安失控、人民群众没有安全感、妇女夜间不敢单独上班的严重现象的存在。

第三，1988 年 1 月 21 日第六届全国人民代表大会常务委员会

① 还有逃离部队罪，偷越国（边）境外逃罪，私放他人偷越国（边）境罪，虐待、迫害部属罪，阻碍执行军事职务罪，盗窃武器装备、军用物资罪，破坏武器装备、军事设施罪，战时自伤罪，战时造谣惑众罪，遗弃伤病军人罪，临阵脱逃罪，违令作战消极罪，谎报军情、假传军令罪，投降罪，掠夺、残害无辜居民罪，虐待俘虏罪。

第二十四次会议通过的《关于惩治走私罪的补充规定》规定了走私毒品罪等[①] 8 个新罪名。1988 年 1 月 21 日第六届全国人民代表大会常务委员会第二十四次会议通过的《关于惩治贪污罪贿赂罪的补充规定》规定了单位受贿罪、单位行贿罪、巨额财产来源不明罪 3 个新罪名。1987 年 11 月 17 日，王汉斌主任在第六届全国人民代表大会常务委员会第二十三次会议上作《关于惩治走私罪和惩治贪污贿赂罪两个补充规定（草案）的说明》，其中谈到近几年有的企事业单位和机关、团体走私数额很大，危害严重，需要追究刑事责任。但这些案件往往是领导“点头”的或者单位领导集体决定的，又打着“为公不为私”的招牌，往往难以追究刑事责任，各地普遍要求明确规定刑罚。近几年，国家工作人员中出现了个别财产来源不明的“暴发户”，或者支出明显超过合法收入，差额巨大，不是几千元，而是几万元、十几万元，甚至更多，本人又不能说明财产的合法来源，显然是来自非法途径。所以规定了巨额财产来源不明罪。

1988 年 9 月 5 日第七届全国人民代表大会常务委员会第三次会议通过的《关于惩治泄露国家秘密犯罪的补充规定》规定了为境外的机构、组织、人员窃取、刺探、收买、非法提供国家秘密罪 1 个新罪名。1988 年 11 月 8 日第七届全国人民代表大会常务委员会第四次会议通过的《关于惩治捕杀国家重点保护的珍贵、濒危野生动物犯罪的补充规定》规定了非法捕杀国家重点保护的珍贵、濒危野生动物罪 1 个新罪名。1990 年 6 月 28 日第七届全国人民代表大会常务委员会第十四次会议通过的《关于惩治侮辱中华人民共和国国旗国徽罪的决定》，规定了侮辱中华人民共和国国旗、国徽罪 1 个罪名。

---

① 其他还有走私武器、弹药罪，走私伪造的货币罪，走私国家禁止出口的文物罪，走私珍贵动物及其制品罪，走私贵重金属罪，走私淫秽物品罪，逃汇罪。

第四，1990 年 12 月 28 日第七届全国人民代表大会常务委员会第十七次会议通过的《关于禁毒的决定》规定了走私、贩卖、运输、制造毒品罪（由于法定刑有大幅度的提升，这里视为新的罪名），非法持有毒品罪等[①]共计 9 个新罪名。时任全国人大常委会法制工作委员会副主任的顾昂然在《关于禁毒的决定（草案）的说明》中指出，我国人民在历史上深受鸦片的毒害，新中国成立后，我们在短时间内消除了烟毒的危害。近几年来，国际毒品犯罪向我国渗透日益严重，国内又出现了走私、贩卖、运输、制造毒品、非法种植罂粟等毒品原植物和吸食毒品的情况，各地强烈要求严厉打击毒品犯罪活动。

1990 年 12 月 28 日第七届全国人民代表大会常务委员会第十七次会议通过的《关于惩治走私、制作、贩卖、传播淫秽物品的犯罪分子的决定》规定了走私淫秽物品罪，制作、复制、出版、贩卖、传播淫秽物品牟利罪，为他人提供书号出版淫秽书刊罪，传播淫秽物品罪，组织播放淫秽音像制品罪，共计 5 个罪名。时任全国人大常委会法制工作委员会副主任的顾昂然在《关于惩治走私、制作、贩卖、传播淫秽物品的犯罪分子的决定（草案）的说明》中指出，近几年来，走私、制作、贩卖、传播淫秽的书刊、影片、录像带、录音带、图片等淫秽物品的违法犯罪情况很严重。这些违法犯罪活动，严重毒化社会风气，腐蚀人们的思想，危害社会治安。为了加强社会正义精神文明建设，抵制资产阶级腐朽思想的侵蚀，维护社会治安，一年多来对书刊和音像制品市场进行了清理整顿，对走私、制作、贩卖、传播淫秽物品的犯罪活动进行了严厉打击。

---

① 其他还有包庇毒品犯罪分子罪，为犯罪分子窝藏、转移、隐瞒毒品或者犯罪所得的财物罪，掩饰、隐瞒出售毒品获得财物的非法性质和来源罪，非法运输、携带制毒物品进出境罪，非法种植毒品原植物罪，引诱、教唆、欺骗他人吸食、注射毒品罪，强迫他人吸食、注射毒品罪。

第五，1991年6月29日第七届全国人民代表大会常务委员会第二十次会议通过的《关于惩治盗掘古文化遗址古墓葬犯罪的补充规定》规定了盗掘具有历史、艺术、科学价值的古文化遗址、古墓葬罪1个罪名。1991年9月4日第七届全国人民代表大会常务委员会第二十一次会议通过的《关于严禁卖淫嫖娼的决定》规定了组织他人卖淫罪，强迫他人卖淫罪，引诱、容留、介绍他人卖淫罪，患有严重性病卖淫、嫖娼罪，共计4个罪名。顾昂然主任在《关于严禁卖淫嫖娼的决定（草案）的说明》中指出，新中国成立以后，我们在很短的时间内就根除了旧社会遗留下来的丑恶的娼妓制度。但是近年来在一些地方，卖淫嫖娼活动又蔓延起来，严重败坏社会风气，使早已根绝的性病死灰复燃，危害社会治安秩序，必须坚决取缔。

1991年9月4日第七届全国人民代表大会常务委员会第二十一次会议通过的《关于严惩拐卖、绑架妇女、儿童的犯罪分子的决定》规定了拐卖妇女、儿童罪，绑架妇女、儿童罪，收买被拐卖、绑架的妇女、儿童罪，共计3个罪名。1992年9月4日第七届全国人民代表大会常务委员会第二十七次会议通过的《关于惩治偷税、抗税犯罪的补充规定》规定了偷税罪（由于罪状与法定刑有了很大变化而视为新罪名），逃避追缴欠税罪，骗取出口退税罪，抗税罪，共计4个新罪名。1992年12月28日第七届全国人民代表大会常务委员会第二十九次会议通过的《关于惩治劫持航空器犯罪分子的决定》规定了劫持航空器罪1个新罪名。

第六，1993年2月22日第七届全国人民代表大会常务委员会第三十次会议通过的《关于惩治假冒注册商标犯罪的补充规定》规定了假冒注册商标罪（由于罪状与法定刑有了很大变化而视为新罪名），销售假冒注册商标的商品罪，伪造、擅自制造他人注册商标标识罪，销售伪造、擅自制造的注册商标标识罪，共计4个罪名。1993年7月2日第八届全国人民代表大会常务委员会第二次会议通过的《关于惩治生产、销售伪劣商品犯罪的决定》规定了生产、销售伪劣产品罪等①共计9个新罪名。

1994年3月5日第八届全国人民代表大会常务委员会第六次会议通过的《关于严惩组织、运送他人偷越国（边）境犯罪的补充规定》规定了组织他人偷越国（边）境罪等②共计7个新罪名。1994年7月5日第八届全国人民代表大会常务委员会第八次会议通过的《关于惩治侵犯著作权的犯罪的决定》规定了侵犯著作权罪，销售侵权复制品罪，共计2个新罪名。1995年2月28日第八届全国人民代表大会常务委员会第十二次会议通过的《关于惩治违反公司法的犯罪的决定》规定了虚报注册资本罪等③共计11个罪名。1995年6月30日第八届全国人民代表大会常务委员会第十四次会议通过的《关于惩治破坏金融秩序犯罪的决定》规定了伪造货币罪，出售、购买伪造的货币罪等④共计20个新罪名。1995

① 其他还有生产、销售假药罪，生产、销售劣药罪，生产、销售不符合卫生标准的食品罪，生产、销售有毒有害食品罪，生产不符合标准的医疗器械、医用卫生材料罪，生产不符合安全标准的产品罪，生产假农药、假兽药、假化肥、种子罪，生产、销售不符合卫生标准的化妆品罪。

② 其他还有骗取出境证件罪，提供伪造、变造的出入境证件罪，倒卖出入境证件罪，运送他人偷越国（边）境罪，非法办理出入境证件罪，放行偷越国（边）境人员罪。

③ 其他还有虚假出资、抽逃出资罪，非法发行股票或公司债券罪，提供虚假财务会计报告罪，非法清算罪，故意提供虚假证明文件罪，擅自发行股票、公司债券罪，非法批准或登记公司罪，公司人员受贿罪，公司人员侵占罪，公司人员挪用资金罪。

④ 其他还有运输伪造的货币罪，金融机构工作人员购买伪造的货币罪，金融机构工作人员以伪造的货币换取货币罪，持有伪造的货币罪，变造货币罪，擅自设立金融机构罪，伪造、变造、转让金融机构经营许可证罪，非法吸收公众存款罪，集资诈骗罪，违法向关系人发放贷款罪，金融机构工作人员违法发放贷款罪，诈骗贷款罪，伪造、变造金融票证罪，金融票据诈骗罪，信用证诈骗罪，信用卡诈骗罪，违规出具信用证、保函、票据、资信证明罪，保险诈骗罪。

年 10 月 30 日第八届全国人民代表大会常务委员会第十六次会议通过的《关于惩治虚开、伪造和非法出售增值税专用发票犯罪的决定》规定了虚开增值税专用发票罪等①共计 8 个新罪名。

此外，1984 年的专利法、水污染防治法、兵役法、药品管理法、森林法，1985 年的计量法，1986 年的治安管理处罚法，1987 年的大气污染防治法，1989 年的进出口商品检验法、传染病防治法，1990 年的军事设施保护法，1992 年的妇女权益保障法，1993 年的矿山安全法等法律，都有“比照”刑法处罚的规定，但没有创设新罪名。

由上可见，我国刑法从 20 世纪 80 年代以来，在 18 年的时间内，为了保障社会的正常秩序，保护重要法益，循序渐进地对严重危害社会的行为进行了犯罪化处理。从 1981 年到 1995 年的 14 年间共计新增罪名 125 个，平均每年新增约 9 个罪名。1997 年刑法经过修正，罪名达到 400 多个。无论从平均数上看，还是从 1997 年刑法的规定看，与西方国家动辄上千罪名的实际情况相比，我国犯罪化的趋势是非常缓慢的，而非学者所言的我们有“入罪习惯”。

三、后劳教时代需要大力度犯罪化

如前所述，后劳教时代正处于风险社会的鼎盛期，社会矛盾重重。许多严重侵害社会的行为已经发展到屡禁不止的程度，迫切需要予以大力度的犯罪化处理，以有效保护法益，保障人权，保障社会的健康和谐发展。关于犯罪化的理由，结合上述社会状况，可以归纳为以下几个方面：

---

① 其他还有伪造或者出售伪造的增值税专用发票罪，非法出售增值税专用发票罪，非法购买增值税专用发票罪，购买伪造的增值税专用发票罪，虚开用于骗取出口退税、抵扣税款的其他发票罪，伪造、擅自制造或者出售伪造、擅自制造的可以用于骗取出口退税、抵扣税款的其他发票罪，伪造、擅自制造或者出售伪造、擅自制造的其他发票罪。

（一）严密现时的疏漏刑事法网的需要

我国现时刑事法网是疏而多漏的法网，主要包括三个方面的内容，即整体犯罪圈小、罪状有缺陷、刑法与其他法律衔接不畅。储槐植教授论及整体犯罪圈小、罪状有缺陷时指出，1979 年刑法经过了 1997 年刑法的修订，尽管增加了不少新的罪名，细化了罪状，但是我国的刑法总体上仍然属于法网不严。法网不严有两层含义，一层就是整体的刑事法网不严密，也就是整体犯罪圈有缺漏，该入罪的没有入罪。另一层就是个罪的法网不严密，指的是罪状有缺陷，该入罪的不能入罪。法网不严，从罪名上看，该入罪的没有入罪，在我们国家主要应该说是一些轻罪，如见危不助。法网不严从罪状上看，如受贿罪，至少有四个疏漏，第一是起刑线不合理。第二是收贿的标的只限于财物。第三为他人谋取利益是受贿罪的要件，只包括权钱交易的受贿罪，就排除了变相的同样危害巨大的受贿行为。第四，受贿罪是单一形态的结果犯。①

至于刑法与其他法律衔接不畅，也有学者做了深入分析。百姓的日常生活、生产、工作秩序，食品、药品、环境、生态、市容、税收、衣食住行等，一般由行政法规予以规制。行政执法机构很多，职能繁多，时而互有交叉。我国刑法只将那些危害后果严重或达到一定数量的行政违法行为规定为犯罪，即刑法理论上所称的“行政犯”或称“法定犯”。由于我国特有的国情，行政力量强大，而监督又常常失效，因此，行政执法中干扰因素较多，时而存在这样那样的问题，而本应进入刑事司法视野的严重行政违法行为常常难以及时移交司法机构；侵犯公众利益的违法犯罪行为，不能及时受到处罚，容易使百姓产生怨愤与不满。可以说，行政执法与刑事司法之间有明显的断代，由行政执法与刑事司法构建的法网很不严密，有很多漏洞可钻；而监督机制与法律约束不灵的市场经济，便突出表现为为了经济利益，不顾一

① 储槐植：《刑法机制问题》，载陈兴良主编：《法治的言说：北京大学法学院刑事法治论坛暨德恒刑事法论坛》，法律出版社 2004 年版，第 510~511 页。

切，急功近利，见利忘义，损害百姓人权与利益的事端层出不穷。因此，在市场经济条件下保障公众安全和百姓利益，需要将严密法网作为宽严相济刑事政策的侧重点之一。①

（二）有效保护法益、切实保护人权与及时化解矛盾的需要

疏而多漏的刑事法网的危害有三，一是不能有效保护法益。惩办与宽大相结合刑事政策思想在我国新刑法中并没有得到充分体现，具体表现在一些犯罪构成定量因素的存在不适当地疏松了法网，使得许多犯罪分子从法网边缘轻松而过，不利于打击和预防犯罪。实践证明，法网严密，刑法提高定罪率（扩大犯罪圈）比单纯增加刑罚量（提高法定刑）更难有效地控制犯罪的发生。② 外国学者也指出，刑法干预的界限必须来自刑法的社会任务。"至于这种任务之外是什么，逻辑上就不可能是刑法的对象。刑法的任务在于，保证公民和平、自由和有保障的生存，只要这个目标通过其他的、更小严厉性的干预公民自由的社会政策措施不能达到，那么它就是刑法的任务。"③ 疏漏的刑事立法对于严重侵犯法益或者侵犯重大法益的行为置之不理，无从完成其历史任务，更无从保证公民和平、自由与有保障地生存下去。我国环境污染愈演愈烈，人们的生活环境严重恶化，据中央电视台报道，截至 2013 年 10 月，全国已有 259 个癌症村。这种状况的形成与刑事立法的不作为有着密切的关系。

二是不能切实保护人权。后劳教时代的到来，从某种程度上说是人权保护思想深入人心以及法治实践加强相互作用的结果。"一

---

① 田文昌、颜九红：《刑事政策的价值目标》，载谢望原、张小虎主编：《中国刑事政策报告》（第 1 辑），中国法制出版社 2007 年版，第 285 页。

② 储槐植：《刑事一体化论要》，北京大学出版社 2007 年版，第 125 页。

③ ［德］克劳斯·罗克信：《刑法的任务不是法益保护吗?》，樊文译，载陈兴良主编：《刑事法评论》（第 19 卷），北京大学出版社 2007 年版，第 150 页。

部新刑法典应当表达特定时期一个国家公认的根本价值。这些根本价值要得到充分的保护，不尊重这些价值就要受到惩罚。”① 但是在我国人权保护入宪化的大背景下，人权保障没有从根基上改观。譬如色情网站屡禁不止，色情信息充斥社会与生活，严重影响了青少年正确人生观、价值观的形成，有的甚至抵制不住诱惑而走上犯罪道路。这从根本来说是没有保障新生代的基本人权。“法网不严，该惩罚的不受惩罚，这样就容易出现是非不分，公正受到损害，这样就不利于社会安定。重刑结构难以实现以人为本，法网不严不利于社会安定。”②

三是不能及时化解矛盾。如前所述当今社会充满各种矛盾，其根基是利益关系格局之不合理，但法律特别是刑法保护法益之不力也是重要原因。正如学者指出的，普通百姓对安全和公正的要求最为强烈。如果整个社会到处蔓延腐败，受到侵犯的权益得不到公平及时的保护，那么他们维护自己权益的方式便具有突起性、暴发性、群体性甚至暴力犯罪性。最初的微小的边际差异待遇，会导致巨大的社会差异。矛盾得不到疏解便容易失控，并可能由个人之间的恩怨激化为个人与政府之间的激烈冲突。③

（三）优化中国刑法结构的需要

刘仁文教授在论述我国刑法结构调整时指出，我国现行刑法结构存在两方面的问题：一是刑法典中规定的犯罪大约相当于西方国家刑法典中规定的重罪，而没有将劳动教养、治安处罚这两类类似于西方国家的轻罪、违警罪纳入其中，同时，保安处分措施也没有

---

① 《法国新刑法典》，罗结珍译，中国法制出版社2003年版，“序”第1页。

② 储槐植：《刑法机制问题》，载陈兴良主编：《法治的言说：北京大学法学院刑事法治论坛暨德恒刑事法论坛》，法律出版社2004年版，第511页。

③ 田文昌、颜九红：《刑事政策的价值目标》，载谢望原、张小虎主编：《中国刑事政策报告》（第1辑），中国法制出版社2007年版，第285页。

系统化；二是刑事法律之外的其他行政或经济法律不能直接确立罪名和刑罚，这种定罪量刑单轨制模式无法适应当今法定犯大增的社会形势的需要。调整我国刑法结构的路径是：确立双轨制的立法模式，将大量的法定犯直接规定在与之形同皮毛关系的行政或经济法律里；重新制定一部包含有重罪、轻罪、违警罪及保安处分措施的综合刑法典。[①]

笔者认为，为了严密中国的刑事法网，必须确立这样一种综合刑法典的立法模式。但是，基于中国的国情，这种模式的实施必须从淡化中国人传统的犯罪观开始。中国人习惯上认为犯罪是罪恶的，犯罪人应当受到全面的否定，即对犯罪持歧视或者说蔑视的态度。正如梁根林教授所言，一般认为，犯罪是文明社会的野蛮现象，社会对犯罪的反应方式具有多样性。其中，刑罚无疑是国家代表社会对犯罪做出的最严厉的正式反应，而来自社会道德的谴责、被害人和社区的反应、亲友的疏离、舆论的批评、社会政治、经济和文化的压力，等等，则是社会对犯罪做出的非正式的反应方式。[②] 这无形中增加了犯罪人悔过自新的难度，所以在刑法中创立轻罪、违警罪，创设一系列的轻微刑罚，如社区劳动、行为受到暂时限制以及一定资格的剥夺等的同时，必须大力减弱这类犯罪的道义后果，如建立法国那样的复权制度，对那些在一定期限内没有实施犯罪行为的行为人撤销其犯罪前科，从而使其更加容易地回归社会。

综上所述，大力犯罪化是保护社会的迫切需要。现代社会，道德缺失，信仰危机，导致严重侵害法益的行为泛滥，国家、社会、公民三受其害，社会发展进入瓶颈时期，习惯、道德、纪律、行政

---

① 刘仁文：《关于调整我国刑法结构的思考》，载《法商研究》2007年第5期。

② 陈兴良、梁根林：《合理地组织对犯罪的反应》，载《金陵法律评论》2001年（秋季卷）。

法律法规调整无效，迫切需要刑法的保护。大力犯罪化也是保障人权的迫切需要。危害社会行为犯罪化将特定行为纳入刑法的范畴，按照严格的刑事诉讼程序进行，可以有效保护犯罪嫌疑人的合法权益。必须强调的是，一个国家刑事法网的疏密程度必须与其经济社会发展相适应的，不应落后时代的发展，也不能过于超前。我国后劳教时代的社会发展程度大致相当于西方工业化中期的水平，违法犯罪现象也与之相当。所以我们不应盲目照搬当代西方先进国家的东西（当然予以借鉴是必需的），否则就是刑事立法或者说刑事法治的“大跃进”，就会产生阻碍社会发展的恶果。别的国家实行“非犯罪化”，我们也实行非犯罪化，这种亦步亦趋的做法不符合中国国情，万万要不得！

（本文原载《新疆财经大学学报》2014 年第 2 期）

后劳教时代犯罪化的领域与原则

犯罪化又称入罪化，是指将不是犯罪的行为在法律上作为犯罪，使其成为刑事制裁的对象。[①] 犯罪化的实质是扩充刑法的限制范围，使刑法更多地渗透到社会生活，更大范围地限制人们的行为。[②] 2013 年年底开始，我国社会正式进入了后劳教时代。[③] 后劳教时代，正处于风险社会的鼎盛期，社会矛盾重重。许多严重侵害社会的行为已经发展到屡禁不止的程度，迫切需要予以犯罪化处理，以有效保护法益，保障人权，保障社会的健康和谐发展。后劳教时代需要大力度进行犯罪化的领域很多，由于能力所限，我们举其要者如下。

一、网络乱象与犯罪化

后劳教时代是网络时代，信息传播迅速，网络谣言、网络色情泛滥，网络反腐的同时导致个人信息受到严重侵害。网络是个双刃剑，用之不当，则社会与个人两受其害。网络的隐蔽性与匿名性不仅导致青少年网络用户道德感的弱化，直接影响网络行为并反作用

---

① ［日］大谷实:《刑事政策学》，黎宏译，法律出版社 2000 年版，第 85 页。

② 陈兴良:《刑法哲学》，中国政法大学出版社 1992 年版，第 7 页。

③ 2013 年 11 月 12 日中国共产党第十八届中央委员会第三次全体会议通过的《中共中央关于全面深化改革若干重大问题的决定》明确规定“废止劳动教养制度，完善对违法犯罪行为的惩治和矫正法律，健全社区矫正制度。”

于青少年现实生活中的道德行为，而且也使网上的犯罪层出不穷。[①] 具体说来，可以归纳为以下几个方面的危害：

一是青少年网络被害现象严重。青少年网络被害包括精神性被害和物质性被害，精神性被害包括人格被害和心理被害两方面，物质性被害包括人身被害和财产被害。互联网的虚拟性特征造成青少年的非人格化的倾向。虚拟与现实两种世界之间存在的巨大反差，加上现实世界激烈竞争给青少年造成了许多压力，不少青少年为逃避现实生活，沉迷于虚拟世界，而导致社会化的“不足”。然后是心理被害，是网络沉迷行为本身给青少年带来的心理被害，其典型表现是“互联网成瘾综合征”。当前网络游戏空前火爆，游戏内容一般以“攻击、战斗、竞争”为主，其激烈曲折的情节、对个人英雄主义的崇拜，强烈刺激和吸引着广大青少年，导致道德认识模糊，虚拟与现实的差异被淡化，误认为通过伤害而达到目的的方式是合理的。[②]

二是网络严重侵害公民隐私权和社会风尚。从典型意义上讲，隐私是指不愿为外人介入的私人生活，是人类自进入工业社会以来人际交往日益频繁的产物。进入 20 世纪后，随着经济、文化的发展和社会交往的扩大，人们越来越觉得“有必要保留只属于自己的内心世界的安宁，以及与复杂纷乱的外界相对隔离的宁居或说独

---

① 有人把网上的犯罪归为四类：“逆流”、“黄潮”、“黑客”和“蛀虫”。具体地说，“逆流”就是境外反动势力利用互联网进行渗透，直接涉及国家的安全和人民的利益；“黄潮”是指通过网络闲聊色情话题，交换色情图片和视频信息等方式大肆传播不良信息；“黑客”是指对计算机信息系统进行非授权访问的人员；而“蛀虫”则是指利用计算机技术和知识牟取非法利益的违法行为。参见李卫东：《妖魔化：网络观的扭曲及矫正》，载《社会科学评论》2005 年第 2 期。

② 刘守芬、叶慧娟：《青少年网络被害问题研究》，载《山东警察学院学报》2005 年第 4 期。

处环境。"[1] 20世纪中期的《世界人权宣言》、《公民权利和政治权利国际公约》等国际人权文件明确规定了隐私权是一项基本人权。对隐私的具体内容，学者将其概括为三类：一是个人信息，为无形的隐私；二是个人私事，为动态隐私；三是个人领域，为有形的隐私。[2] 根据《丹麦刑法典》第263条规定，进入他人保存有关个人物件之处所，借助有关器具秘密窃听、录制他人私人谈话、电话通话，非法进入他人设计用于电子数据程序之信息或编程等的，均应当处以罚金或者不超过6个月之监禁。而非法对处于不对公众开放处所之人士进行拍照，或者借助望远镜或其他设备非法观看处于前述场所人士的（第164条A），以及非法传播他人私生活信息或照片，或者非法传播他人显然不希望为公众知晓情况下之其他照片的（第264条D），均应当处以罚金或者不超过6个月监禁。此种规定不禁令人感慨万端：如果法国当年亦有类似立法，恐怕戴安娜王妃就不至于为了逃避"狗仔队"的视线而飞车殒命了![3] 雷政富不雅视频，可以称之为"赤裸裸的性交视频"，被传到网上，不啻淫秽视频资料，毒害、污染社会空气，侵害社会风尚，受害的不只是青少年……这是法网不够严密？还是人们法治意识的阙如？

三是网络知识产权侵权严重。随着数字网络技术的进步，在网络形成的数字环境中，几乎所有作品都可以数字化，并通过数字技术大量且便宜的复制或利用网络迅速传播。这在使知识更容易普及的同时，又使著作权人面临更大的挑战。网络时代作品传输的优质、低价及全球性一方面使得著作权人在网上对自己的权利更难以

---

① 张新宝：《中国侵权行为法》，中国社会科学出版社1995年版，第217页。

② 王利明：《人格权法新论》，吉林人民出版社1994年版，第480~482页。

③ 谢望原：《丹麦刑法典与丹麦刑事执行法的历史演变与四大特色及其对中国的启示》，载谢望原译：《丹麦刑法典与丹麦刑事执行法》，北京大学出版社2005年版，第8页。

控制而愈加脆弱，另一方面也使得著作权侵权行为的低风险、高收益性更加明显。再加上侵犯著作权犯罪属法定犯，公众不会像对杀人、放火等自然犯那样给予严厉的否定评价，而且盗版作品价格便宜，能够降低一般民众为实现某种现实利益可能支付的成本，他们也不会主动否定这种行为。这都使得社会公众对该类行为的道德谴责性极低。① 这导致中国人原本就不是很强的法治意识在知识产权领域更加弱化。在网络具有越来越大社会影响力的今天，必须从网络法治意识抓起，逐渐确立人们对法律的信仰。

四是网络侵财案件增加。近年来，主要针对电子商务应用而实施的网络侵财犯罪，在数量上增长异常迅猛，犯罪结构上成为计算机网络犯罪最为主要的犯罪形式，在犯罪主体上呈现出犯罪人数快速增长，犯罪人高学历、年轻化的趋势。随着网络侵财犯罪案件数量的不断增长，网络侵财犯罪案件涉案金额的数量也呈现出跳跃式的增长趋势。数字信息的聚生性带来财富的聚生性成为诱发网络侵财犯罪的原因所在。随着电子商务的不断拓展，网络侵财犯罪的涉案金额造成的经济损失必然增加，其危害程度远非传统侵财犯罪能够比拟。② 立法和司法中对出现的新问题，如针对虚拟财产的盗窃、抢劫、抢夺以及诈骗 QQ 号码或网络游戏装备等现象不断增多；针对游戏软件的大量“外挂与私服”现象的发生存在认识分歧，没有有效的应对措施，亟须对此进行研究。③

五是网络表达诱致公共秩序紊乱。网络的去中心化和匿名制度，使人们获得了空前的言论自由。这一方面有利于民主政治的发

---

① 雷山漫：《网络环境下著作权刑法保护研究》，载《法学评论》2010 年第 6 期。

② 张晓薇：《广东省网络侵财犯罪的实证分析》，载《中国刑事法杂志》2007 年第 4 期。

③ 刘守芬、申柳华：《网络犯罪新问题刑事法规制与适用研究》，载《中国刑事法杂志》2007 年第 3 期。

展，另一方面却可能使整个社会陷入紊乱与无序之中。网民在享受着网络表达自由的快感时，很容易忘记原初目的，淡化了自己的责任意识。虚拟空间对现实的解构，抹去了真实世界对伦理、道德、法律等一切社会文化的价值规范的界定，部分网民开始摆脱道德规范和法律观念的约束，将个人视为真理的唯一判断者。他们在网上放纵自己的言论与行为，对自己言行的后果则毫不顾忌。① 网络言论有可能发生异化，小群体的意见常常走向极端化，使得网络表达呈现多数暴政倾向。②

由以上网络乱象可见，为了解决诸多社会问题，对这些严重危害社会的网络行为必须加强犯罪化处理。

二、环境安全与犯罪化

环境安全越来越成为问题，工业化在带来财富积累的同时，严重破坏环境，特别是许多企业责任感缺失，违法向土地、水体、空气排放污染物，导致环境严重恶化，在一些工业区周边产生了“癌症村”现象。环境安全仅仅靠法律、行政法规以及松散的几个刑法罪名规制，已经完全不能适应时代的需要。具体表现在以下几个方面：

第一，我国的生态环境退化严重。草地退化、土地沙化面积巨大；土壤侵蚀度大，水土流失严重。我国水土流失面积为 367 万公顷，占国土面积的 38.2%，而且还在以每年 1 万公顷的速度递增，每年流失 50 亿公顷土壤，损失 6.67 万公顷土地。因生态环境退化而引起的自然灾害频发，地区贫困不断加剧。我国生态脆弱区每年因沙尘暴、泥石流、山体滑坡、洪涝灾害等各种自然灾害所造成的

---

① 陈伯礼、徐信贵：《网络表达的民主考量》，载《现代法学》2009 年第 4 期。

② 陈伯礼、徐信贵：《网络表达的民主考量》，载《现代法学》2009 年第 4 期。

经济损失约2000亿元人民币，自然灾害损失率年均递增9%，普遍高于生态脆弱区GDP增长率。脆弱生态系统的分布广泛，其面积不断增大。①

第二，水污染是“重中之重”。水污染已经成为我国环境问题中最突出、最严重的污染。全国人大常委会从2005年起，连续三年开展了水污染防治法的执法检查。检查涵盖了七大水系：长江、黄河、珠江、松花江、淮河、海河和辽河，同时还包括太湖、滇池、巢湖、洪泽湖等几个大型湖泊。检查的过程很漫长，但结果并不复杂，概括为四个字：有水皆污。②

第三，土壤污染成“燃眉之急”，大气污染“方兴未艾”。土壤污染在我国还没有得到足够的重视，目前我们对全国土壤污染的面积、分布和程度还没有准确的调查数据。从现有的一些数据看，我国受污染的耕地约有1.5亿亩，用污水灌溉的耕地有3250万亩，固体废物堆存占地200万亩，合计超过1.8亿亩，占耕地总面积的10%以上。土壤污染危害非常大。据估算，全国每年因受土壤中重金属污染的粮食达1200万吨，造成的直接经济损失超过200亿元。③ 大气污染“方兴未艾”。2006年，我国二氧化碳排放量2588.8万吨，居世界第一位；燃烧化石燃料排放的二氧化碳总量57亿吨，居世界第二位。④

第四，环境问题带来严重危害。环境问题带来巨大经济损失，环境问题带来人体健康威胁，环境问题引发社会不稳定。近年来，

---

① 李洪远、鞠美庭：《生态恢复的原理与实践》，化学工业出版社2005年版，第18页。

② 毛如柏：《我国的环境问题和环境立法》，载《法学评论》2008第2期。

③ 毛如柏：《我国的环境问题和环境立法》，载《法学评论》2008第2期。

④ 毛如柏：《我国的环境问题和环境立法》，载《法学评论》2008第2期。

已经出现了污染受害者围堵冲击国家机关、聚众堵塞交通干线、打砸抢烧等过激行为，严重影响了社会稳定。①

在环境污染和环境破坏日益恶化的今天，环境犯罪问题日益严重，采用刑事手段预防和惩治环境犯罪是环境保护必不可少的手段之一。以刑法制裁环境犯罪行为，其目的在于强化、支持民法及环境行政法的规定，而并非必然以制裁犯罪（罪行）的实害结果为主要目的。自20世纪中叶以来，不少国家先后制定、颁布了刑事法律以惩治环境犯罪。许多国家的宪法明确规定了国民的环境权。例如，1976年《葡萄牙共和国宪法》第66条第1款规定：全体公民都有权享受不损害其健康的生活条件，同时也有义务保护环境的洁净。1980年《智利共和国政治宪法》第3章第19条规定：所有的人都有权生活在一个无污染的环境中……国家有义务监督、保护这一权利，保护自然。1980年《韩国宪法》第33条规定：国民有生活于清洁环境之权利，国家及国民，均负有环境保全之义务。1993年通过的《俄罗斯联邦宪法》第42条规定：人人有权享有良好环境及有关环境状况之可靠资讯，也有权要求因违反环保法律所造成对其健康或财产损害之赔偿。《德国基本法》在第20条和第28条将社会国家的理念明确列为立国的基本原则。社会国家理念要求国家努力解决各种社会问题，积极地为人民谋福利，担负起其对国民的“生存照顾”义务。无疑，环境问题是当今国民生存和发展的一个重大威胁，是许多国家面临的严峻的社会问题。为国民营造一个合乎人性尊严的自然和文化环境是社会国家理念在当代的新展开。② 20世纪70年代以前，由于环境污染没有引起足够的重视，德国仅有为数不多的几个单行法规对环境加以保护。随着工业

---

① 毛如柏：《我国的环境问题和环境立法》，载《法学评论》2008第2期。

② 吴卫星：《环境保护：当代国家的宪法任务》，载《华东政法学院学报》2005年第6期。

化过程中出现的环境污染问题日趋严重，德国加大了环保立法力度，并开始以刑法手段来制裁危害环境的行为。但在1980年《联邦刑法典》第18次修改之前，惩治环境犯罪主要由单行行政法规规定，比较分散，惩罚也不够严厉，环境污染没有得到理想的控制。在政府和公众对环境问题的忧虑和关注下，1980年德国对其刑法典进行了修改，增设了“危害环境罪”专章，将环境资源行政法规中的大部分刑事条款加以吸收并对某些内容进行了修改完善，同时增加了一些新罪名。1994年，德国《第二部环境犯罪防治法》出台，对有关环境犯罪的内容进行了进一步完善，增设了“污染土地罪”、“噪音污染罪”，并加大了环境犯罪的处罚力度。随着对环境问题的日益重视，德国加快了刑法修改进程。1998年11月13日颁布的《德国刑法典》，于第29章专设“污染环境犯罪”。该章的具体罪名包括：污染水域（第324条），污染土地（第324条a），空气污染（第325条），造成噪音、震动和非放射性（第325条a），未经许可的处理垃圾（第326条），未经许可开动核设备（第327条），未经许可的放射性物质及其他危险物品的交易（第328条），侵害保护区（第329条），情节特别严重的危害环境犯罪（第330条），放毒造成严重危害（第330条a）等。

我国1997年刑法在第6章“妨害社会管理秩序罪”中单设了“破坏环境资源保护罪”专节，规定了环境污染犯罪和破坏资源犯罪。其中环境污染犯罪包括重大环境污染事故罪（第338条），非法处置进口的固体废物罪（第339条第1款），擅自进口固体废物罪（第339条第2款）。但是与上述西方国家相比，我国的环境犯罪刑事立法大大落后，实践也证明这些规定还存在很多问题，因此有必要在这个领域进行大力度的犯罪化处理。

三、腐败问题与犯罪化

一般认为，腐败犯罪侵害了公共权力的廉洁性和不可收买性，妨碍了公共管理的正常运转，更加深了公众对于公共机构的不信任感，导致社会矛盾产生与激化，所以后劳教时代必须重视腐败问题的犯罪化处理。在这方面，笔者认为主要是根据国际条约的规定，切实加以贯彻执行，扩大犯罪化的范围。

2003 年 10 月 31 日，《联合国反腐败公约》（以下简称《公约》）在第 58 届联合国大会审议通过，同年 12 月，该公约在墨西哥举行的国际反腐败高级别会议上开放，供各国签署。由于我国加入并批准了《公约》，根据《公约》的要求完善惩治腐败犯罪的法律体系，有效地行使刑事管辖权，既是我国应当履行的一项国际法律义务，也是我国国家主权的体现。《公约》对预防腐败犯罪做出了详细的规定。其第 5 条“预防性反腐败政策和做法”规定：1. 各缔约国均应当根据本国法律制度的基本原则，制定和执行或者坚持有效而协调的反腐败政策，这些政策应当促进社会参与，并体现法治、妥善管理公共事务和公共财产、廉政、透明度和问责制的原则。2. 各缔约国均应当努力制定和促进各种预防腐败的有效做法。3. 各缔约国均应当努力定期评估有关法律文书和行政措施，以确定其能否有效预防和打击腐败。4. 各缔约国均应当根据本国法律制度的基本原则，酌情彼此协作并同有关国际组织和区域组织协作，以促进和制定本条所述措施。《公约》第 10 条“公共报告”规定：考虑到反腐败的必要性，各缔约国均应当根据本国法律的基本原则采取必要的措施，提高公共行政部门的透明度，包括酌情在其组织结构、运作和决策过程方面提高透明度。这些措施可以包括下列各项：（1）实施各种程序或者条例，酌情使公众了解公共行政部门的组织结构、运作和决策过程，并在对保护隐私和个人资料给予应有考虑的情况下，使公众了解与其有关的决定和法规；（2）酌情简化行政程序，以便于公众与主管决策机关联系；（3）公布资料，其中可以包括公共行政部门腐败风险问题定期报告。

《公约》第 13 条“社会参与”规定：1. 各缔约国均应根据本国法律的基本原则在其力所能及的范围内采取适当措施，推动公共部门以外的个人和团体，如民间团体、非政府组织和社区组织等，积极参与预防和打击腐败，并提高公众对腐败的存在、根源、严重性及其所构成的威胁的认识。这种参与应当通过下列措施予以加强：(1) 提高决策过程的透明度，并促进公众在决策过程中发挥作用；(2) 确保公众有获得信息的有效渠道；(3) 开展有助于不容忍腐败的公众宣传活动，以及包括中小学和大学课程在内的公共教育方案；(4) 尊重、促进和保护有关腐败的信息的查找、接收、公布和传播的自由。这种自由可以受到某些限制，但是这种限制应当仅限于法律有规定而且也有必要的下列情形：尊重他人的权利或者名誉；维护国家安全或公共秩序，或者维护公共卫生或公共道德。2. 各缔约国均应当采取适当的措施，确保公众知悉本公约提到的相关的反腐败机构，并应当酌情提供途径，以便以包括匿名举报在内的方式向这些机构举报可能被视为构成根据本公约确立的犯罪的事件。

今后我国在反腐败斗争中应当将贿赂罪的“贿赂”扩大到一切“不正当好处”。刑法明确规定本罪的行为对象是“财物”，而不是“贿赂”。1979 年刑法和 1982 年《关于严惩严重破坏经济的罪犯的决定》对此均规定为“贿赂”，而后 1988 年《关于惩治贪污罪贿赂罪的补充规定》将其规定为“财物”，1995 年 2 月《关于惩治违反公司法的犯罪的决定》再次规定为“贿赂”，1979 年刑法第 185 条第 1 款规定：“……收受贿赂的，处五年以下有期徒刑或者拘役。赃款、赃物没收，公款、公物追还。”虽然该条没有明确规定为“财物”，但从后半款“赃款、赃物”可推导出该条“贿赂”的实际内容就是财物。1997 年《刑法》第 163 条、第 164 条均明确规定贿赂为索取或收受他人的“财物”。但是改革开放以来，财产性利益贿赂大量存在，如第三方提供服务、代为付款、提供交通工具、调动工作、性贿赂等，其危害性与以财物进行贿赂并无本质的区别，有的甚至有过之而无不及。笔者认为，无论财物、财产性利益，抑或利益，其本质上均能满足人们的一定需要。正是由于能满足人们需要的利益大量存在，才驱使具有职责便利者不惜以此为条件，同为谋求利益的人进行交易。从长远看，“贿赂”应扩及非物质性利益。在现代社会，大多数国家的刑法认为，“贿赂除了财物、财产性利益之外，还包括其他非物质性利益”，如意大利、瑞士、德国、日本等国即是如此。《公约》第15条、第16条、第21条将“贿赂”界定为“不正当好处”（undue advantage）。《公约》将贿赂定位于“不正当好处”，“好处”的范围明显大于我国现行刑法中的“财物”，即使采取“财产性利益”说这样的扩大解释来理解“财物”也是如此。由此看来，将我国刑法中商业贿赂犯罪的对象扩张及于某些非财产性利益，将其规定为“不正当好处”或者“不正当利益”是国际法要求的义务。

四、新疆的暴恐活动与犯罪化

新疆的暴恐活动危害很大，严重影响了社会经济的发展。纵观历史，“巴仁乡暴乱”是新疆解放40年来最为严重的一场武装暴乱，是进入20世纪90年代后发生在新疆的第一起恐怖事件。1991年2月28日，这个组织成员首先在库车县客运站录像厅制造了新疆第一起恐怖爆炸案件，造成无辜群众死1人，伤13人。1992年2月5日，乌鲁木齐的公共汽车、影剧院、住宅楼里被安放了四颗定时炸弹，2路公共汽车的爆炸异常惨烈。1993年6月17日，位于喀什市中心的喀什地区农机公司办公楼发生爆炸，两名无辜群众身亡，另有1人重伤、7人轻伤。自治区负责人和新疆警方奔赴喀什。1996年5月12日6点30分，犯罪分子刺杀喀什宗教领袖、七十多岁的阿荣汉·阿吉和他的儿子，未遂。1997年2月5日上午9时许，伊宁市的大街上突然冲出一伙人，手举横幅，呼喊口号，沿伊宁市主要街道游行。如滚雪球一样，到了12时许，游行人数从一百多人增至千余人。随后，手持棍棒、砖块、刀具的骚乱分子开始了他们的暴力行为。人民医院门口一对青年夫妇被骚乱分子围住，女的被人在脸上用刀乱割乱划，连踢带踏，当场死亡，男的也被打成重伤。一位回家探亲的战士途经前进街时，被石头活活砸死。1997 年 2 月 25 日，犯罪分子将炸弹安放在乌鲁木齐南、北、西、东四个不同的方向，并且是在乌鲁木齐人最多最集中的地方，所有的炸弹都被定在同一时间爆炸，伤亡惨重。①

国务院新闻办 2009 年 9 月发表的《新疆的发展与进步》白皮书指出，20 世纪 90 年代以来，受恐怖主义、分裂主义、极端主义的影响，境内外“东突”势力转向以实施暴力恐怖为主要手段进行分裂活动。据不完全统计，1990 年至 2001 年，境内外“东突”势力采取爆炸、暗杀、投毒、纵火、袭击、骚乱及暴乱等方式，在新疆境内制造了 200 余起暴力恐怖事件，造成各民族民众、基层干部、宗教人士等 162 人丧生，440 多人受伤。2002 年后，又先后在新疆境内制造多起暴力恐怖事件。2008 年以来，“东突”势力开始新一轮的破坏活动，针对北京奥运会先后制造了多起暴力恐怖事件。② 而令人震惊的乌鲁木齐“7·5”事件，截至 2009 年 7 月 17 日，已造成 197 人死亡（其中绝大部分是无辜民众）、1700 多人受伤，331 个店铺和 1325 辆汽车被砸烧，众多市政公共设施被损

---

① 参见陈蓝：《天山之痛——新疆恐怖事件回眸》，原刊于《南方周末》2007 年 1 月 11 日。转引自凤凰资讯，http://news.ifeng.com/mainland/special/hetianpaichusuozaoxi/content-4/detail_2011_07/18/7764685_0. shtml，2014 年 8 月 17 日访问。

② 2008 年 4 月 10 日，新疆警方破获两起针对北京奥运暴力恐怖案件；8 月 4 日喀什市严重暴力袭警案件死伤 32 人（16 人死亡），官方称施暴预谋已久；8 月 10 日，新疆有效处置库车自杀式暴力恐怖案击毙 8 名恐怖分子，一维族群众死亡；8 月 12 日凌晨，喀什疏勒县再次发生暴力袭击。参见亚心网，http：//www. iyaxin. com/content/2008 - 10/21/content_ 450184. htm，2014 年 8 月 17 日访问。

毁。[①]“7 · 5”事件以来，新疆暴恐活动时有发生。2011 年重大的暴恐犯罪活动有 3 件：7 月 18 日，和田市严重暴力恐怖事件；7 月 30 日，喀什市街头连环砍杀事件；12 月 28 日，新疆恐怖团伙在皮山县劫持人质事件。2012 年重要的暴恐犯罪活动有 2 件：2 月 28 日，叶城县街头砍杀事件；6 月 29 日，和田劫机事件。2013 年有 6 件：4 月 23 日，巴楚县“4 · 23”暴力恐怖犯罪案；6 月 26 日，吐鲁番地区鄯善县袭警事件；10 月 28 日，北京天安门暴力恐怖事件；11 月 16 日，巴楚县色力布亚镇派出所被袭事件；12 月 25 日，疏附县“12 · 15”暴恐袭击案件；12 月 30 日，喀什地区莎车县公安局遭暴力恐怖袭击。2014 年有 8 件：1 月 24 日，阿克苏地区新和县城爆炸案；2 月 14 日，乌什县暴力恐怖袭警案件；3 月 1 日，昆明火车站发生严重暴恐事件，致 29 人死亡 143 人受伤；4 月 30 日乌鲁木齐火车南站爆炸案；5 月 22 日乌鲁木齐早市爆炸、杀人案；7 月 28 日莎车县暴恐杀人案；7 月 30 日喀什大毛拉遇刺身亡案；9 月 21 日轮台县暴恐案。

针对日益猖獗的恐怖犯罪活动，习近平总书记多次作出重要批示，要求严厉打击暴力恐怖分子，保护各族人民的切身利益。与此同时，根据我国所面临的暴力恐怖活动的性质和威胁，习近平总书记在中共中央政治局第十四次集体学习时提出，必须将新疆的安全、稳定与国家安全的维护联系起来，把国家安全观贯彻到反恐工作当中，建立健全反恐工作格局，形成以民族团结为基石、以和谐宗教为基础的由多种措施组成的反恐战略体系。面对新疆“三期

---

① 参见光明网，http://www.gmw.cn/content/2009-09/22/content_985831.htm，2014 年 8 月 17 日访问。

叠加”[①] 时期暴恐活动危害严重的情况，我们需要思考国家的刑事政策与关于恐怖主义犯罪的立法。我们不仅需要制定一部统一的、完整的反恐法，[②] 将涉恐犯罪的严重危害社会的预备行为、帮助行为、密谋行为等非实行行为予以犯罪化处理，[③] 以提高反恐实效，我们还需要制定切实可行的反恐国际合作法，制定符合民族地区实际的宗教法律法规，抑制或打击宗教狂热，还应该将一些带有邪教性质的宗教极端活动予以犯罪化处理。

---

① 中共中央政治局常委会会议指出，要清醒地认识到，当前新疆处于暴力恐怖活动的活跃期、反分裂斗争的激烈期、干预治疗的“阵痛期”。这“三期”叠加是新疆反恐维稳形势最鲜明的特征。《评论：全力维护社会大局稳定》，载天山网，http://news.ts.cn/content/2014-01/23/content_9234169.htm，2014年9月24日访问。

② 学者已有详细论述，参见刘仁文：《中国的反恐立法及其评析》，载刘仁文主编：《刑事法治视野下的社会稳定与反恐》，社会科学文献出版社2013年版，第45~52页。

③ 2015年8月29日第十二届全国人民代表大会常务委员会第十六次会议通过的《中华人民共和国刑法修正案（九）》对组织、领导、参加恐怖组织罪增加了财产刑。增加了资助恐怖活动罪的罪状“为恐怖活动组织、实施恐怖活动或者恐怖活动培训招募、运送人员的，依照前款的规定处罚”。增加了准备实施恐怖活动罪，即第一百二十条之二　有下列情形之一的，处五年以下有期徒刑、拘役、管制或者剥夺政治权利，并处罚金；情节严重的，处五年以上有期徒刑，并处罚金或者没收财产：（一）为实施恐怖活动准备凶器、危险物品或者其他工具的；（二）组织恐怖活动培训或者积极参加恐怖活动培训的；（三）为实施恐怖活动与境外恐怖活动组织或者人员联络的；（四）为实施恐怖活动进行策划或者其他准备的。规定了宣扬恐怖主义、极端主义或者煽动实施恐怖活动罪、利用极端主义煽动、胁迫群众破坏国家法律实施罪。规定了强制他人穿着、佩戴宣扬恐怖主义、极端主义服饰、标志罪以及非法持有宣扬恐怖主义、极端主义的物品罪。还规定了拒绝提供间谍犯罪、恐怖主义、极端主义犯罪证据罪以及为恐怖犯罪偷越国（边）境罪。

五、其他社会问题与犯罪化

在现代企业制度下，特别是在市场经济条件下，法律上的代理、事实上的委托关系不仅大量出现，而且起着重要作用；这种代理、委托又要求各方行使合法权利、忠实信任关系、履行诚实义务。破坏信任关系、违反诚实义务的行为会造成不堪设想的后果。现在许多私营企业只是雇佣自己的亲友，而不敢在社会招聘人才，原因之一是担心被雇佣者破坏信任关系、违反诚实义务。这种局面显然不利于企业的发展。所以，有必要规定背信罪。①

增设奴役罪。根据《公民权利和政治权利国际公约》第 8 条的规定，禁止奴隶制度含义为三个层面：禁止奴隶制度及奴隶贸易，禁止役使，禁止强迫或强制劳动。② 根据《禁奴公约》第 1 条第 1 款的含义，奴隶制被定义为“对一人行使附属于所有权的任何或一切权利的地位或状况。”“役使”一词适用于所有可以被想象到的一些人对另外一些人的主宰或贬低的形式。强迫或强制性劳动是指“当一个国家或私主体命令他人或提供服务并威胁在不服从该命令时对其施以惩罚或相应的制裁。”③

增设妨害社会风尚罪。首先是加强社会主义精神文明建设的迫切需要，因为妨害社会风尚罪具有类罪名醒目、具体罪名集中的特点，可以加强法律的教育功能，促进社会风气的根本好转。确定妨害社会风尚罪的范围可包含其他妨害社会风尚的行为，如意大利刑

---

① 张明楷：《不可再次忽略背信罪》，载高铭暄主编：《刑法修改建议文集》，中国人民大学出版社 1997 年版，第 601~602 页。

② 吴革：《从山西黑砖窑案件论我国刑法增设奴役罪的必要性》，载赵秉志、郎胜主编：《和谐社会与中国现代刑法建设——新刑法颁行十周年纪念文集》，北京大学出版社 2007 年版，第 820 页。

③ ［奥］曼弗雷德·诺瓦克：《民权公约评注：联合国〈公民权利和政治权利国际公约〉》，毕小青、孙世彦等译，生活·读书·新知三联书店 2003 年版，第 148 页。

法典所设侵害公共道德和良好风俗罪，侵犯性自由罪仅为其中一节；加拿大刑法各论妨害性及公共道德与违禁行为的犯罪除强奸、猥亵、诱奸、隐晦表演等性犯罪外，还有骚扰、游荡、夜间侵越、传播不实新闻等；美国模范刑法典之对公共秩序及风俗的犯罪设有公然猥亵、卖淫及其相关的犯罪等，还有骚扰与不解散、公然酩酊与乱用药物、冒渎尸体、虐待动物等其他违反公共道德的犯罪。[①]

六、后劳教时代犯罪化的原则

刑事立法是一种目的性很强的活动，刑法的目的便是刑事立法的目的，它指导立法者确定犯罪的性质、范围与种类，是立法者规定犯罪及其法律后果的意义之所在。为了实现后劳教时代刑法的目的，在对危害社会行为犯罪化时，必须遵循一定的原则。笔者认为应当坚持以下几项原则：

（一）保护法益必要原则

保护法益必要原则是指对危害社会行为的犯罪化处理，必须以保护法益必需为根据，不能过分。首先，必须明确法益的范畴。刑法上的法益是指："对于安全、自由的、保障所有个人人权和公民权的社会生活所必要的，或者对于建立在此目标上的国家制度的运转所必要的现实存在或者目的设定。在此应该指出现实存在和目的设定的区别在于，对于立法者来说，法益并不必然地像人的生命一样是预先给定的，也是可以通过立法者创设的，就像税收的权利所展现的属性。"[②] 其次，犯罪化应当是保护法益之必需。日本学者

① 王宝来、马海涛：《论我国刑法应设立妨害社会风尚罪——兼论修改刑法典的罪名分类问题》，载高铭暄主编：《刑法修改建议文集》，中国人民大学出版社 1997 年版，第 724~725 页。

② ［德］克劳斯·罗克信：《刑法的任务不是法益保护吗?》，樊文译，载陈兴良主编：《刑事法评论》（第 19 卷），北京大学出版社 2007 年版，第 150 页。

大谷实指出，为抑制反社会行为的发生，必须采取犯罪化的措施；但是，刑事制裁伴有对身体进行强制的残酷性，因此，在实施犯罪化之际，应充分认清其保护法益，只有在作为保护该种法益的方法，除了创制刑事法规、诉诸刑罚手段之外，别无选择的情况下，才能说可以进行犯罪化。犯罪化，仅有必要性是不够的，还应具有立足于刑法的补充性、不完整性、宽容性，即“谦抑主义”精神的正当根据，如此，才能说为宪法所许可。[①] 最后，不能过分。因为刑法的效力很有限，这一结论是事实强加给我们的。[②] 刑罚也并非时时处处都能够产生正效益，刑罚作为抗制犯罪的法律手段，也与药品具有同样的现象，它必然地对于社会及个体具有某种程度的不良副作用。[③]

根据保护法益必要原则，行为犯罪化的具体标准应当是：（1）该行为在大部分人看来给社会的威胁是显著的，不能为社会的任何重要部分所认可；（2）对该行为科处刑罚能够符合刑罚的目的；（3）抑制它不会禁止社会所希望的行为；（4）能够通过公平的、无差别的执行对它进行处理；（5）通过刑事程序取缔该行为，不会在程序上成为质的或者量的加重负担；（6）不存在取代刑罚而处理该行为的适当方法。[④]

（二）科学性原则

学者在论及我国刑事政策问题时指出，我国刑事政策制定中存在四个方面的问题，一是民主化程度不够，刑事政策制定更多的是

---

① ［日］大谷实：《刑事政策学》，黎宏译，法律出版社2000年版，第86页。

② ［意］菲利：《犯罪社会学》，郭建安译，中国人民公安大学出版社1990年版，第70页。

③ 王建今等：《现代刑法的基本问题》，台湾汉林出版社1981年版，第151页。

④ Herbert L. Packer, The Limits of thc Criminal Sanction, Stanford University Press, 1968, p. 296.

被看作一种政治行为，而不是一种科学行为，专家们要么根本没有途径参与对刑事政策的制定，要么即使有机会参与，其意见也不能得到足够的重视和考虑；二是科学化程度不高；三是缺乏系统性、协调性；四是有的刑事政策可操作性不强。[①] 这四个方面的问题归结为一句话，就是我国刑事立法机关在对危害社会行为犯罪化过程中缺乏科学性。为此，在后劳教时代的刑事立法中必须贯彻科学性原则。科学性原则要求从立法的形式到文本的表述，从宏观的体例到微观的技术，从罪状表述到刑罚种类的确立等方方面面都必须遵循刑事立法的规律，追求最佳的法律和社会效果。到目前为止，我们认为应注意以下几个方面：

一是由有权机关及时公布刑法典的最新最全的修正版。以修正案的形式对刑法进行修改，已经成为我国刑事立法与时俱进的一种选择。以修正案的方式对刑法进行必要、及时的修改和补充，既能够保持刑法典基本原则和主体结构、内容的稳定性，又具有良好的适用性，能够针对实践需要作出及时、恰当的反应。[②] 但如果不及时根据刑法修正案对刑法典进行修正，听凭法学界或者公民个人进行整理，则会产生很多弊端：不利于刑法的明确性与系统化，不利于公民守法和司法实践，在某种程度上冲淡了刑法规范的可预期性，冲击了罪相法定原则，更为严重的是损害刑法的权威性。所以建议每次刑法修正案对刑法修改之后，全国人大常委会及时公布修正之后的刑法典全文，最高人民法院及时作出相关罪名及其适用的司法解释。

二是采用双轨制立法模式，严密刑事法网。刑法立法单轨制是

---

① 刘仁文：《论刑事政策的制定》，载《金陵法律评论》2001（秋季卷）。

② 郎胜、雷建斌：《我国刑法的新发展》，载赵秉志、郎胜主编：《和谐社会与中国现代刑法建设——新刑法典颁行十周年纪念文集》，北京大学出版社2007年版，第178页。

指罪与刑的法律规范只存在于刑法典和单行刑法中，其他法律即刑法以外的行政管理和经济运行等领域的法律均不能有独立的罪刑条款。在当今世界，这种刑法立法体制唯独我国（港澳台除外）存在。其他国家和地区，刑法均由两大部类组成，刑法以外的法律如果需要都可以规定独立的罪刑条款，统称附属刑法规范（或称行政刑法），是刑法立法双轨制。在双轨制下，刑事犯（自然犯）规定在刑法典里，行政犯（法定犯）基本上存在于刑法以外的法律中，后者数量无例外地绝对超过前者，而且罪状相当细密。这种体制的优点是有利于保持刑法典的稳定，又大大方便司法操作。相反地，将行政犯纳入刑法典，罪状即使不采用空白格式，也只能是概括性的叙明罪状。当前我国司法实践中感到刑法适用困难的案件主要是经济犯罪（均属行政犯）领域。刑法立法单轨制不可避免地使刑法规范与其依托的相关法律形成毛与皮相分离的状态。如果这类犯罪行为的罪刑条款直接规定在有关法律中，则皮与毛相连附着结合为一体。这样，大大增强了司法的可操作性，易于对号入座。①

三是加强刑法规范的可操作性。我国刑法存在一些虚置性规范，即不具有操作性的形式上的规范。有的规范具有价值合理性与社会需要，但由于过于理想、空洞或抽象，在现实生活中不具有可操作性，在规范实施的技术环节有所欠缺或不具备条件，依然不能发挥规范的实际作用。正如学者指出的，当这些虚置性的规范不起作用的时候，取而代之的是第二规范，即现实生活中的规范或称潜规则。不能调节行为的规范不是一个好规范。我们现在有许多规范都是流于形式。例如，1993 年，中央宣传部、新闻出版署发布有关加强新闻队伍职业道德建设、禁止“有偿新闻”的通知指出，新闻单位和新闻工作者不得接受被采访或者被报道者以任何名义给的礼金和有价证券，但在很大程度上这只是一纸空文，记者拿

① 储槐植：《再说刑事一体化》，载《法学》2004 年第 3 期。

“车马费”已经成为行规。同样，《中华人民共和国执业医师法》明文规定，执业医师不得在行医中收受任何馈赠。但外科医生拿“红包”，内科医生吃回扣在医务界是一种普遍现象，形成一种行业性的准规则。“党内有干部财产收入申报这个规定，自1997年以来，因腐败受到查处的4万多县处级官员和100多名省部级官员，没有一个人的腐败问题是由于执行此规定而被发现的，社会也没有得到关于申报结果的任何公开信息。原本一个很好的体现社会公正、干部廉洁价值理念的规范，因不具有可操作性，成为一种‘稻草人’规范，只用于吓唬腐败者而不发挥实际功能的规范。”[①] 在我国刑事立法领域，也是如此，如预备犯的处罚问题，共同犯罪的认定问题以及刑法分则刑罚配置不够合理、死刑凸显等问题。所以，犯罪化过程中必须将可操作性放在首位。

四是增加刑事立法的技术性。学者指出，从法律发展的历史看，人类法律文明的进步不只是法律观念上的进步，同样也是法律技术上的进步；而法律技术的进步则是法律观念进步的必然要求和反应。作为行为评价标准和行为指引规范的法律，只有通过语言、概念、逻辑等技术要素的支持才能成为可行的制度规范。“法律的种种目的，以及内含于目的之中的法律的正当性，都必须通过一定的技术手段才能实现。而包括刑法规范在内的法律规范，其实就是立法者将统治阶级的道德原则和政治思想在制度上加以体现的一种技术。如果把法律看成是人类自我控制的技术，那么刑法就是关于惩罚的制度技术。”[②] 在后劳教时代，要求刑事立法从结果本位转向行为本位。在以公正和报应为价值目标的刑事古典学派占统治地位的影响下，各国刑法立法多采结果本位主义。随着经济和社会发

---

① 朱力：《转型期中国社会问题与化解》，中国社会科学出版社2012年版，第237~238页。

② 周少华：《刑法理性与规范技术——刑法功能的发生机理》，中国法制出版社2007年版，引言部分。

展，公共事务和日常生活中的社会关系日趋复杂，相应地，规范社会生活各个方面的法律法规逐渐完善，法定犯罪（行政刑法规制）发案率不断上升；在学术界，古典学派理论受到了根本性冲击，日渐式微，而以功利为价值追求的实证学派渐成气候，相应地，刑法的结果本位立法模式亦受到越来越大的质疑，因而立法者在设置法定犯的法条时大都转而采用行为本位的模式，以突出刑法的预防功能和主动性。这是现代刑法思想的一大新倾向。①

总之，我国的刑事立法实践证明，我们的刑事立法缺少了不少科学性。所以在后劳教时代的犯罪化过程中，必须贯彻科学性原则。正如米海依尔·戴尔玛斯-玛蒂教授等在评论法国新刑法典时所指出的："一部新刑法典自其问世之日起诚然应当得到锤炼，以期能够持久适用。……如果一部法典刚刚问世就要修改，那可就是一件令人遗憾的事了。这就要求我们作出前瞻性努力，首先尤其要抓住应当构成法典之基础的一般原则……一部新法典应当对公民及法律工作者均具有可读性。这就是说，我们应当努力追求法律的质量。"②

（三）*以人为本原则*

以人为本原则要求在刑事立法中必须重点保护个人法益，将个人自由放在第一位。在法治国的民主体制下，刑法规范只能遵循保障公民在维护人权前提下和平自由共处的目的。只要这种目的以更宽容的方式不可达到，那么在此，国家就必须借助刑法手段保障这种共处必需的个人前提（比如，保护身体和生命、意志活动的自由、财产等）以及保障这种共处所必要的国家公共设施（运转的司法，正常的货币和税收制度，没有腐败的行政等）。基本权利和

① 储槐植：《刑事一体化论要》，北京大学出版社 2007 年版，第 164~165 页。

② 《法国新刑法典》，罗结珍译，中国法制出版社 2003 年版，序第 2 页。

人权，像人格的自由发展、表达自由或者信仰自由，都是法益。对这些权利的克扣会导致社会生活中很现实的损害。同样，国家制度，像司法机构或者货币体系或者其他公众法益，虽然不是有形有体的对象，但是它确实是生活所必要的现实，对它的损害会长远地危害社会的效能和公民的生活。①

正如曲新久教授指出的，刑法应当尽可能地保护和保障个人自由，同时维护社会秩序的稳定。现代刑法的首要任务是维护个人自由，如果不把个人自由放在首位，那么刑法的现代文明特点将大打折扣。我们将个人自由置于第一位，社会秩序当然就是第二位的，但是第二位并不意味着是一种从属地位，而是一种地位上的平行、次序上的先后。刑法以个人自由为第一位，以社会秩序为第二位，并在此前提下力求个人自由与社会秩序之间的均衡。这是我国刑法在这个时代，或者说现代化所应有的选择。②

必须指出的是，后劳教时代需要对危害社会的行为进行大力度的犯罪化处理，但适时进行非犯罪化处理也是题中应有之意。“事实上，非犯罪化只是刑法本身的新陈代谢，只是将那些不符合刑法干预的时代使命、不符合刑法的当代价值或者不需要刑法继续干预或者刑法无法干预的传统犯罪，从刑法干预范围中剔除出去。”③如果发现分则规定了不以保护法益为目的的犯罪，或者某个分则条文所保护的法益现在不值得刑法保护，立法机关也应当尽快修改刑法，删除这类条文。④ 社会转型与发展引起的非犯罪化其实就是轻微犯罪的非犯罪化，将一部分法益侵害性消失、不值得刑法处罚的

---

① ［德］克劳斯·罗克信：《刑法的任务不是法益保护吗?》，樊文译，载陈兴良主编：《刑事法评论》（第19卷），北京大学出版社2007年版，第150页。

② 曲新久：《中国刑法现代化的基本走向》，载《政法论坛》2007年第4期。

③ 梁根林：《刑事法网：扩张与限缩》，法律出版社2005年版，第244页。

④ 张明楷：《刑法学》，法律出版社2011年版，第69页。

犯罪从刑法中剔除出去，用其他行政管理等手段来处理，是刑法谦抑主义的必然要求。

（本文原载《新疆警察学院学报》，2014 年第 2 期。）

不作为刑事责任：对美国法律的简短总结与评论*

追究不作为的刑事责任，有两种不同的情形。首先，在惩罚不实施特定行为的犯罪（offense）的定义中，通常明确规定追究这样的责任。① 例如，不进行纳税申报是犯罪。② 其次，除了犯罪定义外，在用作为术语来界定的犯罪中，在一般条款中创设不作为责任

---

* 本文作者保罗·H. 罗宾逊（Paul H. Robinson），李瑞生译，作者系马萨诸塞州律师协会成员、卡姆登 J. D.—鲁特盖斯大学（Rutgers University）法学院、南加利福尼亚大学法学院、LL. M. 哈佛法学院教授；毕业于剑桥大学法学院法学研究专业。

① 例如，参见亚拉巴马州法典 § 13A-2-1（3）到（5）；关岛犯罪与矫正法 § 4. 20（1977）；夏威夷修订制定法 § 702-203（2）（1976）；伊利诺伊州制定法年报第 38 章，§ 4-1（史密斯—赫德，1972）；印第安纳州法典年报 § 35-41-2-1（a）（伯恩斯·增补 1983）；密苏里州制定法年报 § 562. 011（4）（弗农 1979）；新泽西州制定法年报 § 2C：2-1（b）（1）（1974）；北达科他州中心法典 § 12. 1-02-02（1）（1976）；俄勒冈修订制定法 § 161. 085（3）（1981）；宾夕法尼亚州统一制定法年报 18，§ 301（b）（1）（珀登 1983）；波多黎各法律标题年报 33，§ 3041（增补 . 1981）；得克萨斯州刑法典年报 § 6. 01（c）（V 弗农 1974）；美属维尔京群岛法典标题年报 14，§（1964）。也参见，模范刑法典 § 2. 01（3）（a）（1962 年正式建议稿）（如果“定义某犯罪的法律明确地、充足地对不作为作了规定……”可以追究不作为的责任）。

② 国内税收法典 § 7203（1976）。

也是普遍的。[①] 例如，父母通常有照顾子女的法定义务。[②] 那么，

---

① 参见亚拉巴马州 CODE § 13A-2-1（3）到（5）（1982）；阿拉斯加制定法 § § 11.81.600，900（36）（1983）；亚利桑那州修订制定法年报 § 13-105（3），（19）（增补 1982-1983）；阿肯色州制定法 ANN. § § 41-201（2），41-202（1）（1977）；科罗拉多州修订制定法 § 18-1-501（2），（7）（1978）；佐治亚州法典 ANN. § 16-2-1（1982）；关岛犯罪与矫正法 § 4.20（1977）；夏威夷修订制定法 § 702-203（1）（1976）；爱达荷州法典 § 18-109（1979）；伊利诺伊州制定法年报第 38 章，§ 4-1（史密斯—赫德 1972）；印第安纳州法典 § 35-41-2-1（a）（伯恩斯·增补 1983）；艾奥瓦州法典年报 § 702.2（韦斯特 1979）；肯塔基州修订制定法年报 § 501.030（1）（包波斯—梅里尔 1975）；路易斯安那州修订制定法 ANN. § 14：8（1），（2）（韦斯特 1974）；缅因州修订制定法标题年报 . 17-A，§ 31（1983）；密苏里州制定法年报 § 562.011（4）（弗农 1979）；蒙大拿法典 ANN. § 45-2-202（1981）；内布拉斯加州修订制定法 § 2C：2-1（b）（2）（韦斯特 1982）；新泽西刑法 § 15.00（3），（4）（麦金尼 1975）；北达科他州中心法典 § 12.1-02-02（2）（1976）；俄亥俄州修订制定法 ANN. § 2901.21（A）（1）（佩奇 1983）；俄勒冈修订制定法 § 161.095（1）（1981）；宾夕法尼亚州统一制定法年报 18. § 301（b）（2）（珀登 1983）；得克萨斯州刑法典 § 6.01（c）（弗农 1974）；犹他州法典年报 § 76-1-601（2）（1978）。也参见模范刑法典 § 2.01（3）（b）（正式建议稿 1962）（如果法律规定了实施作为的义务，责任可以建立在不作为的基础上）。

② 父母对婚生子的抚养义务得到了普通法的承认。参见范·沃肯伯格 v. 沃森，13 约翰斯，480，480（纽约法院 1816）（“父母自然负有义务给未成年子女提供生活必需品……”）。该义务在最近更多的案例中得到重申。例如，参见西姆斯 v. 弗吉尼亚电力公司，550F. 2d 929，证明被否认，431 U. S. 925（1977）；政府 v. 温特斯，346 So. 2d 991，993（佛罗里达州，1977）（“父母……有义务给孩子提供食物、衣服、住所、以及医疗服务”）。

制定法现在通常都规定了这样的义务。例如，佛罗里达州制定法年报 § 827.05（韦斯特 1976）；新泽西州制定法年报 § 9：6-3（韦斯特 1976）；纽约州多米尼加亲属法 § 32（麦金尼 1977）。

如果由于不履行这项义务而导致死亡，父母要负杀人罪的责任，[①] 虽然杀人罪是以作为的术语来界定的。[②] 第一部分举例说明不作为责任的第一个基础，第二部分讨论第二个基础。

---

① 例如，参见，奥尔布赖特 v. 政府，50 亚拉巴马州附件 480，280 So. 2d 186（刑法附件）（冻馁导致的死亡），证明被否认，291 亚拉巴马州 771，280 So. 2d 191（1973）；伊格伦 v. 政府，249 印第安纳州 . 144，231 东北 2d 147（1967）（未提供医疗救治导致的死亡）；皮普尔（People）v. 林奇，47 密歇根附件 8，208 西北 2d 656（1973）（据给食物导致的死亡）；政府 v. 克劳福德，188 内布拉斯加州 . 378，196 西北 2d 915（1972）（同样的）；政府 v. 威廉斯，4 华盛顿 . 附件 908，484 P. 2d 1167。（未提供医疗救治导致的死亡）. 关于父母疏忽（neglect）刑事责任的很好的分析，参见皮普尔 v. 格拉登，杂集 118. 2d 831，462 纽约 2d 115（增补 · 法院 1983）。

② 参见下注 20-21，汇编各州将谋杀定义为积极的杀人行为而不是将谋杀定义为导致死亡的规定。

一、用不作为来定义的犯罪

用不作为术语来定义的犯罪通常附带有暗示的作为的义务。[1]足以说明这种犯罪是将汽车司机肇事后不停车[2]、受征入伍者不报

---

① 例如，参见，纽约公共卫生法 § 2103（麦金尼 1977）。第 2103 节要求每一个地方卫生部门“立即向［纽约州卫生］局报告该局规定必须报告的所有传染性疾病”。司法部部长在评论 1909 年公共卫生法 § 25 的同一条文时，声明这“不必然是卫生官员雇佣合同产生的义务，而是制定法要求履行的特定的义务，对该特定义务的不履行……会使［他］负刑事责任”。1921 纽约州司法部部长报告年报 408，409。当被告人声称对该制定法的存在一无所知时，这样的制定法的难题就会显现出来。一般说来，只有在不知情否定了犯罪主观方面的一个要素时，对制定法的该不知情才构成辩护事由。一般地参见 W. 拉费弗 & A. 斯科特，《刑法手册》 § 47（1972）。然而，大多数将不作为犯罪化的制定法追究严格责任；犯意不是一个犯罪的实质性要素。这些制定法在本质上通常是管理性的，并不涉及道德污名，而且仅仅处以罚金或者类似的少量的惩罚。参见莫里塞特 v. 美利坚合众国，242 美国 246（1952）。最高法院对特定的追究不作为责任的犯罪，已限制适用严格责任。兰伯特（Lambert）v. 加利福尼亚，355 美国 225（1957）。在兰伯特案中，被告人曾因未向警察局登记自己曾经是重刑犯而被定罪。法院认为该判决违反了合法程序，因为被告人对其登记义务一无所知。兰伯特法庭认为，这样的责任只有在“环境可能驱使某人去询问是否需要登记”时才是适当的。355 美国见 229。这样一来，当医生开具吗啡处方时，不知情不是医生不遵守《反麻醉剂法令》ch. 1 § 2，38 制定法 . 785（1914）的辩护事由（被 1939 年国内税收法撤销），因为他被期待来询问可能的管理规定。合众国 v. 贝赫曼（Behrman），258 U. S. 280（1922）。

② 例如，加利福尼亚机动车法典 § 20，001（韦斯特 1971）。

到入伍[1]、纳税人不进行纳税申报[2]、父母疏忽关心孩子的健康[3]，以及不报告特定传染性疾病[4]的行为犯罪化的制定法。

在美国，一般说来——虽然正在式微——不愿意强加积极义务并惩罚对这些义务的不履行。[5] 关于不愿意将消极行为犯罪化，已经作出了各种各样的解释。

---

① 美国法典附录 50. § 462（1976 & 增补 V 1981）。

② 国内税收法典 § 7203（1976）。

③ 参见密苏里州制定法年报 § 568. 040. 1（弗农 1979）（父母如果没有正当原因而故意地不给孩子提供足够的生活支持，则构成不履行法定的抚养义务罪）；田纳西州法典年报 § 39-4-102（1982）（故意疏忽或者不履行对未满 18 岁孩子的抚养义务构成轻罪）；得克萨斯州刑法典年报 § 25. 05（a）（弗农 1974）（如果一个人故意地或蓄意地不为未满 18 岁的孩子提供生活支持，则其构成不履行法定的抚养义务罪）。也参见龙克 v. 政府，544 S. W. 2d 123（得克萨斯州增补刑法 1976）（提供照料的义务是不履行法定的抚养义务罪的一个核心要素）。

④ 参见加利福尼亚卫生与安全法 § 3110（韦斯特 1979）（卫生部门官员的防止疾病扩散的义务）；§ 3125（向卫生部门官员报告传染性疾病的义务）；相同的 . § 3354（任何违反与卫生部门官员职能有关的章节的任何人，构成轻罪）；§ 24800（故意疏忽不去履行公共卫生法规定的义务的人，构成轻罪）；明尼苏达州制定法年报 § 145. 03（韦斯特 1970）（规定了报告传染性疾病的义务）；§ 145. 24（1）（规定了违反该义务的刑罚）；纽约州公共卫生法 § § 2102，2103（麦金尼 1971 & 增补 . 1982）（规定了医生和地方卫生部门官员的义务）。

⑤ 参见 R. 珀金斯 & R. 博伊斯，刑法 662（第 3 版 . 1982）；W. 拉费弗 & A. 斯科特，上注 7，at 182；休斯，《不作为犯罪》，67《耶鲁法律评论》590（1958）。

首先，足够明确地界定满足义务之要求所必须作出的努力存在困难。[①] 其次，在界定义务范围方面固有的模糊性导致了有罪推测，因此形成了对社会的威胁，其严重性甚于通过要求积极行为而防止的危害。[②] 再次，因为占统治地位的态度是在公开的行动和消极状态之间作出鲜明的区分，立法（机关）不可能忽视这种道德观念，也不应该无限制地加以弥补。最后，政府层面上对履行的要求，与不为有害行为的命令相比，具有非常大的侵入性（intrusive），因此必须从压倒一切的重要公共利益中得以正当化，[③] 并且以使侵入范围最小化的方式予以规定。[④] 然而，在特定的有限的情况下，政府对公民健康和安全的关心，以及政府为保障公民基

---

① 参见 R. 珀金斯 & R. 博伊斯，上注 13，at 661［“法律未强加这种（援助）义务，可能是因为定义的困难……”］；W. 拉费弗 & A. 斯科特，上注 7，at 191（强调了强加一般性的援助义务的困难——因为界定所涉道德义务的固有的问题，但是也强调这些困难在疏忽行为的语境下已经被克服了）。也参见下注 91 以及相应的正文。这种担心，通过对不作为术语定义下的犯罪种类适用履行能力要件，得到某种程度的缓和。为了讨论这个要件，参见下注 94-125 与相应的正文。

② R. 珀金斯 & R. 博伊斯，上注 13，at 826-38；莱维特（Levitt）《犯意学说起源,》17《伊利诺伊法律评论》117（1922）；塞尔（Sayre），《犯意》《哈佛法律评论》45. 974（1974）。

③ 美国迄今为止只有两个司法区制定了规定有援助义务的法典：明尼苏达州［明尼苏达制定法年报 § 604. 05（韦斯特增补 . 1983），1983 年 6 月 14 日法令修订 ch. 319 § 1，1983 明尼苏达税法部门 . 2329（韦斯特）］以及佛蒙特州［佛蒙特制定法标题年报 . 12，§ 519（增补，1971）］。可以得出结论，这个国家的大多数司法区确定，强加援助之一般义务的固有的侵入性超过了这个要求的好处。参见下注 90-93 与相应的正文。

④ 在义务得以明确界定的情况下，侵入性可以最小化。例如，参见上注 9，10，& 12 所引的法典及相应正文。

本权利之行使而规定义务的特权，可能会超越这些担心。[①]

二、建立在不作为基本原则基础上的责任

在用积极行为来界定犯罪的情形下，根据不作为责任的基本原则，行为人还是要对犯罪负责任。例如，杀人罪（homicide），通常

---

① 政府对机动车驾驶的管理条例提供了很多例子，可以说明制定法对选择行使该特权的个人强加义务的情况。例如，在许多司法区，当一个人卷入交通事故时，驾驶员被规定有报告并且救助受伤当事人的义务。例如，参见，加利福尼亚机动车法§20，003（韦斯特1971）。司机不报告或者不救助的结果就是负不作为犯罪的刑事责任。然而，在类似于加利福尼亚制定法的司法区的大多数情况下，要求不作为或不积极行为发生时司机必须明知该事故导致了伤害。。

v. 罗洛，119加利福尼亚增补393，398，6 P. 2d 516，520（1931）（不知对受害人的伤害而不提供援助，绝没有刑事责任可言。）。也参见塔奇斯通（Touchstone）v. 政府，42亚拉巴马增补141，155 So. 2d 349（1963）；皮普尔v. 格雷夫斯（Graves），74加利福尼亚增补415，240 P. 1019（1925）；政府v. 帕里什（Parrish），79爱达荷州75，310 P. 2d 1082（1957）；皮普尔v. 麦克弗森（MacPherson），323 密 歇 根 州 .438，35 N. W. 2d 376（1949）；贝赫伦兹（Behrens）v. 政府，140内布拉斯加州671，1西北2d 289（1941）；赫辰贝奇（Herchenbach）v. 自治政区（Commonwealth），185弗吉尼亚州217，38东南2d 328（1946）；哈丁（Harding）v. 普赖斯（Price），[1948] 1 K. B. 695。

被界定为要求被告人"杀死"他人,[①] 或者更清楚地说，要求被告

---

① 例如，参见加利福尼亚刑法典 § 187 (a) (韦斯特附增补 . 1983) ("谋杀罪是非法杀死一个人")；密西西比州法典年报 § 97-3-19 (1972) ("杀人……谓之谋杀")；内华达修订制定法 § 200.010 (1977) ("谋杀罪是非法杀人")。22 个其他的州类似地用主动而不是被动语态来界定谋杀罪，也就是，谋杀罪是非法杀人。佛罗里达制定法年报 § 782.04 (韦斯特附增补. 1983)；印第安纳州法典 § 35-42-1-1 (伯恩斯 1979)；艾奥瓦制定法年报 § 707.1 (韦斯特 1979)；堪萨斯制定法年报 § 21-3401 (1981)；路易斯安那修订制定法年报 § 14.29 (韦斯特附增补. 1983)；马里兰法典年报 art. 27, § 407 (1982)；明尼苏达州制定法年报 § 28.548 (卡拉汉 1982)；密苏里州制定法年报 § 565.001 (Vernon 1979)；内布拉斯加州修订制定法 § 28-302 (1979)；新墨西哥州制定法年报 § 30-2-1 (附增补，1983)；北卡罗来纳州一般制定法 § 14-17 (1981)；罗得岛州牙医业法 § 11-23-1 (1981)；南卡罗来纳州法典年报 § 16-3-10 (法律合作社 1976)；南达科他州修订法律年报 § 22-16-1 (1979)；田纳西州法典年报 § 18.2-31 (1982)；华盛顿修订法典年报 § 9A.32.010 (1977)；W. 弗吉尼亚法典 § 61-2-1 (1977)；以及怀俄明州制定法 § 6-2-101 (1983)。

人“实施行为”（“*engage in conduct*”）来杀死他人。[①] 然而一个人还是可能要对不作为的杀人负刑事责任。在某人有义务作为并且有能力履行该义务的情况下，如果其不作为导致了死亡，这个人的不

---

① 参见 S. 1437，95th美国国会，第一次会议．§1601（a）（I）（1977）（刑法典改革法案）（重点强调）。模范刑法典通过不要求特定的积极的行为绕开了这个问题。作为替代，该法典用因果关系术语界定杀人：“一个人构成杀人罪，如果他……导致了另一个人的死亡”模范刑法典§210.1（1）（正式建议稿 1962）。24个州已采纳了模范刑法典的“因果关系”定义，只是在语言表述上略有不同。亚拉巴马州法典§13A－6－1（1982）；阿拉斯加州制定法§11.41.100（1983）；亚利桑那州修订制定法§13－1105（增补，1983）；阿肯色州制定法年报§§41－1501，－1502（1977）；科罗拉多州修订制定法§18－3－102（1978）；康涅狄格州一般制定法年报§53a－54a（韦斯特增补. 1983）；特拉华州法典标题年报 11，§636（1979）；佐治亚州法典年报§16－5－1（1982）；夏威夷修订制定法§707－701（1976）；肯塔基州修订制定法年报§507.020（包波斯—梅里尔增补 1982）；缅因州修订制定法标题年报 17－A，§201（1964）；明尼苏达州制定法年报§609.185（韦斯特 1964）；蒙大拿州法典年报§45－5－101（1981）；新罕布什尔州修订制定法年报§630：1（1974）；新泽西州制定法年报§2C：11－2（韦斯特增补，1982）；纽约州刑法§125.00（麦金尼 1975）；北达科他州中心法典§12.1－16－01（1976）；俄亥俄州修订法典年报§2903.02（佩奇 1982）；俄克拉荷马州制定法标题年报 21，§701.7（韦斯特 1983）；俄勒冈州修订制定法§163.005（1981）；宾夕法尼亚州制定法标题年报 18，§2501（珀登 1983）；得克萨斯州刑法典年报§19.01（弗农 1974）；犹他州法典年报§76－5－201（增补. 1983）；威斯康星州制定法年报§940.01（韦斯特 1982）。一个州没有特别定义谋杀为“杀死”或“导致死亡”。马萨诸塞州一般法年报 ch. 265，§1（韦斯特 1970）。在该法典中定义其他犯罪时也产生了这样的问题。例如，参见，模范刑法典§220.1（1）（正式建议稿 1962）（“一个人构成放火罪……如果他纵火或导致爆炸……”）。

作为可能被认为是必需行为（conduct required）的替代物。①

A. 必需作为之替代物的不作为

根据“某人不实施其有义务并且有能力实施的行为，是一个犯罪定义所必需的行为的充足替代物”的理论，可以追究任何犯罪（any offense）的不作为的责任。② 义务之不履行不能替代犯罪定义的任何附加的要素；所有其他要素必须独立地得以证明。③

许多法典错在未明确地表述允许用不作为来替代一个行为要件

---

① 例如，参见自治政区 v. 考利 247 马萨诸塞州。20，141 N.E.510（1923）。在考利案中，法院认为意外引起火灾的被告人负有努力灭火的积极义务。法院强调被告人必须已将火灾置于自己控制范围并且有能力灭火而且必须已经认识到这个能力的存在。

② 例如，参见自治政区 v. 韦兰斯基（Welansky），316 马萨诸塞州 Mass. 383，55 N.E. 2d 902（1944）。在韦兰斯基案中，被告人未采取适当的预防措施来预防火灾，也未进行适当的物资储备以扑灭他的夜总会中潜在的火灾。火灾发生了，结果由此导致许多人的死亡。法院追究了该被告人的刑事责任并解释其推理如下：“通常情况下，恣意或者草率行为由积极的作为构成……而不管对其他人的可能的后果。但是在有谨慎义务的情况下，恣意或者草率行为可以由故意不尽这样的谨慎义务构成而不管可能的有害后果……”。

法律的规定也允许在有作为义务的情况下，用不作为来替代一个犯罪的行为要素。参见下注 25 以及模范刑法典对行为定义的相应正文。也参见模范刑法典 § 2.01（3）（b）（1962 正式建议稿）（犯罪的刑事责任不能建立在不作为基础上，除非法律规定了该不作为的作为义务）。

③ 参见上注 19，讨论了对卷入事故之明知的附加要件。对未停车救助受伤当事人的机动车驾驶人来说，这种明知产生了责任。正如所指出的，在没有作为与对事故的明知这两个要素同时具备并有证据的情况下，责任就产生了。皮普尔 v. 罗洛，119 加利福尼亚附件 393，398，6P. 2d 516，520（1931）（在不知道对受害人的伤害的情况下，未予施救没有刑事责任可言）。但是参见美利坚合众国 v. 弗里德（Freed），401 U.S. 601，609（1971）（管理法规没有将明知或故意规定为不登记火器罪的附加要件；不登记就要承担责任）。

的基本规定。《模范刑法典》§2.01（3）（b）适用于这个普遍性的问题，它仅仅规定："实施犯罪行为的责任不能建立在没有作为相伴的不作为的基础上，除非……法律另外规定了应履行被疏忽了的作为的义务。"[①] 这个表述导致了一种暗示，即如果法律规定了一种义务，那么就可以（*may*）追究责任。令人遗憾的是，暗示的责任不充分满足合法性原则（the legality principle），该原则要求没有明确的禁止就不能施加任何惩罚。[②]

《模范刑法典》对"行为"（"conduct"）术语的定义是"作为或者不作为"（"an act or an omission"）[③]，这也说明应履行特定义务的不作为就是所需行为的充足的替代物。当然，这个说明仅适用于一个犯罪的定义使用了"行为"（"conduct"）术语的情形。在犯罪定义中使用了诸如"导致死亡"[④]之类的措辞来描述所禁止行为的情形下，这个说明绝对不能适用。

---

① 模范刑法典 §2.01（3）（b）（1962年正式建议稿）。

② "合法性原则"通常通过"*Nullum crimen sine lege, nulla poena sine lege*"的谚语来表述——没有法律就没有犯罪与刑罚。该原则解决了一个双重管理问题——立法的与司法的——系刑事制定法的根基。该原则在刑事制定法方面向法官推荐了一个解释标准，通过对法律的严格解释与对模糊词句的狭义理解，它一般来说是有利于被告人的。该原则向立法者推荐了精确解释与精确刑事立法的观念，使得法官可以准确而统一地适用该刑事法律。该双重管理原则鼓励两个部门对产生刑事责任的犯罪行为进行明确的解释。

③ 模范刑法典 §1.13（5）（1962正式建议稿）。参见艾西纳 v. 狄龙（Eichner v. Dillon），73改变二版431，426 N.Y. 2d 517（1980），扩展修订（*aff'd and modified*），*sub nom.* 索珀 v. 斯托勒（Soper v. Storar），52 N.Y. 2d 363，420 N.E. 2d 64，438 N.Y.S. 2d 266，证明被否认，454 U.S. 858（1981）（导致死亡的行为可以是作为或者不作为的形式）。

④ 模范刑法典 §210.1（1）（1962正式建议稿）。210.1（1）款规定"一个人构成杀人罪，如果他蓄意地、故意地、草率地或者疏忽地导致了另一个人的死亡"。同样的，根据§211.1一个人构成侵犯人身罪，如果他蓄意地、故意地或者草率地企图或实际上导致了肉体伤害，或者他的疏忽导致了这种伤害。

B. 因果关系要件

行为人不作为的有限影响的必然结果是——由于其仅能替代一个犯罪定义所要求的行为——要求还必须证明行为人的不作为引起了（*caused*）禁止的结果；但是，不作为语境下的因果关系概念的含义迥异于作为语境下的含义。

一般认为，行为人的行为在法律上已经引起了结果，当：

（1）某行为“是一种前情（antecedent），倘若没有这个前情，该结果就不会发生”,[①] 并且

（2）该结果“的发生对行为人的责任或者其犯罪严重性的合理关系，不是太疏远或太偶然。”[②]

第一个要件通常称为“若非”（“but for”）或“事实原因”（“cause in fact”）要件。[③] 它要求行为和结果之间存在可识别的物

---

① 模范刑法典 § 2.03（1）（a）（正式建议稿）。

② 模范刑法典 § 2.03（2）（b）（1962 正式建议稿）。

③ 参见 W. 拉费弗 & A. 斯科特 上注 7，§ 35，at 248 49；R. 珀金斯 & R. 博伊斯上注 13，at 277。

质的因果链条。[1] 第二个被称为“最近原因”（“proximate cause”）要件。[2] 它要求物质的因果链条足够强大并且足够短，可以成为追究

① 参见拉金（Larkin）v. 政府，247 佐治亚 586，278 S. E. 2d 365（1981）（“在一个人给他人造成不法伤害的情况下，如果该伤害‘直接并且决定性地促成了引起死亡的后续累积性的直接原因的产生’，那么这种伤害是死亡的最近原因”）；皮普尔 v. 布朗（Brown），57 伊利诺伊州附件 .3d 528，373 N. E. 2d 459（1978）（虽然医生的证词证明了死者所受伤害的本质和范围，以及死亡的直接原因——肺脏中的血块——政府不能排除合理怀疑地证实该血块是被告人施加伤害的结果，是撤销谋杀罪判决的理由）。但是参见人民 v. 洛夫（Love），71 I11. 2d 74，373 N. E. 2d 1312（1979）。在洛夫案中，确定了故意杀人罪的判决，其时导致死亡的伤害明显被证实是施加在腹部的外力的结果，并且没有任何证据证明施加在死者腹部的外力是被告人之外的其他人的行为所致。政府并不试图证明实际上是被告人的行为构成了导致伤害的外力；相反地，陪审团被许可作出这样的推断。

② 刑法中定义的最近原因，几乎完全是法院的产物。这样一来，法典没有清楚地规定最近原因司法适用的具体标准。

刑事责任的合理基础。[1] 假定被告人向被害人开枪，但是没有射中。然后被害人逃跑，但是跑了六个街区之后，他跑到了一架钢琴下面，这架钢琴正被拖向公寓大楼的五层。钢琴脱落下来砸死了他。被告人的行为可能确实是被害人死亡的必要原因（but-for cause）；若非被告人早先的攻击，被害人那一刻就不会来到钢琴下面。尽管有这一事实原因，最近原因要件还是要禁止追究杀人罪的责任，因为该死亡发生的样态，距离被告人行为对其责任的合理关系太远。[2]

然而，在不作为的语境下，这些要件——特别是事实原因要件——具有不同的意义。因果链条（causal chain）概念是必要条件

---

① 宾夕法尼亚州法院提供了一个很好的对刑事案件中最近原因概念进行司法精制的范例。作为间接因果链条，引进了最近原因的一般侵权行为概念，在自治政区 v. 阿尔梅达（Almeida）案中，362 宾夕法尼亚 596，68 A. 2d 595（1949），证明被否认，339 U. S. 924（1950），作为间接因果链条，采纳引入了最近原因的一般侵权行为概念。在阿尔梅达案中，法院使用了最近原因概念，即使活跃的暴力行为付诸行动，这将被告人与一名警官在与“一群劫匪”枪战中的牺牲联系起来，尽管不清楚谁的枪发射了致命的子弹。法院认为被告人的行为使活跃的暴力付诸行动，这个行为或者自身保持活跃，或者引起另一个暴力行为而导致结果的发生。这种联系对于杀人罪刑事责任而言是充足的。

然而，阿尔梅达案的判决严格限制于案件事实。参见自治政区 v. 雷德莱恩（Redline），391 宾夕法尼亚州 265，137 A. 2d 472（1958）。在自治政区 v. 鲁特（Root）案中，403 宾夕法尼亚州 571，170 A. 2d 310（1961），阿尔梅达受到进一步的限制。在鲁特案中，法院承认在刑事案件中使用最近原因的侵权行为概念的先例，但是认为，在刑事案件中，只有被告人的行为足够直接满足刑事法律责任要件，而不是一般侵权行为法律要件，才能认定其有罪。允许刑事案件根据最近原因的侵权行为法律理论的宽泛限制来定罪，是不公平的。

使用最近原因如此宽泛的标准——宾夕法尼亚州法院早先就是这么做的——受到了批评，因为它太模糊与费解，不能确立一套可行的标准。

② 参见沃克 v. 政府，116 佐治亚州 537，42 S. E. 787（1902）。沃克案的法院认为，要给一个人合法地定谋杀罪，致死的打击必须归因于他，并且他不能被定罪除非证明死者死于被告人造成的创伤。

(but-for requirement) 建立的基础，它假定在链条中存在一系列的因果关系；换句话说，积极的行为产生可辨识的结果，该结果转而引起另外一个结果，等等。不作为不从属于相同的观念。[①] 它们不积极地改变世界环境；它们至多可以被视为没有干预其他力量正在制造的变化。[②]

有人可能提及不作为与结果的必然关系（but-for relationships），但是其意义与作为语境下的必然关系迥异。[③] 行为人可能通过作为来杀死一个孩子，如用枕头捂死孩子。行为人还可能通过不喂养孩子并且任其挨饿来杀死一个孩子。[④] 诚然，行为人不喂养孩子是孩子死亡的必然原因（but-for cause）；"若非"这个不作为，孩子就不会死亡了。这里的问题——以及一般意义上不作为的因果关系的问题——是世界上的其他人也满足了严格说来的必然原因要件；"要不

---

① 不作为的刑事责任不单靠物质的因果关系来预言。相反，在已规定了作为义务的情况下，不去实施作为会导致责任之产生。参见合众国 v. 福特汽车公司（FMC），572 F. 2d 902，906（1978 年第 2 次发行）。这样一来，在没有作为义务的特定的情况下，一个人不去作为不能导致责任的产生，然而在规定了义务的情况下——不管是否法定的，相同情况下的不去作为就会导致责任的产生。

② 参见政府 v. 奥布赖恩（O' Brien），32 N. J. L. 169（1867）。在奥布赖恩案中，过失杀人罪的判决得以维持，该案被告人非故意地不调整铁道转辙器导致了死亡事故的发生。纯粹的不作为被定罪。该被告人的不作为是未纠正已处于运动中的力量。不去干涉这样的力量必然引起对干预义务的调查。奥布赖恩案的铁道转辙器操作员被确定负有这样的义务。

③ 参见比尔（Beale）:《行为的最近结果》，载《哈佛法律评论》第 33 期 633，637（1920）；一般参见注释《模范刑法典的因果关系》，载《哥伦比亚法律评论》第 78 期 1249（1978）。

④ 例如，政府 v. 梅森（Mason），18 北卡罗来纳州附件 433，197 S. E. 2d 79，*cert. denied*，283 N. C. 669，197 S. E. 2d 878（1973）。尽管父亲有一份有报酬的工作并且能够为家庭提供生计，他的两岁的女儿还是因为饥饿而死。父母双方过失杀人罪的判决在上诉审中得到确认并维持。

是”我们每一个人的不作为，那个孩子就不会死亡了。[1]

因此，事实原因要件用作确定责任的标准几乎是无效的。司法者反倒必须依靠最近原因要件以及犯罪定义的其他要件，特别是可责主观状态要件，[2] 来确定没有喂养孩子的人们当中哪一个应当对其死亡负责。就确定适当的责任而言，下面阐述的义务和履行能力要件，相对这些要件而言更为重要。世界上所有的人中，只有那些有义务并且有能力喂养这个挨饿孩子的人，才能对孩子的死亡负责任。

C. 义务要件

只有在法律规定了特定的作为义务的情况下，才允许追究不作为的责任。[3] 该义务必须是法律上的义务；仅有道德义务作为责任的

---

① 用事实原因，或者说“要不是”检验来确定责任的难点在于它证明的太多。就像珀金斯与博伊斯所假设的：芝加哥一个婴儿饿死了。婴儿的父母没有为婴儿提供维持生命所必需的食物。整个街区没有人喂婴儿食物。芝加哥没有喂婴儿食物。美国有两亿多人没有喂婴儿食物，就不用说其他大陆的居民了。很明显，因为没有人喂婴儿食物，就说每一个人造成了婴儿的死亡是荒唐的。

② 格言（*actus non facit reum, nisi mens sit rea*）适用于犯罪行为是由积极作为提供的情况下，也同样适用于犯罪行为是由不作为提供的情况下。这样一来，起诉通过夺去食物与药品的方式来谋杀年迈体弱的妇女的情况下，陪审团要确认谋杀罪的判决，必须查明被告人的行为曾经是如此恣意且草率，以至于已预期到她的死亡。然而，如果该剥夺是由于粗心造成的，他可能仅被定过失杀人罪。丽贾娜（Regina）v. 马里奥特（Marriott），173 Eng. Rep. 559（康涅狄格州中心刑法典 1838）。也参见人民 v. 伯登，72 加利福尼亚附件 3d 603，616，140 加利福尼亚．Rptr. 282，289（1977）（“对义务的不作为在法律上等同于作为，在死亡结果产生的情况下，对杀人程度的裁定标准是相同的。”）。

③ 模范刑法典 § 2. 01（3）（b）（1962 正式建议稿）。参见 23-26 以及相应的正文。

基础一般来说是不充分的。[①] 该义务不必是刑事制定法规定的义务；实际上，它最为普遍的是民事法律规定的义务。[②] 然而，这不是将民事违法行为认定为犯罪。如前所述，[③] 对义务的违反所起的作用，仅仅是容许该不作为替代犯罪的行为要件。犯罪定义的所有其他的要

---

① 参见人民 v. 比尔兹利（Beardsley），150 密歇根 206，113 N. W. 1128（1970）。死者在被告人家里与他幽会时自愿服用酒精与吗啡。检察当局指控被告人对她的死亡结果负责，根据的理论是，既然这位妇女在他家里，被告人“当时对于该妇女而言，处于她的自然监护人与保护者的地位，由此对她负有明显的法律义务，而他完全没有履行这个义务”。214，113 N. W. ar 1131。在上诉审当中，法院拒绝了这个观点，声明对一个没有作为的人定罪，必须有法律或合同规定的义务。也参见琼斯（Jones）v. 合众国，308 F. 2d 307（哥伦比亚特区公报 1962）。审理法院确定被告人因她照顾下的一个婴儿的死亡而犯过失杀人罪。上诉审法院后来裁定该判决有可撤销的错误，即没有向陪审团最后说明要给被告人定罪，必须首先确定她负有给婴儿提供食物与必需品的法定义务。参看人民 v. 奥格（Ogg），26 密歇根附件 372，182 N. W. 2d 570（1971）。一个母亲因其儿子的死亡而被定过失杀人罪。他未能逃离一场火灾，因为他被锁在了家里的一个房间里。法院的判决是基于一个事实，即该母亲没有给她孩子提供健康与安全方面的足够的照顾，这违反了相应的制定法。

② 例如，参见密苏里州制定法年报 § §301. 020，301. 050（弗农 1972）（在州公路上行驶的机动车及挂车的所有者，有及时年审的义务）；新泽西州制定法年报 § 18A：38-25（韦斯特 1968）[每一个父母、监护人、或照看 6 岁到 16 岁之间孩子的人，有义务确保孩子受到适当的教育方面的教导（educational instruction）]；纽约州公共卫生法 § 2101（麦金尼 1977）（医生有义务向当地卫生官员或卫生部门报告特定形式的传染性疾病的每一个案例）。

③ 参见上面的正文以及相应的注释 23-24。

件仍然必须得以证实。[1]

除了用不作为术语定义的犯罪之固有的义务以外，[2] 作为义务可能产生于以下任何一种来源：

1. 建立在关系基础上的义务

在普通法上，处于特定法律关系范围内的人，被认为有帮助

---

① 参见 *In re* 温希普（Winship），397 U.S. 358，364（1970）（裁定“合法程序条款保护被告人免遭定罪，但根据排除合理怀疑的证据的定罪除外，这些证据是构成他被指控的犯罪的每一个必需之事实的证据。”）也参见政府 v. 坦克斯利（Tankersley），172 北卡罗来纳州．955，90 S.E. 781（1916）（铁路工程师的过失杀人罪在上诉审中被撤销了，因为即使他可能会是疏忽的，也没有任何东西证明他已合理地预见到他的行为会导致杀死人的后果；由此，指控不能证明意图要素）。

② 参见上注 7-12 以及相应的正文。

另一个人的积极义务,[1] 如父母帮助子女,[2] 丈夫帮助他们的妻

① 参见 W. 拉费弗 & A,斯科特,上注 7,§26,at 184;休斯,上注 13,at 599。也参见 G. 威廉斯,《刑法教科书》§10-3,at 233(1978)(列举了普通法关于不作为杀人罪的积极行为的义务)。

② 自治政区 v. 霍华德(Howard),265 宾夕法尼亚州监管人法 .535,402 A. 2d 674(1979)(母亲犯过失杀人罪因为她没有保护自己 5 岁的孩子免遭男友反复实施的殴打与虐待);自治政区 v. 布雷斯(Breth),44 宾夕法尼亚州 C. 56(1915)(父亲因过失杀死 5 岁的儿子而获罪,他没有为其子获取所需的医疗);雷克斯(Rex)v. 查塔韦(Chattaway),17 刑法附录 7(1922)(父母因过失杀死 25 岁的女儿而获罪,该女儿因为父母拒给食物而无助);雷克斯 v. 吉宾斯(Gibbins)& 普罗克特(Proctor),13 刑法附录 134(1918)(父亲与情妇构成谋杀罪,其中情妇答应照顾、父亲负责照顾孩子,然而孩子却死于其疏忽)。

一般的原则是,在死亡是恶意不履行义务的直接后果的情况下,会指控谋杀罪。然而,在不作为是非故意且仅仅产生于疏忽的情况下,则会指控过失杀人罪。比德尔(Biddle)v. 自治政区,206 弗吉尼亚州 14,141 S. E. 2d 710(1965)。试比较丽贾娜 v. 谢泼德,169 英格兰报告 . 1340(Cr. Cas. Res. 1862)(母亲没有为她 18 岁的女儿提供接生员不构成杀人罪,因为女儿已经独立并不是一个无助的婴儿);雷克斯 v. 史密斯,172 英格兰报告 . 203[格洛斯特·阿西兹(Gloucester Assizes)1826]。(被告人疏忽没有照看住在他们家里的、智力有缺陷的中年弟弟,他们有义务向其弟弟提供年金,被告人不构成杀人罪)。

根据英国的普通法,通过证实他或她在财力上不能抚养自己的孩子,该父母可免遭定杀人罪。C. 肯尼(KENNY),《刑法大纲》122(1933)。然而这个规则已经为《儿童法令》1980,8 爱德华(Edw.)7,ch. 67 §12(1)所改变,它要求父母必须寻求穷人法律管理部门的帮助。

一位评论者指出,普通法关于海员利益的规定明显高于儿童的利益。例如,他在柯伍德(Curwood)1824 版的豪金斯(Hawkins)向刑事法院的申诉中,没有发现由于对孩子的疏忽而追究杀人罪责任的任何迹象。豪金斯似乎要求在追究父母责任之前,要求对危险的暴露有积极的行为,并且引用妓女案,1 豪金斯 92,当时一个妓女将她的孩子仅仅盖上树叶留在一个果园里,孩子在那里受到风筝的撞击而身亡,该妓女被定杀人罪。

子，[①] 主人帮助其佣人，[②] 以及船长帮助乘客和船员。[③]

---

① 参见政府 v. 史密斯，65 缅因州 257（1876）（丈夫因没有给患精神病且有伤残的妻子提供必要的衣物、住处以及御寒之需而被判过失杀人罪）；政府 v. 莫利（Mally），139 蒙大拿州 599，366 P. 2d 868（1961）（丈夫因没有去获取医疗救助而被判过失杀人罪）；准州（Territory）v. 曼顿（Manton），8 蒙大拿，95，19 P. 387（1888）（丈夫因听任喝醉酒的妻子整夜躺在两到 3 英尺的雪中而被判过失杀人罪）。但是试比较韦斯特鲁普（Westrup）v. 自治政区，123 肯塔基州 95，93 S. W. 646（1906）（丈夫未能为坚持自然生产的妻子提供及时的医疗救助，丈夫不构成过失杀人罪）。

妻子有类似的救助其丈夫的义务。例如，参见自治政区 v. 康兹（Konz），265 宾夕法尼亚州监管人法 570，402 A. 2d 692（1979）（妻子因没有为患糖尿病的丈夫取得胰岛素制剂而被判过失杀人罪）。虽然男人有救助妻子的义务，但显然他没有救助其情妇的义务。参见人民 v. 比尔兹利，150 密歇根州 206，113 N. W. 1128（1907）（被告人没有为因吸食吗啡而变得无助的情妇提供医疗救助，该被告人不构成过失杀人罪）。

② 参见丽贾娜 v. 史密斯，8 Car. & P. 153，173 英格兰报告 . 438（康涅狄格州中心刑法典，1837）（雇主在学徒生病期间有义务提供适当的医疗照顾）。也参见雷克斯 v. 塞尔夫（Self），1 利奇（Leach）137，168 英格兰报告。170（1776）（通过饥饿与虐待的手段导致佣人死亡的构成谋杀；陪审团认定主人构成过失杀人罪；主人在服刑期间手被烧伤而释放）。

③ 参见雷耶斯（Reyes）v. 万蒂奇（Vantage），609 F. 2d 140，142（5th Cir. 1980）（海船官员有救助跳出船外或失足落水的海员的积极义务）；基塞尔（Kiesel）v. 美国贸易与生产公司，347 F. Supp. 673，679（哥伦比亚特区 Md. 1972）（海事法给海员合同在雇主一方附加一项义务，即在海员落水的情况下采用一切合理的方法来挽救海员的生命）。也参见合众国 v. 诺尔斯（Knowles），26 F. Cas. 800，802（N. D. Cal. 1864）（No. 15，540）（不管是根据法律还是根据合同，船长都有义务采取与船只、乘客以及全体船员的安全相适应的一切必需的措施来挽救船上落水的人员）。

2. 地主的义务[①]

通常认为，地主有义务保护来到其土地上的人们。地主之义务的范围是他与该人关系的函数，并且决定于该人进入其土地的方式。[②] 普通法将这些人分为三类：非法侵入者、被许可的人以及受邀请的人；对受邀请的人负担的义务最高，对非法侵入者负担的义务最低。

有限例外的情况下，对非法侵入者不负任何义务，“故意的或者恶意的”行为除外。就被许可的人而言，为了自己的目的而不是为了地主的目的或利益而进入到该土地上的人，要负担更高的义务。尽管被许可的人可能不会要求该土地对他来说是安全的，并承担他所遭遇的任何风险，地主必须在他的积极行动中尽到合理的注意来保护被许可的人。地主对被许可的人，还负有警示该地主所察觉到的隐藏的、危险情况的义务。然而，他没有义务去检查未知的危险，也没有义务去揭示它们的存在。须负最高义务的是对受邀请的人，他们有时被称为公众事务的受邀请的人或商务访客。受邀请的人是为了涉及地主的事务而受地主之邀请——不管是明示的还是暗示的——进入其土地的人。[③] 地主有义务保护受邀请的人免受该地主知道或者应当知道的危险的侵害。如此一来，地主有义务合理谨慎地检查自己的土地以发现可能的危险。

这三个种类在历史进程中一直被严格地确认与执行。近来，法

---

① 虽然在这里使用了“地主”这个词，但这里讨论的义务也适用于“占有和控制，甚至没有合法所有权”的占用人。

② 将《对侵权行为法之重申（第二次）》§333（1964）（土地所有者对非法侵入者的一般性的责任）与 *with id.* §§341，341A（分别规定了土地所有者对被许可的人与对受邀请的人的一般性的责任）进行比较。

③ W. 普罗瑟，上注 53，§61，at 385。这类似于“重申”的商务访客。《对侵权行为法之重申（第二次）》§332（3）（1964）。“重申”将公众事务的受邀请的人定义为“作为公众之一员而被邀请进入或逗留在土地上且符合该土地对公众开放目的的人”。

院内已有放弃普通法关于不同种类之区别的倾向，并转而要求地主合理谨慎地保护他土地上的任何人。对人们所负担的义务可能仍然会随其地位的不同而有所变化，但是这里的不同不是由正式教条所决定的。这些义务的产生是由于就陌生的非法侵入者而言，与被邀请的客人相比，“合理的注意”自然要求较少的注意。

3. 建立在合同基础上的义务

根据对被害人或第三方的合同义务，行为人可能要负担一定的义务。例如，医生或护士有照顾其病人的义务。被铁路部门雇佣在十字路口保护汽车驾驶人员的人，有义务向其警示正在开近的火车。[①] 同样的，海滩所有人雇佣的救生员，负有救助溺水之人的积极义务。

4. 建立在制定法（而不是起诉之犯罪）基础上的义务

一些制定法明确地规定了帮助身处危难之中的人的义务。通常的例子是“撞击与逃跑”（“hit and run”）之制定法，它要求卷入交通事故的驾驶员在事故现场停车并提供援助。[②]

5. 建立在自愿承担责任基础上的义务

尽管通常说来如果没有上述关系或者制定法产生的义务，就没有作为的义务，然而在一个人自愿对他人承担责任的特定情况下还

---

① 政府 v. 本顿（Benton），38 特拉华州 1，187 A. 2d 609（1936）；政府 v. 哈里森（Harrison），107 N. J. L. 213，152 A. 867（1931）；政府 v. 奥布赖恩，32 N. J. L. 169（1867）。

② 例如，参见加利福尼亚机动车法 § §20，001，20，003（韦斯特 1971）。在皮普尔 v. 斯坦贝奇（Steinbach），166 加利福尼亚附件 2d 307，333 P. 2d 147（1959），被告人被判犯过失杀人罪，根据加利福尼亚州刑法典 § 192. 3（a）是一个轻罪，并被判犯在事故发生后不停车并施救的重罪，违反了加利福尼亚机动车法 § §480，482（a）。

会产生一定的义务。① 例如，一旦一个人已开始救援处于危险中的人，他就负有完成该救援的义务。②同样的，一旦一个人——即使是无报酬地——对孩子或精神病患者承担责任，他就负有义务来保护那个人。③

义务也可能产生于相互信赖的关系。④"法律保护一种期待，即在紧急状态下，有限的诚实或信赖会得以践行。"因此，当爬山的同伴掉进冰川裂隙中时，登山运动员可能由于他们共同事业的本质而负担义务。同样的，滑雪者看到其滑雪同伴无助地躺在孤立的

---

① 例如，格兰泽（Glanzer）v. 谢泼德（Shepard），233 N. Y. 236，135 N. E. 275（1922）。"一个古老的知识是，自愿承担行为的人——即使是无偿的——可能因此而服从于谨慎行动的义务，如果他确实实施了行为。"

② W. 拉费弗 & A. 斯科特，上注 7，§26，at 185。长久以来，法院认为，当一个原本没有作为义务的人，自愿承担了这样的义务并疏忽大意地履行或者竟然停止履行该义务，就会产生民事责任。格兰泽 v. 谢泼德，233 N. Y. 236，135 N. E. 275（1922）；泽伦科（Zelenko）v. 吉姆布尔·布罗斯（Gimble Bros.），158 杂集（Misc.）904，287 N. Y. S. 134（N. Y. Sup. Ct. 1935），扩展版，247 A. D. 867，287 N. Y. S. 136（1936）。自愿承担照顾另一个人的义务，只有在该人被隔绝以阻止其他人施救的情况下，才产生刑事责任。琼斯 v. 合众国 s，308 F. 2d 307，310（D. C. Cir. 1962）；雷克斯 v. 史密斯，172 英格兰报告. 203［格洛斯特·阿西兹（Gloucester Assizes 1826）］。

③ 科奈尔（Cornell）v. 政府，159 佛罗里达州 687，32 So. 2d 610（1947）；斯泰赫尔（Stehr）v. 政府，92 内布拉斯加州 755，139 N. W. 676，再审后被追溯（*aff' d on rehearing*），94 Neb. 151，142 N. W。

④ 参见 W. 拉费弗 & A. 斯科特，上注 7，§26，at 184。但是参见人民 v. 比尔兹利（Beardsley），150 密歇根 206，113 N. W. 1128（1907）。一位评论者说比尔兹利案的判决依靠的是道德判断，而不是建立在一个已婚男子对他情妇的法律关系基础之上的义务之存在。柯奇海默（Kirchheimer），《刑事不作为》，55《哈佛法律评论》615，625（1942）。

滑行斜面上时，可能负有建立在相互信赖关系基础上的作为义务。[1]

6. 建立在制造的危险基础上的义务

一个人可能负有义务，如果他是导致被害人之危险的情况的原因，要不然他可能没有任何责任。例如，一个人抢劫了酩酊之人并把他放在公路上，如果这个人后来被一辆卡车撞上了，行为人可能因为没有把被害人放在安全的地方而负刑事责任。[2] 有些案例竟然认定当一个人没有恶意地或者意外地制造了危及他人的情况时，也存在这种义务。[3] 例如，当行为人合法地设置陷阱来捕捉害兽而没有立即释放一只被意外捉住的狗，他可能被认定为犯了对动物残忍罪（cruelty to animals）。[4]

7. 救助之一般义务

除了上面所述及的特殊关系与情况外，美国法律传统上没有规

---

① 参见弗兰凯尔（Frankel），《刑事不作为：法律的一个缩影》，11《韦恩法律评论》（WAYNE L. REV.）367，370（1965）。也参见丽贾娜 v. 英斯坦（Instan），17 Cox. Cr. Cas. 602（1893）（外甥女有义务救助与她一起生活的舅母，因为该舅母由于疾病和外甥女的疏忽而变得无助）。

② 亨德森（Henderson）v. 基比（Kibbee），431 U. S. 145（1977）。也参见人民 v. 福勒（Fowler），178 加利福尼亚州．657，174 P. 892（1918）（有犯重罪意图的被告人，对被害人施加打击并听任被害人躺在道路上，对其非法行为的自然结果以及可能的后果负有责任，包括后来机动车碾压被害人的身体）；琼斯 v. 政府，220 印第安纳 384，43 N. E. 2d 1017（1942）（被告人被判构成二级谋杀罪，因为他没有救助掉落小河中的孩子，被告人强奸了这个孩子，所导致的痛苦使孩子掉落河中）。

③ 例如，自治政区 v. 考利（Cali），247 马萨诸塞州 20，141 N. E. 510（1923）。也参见 W. 拉费弗 & A. 斯科特，上注 7，§26，at 186。

④ 格林（Green）v. 克罗斯（Cross），103 L. T. R.（n. s.）279（K. B. 1910）。

定救助的一般义务。[①] 这种对人们作为之法定义务的有限的见解，可能归因于定义救助之一般义务时所固有的不可避免的模糊性[②]以

① 例如，参见，佛蒙特制定法年报，tit. 12，§519（1973）。佛蒙特的古德·撒马利坦制定法（Good Samaritan statute）规定了救援伤者的义务，如果该救援的实施不会给施救者带来危险。该制定法规定施救者必须合理地行为，并不会引起民事损害赔偿，除非其行为构成重大疏忽。虽然这种类型的制定法在欧洲是常见的，但佛蒙特制定法在美国法律中是独一无二的。富兰克林（Franklin），《佛蒙特要求施救：一个评论》（*Vermont Requires Rescue*：*A Comment*），25《斯坦福法律评论》（STAN. L. REV.）51，55（1972）。参见W. 拉费弗 & A. 斯科特，上注7，§26，at 190-91。

② 拉费弗与斯科特问：人们怎样精确地用救助一个已知的需要医疗照顾的人，所必须付出的努力和费用的术语，来界定医生的道德义务？是否知道有人正在挨饿，每一个人都有给予该人食物的道德义务？

及使个人自由免受政府限制的考虑。[①] 然而，最近美国的两个州规定了救助他人免受严重危害的一般义务——如果该救助的完成不会给施救者带来危险。

D. 履行能力要件

正如当行为人的行为构成犯罪系非自愿时，司法之基本原则禁止追究刑事责任一样，行为人不能履行所要求的作为是不作为责任

---

①　根据宪法第十三修正案，要求行为或者服务的制定法已被质疑为违宪。该修正案规定："奴隶制或非自愿的劳役，除非是作为犯罪的惩罚且当事人是被恰当地定罪，都不应当在合众国存在，也不应在它们管辖的任何地方存在。"美国宪法第13修正案，§1. 这些质疑没有成功。例如，参见巴特勒（Butler）v. 佩里（Perry），240 U. S. 328（1916）（裁定佛罗里达州的要求每一个强壮男性每年在道路或桥梁上工作6天的一个制定法，没有强加非自愿的劳役）；鲍勃林（Boblin）v. 地方教育委员会（Board of Educ.），403 佛罗里达增补 1095（D. 夏威夷 1975）（驳回了原告的主张，即认为要求公立学校学生非自愿地在自助餐厅义务劳动，侵犯了他们的第十三修正案的权利）。鲍勃林案的法院裁决有特定的劳役，因为其历史条件，是排除在第十三修正案禁止之外的，或者因为所涉及的公共需要被认为是正当的为了公共利益的"特殊条件"。*Id.* at 1103. 参见威廉斯 v. 政府，490 S. W. 2d 117（阿肯色州 1973）（裁决阿肯色州将拒绝帮助警官的行为规定为轻罪的一个制定法没有违反宪法，虽然它要求被告人无偿地或者没有任何其他职业好处地做警察工作）。

其他不成功的质疑还包括强制性的服兵役，它被确认没有违反第十三修正。例如，参见合众国 v. 吉德马克（Gidmark），440 F. 2d 773，证明被否认，404 U. S. 868（1971）（征兵服兵役或者征用百姓工作替代由此不构成非自愿的劳役）；赫弗林（Heflin）v. 桑福德（Sanford），142 F. 2d 798（5th Cir. 1944）（第十三修正案，虽然废除了非自愿的劳役，但它绝不试图限制政府的战争权限或者为了满足公共需要而通过法律要求所有人提供公共服务的权力）。

的辩护理由。[①] “一个人是无罪的，除非他的犯罪的责任是建立在……他物质上有能力作为而不作为基础之上的。”[②] 因此，贫穷至极的父母未将食物供给正在挨饿的孩子是不负刑事责任的，[③] 尽管该父母如果没有去可及的福利机构寻求帮助会承担责任。[④]

---

① 波特·赫伦（Port Huron）v. 詹金森（Jenkinson），77 密歇根 414，43 N. W. 923（1889）（对疏忽去做一项不可能的行为规定处罚的法令，被裁定不违反宪法）。

② 模范刑法典 § 2. 01（1）（正式建议稿 1962）；根据亚拉巴马州法典 § 13A-2-3（1982）；阿拉斯加州制定法 § 11. 81. 600（a）（1978）；15 美国萨摩亚法典 § 701（b）（2）（1979）；亚利桑那州修订制定法年报 § 13-201（1978）；阿肯色州制定法年报 § 41-202（1）（1977）；科罗拉多州修订制定法 § 18-1-502（1978）；关岛刑法典 § 4. 10（1977）；夏威夷修订制定法 § 702-200（1）（1976）；伊利诺伊州制定法年报 ch. 38，§ 4-1（史密斯—赫德 1972）；肯塔基州修订制定法年报 § 501. 030（1）（1975）；路易斯安那修订制定法年报 § 14：18（5）（韦斯特 1974）；缅因州修订制定法年报 tit. 17-A，§ 31（1983）；密苏里州制定法年报 § 562. 011（2）（弗农 1979）；蒙大拿州法典年报 § 45-2-202（1981）；新罕布什尔州修订制定法年报 § 626：1（I）（1974）；新泽西州制定法年报 § 2C：2-1（a）（韦斯特 1982）；纽约州刑法 § 15. 10（麦金尼 1975）；俄亥俄州修订法典年报 § 2901. 21（A）（1）（佩奇 1982）；俄勒冈州修订制定法 § 161. 095（1）（1981）；18 宾夕法尼亚州统一制定法年报 § 301（a）（珀登 1983）；犹他州法典年报 § 76-1-601（2）（1978）。

③ 布利利（Bliley）v. 政府，42 亚拉巴马增补 261，160 So. 2d 507（1964）；自治政区 v. 霍尔，322 马萨诸塞州 523，78 N. E. 2d 644（1948）。

④ 斯泰赫尔 v. 政府，92 内布拉斯加州 755，139 N. W. 676（1913）。在斯泰赫尔案中，被告人 4 岁的继子由于他有意疏忽请求医疗救助而死亡，被告人被控犯过失杀人罪。法院判决如果父母没有财力来养育孩子，那么父母有义务寻求公共行政管理机构的救济；不去这么做构成可责的疏忽。*Id.* at 760，139 N. W. at 678。

1. 无能力的标准

(1) “物质上” 有能力 (“*Physically*” *Capable*)

大多数不作为责任的规定要求——如前引《模范刑法典》之规定——行为人未实施“他物质上有能力的”作为。① 然而，修饰词“物质上” 的意义不清楚。② 实际上，遵循《模范刑法典》的不作为责任构想的司法区却删除了“物质上的”限制。③ 似乎可以解释为，如果行为人物质上有能力但精神上没有能力实施一个行为，也可以追究责任，即使这种精神上的无作为能力是由明显心理疾病造成的也不例外。④ 正如在作为犯罪中，自由意志 (voluntari-

① 模范刑法典 § 2. 01 (1) (正式建议稿 1962) (重点强调)。相关制定法的汇编参见上注 3。

② 参见 W. 拉费弗 & A. 斯科特，上注 7，§ 44，at 337-38。虽然一个人可能物质上能够实施一个行为，但如果行为人没有意识到他在做什么，则该物质行为可能等同于非自愿行为。术语自动症，被定义来指一个物质上能够行为但是并没有意识到这种行为的人的状态。自动症包括诸如癫痫、伴随器质性脑疾的意识模糊，以及精神分裂症与急性情感性精神病态等情形。自动症可以被用来作为刑事责任的辩护，其逻辑依据是该人并没有从事自愿的行为。

③ 参见阿拉斯加州制定法 § 11. 81. 600 (a) (1978)；俄亥俄州修订法典年报 § 2901. 21 (a) (1) (佩奇 1982)；俄勒冈州修订制定法 § 161. 095 (1) (1981)；犹他州法典年报 § 76-1-601 (2) (1978)。

④ 参见布拉蒂 (Bratty) v. 司法部部长 (Attorney Gen.) For N. Ir. , [1961] 3 All E. R. 523, 530-32 (给被告人定了谋杀罪，虽然在勒死被害人时他还一直患精神运动性癫痫)；丽贾娜 v. 肯普 (Kemp), [1956] 3 All E. R. 249, 250-54 (给被告人定了罪，因为他用锤子击打妻子导致她严重的身体伤害，虽然他当时患有动脉硬化并不知道自己当时在做什么)。但是参见丽贾娜 v. 查尔森 (Charlson), [1955] 1 All E. R. 859, 864 (被告人在用木槌击打儿子并将他扔出窗外后，逃脱了责任，因为被告人当时患脑瘤)。

ness）既承认精神上的也承认身体上的疾病一样,[①] 不作为案件中的能力问题也应当如此。

（2）无能力 *vs.* 不可能

虽然有能力履行要件经常被描述为不可能辩护事由（impossibility defense）,[②] “不可能”标签可以说是一个使用不当的名称。没有实施的行为不必要是刻板的不可能的（*impossible*）。[③] 通常采用的标准不是一种关于科学上的可能性的客观标准，即某人（*someone*）能否实施该行为,[④] 而是一种个人标准：这个（*this*）行为人本来能否实施该行为?[⑤]

这个标准可能事实上太不严格。有人可能争论说，就像在作为

---

① 参见人民 v. 弗朗（Furlong），187 N. Y. 198，79 N. E. 978（1907）。在弗朗案中，法院认可一个一级谋杀罪的判决，但是在法官意见中声明，如果一个人在精神病性癫痫的影响下实施犯罪，他不受灵性指导也不受动机影响；相反地，该行为完全是在这种癫狂的影响下实施的，对发生的事情没有任何记忆。

② 参见 W. 拉费弗 & A. 斯科特，上注 7，§ 26，at 188；*cf.* R. 珀金斯 & R. 博伊斯，上注 13，at 668-69。（“未去做不可能的事情不是行为……任何要求积极行为的法律义务通常不会要求做不可能的事情。”）

③ 例如，参见雷克斯 v. 桑德斯，7 C. & P. 276，173 英格兰报告。122（1836）（丈夫没有提供食物，孩子被饿死，对此责任妻子被宣告无罪，虽然没有迹象显示妻子靠自己不能为孩子获得食物）。

④ 有作为义务的人必须有智能、财力与能力（capacity，means and ability）来履行该义务，否则对该义务的不作为不是犯罪。政府 v. 诺克斯（Noakes），70 佛蒙特 247，262，40 A. 279（1897）。

⑤ 参见准州（Territory）v. 曼顿，8 蒙大拿 95，19 P. 387（1888）。法院确认了被告人过失杀人罪的判决，被告人没有给他妻子提供住处和御寒措施，后来妻子因冻馁而死。同样的，at 102，19 P. at 394. 法院判决的基础是发现被告人有财力和能力保护他妻子免受寒冷之苦。*Id.* at 100，19 P. at 392. 也参见政府 v. 阿德尔森，118 N. H. 484，389 A. 2d 1382（1978）（要起诉雇主不支付失业保险，政府必须证明当义务到期时行为人物质上能够支付）。

犯罪中的自由意志一样，社会完全可能拒绝承认将被告人的每一个个人弱点作为出罪的基础。① 正如社会对内在与外在压力要求最低水平的自我约束来实施犯罪行为一样，② 在履行法律规定的必需的行为方面，社会同样完全会要求最低水平的努力或者牺牲。行为人个人的无能力应当认定为辩护事由，仅仅当它满足了一种要件——类似于作为犯罪中的自由意志的要件③或者诸如精神病或胁迫之类的一般理由。

（3）对行为人的危险

制定法的系列规定，将重点放在行为人“有能力”做什么，看起来似乎要求行为人做一切可能的事情，而不管不顾对行为人是否危险。但似乎清楚地存在一些情形，其中行为人有能力作为而又

---

① 法院一般认为，弱智（mental weakness）不会本质上或自然而然地成为证明无罪的根据，除非这种弱智足以使被告人不能认识其行为的本质与性质，或者不能区别与该行为相关的对与错。参见合众国 v. 汉森（Hanson），618 F. 2d 1261（8th Cir. 1980）；合众国 v. 艾夫斯（Ives），609 F. 2d 930（9th Cir. 1979）；穆尔（Moore）v. 政府，364 So. 2d 411（亚拉巴马刑法增补 1978）；政府 v. 里奇满（Richmond），114 亚利桑那州 186，560 P. 2d 41（1977），*cert. denied*，433 U. S. 915（1978）；人民 v. 兰贝斯（Lambeth），112 加利福尼亚附件 3d 495，169 加利福尼亚 . 193（1980）；巴雷特（Barrett）v. 合众国，377 A. 2d 62（哥伦比亚特区 1977）；布拉德肖（Bradshaw）v. 政府，353 So. 2d 188（佛罗里达地区法院附件，1978）（Fla. Dist. Ct. App. 1978）；坎普（Camp）v. 政府，149 So. 2d 367（佛罗里达地区法院附件，1963）；罗杰斯（Rogers）v. 政府，128 佐治亚州 67，57 S. E. 227（1907）。

② 一般参见 R. 珀金斯 & R. 博伊斯，上注 13，at 826-38；莱维特，*The Origin of the Doctrine of Mens Rea*，17《伊利诺伊法律评论》117（1922）；塞尔（Sayre），*Mens Rea*，45《哈佛法律评论》974（1932）。

③ 关于执行这个规则的立场观点，参见关于履行能力要件的建议，下注 125 以及相应的正文。

不必要去作为——如果其中对他本人的危险足够大。① 父母不跳到火车前面牺牲自己的生命来避免对其孩子可能造成的伤害，大概不能追究这个父母的刑事责任。在相互竞争的利益当中有必要作出某种平衡，就像当正当性辩护事由被提起时那样。有人可能会争论说行为人没有必要履行作为的义务——如果它会造成更大的净危害。② 除了根据危险原因的限制以外，行为人必须实施的行为的范围，应该与产生作为义务（*obligation*）的义务之本质和范围相关，并受其限制。③

2. 履行作为义务中对其他利益的损害

与上面讨论的相类似的冲突——对救援者的危险与对受害人的

---

① “每一个人都有义务帮助那些需要帮助的人，如果他能够实施帮助且不会给自己带来明显的不便。危险对一个人的强度越大，并且保护他给另一个人带来的麻烦越小，这个义务就成比例地越大。”

② 例如，参见政府 v. 阿德尔森（Adelson），118 N. H. 484，389 A. 2d 1382（1978）。在阿德尔森案中，被告人雇主的财力状况使其没有能力完成对雇员以及对政府失业补偿基金的工薪支付义务。不支付两者之一都是违法的。获得贷款来支付酬薪，但是没有向基金支付付款。雇主财力上的无能力，主要是由于不可预见的政府职业安全机构所要求的员工培训费用造成的。由此，因为起诉没有完成证明被告人有能力完成两项义务的举证责任，并且因为完成一项义务而不完成另一项义务的替代做法是歇业，这样就使得雇员失业，所以法院判决在这种情况下支付雇员薪金而不支付基金是正当的。

③ 例如，地主对来到其地产上的人所负义务的范围，传统上受限于那个人的与地主相关的特定法律地位。

类似地，由家庭关系决定的义务的程度，已被发现随着关系之亲疏以及想象中受扶养的家属照顾自己的能力而变化。参见上注 49。当然，尽管家庭关系可能不会在所有案件中支持积极的义务，家庭关系不能强加责任的情况下，其他义务源可以强加责任。在丽贾娜 v. 英斯坦案中，［1893］1 Q. B. 450，法院用潜在的合同来支持过失杀人罪的判决，被告人侄女放任生病无助的姑妈死在床上，而她（该侄女）继续生活在用姑妈收入维持的姑妈的房子里。

危险之间作出平衡——当行为人如果不实施作为时负有不作为的责任，而当他实施作为时又可能负有其他作为犯罪的刑事责任，可能会产生。[①] 很明显，法律必须决定它希望行为人遵守的行动方向，而只有当行为人偏离了该方向时才能追究责任。

一种能正确指导行为人的行为的机制已经存在——虽然现行制定法鲜有采用的——他可以用损害其他利益的方式作为，亦即，犯其他的罪行——当且仅当他对这种犯罪行为有正当化辩护理由。正当化辩护一般来说要求他证明，与之带来的损害相比，他的行为避免了更大的侵害。[②] 要求避免责任冲突问题的补充原则必须是：当通常要求实施行为来避免不作为责任，而该行为构成犯罪并且不（*not*）被所认可的正当化辩护事由所涵摄时，则不能追究该行为人

---

① 在一个通过“改变自我”（“alter ego”）规则来限制对另一个人的防卫的司法区，这种两难推理被——对另一个人进行防卫，而法律又规定了对另一个人进行保护的作为义务——这样的情形所例示。

当行为人合理地相信另一个人将立即陷入遭受其攻击者非法使用暴力进行人身伤害的危险时，用暴力对另一个进行防卫是正当的。参见模范刑法典§3.05（正式建议稿1962）；纽约州刑法§35.15（麦金尼1975）。根据“改变自我”规则，行为人使用暴力对另外一个进行防卫的合法性，不是依靠他的决定的合理性或任何作为的积极义务，而是依靠如果被害人使用暴力自我防卫时的合法性。根据该规则，“第三方介入者系站在受他援助的人的立场上”政府v. 盖利纳斯（Gelinas），417 A. 2d 1381，1385（R. I. 1980）。关于类似的公式化的表述，参见政府v. 文格（Wenger），58俄亥俄州制定法2d 336，339，390 N. E. 2d 801，803（1979）。尽管在一些司法区，该规则的继续适用受到限制，不适用于对逮捕的干预，例如，参见政府v. 安德森（Anderson），40北卡罗来纳州附件318，323-24，253 S. E. 2d 48，52（1979），俄亥俄州高级法院在文格案中，还是通过将该规则适用于受逮捕之外的情形下关系密切的家庭成员，从而遵循了州先例。58俄亥俄州制定法第二版at 338-39，390 N. E. 2d at 803. 因此，在适用该规则的任何版本的司法区，家庭成员以及有进行干预的积极义务的人，可能因为履行了该义务而负刑事责任。

② 参见模范刑法典§3.02（1）（a）（1962年正式建议稿）。

应当实施行为的不作为的责任。这看起来似乎是——要求行为人做一切他物质上有能力做的事情——另一个例外。

3. 建议

不作为履行能力要件更好的表述可能如下所述:

履行能力要件(*Capacity to Perform Requirement*)。不能根据应实施行为的不作为来追究一个人的刑事责任(1)如果根据情况,他物质上没有能力或者相反不存在合理的期待,来实施行为,(2)如果他没有实施行为,不是他争取或者决心的结果,或者(3)关于未实施行为而导致的刑事责任,如果他被拒绝给予正当化辩护。①

(本文作者通过北京大学法学院江溯教授委托翻译,经作者同意编入本书。)

① 该建议建立的基础大部分是模范刑法典§§2.01(1)and(2)(d)(1962年正式建议稿)。

第二部分

犯罪学理论与实践研究

通过依法治疆预防暴恐犯罪

7月28日、30日，新疆连续发生了莎车县严重暴力恐怖袭击案件和喀什市艾提尕尔清真寺伊玛目居玛·塔伊尔遇害案。这两起案件的发生及侦破，使得我们坚信只有依法治疆、犯罪必惩，才能确保新疆乃至全国的长治久安与社会和谐稳定。

一、依法治疆对打击暴恐的意义

新疆暴恐犯罪的发生不是简单的经济的、文化的、宗教的、民族的或者社会的问题，而是国际国内复杂因素促成的。例如，不能简单地认为暴恐犯罪是贫穷或富裕的结果，不能简单地认为暴恐犯罪是信教或不信教的结果，不能简单地认为暴恐犯罪是此文化或彼文化或其冲突的结果，等等。但新疆暴恐犯罪的主要原因可归结为宗教极端与民族分裂，二者是烟与火的关系，如影随形。依法治疆，在治理新疆方面只有做到“有法可依、有法必依、执法必严、违法必究”，才能有效地惩治和预防暴恐活动，在惩治恐怖主义犯罪方面起到标本兼治的作用。具体而言，有以下几个方面的作用：

一是依法治疆可以有效打击暴恐活动。暴恐活动犯罪分子滥杀无辜，手段残忍，丧心病狂、灭绝人性，肆意破坏社会秩序，其罪行令人发指，是各族人民的敌人，是中华民族的敌人，是世界人民的敌人。对于敌人，必须坚决予以打击；只有这样，才能有效地保护人民。基于这样的认识，美国将反恐定位为一场战争，强调武力反恐的作用；俄罗斯实行坚定的反恐举措，通过反恐战争清除车臣恐怖分子的巢穴，打击了恐怖分子的嚣张气焰；以色列在打击恐怖主义方面实行总体战，集国家各个层次的力量打击恐怖主义势力；等等。实际上，作为人类敌人的暴恐分子行为的实质是无限极端的政治暴力，所以与暴恐活动作斗争没有妥协退让的余地：恐怖势力气焰越嚣张，越需要对暴恐分子及其组织予以及时的严厉打击；犹豫、退让，只能进一步助长恐怖势力的嚣张气焰，贻害无穷。依法严厉打击暴恐活动已经成为国际惯例，如英国、印度、巴基斯坦等国的反恐措施中重视反恐法律建设、反恐力量建设并积极寻求国际反恐合作。依法严厉打击暴恐活动，将暴恐犯罪活动的原因公之于众，使人们看清楚暴恐犯罪分子的真实面目，才能使经济的、文化的、宗教的、社会的预防犯罪的措施见效。如果没有对暴恐活动的严厉打击，恐怖主义气焰就会越来越嚣张，其他形式的反恐措施都不会起作用。所以说对暴恐活动的依法严厉打击是有效预防恐怖犯罪体系的“短板”。

二是依法治疆可以有效保护人权。我国正在进行法治社会、法治国家的建设，“既要打击犯罪，又要保护人民”是我们一贯的宗旨，所以严厉打击暴恐活动必须强调依法进行。必须强调法律法规在严厉打击暴恐活动中的作用，必须从宪法规定的切实保护人权的角度出发，坚持罪刑法定原则，强调程序正义，确保刑法和刑事诉讼法在打击暴恐活动中的作用。依法治疆要求在打击暴恐活动方面实行宽严相济的刑事政策。打击暴恐活动中的“从严”，主要是指对于罪行十分严重、社会危害性极大，依法应当判处死刑或重刑的，要坚决判处死刑或重刑；对于社会危害大或者具有法定、酌定从严处罚情节，以及主观恶性深、人身危险性大的暴恐分子，要依法从严惩处。只有这样，才能有效震慑犯罪分子和社会不稳定分子，达到有效遏制暴恐犯罪、预防暴恐犯罪的目的。打击暴恐活动中的“从宽”，主要是指对于情节较轻、社会危害性较小的暴恐活动，或者具有法定、酌定从宽处罚情节，或者被胁迫参加暴恐活动，主观恶性相对较小、人身危险性不大的暴恐分子，可以依法从轻、减轻处罚。所以说依法治疆可以有效保护人权。

三是依法治疆可以有效祛除宗教极端。研究表明，宗教极端思想产生的土壤或者内因是宗教愚昧和宗教天真，外因则往往是非法宗教活动和国际不良因素的影响。依法治疆要求必须加强宗教法治建设，从内外两个方面消除宗教极端思想和宗教极端行为。必须加强宗教法律法规建设，明确什么行为是法律法规允许的，什么是法律法规禁止的；什么是极端宗教及其表现，什么是合法宗教活动；什么是现实，什么是幻想；什么是民族习惯，什么是极端宗教的表现；等等。

四是依法治疆可以有效防止民族分裂。民族分裂思想是新疆暴恐活动的原因之一，也是宗教极端产生的温床。新疆民族众多，文化多元，风俗习惯各异，语言丰富多彩，利益诉求各种各样，将众多民族的利益和诉求做出求同存异的最大化的基础和保障就是国家的法律法规。依法治疆强调各民族的宪法和法律地位，强调各族群众都是中华人民共和国的公民，强调法律面前人人平等，不允许存在特权群体和特权公民，强调平等保护各族群众的合法权益。这样一来，就使得各族群众明白自己的法律地位，明确自己的权利和义务，从而有利于确立民族团结的基础。依法治疆可以促使各族群众认真遵守宪法、刑法、民法、经济法等的法律规范，确保公民之间相互尊重、相互理解、相互包容，从根本上预防极端犯罪的产生，进而确保社会的和谐稳定。

五是依法治疆可以保障群众反恐斗争的持久性和有效性。长期以来，国家的宪法和法律既强调保护少数民族群众的特殊利益，又强调法律面前人人平等。但是在实践中，这两者之间如何平衡成为难题，导致忽左忽右现象的发生。其造成的不良影响一方面是加强了部分人的特权意识甚至狭隘的民族意识，造成脆弱的心理承受能力，遇到些许挫折就会诉诸极端行为；其造成的不良影响的另一方面是挫伤了群众同犯罪特别是暴恐犯罪作斗争的积极性和自信心。为了克服这些不良影响，我们必须强调依法治疆。只有依法治疆，才能有效消除暴恐活动的深层根源，才能确保各族群众积极投入反恐的人民战争之中去，确保反恐斗争的持久性和有效性。

二、依法治疆对加强新疆各族人民群众法制观念的作用

新疆各族群众法制观念的强弱对于新疆的社会稳定和长治久安具有重要的意义，如果法制观念淡漠可以导致犯罪乃至暴力恐怖犯罪的发生，在已经发生暴恐犯罪的情况下，淡薄的法制意识则可能促使受害群众采取过激行为，进而导致暴恐犯罪活动危害的扩大化，不仅破坏民族团结，危及民生，而且会危害国家安全。所以无论从预防犯罪的角度看，还是从预防被害的角度看，无论从个人利益的角度看，还是从国家利益角度看，都必须加强各族群众的法制观念。依法治疆可以从根本上促进各族群众法制观念的提升。一是有利于树立各民族群众一律平等的宪法观念。必须强调法律面前人人平等的宪法原则，对于暴恐分子不管其出身、性别、文化程度、社会地位高低、贫富程度差别等，一律严格依法处理。二是有利于树立各族群众依法行为的守法观念。现代社会是法治社会，公民工作生活的方方面面都已经有法可依，现在的关键是有法必依。只有有法必依才能实现社会的有序发展，才能有效预防犯罪，才能使人们安居乐业。三是有利于确立国家法律的权威。研究发现，新疆的暴恐犯罪分子大多是“法盲”。这些法盲的形成，原因很多，其中我们对暴恐活动打击力度不够是重要的因素。只有依法严厉打击暴恐活动，才能促使潜在的犯罪人积极学法、懂法、守法，养成法治意识，从而避免走上犯罪的道路。此外，新疆在治理宗教、反恐斗争等方面都需要有适合区情的特殊法律法规，所以当务之急是做好立法工作，做到治理新疆的有效的“有法可依”。只有依法治疆才能树立国家法律在新疆的权威，促进新疆的法治社会建设，从根本上预防犯罪。

三、“依法治疆、犯罪必惩”的法理思考

“依法治疆、犯罪必惩”是实现新疆社会稳定和长治久安的必

由之路，从法理上讲，有以下三个方面的原因：

其一，“依法治疆、犯罪必惩”是加强民族团结的基础。暴恐活动危害各族人民共同的政治利益、经济利益和文化利益，妄图破坏民族团结。暴恐活动表现形态各异，当其实际攻击的对象是汉族群众、回族群众或其他民族群众时，容易造成犯罪分子实施暴恐活动是“为了特定民族利益”的假象，容易使不明真相的特定民族的群众以及受害群众所属的族群产生错觉，破坏民族团结的基石。当其攻击的对象包含各族无辜群众时，又会促成群众对政府信任度的下降；政府如果处理不当，就可能引发群体性事件。当暴恐活动针对政府机关时，又可能使得国际上其他不明真相的国家误认为是人权问题，甚至有意或者无意地用双重标准来干涉中国的反恐斗争。而民族团结的顺利进行需要各族群众的共同努力，需要政府和社会进行全方位的制度设计，甚至需要国际社会的理解和支持。依法治疆，犯罪必惩，将暴恐犯罪活动的丑恶行径公之于众，可以使得各族群众看清犯罪分子的真实面目，也可以消除国际社会的误解，从根本上保护各族人民的共同的政治、经济和文化利益，进而夯实民族团结的基础。

其二，“依法治疆、犯罪必惩”是实现宗教和谐的保障。宗教和谐主要有两个方面，一是宗教内部的和谐，包括不同宗教之间和同一宗教不同派别之间的和谐，二是宗教与社会的和谐，包括宗教团体与政府、信教群众和不信教群众之间的和谐。研究发现，绝大多数暴恐分子是“教盲”，对宗教知之甚少，却凭借特定的身份优势肆意曲解、歪曲特定宗教。极少数暴恐分子对宗教略知一二，但为窃取不该属于自己的利益而走向宗教极端主义，宗教极端主义“不属于宗教范畴的问题，而是纯粹的政治问题”。当下中国乃至世界的暴恐活动往往打着特定的“宗教”的旗号，使人们自觉不自觉地将恐怖犯罪与被利用的宗教联系起来，给特定宗教抹黑，严重影响特定宗教的发展，更破坏特定宗教与其他宗教和谐相处的关系，破坏特定宗教与世俗社会的和谐关系。只有依法治疆，犯罪必惩，才能促使人们认真学习科学知识，分清现实和幻想的关系，才能有效祛除各种形式的极端思想，才能保障宗教和谐的实现。

其三，“依法治疆、犯罪必惩”是保障民生的重心。暴恐犯罪分子往往漠视广大无辜群众的生命和财产，认为除了自己之外“整个世界都是有罪的”。只有严厉打击暴恐活动才能使暴恐分子改变错误的心理，才能使其树立正确的人生观、价值观、世界观。新疆各族群众的民生是党和政府最为关心的大事，而暴恐活动从各个方面阻碍民生的改善。依法治疆，犯罪必惩，可以使人们看清犯罪分子的反宗教的本质，保障各族信教群众的宗教利益；可以确立稳定的社会秩序，促进经济和社会的发展；可以保障党和政府的惠民政策、民族政策得以顺利实施，保障社会各阶层群众的生产生活；才能确立人民群众的安全感，才能坚定对党和政府的信心，才能促进各族群众的国家认同、文化认同和对中华民族大家庭的认同。

（本文主要内容原载《新疆日报》2014 年 8 月 6 日）

严厉打击暴恐活动之刑事法学思辨

新疆的暴恐活动抹黑了新疆人在全国的形象，甚至影响了中国的国际地位，给各族人民的生产生活带来了严重危害。究其原因，方方面面，但现在看来最重要的方面是我们特别是某些干部群众对暴恐活动认识模糊、打击力度不够等，起了不可低估的作用。其实，严厉打击暴恐活动既有坚实的法理根据，更有充分的现实依据。我们既要明确严厉打击暴恐活动的重要性和深远意义，又要强调对暴恐活动的打击必须依法进行，必须贯彻宽严相济的刑事政策。严厉打击暴恐活动必须成为各族干部群众的坚定立场。下面分七个方面予以阐释。

一、暴恐活动犯罪分子是各族人民的敌人

德国刑法学家雅各布斯提出了“敌人刑法”的概念，认为恐怖分子是“根本性地偏离的犯罪者，对于具有人格之人所应为之行为不给予保证，因此，他不能被当作一个市民予以对待，他是个必须用战争征讨的敌人”。“在市民刑法之中，刑罚众所周知的功能是在进行否定；于敌人刑法，则是危险的排除。”[①] 这个论断具有相当的科学性与合理性。其实，暴恐活动犯罪分子滥杀无辜，手段残忍，丧心病狂、灭绝人性，肆意破坏社会秩序，其罪行令人发

---

① ［德］雅格布斯：《市民刑法与敌人刑法》，徐育安译，载许玉秀主编：《刑事法之基础与界限——洪福增教授纪念专辑》，台湾学林文化事业有限公司 2003 年版，第 15 页。

指，是各族人民的敌人，是中华民族的敌人，是世界人民的敌人。对于敌人，必须坚决予以打击；只有这样，才能有效地保护人民。基于这样的认识，美国将反恐定位为一场战争，强调武力反恐的作用；俄罗斯实行坚定的反恐举措，通过反恐战争清除车臣恐怖分子的巢穴，打击了恐怖分子的嚣张气焰；以色列在打击恐怖主义方面实行总体战，集国家各个层次的力量打击恐怖主义势力……实际上，作为人类敌人的暴恐分子行为的实质是无限极端的政治暴力，所以与暴恐活动作斗争没有妥协退让的余地：恐怖势力气焰越嚣张，越需要对暴恐分子及其组织予以及时的严厉打击；犹豫、退让，只能进一步助长恐怖势力的嚣张气焰，贻害无穷。

二、严厉打击暴恐活动是有效预防恐怖犯罪的核心

预防恐怖犯罪是一个系统工程，牵涉到社会政治、经济、文化等各个方面的因素。标本兼治是我们预防包括恐怖犯罪在内的各类犯罪的理想和目标。标本兼治必须有突破口，有支撑点，有一个主线。这个主线或者说预防恐怖犯罪这个“木桶”的“短板”就是严厉打击暴恐活动。我们研究发现，暴恐犯罪的发生不是简单的经济的、文化的、宗教的、民族的或者社会的问题，而是国际国内复杂因素促成的。例如，不能简单地认为暴恐犯罪是贫穷或富裕的结果，不能简单地认为暴恐犯罪是信教或不信教的结果，不能简单地认为暴恐犯罪是此文化或彼文化冲或其冲突的结果，等等。只有严厉打击暴恐活动，将暴恐犯罪活动的原因公之于众，使人们看清楚暴恐犯罪分子的真实面目，才能使经济的、文化的、宗教的、社会的预防犯罪的措施见效。如果没有对暴恐活动的严厉打击，恐怖主义气焰就会越来越嚣张，其他形式的反恐措施都不会起作用。所以说对暴恐活动的严厉打击是有效预防恐怖犯罪体系的“短板”。此其一。其二，我们研究发现，新疆的暴恐犯罪分子大多是“法盲”。这些法盲的形成，原因很多，其中我们对暴恐活动打击力度不够是重要的因素。只有严厉打击暴恐活动，才能促使潜在的犯罪

人积极学法、懂法、守法，形成法治意识，从而避免走上犯罪的道路。只有这样，才能树立国家法律在新疆的权威，促进新疆的法治社会建设，从根本上预防犯罪。其三，严厉打击暴恐活动也是有效发挥刑罚作用进而有效预防犯罪的前提。众所周知，刑罚有威慑、鉴别、区别、教育、安抚等功能。只有严厉打击暴恐活动，才能发挥刑罚的这些作用与功能，才能打击犯罪、保护人民、安抚受害群众，才能明确违法犯罪与合法活动的界限。总之，严厉打击暴恐犯罪是有效预防恐怖犯罪的主线、“短板”与核心。

三、严厉打击暴恐活动是宗教和谐的保障

宗教和谐主要有两个方面，一是宗教内部的和谐，包括不同宗教之间和同一宗教不同派别之间的和谐，二是宗教与社会的和谐，包括宗教团体与政府、信教群众和不信教群众之间的和谐。[①] 研究发现，绝大多数暴恐分子是“教盲”，对宗教知之甚少，却凭借特定的身份优势肆意曲解、歪曲特定宗教。极少数暴恐分子对宗教略知一二，但为窃取不该属于自己的利益而走向宗教极端主义，宗教极端主义“不属于宗教范畴的问题，而是纯粹的政治问题。宗教极端主义主张的不是什么宗教，而是宗教幌子下的政治。以伊斯兰极端主义为例，宗教极端主义强烈要求建立伊斯兰教法统治的政教合一政权，凡不符合其要求的一切形式的政权必须推翻，并主张进行‘圣战’，采取包括暴力恐怖活动在内的一切手段去实现这一政治目标”。[②] 当下中国乃至世界的暴恐活动往往打着特定的“宗教”的旗号，使人们自觉不自觉地将恐怖犯罪与被利用的宗教联系起来，给特定宗教抹黑，严重影响特定宗教的发展，更破坏特定宗教

---

① 马玉堂：《论宗教和谐观及其构建》，载《西北民族大学学报（哲学社会科学版）》2008 年第 3 期。

② 马品彦：《宗教极端主义的本质与危害》，载《新疆社会科学》2008 年第 6 期。

与其他宗教和谐相处的关系，破坏特定宗教与世俗社会的和谐关系。只有严厉打击暴恐活动，才能促使人们认真学习科学知识，分清现实和幻想的关系，才能有效祛除各种形式的极端思想，才能保障宗教和谐政策的实现。

四、严厉打击暴恐活动是加强民族团结的基础

暴恐活动危害各族人民共同的政治、经济和文化利益，妄图破坏民族团结。暴恐活动表现形态各异，当其实际攻击的对象是汉族群众、回族群众或其他民族群众时，容易造成犯罪分子实施暴恐活动是“为了特定民族利益”的假象，容易使不明真相的特定民族的群众以及受害群众所属的族群产生错觉，破坏民族团结的基石。当其攻击的对象包含各族无辜群众时，又会促成群众对政府信任度的下降；政府如果处理不当，就可能引发群体性事件。当暴恐活动针对政府机关时，又可能使得国际上其他不明真相的国家误认为是人权问题，甚至有意或者无意地用双重标准来干涉中国的反恐斗争。而民族团结的顺利进行需要各族群众的共同努力，需要政府和社会进行全方位的制度设计，甚至需要国际社会的理解和支持。严厉打击暴恐活动，将暴恐犯罪活动的丑恶行径公诸于众，使各族群众看清犯罪分子的真实面目，也可消除国际社会的误解，从根本上保护各族人民的共同的政治、经济和文化利益，进而夯实民族团结的基础。

五、严厉打击暴恐活动是保障民生的需要

暴恐分子往往漠视广大无辜群众的生命和财产，认为除了自己之外“整个世界都是有罪的”。只有严厉打击暴恐活动才能使暴恐分子改变错误的心理，才能使其树立正确的人生观、价值观和世界观。新疆各族群众的民生是党和政府最为关心的大事，而暴恐活动从各个方面阻碍民生的改善。严厉打击暴恐活动，可以使人们看清犯罪分子的反宗教的本质，保障各族信教群众的宗教利益。严厉打

击暴恐活动，可以确立稳定的社会秩序，促进经济和社会的发展。严厉打击暴恐活动，可以保障党和政府的民族政策得以顺利实施，保障社会各阶层群众的生产生活。也只有严厉打击暴恐活动，才能确立人民群众的安全感，才能坚定对党和政府的信心，才能促进各族群众的国家认同、文化认同和对中华民族大家庭的认同。

六、严厉打击暴恐活动必须依法进行

依法严厉打击暴恐活动已经成为国际惯例，如英国、印度、巴基斯坦等国的反恐措施中重视反恐法律建设、反恐力量建设并积极寻求国际反恐合作。我国正在进行法治社会、法治国家的建设，“既要打击犯罪，又要保护人民”是我们一贯的宗旨，所以严厉打击暴恐活动必须强调依法进行。必须强调法律法规在严厉打击暴恐活动中的作用。必须建立健全与打击暴恐活动相关的法律，做到“有法可依，有法必依，执法必严，违法必究”。必须从宪法规定的切实保护人权的角度出发，坚持罪刑法定原则，强调程序正义，确保刑法和刑事诉讼法在严厉打击暴恐活动中的作用。必须强调行政管理法规，特别是人口与户籍管理法规在严密打击暴恐活动法网中的功能。必须加强宗教法律法规建设，明确什么行为是法律法规允许的，什么是法律法规禁止的；什么是极端宗教及其表现，什么是合法宗教活动；什么是现实，什么是幻想；什么是民族习惯，什么是极端宗教的表现。必须加强国际合作，确立和完善长效的国际合作法律机制。此外，还必须强调法律面前人人平等的宪法原则，对于暴恐分子不管其出身、性别、文化程度、社会地位高低、贫富程度差别等，一律严格依法处理。

七、严厉打击暴恐活动必须贯彻宽严相济的刑事政策

宽严相济刑事政策是党和国家对于一切刑事犯罪的一贯政策，严厉打击暴恐活动也不例外。严厉打击暴恐活动中的“从宽”，主要是指对于情节较轻、社会危害性较小的暴恐活动，或者具有法

定、酌定从宽处罚情节，或者被胁迫参加暴恐活动，主观恶性相对较小、人身危险性不大的暴恐分子，可以依法从轻、减轻处罚。严厉打击暴恐活动中的“从严”，主要是指对于罪行十分严重、社会危害性极大，依法应当判处死刑或重刑的，要坚决判处死刑或重刑；对于社会危害大或者具有法定、酌定从严处罚情节，以及主观恶性深、人身危险性大的暴恐分子，要依法从严惩处。只有这样，才能有效震慑暴恐犯罪分子和社会不稳定分子，达到有效遏制暴恐活动犯罪、预防恐怖主义犯罪的目的。

综上所述，暴恐活动犯罪分子是各族人民的敌人，严厉打击暴恐活动是有效预防恐怖犯罪的核心，严厉打击暴恐活动是宗教和谐的保障，严厉打击暴恐活动是加强民族团结的基础，严厉打击暴恐活动是保障民生的需要。严厉打击暴恐活动必须依法进行，严厉打击暴恐活动必须贯彻宽严相济的刑事政策。

（2014 年乌鲁木齐公园早市“5·22”事件发生后，自治区法学会组织专家学者于 6 月 8 日在自治区检察院召开座谈会，研究新疆暴恐犯罪的对策等问题，会后多家媒体予以报道。本文主要内容见《新疆日报》2014 年 6 月 9 日）

犯罪的文化原因①

犯罪和文化之间复杂的相互关系以及联结二者的同种（homologies），一直是犯罪学家灵感的源泉。多年来，对这一关系性动态的兴趣已激发了该学科的一些基础性工作，从研究亚文化环境象征性的、奇妙的相互作用，到批判性地分析与国家机构有关的文化和权力之间的关系。然而，尽管有这些学术努力，犯罪学中的“文化焦点”一直呈现出时起时伏的情形。这种情况持续到今天，对犯罪——文化之间错综复杂的联系进行研究的人们，竞相在一个由大量的对抗性理论和意识形态范式组成的“会合学科”中抢占一个位置。然而，在过去的约10年的时间，文化的传统获得了新生，在这个领域出现了更加持续的研究势头——特别是围绕一个新兴的知识运动会聚了一些分析，这个知识运动就是众所周知的文化犯罪学。

那么，什么是文化犯罪学？首先，是把犯罪及其控制放在文化的语境中；也就是，把犯罪及其控制措施看作文化的产物——看作

---

① 作者基斯·海沃德（Keith Hayward），文章原标题《文化犯罪学》，李瑞生译，本章系译文的内容简介。严景耀先生指出：为了了解犯罪我们必须了解发生犯罪的文化，反过来，犯罪的研究又帮助我们了解文化及其问题。犯罪不是别的，不过是文化的一个侧面，并且因文化的变化而发生异变。如果不懂发生犯罪的文化，我们也不会懂得犯罪。换言之，犯罪问题只能以文化来充分解释。严景耀：《中国的犯罪问题与社会变迁的关系》，北京大学出版社1986年版，第1~2页。故此，为了促进我国对犯罪的文化研究，有必要了解西方文化犯罪学研究之现状。

创造性的构筑物。这样，必须按照它们所具有的意义来进行解读。而且，文化犯罪学试图强调两个主要因素之间的相互作用：向上的结构和向下的结构之间的关系和相互作用。它的焦点通常在围绕互动不断产生的意义上：规则被确立，规则被破坏，道德工商企业家（entrepreneurship①）、道德革新以及越轨之间的经常性的相互作用。

这么复杂的焦点问题需要使用大范围的分析工具。因此，毫不奇怪，文化犯罪学是高度跨学科性的，其不但与犯罪学、社会学和刑事司法研究相联系，而且与主要取自文化的、媒体和城市研究、哲学、后现代批判理论、人文地理学、古人类学、社会运动研究，以及其他“行为”研究路径的观点和方法论相关。换句话说，文化犯罪学的职责是在我们思考犯罪，尤其重要的是，对规则违反的法律和社会反应的道路上，不断地“翻转万花筒”。

一、文化犯罪学及两种意义上的“文化”

文化犯罪学是把犯罪及其控制措施看作文化之产物的犯罪学，其重点通常围绕互动不断产生的意义上：规则被确立，规则被破坏，道德之倡导、道德之革新以及越轨之间的经常性的相互作用。文化犯罪学是高度跨学科性的，它不但与犯罪学、社会学与刑事司法研究相联系，而且与主要取自文化的、媒体与城市研究、哲学、后现代批判理论、人文地理学、古人类学、社会运动研究，以及其他“行为”研究路径的观点与方法论相关。

文化犯罪学在美国的最初表现（作为操作规则）中，文化犯罪学关注的重点是“形象、意义以及犯罪与犯罪控制之间互动的表现”；特别是关于非法亚文化的程式化的观点与实践动态；流行文化形式的象征性的犯罪化；犯罪与犯罪控制问题的折中性的解

---

① Entrepreneurshipd 的意思是：（1）工商企业家（或主办者）的身份（或地位、职能、能力、活动）2.［总称］工商企业家。见陆谷孙主编：《英汉大词典》，上海译文出版社 2007 年版，第 619 页。

释……；犯罪、犯罪控制与文化空间之间的联系，以及型塑犯罪意义的集体情感。然而，当文化犯罪学在英国逐渐受到重视时，英国犯罪学家热衷于唯物主义的批判研究，对晚期现代市场文化的霸权性话语进行了深刻的批判。

第一种类的文化是文化实证主义，它将犯罪与越轨简单地归因于从静止的群体文化中产生出来的行为。这样，它就带着文化冲突理论的传统来看待问题，这个传统始于塞尔斯坦·塞林（Thorsten Sellin）的作品（1938），在沃尔特·米勒（Walter Miller）的亚文化构想（1958）中得以强调，在这里，犯罪仅仅是在制定下层劳动阶级的价值。这样的立场，由塞林首先确立于对西西里移民之间报复与家族仇杀的正当化，其反过来不可避免地导致与更广泛的美国价值的冲突，而与此明显呼应的是，今天有一种假定认为多元文化在某种意义上产生了规范的冲突，特别是穆斯林与西方价值之间的冲突。文化不是静止的，它们不是在等待确立的实体，相反，它们是由多种因素组成的，它们模糊不清，跨越界限，并且是相互交融的产物。

第二种类的文化属于正统社会人类学、帕森斯功能主义（Parsonian Fuctionalism）、后帕森斯（post-Parsonian）文化社会学的领域。文化是一种黏合物、社会的胶水、可预见性的防腐剂、是对社会结构自命的支持。第一种类的文化更容易适应亚文化传统；它是作为实践的文化，是越轨的文化、抵制的文化、人类创造性的文化。如果就第一种话语而言，越轨标志着创造，那么就第二种类的文化而言，越轨表示的意思正好相反：文化的缺失。然而，这两种话语并非势不两立，它们都说明了正在进行的与受到挑战的意义与认同之间的协商。当然，作为某种意义上位于人类创造之外的文化观念、作为社会结构的非反身支柱的文化观念、作为社会有机体神秘的功能创造物的文化观念，都是离奇古怪的。但是传统的信念，对静止与顺从的信奉，对僵硬陈规与基本价值的动员，当然是自在的事实，并且是具有相当影响的事实与现实。

二、文化犯罪学方法论之核心

“在当代的环境下，值得注意的转位还远没有完成。犯罪与犯罪控制的形象现在已变得像犯罪与刑事司法一样‘真实’——如果我们把‘真实’的含义界定为产生后果，型塑态度与政策，确定犯罪与刑事司法的效果，产生恐惧、逃避与快乐，以及改变有关人们之生活的社会生活维度。”

由此，文化犯罪学的基本目标之一，是试图理解文化再生产与交换的中介过程如何构成犯罪的经历、自我以及后现代环境下的社会。在犯罪与越轨的媒体形象泛滥的世界中，犯罪的每一个侧面都在镜子的大厅中得到反射，因此，文化犯罪学的一个方法论性的核心成分，是对无数的中介性文本与形象的学术解读，它们在社会上散播与宣扬犯罪与犯罪控制的“故事”。在这里，从对犯罪与犯罪性的电视与电影刻画的分析，到喜剧故事书对犯罪与权力的表现，从艺术作品中对犯罪与惩罚的阐释性分析到对新闻媒体形象的检验，所有这些对文化犯罪学家来说是多多益善的。

很明显的一个讽刺是，英国政府越是企图通过施加一系列统治性的且看起来合乎逻辑的控制措施，来控制青年人的犯罪问题——包括从宵禁到开除令、从救济金改革到公共秩序违反法（Public Disorder Acts）的一切措施——越是在青年人中不能产生顺从理性，而是相反地提高了感情冲动性。由此产生某种变异性的双重螺旋，其中青年人的“失去理性的反应”使国家实施更多的惩罚性措施。青年文化就这样立刻成为兴奋与社会竞争、试验与不和谐的场所，这是不足以为奇的事实。青年（亚）文化实践的越轨本质，长久以来在一些政治家中引起义愤，他们热衷于通过诋毁被视为“当代青年的不道德”来奉承“道德的大多数人”。不管是降低孩子们的监禁水平，还是支持禁止打雪仗的学校，政府都是在上紧青年人头上的紧箍咒，不仅使他们的“对立形式的流行快乐及个人快乐”，而且使他们的合法文化实践，甚至在很多情况下，使他们日常的生活，服从于不断增加的政治仲裁与政府专门机构的制裁。然而，我们并不将注意力放在明显的（福柯学派的）压抑/控制迅速繁殖的论点上，不阻止其目标的改变，这里我们感兴趣的是社会反应的其他的大传媒—市场—是怎样反应以及如何促成这种社会互动的。

三、在消费者文化中，犯罪被美化与时尚化了

与大约 40 年前斯坦·科恩明确阐释道德恐慌概念时的实际情况相比，今天的道德恐慌以更为复杂的盘根错节的形式展现出来。现在，对许多年轻人来说，是否有适当剂量的道德勇气，仍然是对真正相反的、并因而有意义的文化实践之唯一的严峻考验。就像麦克罗比（McRobbie）与桑顿（Thornton）清楚指出的，即使这种反应，也实际上被公司化了，因为大公司在积极使用道德恐慌（系以“小有争论——对审查制度的威胁、性丑闻与颠覆性活动的说明”的形式出现）以达到自己谋利之目的。犯罪与越轨的形象，现在是在青年人市场中兜售产品的主要营销工具。

从某种意义上说，这本质上并不新奇。某些犯罪行为在本质上难以抗拒，而且时常含有色情诱惑，这使得犯罪时刻拥有观众，而且在整个 20 世纪犯罪一直是大众文化经久不衰的主题。然而，已经改变的，既有这个信息的力量与范围，也有其传播与反弹的速度。“犯罪被抓住了：它正在被包装，并且被作为罗曼蒂克的、令人兴奋的、酷毙的、时髦的文化符号出售给年轻人。就是在这种文化语境中，越轨成了一种可欲的消费选择。”在消费者文化中，犯罪被美化与时尚化了，在大众传媒中展现出来，与时尚美不相上下。这并不是说消费者文化中的暴力与犯罪形象，与当代的青年人犯罪之间有任何简单的决定性联系；而仅仅是说犯罪的表现与追求兴奋之间的区别，特别是在青年文化领域中，正在变得极其模糊。

例如，对犯罪最明显的“再度品牌化”可能是“冈斯特”（“gangsta”）说唱乐方式，它将犯罪形象与街头帮的偶像、城市

的越轨结合起来，制造一个立刻对青年观众产生巨大诱惑力的产品。然而，它再也不是一个确定冈斯特说唱乐形象与风格是否影响“街头法则”或者相反的简单问题。现在，市场已经决定接入说唱舞台并且利用城市嬉蹦文化的听觉背景，来向青年人兜售奢侈品，这些青年人因社会环境中某些本体论的稳定性而感到绝望，且通常被剥夺了传统进步与自我表达的途径。在品牌总是嬉蹦文化固有因素的同时，近年来该赌注得到了提升。在20世纪80年代晚期与90年代早期，骨干说唱歌手像艾斯·T（Ice. T）或蒂姆·多格（Tim Dogg）念白60美元的耐克运动鞋或者40盎司瓶子装的科尔特45°麦芽烈性酒，在今天，公司嬉蹦文化巨人像P. 迪谛（P. Diddy）、50分（50 Cent）、甚或杰伊-Z（Jay-Z）则宣扬路易威登箱包（Louis Vuitton luggage）的好处（以及无谓的产地），克里斯特尔香槟（Cristal champagne），或者新保时捷·卡宴（Porsche Cayenne）多用途体育运动车辆。这些公开展示消费者产品的行为背后的道德思想是简单的：在沮丧与排斥的世界中，诸如珠宝、运动服装、名牌手表，以及移动电话等商品都是权力与地位的象征。身份与自我价值被缩减为简单的象征性代码，就像耐克（Nike “swoosh”）或“古驰”（Gucci）字母组合图案一样可以解释。但是市场对于说唱音乐的利用并未就此结束。色情产业（porn industry）也热衷于利用嬉蹦文化烦躁不安的青春吸引力。音乐与色情的同时发行交叉售出，由主要艺术家如50分、利尔·约翰（Lil’ John）以及最著名的斯努普·道格（Snoop Dogg）共同主持；他们最近与色情工商业巨头拉里·弗林特（Larry Flint）的联合，产生了票房收入创历史之最的影片，这为核心色情业进入主流文化做出了巨大贡献。

四、犯罪的商品化不受体裁的限制

犯罪的商品化并不受体裁的限制；相反，它现在是主流娱乐。非写实的、被渲染的犯罪形象经常被用作电视或电影的重要内容，今天它们在诸如《猜火车》《落水狗》(*Trainspotting*, *Reservoir Dogs*),或《天生杀人狂》(*Natural Born Killers*)(所有的这些与下面的例子比起来,是非常温顺的)等电影中超越了对抗审查的简单的"文化战"。今天,流行的"真实电视"警察节目,像《C. O. P. S》(*C. O. P. S.*)、《护卫与服务》(*Protect and Serve*)、《审判档案》(*Justice Files*)、《警察、摄像机、行动》(*Police, Camera, Action*),以及《美国最野的警察追捕》(*America's Wildest Police Chases*)等,把"警察与抢劫犯"变成了黄金时间的演员,把警察追捕与交通阻塞嵌入了网络电视的暴力小插曲中。在这种趋势已经被大量评论的同时,很少有人评价新崛起的所谓的"极端电视"("extreme television")。随着它与虚无主义—享乐主义的深度混合,流行的美国秀(现在是主要的故事片序列),《公驴》(*Jackass*),说明了特定形式的极端行为(包括向自己脸上喷射胡椒水及在市政污水厂进行自携水下呼吸器跳水等不良行为!)正在怎样过渡到主流娱乐中(也见高度缺乏独创性的 MTV 的派生作品秀《肮脏的桑彻兹》(*Dirty Sanchez*)与《新汤姆青春秀》(*New Tom Green Show*)以及第 4 频道的俗气游戏秀《消遣》(*Distraction*)。然而这只是这个潮流的主导侧面。在主流下面吹泡泡的,是大量唾手可得的"地下战斗录像",如《杀威棒》(*Beat-downs*)、《重罪搏斗》(*Felony Fights*),以及《城市战争:录像带上的帮伙》(*Urban Warfare: Gangs Caught on Tape*),所有这些都刻画残忍的"未经同意的"、"便携式摄像机抓拍的"街头搏斗与校园打斗,其既是自发的又是事前有所组织的。同时,有线网络与宽带下载的激增,使其进入了轻度审查的、全球性"极端电视"的全新世界。这些包括明确的犯罪"纪录片"像玻利维亚(Bolivia)的过度暴力性的《电视侦察片》(*Telepolicial*)与俄罗斯犯罪驱动的、黄金时间节目《犯罪俄罗斯》(*Criminal Russia*)与《拦截》(*Interception*)——前者建立在臭名远扬的系列杀人案活生生的犯罪现场照片的基础上,后者是一个游戏秀(game show),要求参赛者盗窃一辆小汽车来进行现场直播。如果他们在游戏期间躲过了警察，他们就赢了游戏并会获得一系列的奖品。

五、犯罪与越轨形象现在是一些重大广告活动的显著的主旋律

更加平常的，但对社会更具有腐蚀性的是，犯罪与越轨形象现在是一些重大广告活动的显著的主旋律。例如，车内娱乐制造商建伍（Kenwood）——精明“男车手”（“boy racers”）首选的车用立体音响——最近使用的眉题，是在一副人头税骚乱照片下面的“我们想自由地做我们想做的事情”，这个形象很明显是设计来利用与越轨驾驶有关的，以及与“激烈行动”与汽车“巡行”秘密世界（*sub rosa* worlds）有关的主观性的东西。同样地，主要的汽车制造商也使用同样的文化标题来促销新车型。尼桑（Nissan）促销其将军（*Shogun*）车型使用的眉题是“兜风”（“Joyridding”）（考虑到在整个20世纪90年代，这款车型是“飞车抢劫”（“ram raiding”）与“吊起”（“hoisting”）公司所喜好的选择，这是具有讽刺意味的。同时，奥迪（Audi）在一则广告中利用这种越轨敏感来宣传他们的A3车型。在狂喜音乐的背景下，一个年轻人在沙漠中点燃一个柴堆，然后烧毁家庭纪念品以及其他象征家庭生活的东西，最后加速驶入夜幕中的沙漠，驶入无拘无束的兴奋的新生活之中。

国家通过施加它认为更加“合理”（“rational”）的控制与影响模式，来对与晚期现代条件有关的形象改造与转变做出反应，而市场却采取了一种迥异的方式。它并不试图减少兴奋与激情，这对许多个人来说，是首选的对本体论不确定性的解毒剂；与之相反，市场选择的是加重、庆祝，并且非常重要的是，使这些感觉商品化。不管是否经历过暴力视觉意象所产生的间接激动，它们与诸如《侠盗飞车III》（*Grand Theft Auto III*）、《真实的犯罪：洛杉矶街头》（*True Crime：Streets of LA*）等“射死他们”视觉游戏的犯罪环境有关，也与许多系列杀手的“狂热爱好者俱乐部”网站成员身

份派生出的“哥特”（“Gothic”）式快乐有关，现在形形色色的犯罪性的形象循环于青年文化的生产中，并逐渐内化于无数的相关娱乐与表演的形式中。

六、“他们失去控制只是为了获得控制”

文化犯罪学会指出，贫穷在一个富裕的社会中被视为一种排斥行为——它是消费者社会的终极性羞辱。它不仅是一种十分强烈（*intense*）的物质性剥夺的经历，而且是一种不公平与本体论的不安全感的强烈经历。但意味更加深远的是，晚期现代，就像以前所描述的，代表了意识的转换（*shift in consciousness*），结果是个人主义、表达以及身份变得至高无上，而且物质性剥夺，不管它多么重要，被一种广泛传播的本体剥夺感所强力地补充。换句话说，我们今天正在见证的是社会中的生存危机（*crisis of being*），在这个社会中，自我实现、表达以及直观性是至为重要的价值，然而实现这些梦想的可能性被不断增长的工作的官僚机构化（它被称为所谓的麦当劳机构化）与快乐的商品化严格缩减。这种新语境中的犯罪与越轨可以被看作对限制的突破，对直观性的实现以及对主体与身份的重申。在这种意义上，身份被逐渐地编织进入规则违反之中。文化犯罪学中这种思路的卓越代表，是斯蒂芬·林格及其同事们对边缘问题的研究。在这里，文化犯罪学家们研究了个体从事极端冒险行为（高处跳伞、开快车兜风、空中跳水、摩托赛车，等等），把自己推到危险的边缘，既寻求刺激又寻求确定性的方式。就像一个现实的隐喻，“他们失去控制只是为了获得控制”。

有必要特别指出的是，文化犯罪学对经历之动态本质的强调，采取了多种形式。它不是，像特定评论家所错误地说明的，仅仅是一个“刺激与冒险”的犯罪学。许多文化犯罪学家被吸引去研究“对激情的寻求”以及兴奋与暴力的情绪，犯罪经常在犯罪人与被害人中引发这些东西，这样就产生了——按照卡茨方式——对犯罪性不同表现形式所进行的一系列的现象学状述。然而，说文化犯罪学分析框架没有看到犯罪性的更加平凡的方面是错误的。文化犯罪学强调对意义、表现以及亚文化社会环境的研究，这使得它在解释与DVD盗版或非法买卖假冒“灰色”汽车配件有关的单调乏味的工作与贫乏节律方面同样娴熟，就像它是在阐释非法涂鸦艺术家的秘密（*sub rosa*）世界。而且，很明显，一个充分的犯罪学分析必须涵盖其正式的成分，即行为人、控制机构——正式的与非正式的——以及被害人。这里，学者因而竭力主张继续发展国家文化犯罪学。

（本文详细内容见［英］麦克·马圭尔、罗德·摩根、罗伯特·赖纳等著：《牛津犯罪学指南》，刘仁文、李瑞生等译，中国人民公安大学出版社2012年版，第80~92页。）

犯罪的心理原因[①]

一般认为，威廉穆·冯特（Wilhelm Wundt）（1832－1920）1879年在莱比锡（Leipzig）建立的第一个心理学实验室标志着心理学作为科学的、实验的学科门类的开始。[另一派思想则将这特殊的功劳归于哈佛的威廉·詹姆斯（William James）（1842－1940）。] 19世纪70年代以后，实验心理学在英国与美国的大学中随之得以快速传播（伴随着复杂的统计学技术的增长）。这样，到20世纪初期，心理学已经在大学体系中成为公认的有其自身正当性的学科。

一、行为主义传统

从20世纪30年代开始，对行为加以特别强调的经验主义文献得以增长，带来了冠以“行为主义的”概括性主题的理论概念与相关理论观点的繁荣。B. F. 斯金纳（B. F. Skinner）（1904－1990）的作品毫无疑问是行为主义传统中最有影响力的。简言之，斯金纳旨在通过实证说明行为及其场景与后果之间关系的本质。随着时间的流逝，实验性证据大量增长，它们累积起来说明环境提供了特定行为得以发生的背景，这些行为很可能产生可以预见的环境性效果。这样，据说环境作用（*operate*）于个人，从而增加或减少特定行为的发生频率。这样，操作性学习的概念得以产生，对行为怎样

① 作者克莱夫·R. 霍林（Clive R. Hollin），文章原标题《犯罪心理学》，李瑞生译，本章系译文的内容简介。

通过环境的力量而习得与保持的理解也在不断加深。

简言之，如果个体可以从行为产生的后果中获利，那么这个行为很可能被重复，这个过程被称为积极强化（*positive reinforcement*）；同样的，如果个体可以通过实施一定的行为，避免其所不欲的特定结果发生，这个行为也很可能被重复，这被称为消极强化（*negative reinforcement*）。另外，如果行为产生的直接后果是个体所不欲的，该行为很可能在发生频率上减少，这被称为肯定性惩罚（*positive punishment*）；而如果一个行为产生的后果是使有价值的东西丧失，那么该行为同样地也可能在发生频率方面减少，这被称为否定性惩罚（*negative punishment*）。（在操作性理论中，“惩罚”一词是在技术意义上使用的：在发生频率方面减少的行为，据说是受到了惩罚。这种技术意义上的惩罚不载有价值，也没有特定的对现实的批评；这个术语仅指一个行为与其后果之间的关系的本质。）这种看似简单实则不然的理论，恰恰被关于人类本质的复杂而又充满争议的哲学辩论所证实。

行为主义的路径，将重点放了在环境的作用上，从而向广泛接受的正统观念提出了挑战，即认为行为的起因可以在人的内部找到。在心理学界之内外，有一种历史久远的理论，它把内部力量视为个体之行为的动因。这种内部力量曾经在不同的时期被描述为精神的，或者生物学的，或者，就像著名的西格蒙德·弗洛伊德（Sigmund Freud）（1859-1939）以欧洲传统所清楚说明的，在源头上是灵魂的。在心理学的历史上，弗洛伊德的作品非常重要，其给予一代代理论家以至关重要的影响（布朗 1961）（Brown 1961）。随着心理学理论日益复杂巧妙，它们不可避免地被用来解释一系列的人类境况。心理学理论的运用之一，就是试图对犯罪行为作出解释。

二、心理学与犯罪学：早期一致

首批关于犯罪行为的心理学理论，关注的焦点在个体身上，应用了众所周知的遗传学、智力以及精神机能的有关知识。例如，心理学家感兴趣的是对基因与个体之不同的研究，就像在对智力的首批实证性的研究中所看到的那样（例如斯皮尔曼 1927）。在早期犯罪学中，可以找见同样的学术兴趣。著名的切萨雷·龙勃罗梭（Cesare Lombroso）（1835–1909）主要在犯因性特征的遗传性基础上发展了犯罪行为理论。查尔斯·格林（Charles Goring）（1870–1919）使用人类学方法与手段研究了大量的犯罪人，得出的观点是犯罪人以智力的缺陷为特征。运用遗传性影响与身体的与心理的境况之间的相互作用来解释犯罪行为，受到诸如拉斐尔·加罗法洛（Raffaele Garofalo）（1852–1934）与恩里科·菲利（Enrico Ferri）（1856–1929）等著名犯罪学家的青睐，也受到诸如西里尔·伯特爵士（Sir Cyril Burt）（1883–1971）等著名心理学家的关注。加兰德（Garland）（2002）对犯罪学在英国的发展进行了更为深入的研讨。

在一种极其相似的理论流派中，弗洛伊德（Freud）的精神动力学（psychodynamics）思想也被用来解释犯罪行为。弗洛伊德本人极少述及犯罪行为，但是从他的理论中得出的概念，被几位后弗洛伊德主义者（post-Freudians）稳定地运用于对犯罪行为的解释。例如，艾希霍恩（Aichhorn）（1925/1955）发展了一种犯罪观点，认为存在一种被称为“潜在犯罪性”的心理倾向，青少年犯罪就是这种倾向所导致的后果。建立在弗洛伊德主义的“快乐原则”观念——假定的行为享乐主义准则——的基础上，艾希霍恩认为，社会化与情感发展的失败使得潜在的犯罪性变成公开的行为。还有其他的例证，如希利（Healy）与布朗纳（Bronner）将高尚化（将未得到满足的心理冲动分流进入行为中，一般是与父母情节有关的冲动）的心理分析观念运用于解释反社会行为。

为从业者所青睐的解决犯罪行为的方法，很自然地，是通过适用能带来变化的心理学方法以“纠正”“引起”犯罪行为的功能障碍。被用来使这样的变化发生的方法，深深浸淫在类医疗的、临床的传统中，就像心理疗法、咨询、小组治疗那样，等等。这一路径的理论基础简单易懂：犯罪行为是个体功能障碍的结果；纠正了功能障碍，个体将永远不会再成为犯罪人。这样，治疗理想就诞生了。治疗犯罪人的观念与20世纪初期的自由改革并行不悖，其时更广泛的对犯罪人进行康复的观念占据统治地位。康复运动认为，包括社会福利与改善教育在内的一系列措施，是减少犯罪所必需的。

三、心理学与犯罪学：分道扬镳

犯罪学与心理学分裂的开始，经常被追溯到犯罪学芝加哥学派（Chicago School of Criminology）的影响，特别反映在欧内斯特·伯吉斯（Ernest Burgess）、克利福德·肖（Clifford Shaw）以及亨利·麦凯（Henry McKay）的作品中。简言之，芝加哥学派研究的作用是将犯罪研究的重点从个体身上（即心理学）移开，而转向社会结构（亦即社会学）上。芝加哥学派的理论影响是使人们改变了一种观念，该观念认为对于犯罪行为的研究使得对个人的研究成为必要。相反地，芝加哥学派认为，对犯罪行为更加深刻的理解可以在对社会结构的研究中找到，这种社会结构型塑、影响并界定了社会的生态。利利（Lilly）、卡伦（Cullen）以及鲍尔（Ball）精确地表达了芝加哥学派之巨大影响的精髓，“对他们来说，很容易相信在城市里长大，特别是在贫民窟中长大，在人的一生中是有不同意义的。在这种语境下，犯罪不能仅仅被视为由个体的病理所致，而将其视为一种社会问题则更合乎情理”。

在一系列的开创性研究中，肖与麦凯清楚说明了，违法犯罪行为的发展与持续如何同社会剥夺、解体以及不利相关联。进而，肖与麦凯大胆地认为，犯罪代代相传的过程是通过社会控制的松懈而实现的。如果凝聚社会的力量——社会的与机构的——教堂、家庭、教育体系——资源匮乏，那么它们的影响力就减弱，使得年轻人以违法犯罪的方式自由活动。而且，如果微弱的社会纽带创造了犯罪的条件，那么与违法犯罪同龄人已有的联系，会刺激产生持续的犯罪行为。

因此，可以说，如果社会条件创造了犯罪的场景因素，那么环境的而不是个体的改变，是减少犯罪所必需的。减少贫困与不利条件的社会政策就是一条出路，这是有现成受众的信息，为美国开明时代的政治思想所认可。这个时期关于犯罪行为的最明显的心理学理论，可以在差别强化理论中找到，它也是由犯罪学家创立的，而且很明显是利用了行为心理学的理论进步，认为学习在理解犯罪行为方面起着根本性的作用。这样，杰弗利通过吸纳功能学习理论的结构性构想，完善了差别交往理论的固有原则。杰弗利效法萨瑟兰的犯罪学理论与斯金纳的行为研究，认为犯罪行为是功能性的行为：换句话说，犯罪行为与它给相关个人所带来的后果成函数关系。因此，接下来就是，对于犯罪行为的理解依赖于对行为给相关个人所带来的后果的理解。例如，大量的犯罪可以产生物质的或者金融的收益；这样的收益，以学习理论的术语来说，积极地强化了犯罪。或者，如果盗窃的收入能够帮助避免贫穷效应，（还是用学习理论的术语）犯罪行为将会被消极强化。当然，从犯罪获致的报酬可以是社会的，也可以是物质的，就像犯罪之后所获得的社会赞同或地位。犯罪行为令犯罪人厌恶的后果——包括监禁、缓刑令、家庭问题——能够产生惩罚性的效果（在减少行为发生频率的意义上）。

从这个理论视角来看，个体受强化与受惩罚的历史，能够被用来解释他或她的犯罪行为。这种方法的定义性特征，像一般意义上的行为理论一样，就是每个人必须（*must*）被作为个体来对待：根据他们所处社会环境的不同，一些个人将会从犯罪行为中获得报偿，其他人将会从其不利后果中遭受痛苦。这样，随着时间的流逝，在个体之间，或者对于同一个人来说，强化与惩罚的模式不太可能是恒定的。就是在相似的社会与文化群组中，个体之间经历的不同，将存在于诸如同辈群组交往、家庭作用、教育，等等方面。

这种方法的自明之处是，生活在可比环境之中的人们，一些人会成为犯罪人，而其他人则不会成为犯罪人。个体会有复杂的学习历史，这使得对于犯罪行为的发展及保持的理论性解释错综复杂。这样，当我们穿过20世纪50年代而进入60年代，行为主义仍然是影响主流心理学研究的主要范式。学习理论的进步被犯罪学家所利用，但是犯罪心理学没有能够与其建立稳固的联系。尽管如此，犯罪学与心理学之间建立富有成果的联系是有可能性的；但是当两门学科的原因论（aetiology）发展到下一阶段，任何共同性的基础都消失了。

四、心理学与犯罪学：不多的共同性基础

对人格的研究在犯罪学中有着悠久的传统，但是越来越精确的方法论与统计学技术的应用，给这种科学研究以新的推动力（Cattell 1963）。在20世纪60年代，汉斯·埃森克（Hans Eysenck）利用自己的人格理论，开始发展迄今为止可能是最完整的犯罪的心理学理论。埃森克在接下来的十年中，继续利用理论的发展与实证研究来改进其犯罪理论。埃森克理论作为榜样被广泛引用来说明心理学理论应为解释犯罪做出什么样的贡献，因为它有大量的相关研究文献，所以值得进行某种程度的仔细研究。

埃森克的理论是全面的，因为它以生物学的、社会的，以及个体的因素之相互作用为根基，寻求对犯罪作出解释。该理论的基础在于一个假定，即通过基因的遗传，大脑皮层与自主神经系统在功能方面有个体的不同。这些生理学的不同，与个体从环境的刺激中学习之能力的不同，或者更准确地说适应（*condition*）环境刺激的不同有关。在其早期研究中，埃森克（1959）界定了人格的两个维度，外向型（*extr aversion*）（E）与神经质型（*neuroticism*）（N）。在后期研究中（埃森克以及埃森克 1968），描述了第三个人格维度，精神病型（*psychoticism*）（P）。埃森克使用连续体的术语来构想这三个人格维度（E、N与P）：大多数的人处在连续体的

中心，而很少的人落在了极端点上。外向型由高（性格外向者）到低（性格内向者）分布；同样的，神经质型从高（神经质）到低（稳定）分布；精神病型亦如此。

就生理功能而言，埃森克将性格外向描述为大脑皮层激起不够（*under*-aroused），所以寻求刺激来增加皮层之激起程度到一个最佳水平。这样，外向型人格的特征是容易冲动、喜欢冒险，以及寻求刺激。另外，性格内向是大脑皮层激起过度（*over*-aroused），所以避免刺激来使得激起程度保持在一个舒适的、最佳的水平上。内向型人格的特征是行为举止安静、矜持，避免激动与程度高的刺激。就适应而言，根据巴普洛夫（Pavlovian）适应或联系理论是学习（即传统适应而不是功能性学习），就此，埃森克理论认为，外向型人格者之适应不及内向型人格者有效。

神经质型或情感型，被认为与自主神经系统（autonomic nervous system）（ANS）功能运行有关。N 连续体高端的个体的特征，是高度不稳定的 ANS，其对任何不愉快或者痛苦的刺激都会作出强烈的反应：高 N 个体以暴躁、焦虑行为为特征。相反地，在神经质连续体低端的那些个体有高度稳定的 ANS，即使在紧张状态下也表现出平静的、脾气温和的行为。就像 E 型、N 型也与适应能力有关：由于焦虑之扰乱性的效果，高 N 型往往与差的适应能力联系在一起；而低 N 型导向有效的适应性。既然适应能力与 E 与 N 两者都（*both*）有关，该理论进一步认为，稳定的内向型（低 N-低 E）适应性最好；稳定的外向型（低 N-高 E）以及神经质内向型（高 N-低 E）会处于中等水平；而神经质外向型（高 N-高 E）适应性最不好。

个体在适应能力方面的这些差异导致社会化水平的多样性。在生理与社会因素的影响下，个体稳定的行为方式，在生物学的与社会因素影响下，就这样从其人格（*personality*）中流露出来。通过精神测量的发展，如埃森克人格清单（Eysenk Personality Inventory），埃森克能够提出简单易懂的评价与测量人格的方法。

这些标准的精神测量通常分配给每一个人以 E 与 N 的分值。因此，这些分值可以使用在研究中，以观察诸如人格与某些形式的行为之间的关系。

第三个人格维度，精神病人格（P），构想得不如 E 与 N 那样完美，且其生理基础没有被详细地阐述。相对于神经症而言，其最初是为了辨别潜在于精神病中的人格特征，所以后来的意见认为，P 可能最好是指精神变态而不是精神错乱。P 的等级体系与一系列行为特征有关，如偏爱独处、缺乏为他人考虑的感情、寻求轰动效应的需要、意志顽固，以及进攻性的水平。

人们运用埃森克的人格理论来解释犯罪行为时采纳了一个重要的主张，即随着年龄的增长，孩子们学会去控制他们的反社会行为，因为他们发展起一种“良知”。埃森克认为，良知是对环境性事件的一系列的情感性条件反应，这些环境性事件与反社会行为的发生有关。例如，如果孩子做错了事情且被他或她的父母斥责，受到斥责的不愉快就与反社会行为联系起来了：随着时间的迁移，这个条件化的过程就决定了孩子的社会化水平，反过来，其又主要决定于人格。现在，因为高 E-高 N 的结合产生差的环境适应性；这样，有这种特殊人格特征结合的人，控制其行为的能力就弱；因此，这个理论预言说，他们在犯罪的人群中会被过度地征表。相反地，低 E-低 N 人格构造导向有效的社会化，所以这种类型的个人被预言，在犯罪的人群中会征表不足。剩余的两种结合，高 E-低 N 与低 E-高 N，处于中等水平，在犯罪者与非犯罪者人群中都会被发现。精神病型（P）也被认为与犯罪行为有关，特别是与攻击性犯罪有关。总之，埃森克认为，“总体而言，我们可以预测有强烈反社会倾向的人有高 P、高 E，以及高 N 分值”。

预示犯罪学思想海变之来临的主要教科书——当然发生在英国——是泰勒、沃尔顿与扬的《新犯罪学》(*The New Criminology*)。蒂尔尼认为，这个教科书代表了“一个雄心勃勃的企图，即发展一个社会偏常行为的马克思主义理论……不管如何评说《新犯罪学》（*The New Criminology*）的优点，它是由新左派与反主流文化的双重滋养而来的犯罪学作品的最高典范”。埃森克在理解人类本性方面的立场是明确的：通过适应，在生理学因素（由此而至人格）的影响下，从学会控制我们的冲动与行为的意义上说，我们被社会化了。关于人类本质的核心意义，泰勒等一再表明其看法。这样，社会对犯罪行为的反应不是机械地给予肯定的或否定的后果，而是“权力为了保持或使地位正当化而做出的意义深刻的努力”。外向型与内向型的不同行为不是差的适应性与社会化的产物，而是代表了“含义深刻的个人行为，这种行为由他人进行评判；在这种情况下，心理测试仪是不可取的”。此外，泰勒等进一步指出，即使行为是由生物性因素所驱动，这也不能解释偏常行为（deviant behaviour）：“对社会现象的解释需要社会分析，这包括了行为对行为者所具有的含义”。

泰勒等关于行为的含义所阐释的观点是基础性的，而且实际上，这是一个基本性的哲学问题：人类行为是被决定的（无论通过什么方式），抑或我们是主动的、理性的型塑或诠释我们自己命运的代理人？这是在对近来犯罪学史的讨论中已出现的问题，在古典犯罪学的讨论中以及心理学关于意识观念的讨论中都可以看到。在更广阔的历史舞台上，自由意志对决定论的问题，为历来的哲学家所反复琢磨。尽管有把圆的变成方的尝试，这是一个顽固的学术赌博，问题不会得到解决。

五、心理学与犯罪学：并不与睦相处

随着我们走出 20 世纪 70 年代而进入 80 年代，主流犯罪学进一步发展了其政治思想，产生了左派现实主义，并且不断地关注女权主义评论。批判犯罪学提供了另外一种政治性的立场，而后现代主义还是有影响的。然而，随着主流心理学开始进入其发展的下一个理论阶段，其研究重点并没有随着犯罪学向外移动以寻找对行为的社会性解释，而是转向内部来寻找对人类行为的认知性的解释。

因此，寻找心理学与犯罪学之间的任何实质性的联系，变得越来越困难。下面是一些从认知文献中提取出来的例子。

自我控制的缺失，有时会导致冲动行为，这样来解释犯罪已经有很长时间了，至少是一个重要的犯罪理论的突出特点。布朗菲尔德与索伦森说明了低水平的自我控制能力可能与犯罪行为联系起来的几种方式，包括延缓快感之不能、为他人考虑之缺失，以及冲动性。为了与时代氛围保持一致，罗斯与法比亚诺对冲动性提出了认知角度的见解，他们认为其“系一种对环境的认知分析，是在冲动与行动之间插入反映阶段之不能”。

中心控制（*locus of control*）观念，是指个体对他或她的行为在其自身控制之下的程度的认识。内部控制程度高的人相信发生在自己身上的事情是在他们自己控制之下的；而外部控制程度高的人则认为像运气或权威人物等因素影响他们的行为。一些研究发现，犯罪人倾向于外部控制：亦即，他们将自己的行为解释为受外界影响的控制，而不是他们个人所能控制的。

随着我们作为个体的逐渐成熟，我们发展起一种“从他人的角度看事物”的能力，这种能力有不同的称谓，如叫作同情心（*empathy*）、或客观判断（*perspective-takin*）、或角色接受（*role-taking*）的能力。巩固同情的认知过程可能包含两个相互联系的组成部分：其一，理解他人处境的思维技能；其二，体恤（“feel for”）他人的情感能力。随着同情在人一生中的发展，我们学会了使我们自己的行为来适应自己的判断，即判断我们的行为将会如何影响他人。几项研究已经说明，一些犯罪人主要倾向于从他们自己的角度来看人生，而不考虑其他人，在对同情心与客观判断能力的测量中，犯罪人所得的分值要低于非犯罪人，由此可见一斑。

道德推理（*moral reasoning*）是与犯罪行为有关的另一种社会认知。在皮亚杰（Piaget）与科尔伯格（Kohlberg）的理论中，社会化过程是与道德发展相联系的。科尔伯格认为，犯罪与道德推理的发展延迟有关：当犯罪机会来临时，个体没有推理能力来使得他或她控制或抗拒诱惑。社会问题解决技术（*social problem-solving skills*）是一种复杂的认知，我们都用它来有效地处理作为生活一部分的人际争斗，包括与犯罪有关的情形。在日常生活的运作中，解决社会问题之技术，需要的首先是理解形势的能力，然后是设想潜在行动过程的能力，再后是考虑与评估随着不同行动而来的后果的能力，最后是决定一个行动过程且策划其实际执行以获得所欲之结果的能力。一些研究已经表明，犯罪人，不管是男性还是女性，对社会问题所做出的反应，在社会能力方面被认为要低于非犯罪人。

（详细内容见［英］麦克·马圭尔、罗德·摩根、罗伯特·赖纳等著：《牛津犯罪学指南》，刘仁文、李瑞生等译，中国人民公安大学出版社2012年版，第33~53页。）

地点、空间、失序与犯罪[①]

通过研究现代社会生活（当然还有犯罪与失序，它们是安全概念的核心），我们不能忽视城市生活的空间的以及社会的维度。空间的与社会的结合及相互作用——所谓的社会—空间视角（*socio-spatial perspective*）——因此被逐渐接受为城市社会学的基本原则，它也是经常所称的“环境犯罪学”（“environmental criminology”）的核心。为了深入理解空间、失序等与犯罪的相互关系，我们有必要对西方的环境犯罪学的研究进行综述。西方环境犯罪学研究可以追溯到19世纪前半期，但其明显的起点是两次世界大战之间在芝加哥社会学派（Chicago School of Sociology）内部进行的重要的犯罪学研究。芝加哥学派的主要犯罪学贡献来自克利福德·肖（Clifford Shaw）与亨利·麦凯（Henry McKay 1942），他们关于城市区域的少年犯罪的杰作，六十多年来仍然为人们所研读。他们对犯罪学的主要贡献是经验主义的，他们的研究涉及两种非常不同的风格，这些作者自己认为这些风格是互补的。首先，他们一丝不苟地绘制少年犯居所地图，这起始于不同时间点的芝加哥本身，然后是其他的美国城市。其次，按照更为普遍的芝加哥学派的传统，他们试图接近自己所研究的人们与社区的生活，特别是展现了犯罪人的生活史与城市的低等生活。

---

① 作者安东尼·E. 博顿斯（Anthony E. Bottoms），文章原标题《地点、空间、犯罪与失序》，李瑞生译，本章系译文的内容简介。

一、解释犯罪地点

威克斯卓姆对斯德哥尔摩警察记录犯罪的研究，很好地说明了犯罪在大城市的位置分布方式。以前的研究曾说明犯罪——在传统城市中——趋向于聚集在城市中心；而威克斯卓姆研究中的犯罪资料说明这尤其适用于公开的暴力犯罪、公开故意破坏财物罪、盗窃汽车以及从汽车盗窃。（威克斯卓姆没有提供关于冒充顾客在商店盗窃或从个人盗窃，但是其他的研究已说明，这些犯罪也主要位于城市中心。）然而，这种模式并不必然是永恒不变的。例如，一些城市在边缘地区发展起大规模的购物或娱乐建筑群，就应对这种传统的地理方式进行一些相应的改动；而在谢菲尔德这种建筑群（梅多霍尔购物广场）（Meadowhall shopping mall）的发展将市中心所有犯罪的发生率从1966年的24%降至1995年的10%。

威克斯卓姆还研究了家庭暴力与居所夜盗（residential burglaries）的分布，他说明最高的家庭暴力犯罪率发生在特定的外城区，并且附带的分析说明，这种犯罪主要集中在贫穷的公共住房区。对斯德哥尔摩地图进一步的审视显示，居所夜盗犯罪的分布与家庭暴力犯罪的分布具有实质性的不同；确实，威克斯卓姆说明记录的居所夜盗罪趋向于不均衡地发生在社会—经济地位高的地区，特别是在附近存有高犯罪人率之区域的地区。

二、机会理论与日常活动理论

费尔森与克拉克（Felson and Clarke）已有益地说明，财产犯罪的机会概念有四个主要的组成部分，即“价值、不可活动性、可见性以及接近的机会”（“value, inertia, visibility and access”），这可以通过助记符号“VIVA”很容易地记忆。然而，这些成分实际上可分为机会的两个层面。其中之一是“目标的吸引力”（*target attractiveness*），这个概念既包括价值（金钱的与/或文化的）也包括费尔森与克拉克所称的“不可活动性”（“inertia”），或便携性（portability）（笨重物品例如洗衣机很少被盗）。如此可以说，从犯罪人视角看，“目标吸引力”与物体本身的吸引力有关，且不谈接近与监管的问题。在解释犯罪地点时，财产价值是目标吸引力最重要的方面，因为目标价值经常具有地点的偏斜性，这主要是就两种情况而言的，即不同地区的一般富裕程度；与临近的潜在目标相比较之下，特定目标的价值。例如，在1993年使用英国犯罪调查的资料，对机动车盗窃的一项分析中发现，在特定居住区域内，明显比较富裕的居民的小汽车被作为犯罪目标的可能性比较大。机会的第二个主要方面可以被描述为“可接近性”（*accessibility*），这个概念包括了可见性、物理上容易接近以及有效监管的缺失。机会的这个方面可以由一个机动车犯罪的例子加以很好的说明，这次是从克洛伊登（Croydon）不同的多层停车场而来的机动车盗窃犯罪率。研究者发现，主要是由购物者使用（因此有经常的路人流，从而提供了自然监视与监管）的三个短暂停留停车场，其每个停车空间的犯罪率大大低于两个长期停留的停车场，后者主要由往返于克洛伊登与伦敦的通勤者所使用，这样的监视缺失；很明显，自然监管水平的不同是至关重要的。关于可接近性与自然监管重要性的许多其他的类似例子，在文献中也能找到。

在这里有必要对机会概念做两个过渡性的评论。首先，如果机会是非故意“制造”（*created*）的（例如，建造自然监管水平低的停车场），它们至少在原则上，也能被阻碍（*blocked*）。这个简单的观测已引致了一个复杂的围绕“情境犯罪预防”（“*situational crime prevention*”）概念的犯罪学文献体——也就是，为了减少犯罪发生的可能性而改变物质的及社会的环境（“情境”）。机会概念在情境性犯罪预防中有重要的作用，虽然不是排他性的；成功地适用了机会—阻碍措施时，这本身就会引起总体犯罪的减少，还会引起犯罪地点分布的变化。例如，几年前的分析发现，在许多房屋夜盗犯罪中，犯罪人是通过其后面进入室内的；这导致了，在合适的语境中，对房屋后面的小巷或人行道安装门与篱笆（一个叫作

“小巷—装门”的进程），并产生了成功的犯罪预防结果。

其次，从前面的讨论可以清楚地看出，机会理论内含地使用了对犯罪的理性选择理论，其中的犯罪人被认为是估算了潜在的好处（例如赚大钱的目标）以及可能的成本（例如，如果一个人想在自然监视度高的停车场盗窃汽车，或从前窗而不是从后窗进入而实施夜盗，其被抓获的可能性很大）这种机会方法的理性选择侧面（以及更广义的情境性犯罪预防理论）特别为德里克·科尼什与罗纳德·克拉克所欣然采纳与发展。机会理论经常与“日常活动理论”（“routine activities theory”）放在一起讨论，后者由科恩与费尔森所首创，后来特别由马库斯·费尔森所详细阐述。日常活动理论的中心假说原初表述为：“违法犯罪在特定时间与地点发生的可能性，可以被认为是可能的犯罪人与合适的目标在缺失监管时之相交发生作用。”然而，就上面引述确定的三个因素而言，日常活动理论在其早期实际上非常强调第二与第三个因素（合适的目标与有能力的监管）。既然是这样，它与机会理论的联系是自明的——尽管（就像很快就会清楚的）由于最初忽略了犯罪人的侧面，日常活动理论的提倡者封锁了一个有前途的方法。但是，虽然日常活动理论与机会理论之间有相似性，日常活动方法还是有两个径直发展且扩张了“机会”概念的特殊之处。日常活动理论实际上使简单的机会概念在普通人的日常生活范围内具体化，这样做的同时也强调了机会的空间——时间的（spatial-temporal）特点。在解释针对人身的犯罪方面，日常活动理论比机会理论的能力要强一些，而在解释针对财产的犯罪方面则不然。例如，通常观察到的现象是，公开暴力犯罪非常不均衡地发生在周末，在或靠近诸如酒吧与俱乐部等公共娱乐场所，这种情况很明显地用“日常活动”概念进行解释，比用“机会”话语进行解释更加自然。

三、犯罪人对空间的看法与使用

犯罪学教科书中的老生常谈，是很多犯罪是在犯罪人家附近实施的。有一些“犯罪与距离”的研究，探究被侦破犯罪人犯罪时离家的距离；然而，可以合理地认为，这个话题的有趣程度比一个相关的问题要差一些，该问题即犯罪地点与犯罪人对空间的习惯性使用之间的关系。

我们首先注意的是，有一些纯机会性（*opportunist*）的财产犯罪，其中犯罪人对一组有吸引力的环境性线索做出“那里与那时”的反应。例如，一个十几岁的男孩到朋友家玩耍，发现后门开着且有 20 英镑钱无人监视地放在餐桌上。也有一些情绪性自发犯罪，某人在与熟人突然发生激烈争论时，实施了伤害行为。这些犯罪，从定义上看，必须发生在犯罪人恰好所在的地方，系他的/她的日常生活选择。

然而，帕特里夏（Patricia）与保罗·布兰廷汉姆（Paul Brantingham）很久以前就提出，犯罪人的日常生活模式可能影响犯罪行为的地点，即使犯罪人是在某种程度上忙于对合适目标的搜寻模式，并早已原则上决定实施一个犯罪。他们认为我们所有人在大脑当中，都有对我们生活在其中的城市的“认知地图”。我们对城市的某些部分极其熟悉（例如就在我们家附近的区域、靠近我们工作地点与休闲场所的区域以及城市中心我们经常去购物与娱乐的地方）；且我们倾向于熟悉连接这些不同区域的路线。另外，城市中也有一些我们根本就不知道的区域，如我们没有熟人、也没有其他吸引我们的东西的居住区（远离主要道路）。布兰廷汉姆假定，大多数犯罪人（像大多数人一样）喜欢在他们熟悉的环境中活动，不会在非常不熟悉的地方犯罪。因此，在他们的模式中，犯罪，即使是“搜寻模式”的犯罪，也被认为很可能发生在犯罪机会（*criminal opportunities*）与认知性的熟悉区域（*cognitively known areas*）交叉之处。他们还认为，在一个人产生犯罪动机后，“犯罪的实际实施是一个多阶段决定过程的最终结果，这样的过程，系在一般的环境内寻找并确定处于时间与空间中的一个目标或受害人”。然而根据犯罪人动机的不同，这个过程会有所差异。特别是布兰廷汉姆指出的，在“高度情感性动机”（high affect motivation）犯罪中，这个决定过程“可能包含最少量的阶段”，可以合理地期待该种犯罪所经过的距离通常要短于深思熟虑的犯罪。

在谢菲尔德进行的一项最近的研究发现，犯罪人平均仅在离开家 1.93 英里的地方犯罪——这个发现与许多其他发现类似。对谢菲尔德惯犯的访谈说明，他们的大多数的游历不是为了去犯罪。更重要的是，与布兰廷汉姆模式相称，大多数犯罪并不是犯罪性的工具性的游历的结果：例如，不到 1/3 的夜盗涉及为了犯罪而进行特别的游历。犯罪地点更多的是犯罪人日常活动的结果，也包括了一些游历。而且，这些谢菲尔德的犯罪人说明了日常活动与附加方式犯罪之间的联系，因为大约 80% 的涉及犯罪的出城旅行是到与谢菲尔德有很强的传统文化联系的地方去。

犯罪人对犯罪并因而对被害人的接近，不仅仅是地理性的而且经常是社会性的（这一点强调在社会—空间犯罪学中考虑社会的以及空间的维度是重要的）。一些时间是众所周知的，例如：与暴力犯罪相关的情况是，选择晚上经常外出的个人，特别是到特定区域或娱乐地点去的人，有较高的产生于这些社会活动的个人受害率；且美国资料说明即使熟人实施的抢劫也不是远不可知的（费尔森等 2000）。已知的犯罪人有高财产犯罪受害率的证据现在正在出现。一个在谢菲尔德进行的没有公开的研究发现，对于警察记录的夜盗罪而言，有一个（现在）为人所知的犯罪人的家庭受害的风险比其他家庭要高，即使该区域犯罪率受到控制；犯罪人家庭的再度受害率也是较高的。一项跟踪访谈研究说明，这些高被害率的一个原因是犯罪人被害很可能高于熟悉的人所犯夜盗罪的被害率。简言之，犯罪与被害的世界并不必然是分离的，这也可以部分地解释为什么高犯罪人率的区域也有高犯罪率。

四、不文明与“破窗户假说”

大约在千年之交时，在萨里（Surrey）的警察局局长与萨里大学的研究者之间进行了一个有趣的对话。该警察局局长指出警察似乎需要处理一个新的问题。总体记录犯罪率与 BCS 受害资料显示，自从 20 世纪中期以来绝大多数犯罪率在下降，但是公众对犯罪的担忧仍然保持了高水平。例如，有调查显示大多数人相信犯罪率在继续升高。警察局局长问，为什么这种情况会发生，警察应该做出如何的反应？

研究者对这个谜所做出的主要反应是一个观念性的动作，即争论说，就像马丁·英尼斯后来所指出的，犯罪学文献缺少“关于大众对犯罪与失序之理解的连贯性解释，以及对这样的理解怎样叠盖成社会空间的广泛象征性构建的连贯性解释”。为了填补这个缺口，研究者的“中心见解”是“对人们风险意识的形成而言，一些犯罪与失序事件比其他的事情重要得多”。所以，例如，在一个中等城镇一年内发生三起谋杀配偶案将会是不同寻常的，但并不必然会在自由社会产生广泛的惧怕，或某种威胁感，因为它们会被认为是“私人的事情”。形成对比的是，当地的一个女学生在上学的路上被劫持并杀害，几乎肯定会在该地区产生很大的惧怕以及某种威胁感，因为它会传递出该社区有潜在危险的信号。根据这种信号，普通人可能会冒失地将其日常生活中很容易遇到的特定的地点、人们或情境，视为是“危险的”；由此信号是“社会符号化过程，其中不同的犯罪与失序可能会产生不均衡的影响”，这是就惧怕与预见到的威胁而言的。

关于居住区不文明的国家调查资料，可以从英国犯罪调查中衍生出来，其中的两个发现在当前的语境下特别重要。首先，从 1992 年以来英国犯罪调查（BCS）不断地追踪对一些问题的反应，即问人们，根据他们的观点，特定的事情在他们的居住区是否构成一个“非常大”或“相当大”的问题：选定的标志物是“废弃物或垃圾”、“随意破坏财物与涂鸦”、“四处游荡的青少年”、“毒品使用或交易”以及“吵闹的邻居”。对于所有这些标志而言，从 1992 年到 2002 年（含）的 11 年中，被认识到的问题之水平是静止的，或在轻微地增加，与之形成对比的是记录犯罪与 BCS 被害数的增加；虽然自从 2002 年以来“失序”标志也显示略有下降。

与不文明相关的还有一个进一步的问题需要讨论，这就是那著名的论题——口语上众所周知的“破窗户假说”——它假定如果一个地区的失序得不到治理，它们会升级，这不可避免地会在该居民区引致更加严重的犯罪（以及犯罪行为人）的到来。这个论题最著名的倡导者是威尔逊与凯林，这个论题看起来后来得到了斯科根的研究支持。然而，最近的研究，要求对这个论题进行怀疑主义的评价，其中的两项贡献具有特别的重要性。首先，桑普森（Sampson）与劳登布什（Raudenbush）将“破窗户假说”的假定“失序（是）犯罪的根本原因”与他们自己的替代性的假说进行了直接检测。他们假定的观点是，首先“失序是犯罪相关机制的表现，集体效应（*collective efficacy*）应该可以减少失序与暴力，其途径是使产生两者的力量不再强大”；其次，“结构性的限制，如资源贫乏，既可以解释犯罪也可以解释失序”。因为桑普森与劳登布什的经验性的试验支持其自己的假说，所以很重要的是准确地理解他们的“集体效力”的含义。我们可以合理地说，这些作者争论的是，个人有或没有“效力”（也就是，有能力完成他或她想完成的事情）；同样的，他们说，我们可以谈及地区之间的区别性的“集体效力”，其假定是（在其他事物中）所有社区都共享一个向往安全居住区的目标。那么，“集体效力”可以更加精确地界定为由两个相关的因素构成：第一，当地居民在特定的环境中（例如孩子们向建筑物上涂鸦），为了共同的利益而自愿介入（就像通过调查回应判断的）；第二，“邻居们中凝聚性与互信环境”的存在或不存在（因为“一个人在规则不清晰、人们之间互不信任的居民区语境中，是不可能采取行动的”）。这样，集体效力的概念将静止的“信任关系”侧面与更加具有行动取向的“自愿介入”侧面结合在了一起。虽然这个研究的经验性数据相对于威尔逊与凯林的假说支持桑普森与劳登布什的假说，需要重点注意的是，作者们在其结论中强调这些结果并不暗指失序理论不重要。相反地，他们的结论仅否定直接的“破窗户导致严重犯罪”假说。因为，作者们还认为失序“构成了高度可见的暗示，居住区观察者对此做出反应”，接下来的是失序理论确实可能“对理解移民方式、商业投资以及居民区总体上的独立生存性，具有意想不到的重要作用”，在这种情况下它可能“对犯罪产生间接的影响”。

对“破窗户”论题进行的第二个重要的评估是由拉尔夫·泰勒（Ralph Taylor）做出的（2001），其建立的基础是在巴尔的摩（Baltimore）的研究。它与桑普森与劳登布什的研究相比，具有更为明显的纵向性，使用了该城市66个区域1981年的资料，还使用了30个该相同区域的1994年的资料。在某种意义上，可以说泰勒的研究与桑普森与劳登布什的相比，对破窗户假说的态度更为肯定。他确实发现了对该论题的不完全支持：“在居住区结构与对犯罪的反应方面，不文明的确影响了犯罪率一些近来的变化”。但必须明确两个至关重要的限制条件。首先，“结论的模式还没有通过标志物或结果来证明是强有力的”。其次，对不文明进行纵向研究的非持续性，与下面的情况形成对比，即“其他的，分析中更加持续的发现，特别是原初经济地位的力量以及该地区原初的种族构成，在预测后来的结果方面的作用”。简言之，失序与居住区的结构性语境相比，在预测严重犯罪方面的作用是比较低的。

泰勒更加广泛的结论，产生于他的结果，是强有力地作出的，与桑普森与劳登布什的结果一致，也与他自己的一致。他的要旨是对不文明的理论化：“需要与城市社会学、城市政治经济学、社区集体犯罪预防以及机构性参与等领域的工作重新更加紧密地结合起来。社区结构的变化、居住区犯罪率的变化以及居民对安全担心的变化是相互缠结在一起的话题。为了对这些过程有一个清楚的了解，有必要摆脱（不文明）本身，并且扩大调查的范围。”

毫无疑问，“破窗户假说”论题的加强版遭到了桑普森与劳登布什以及泰勒严格的经验分析的严重伤害。然而，这两种替代性分析都没有拒绝失序在影响社会结果方面的潜在重要性，如住户对居住区的信心，或迁居的决定。这是一个重要的结论，因为就像英尼斯所提醒我们的，像警察等刑事司法机构传统上倾向于将失序视为“比较轻微”（通过与像夜盗等“真正犯罪”相比）而不予受理。“破窗户假说”论题在声称由于现存的失序，犯罪几乎是不可避免地在不断上升方面，是有缺陷的；但至少可以说它是在力图解决“一个问题，即当问及他们关于犯罪的经历与焦虑时，大众的成员们为什么一贯性地将相当大的重要性放在……物质的与社会的失序上”。因此，看起来我们的政策需要与“破窗户假说”提供给我们的东西相比，更好的理论性的指导，而不必回到就政策而言的失序之琐碎化。我们还需要确保失序不被孤立地考虑，而是在其全部社会语境中，将犯罪学与城市政治经济学“重新连接”起来，等等。

（本文详细内容见［英］麦克·马圭尔、罗德·摩根、罗伯特·赖纳等著：《牛津犯罪学指南》，刘仁文、李瑞生等译，中国人民公安大学出版社2012年版，第406~436页。）

大众传媒与犯罪的关系①

“在现代英国，平均来说三岁或四岁的孩子现在每天看电视的时间大约为五小时，且50%以上的三岁孩子在他们的卧室里有电视机……关于看电视如何影响孩子们的思想交流，有确凿的科学证据吗？噢，是的——证据在稳步地增加。”温斯顿勋爵的文章说明了一个存在已久的担忧，即对大众传媒描绘犯罪、越轨以及骚乱的担心。长久以来人们担心，传媒是犯罪的一个重要原因，并且具有根本的颠覆性。

一、传媒犯罪形象的内容

犯罪与刑事司法长久以来就是大众表演与娱乐的源泉，甚至在大众传媒兴起之前就是这样。这可以通过罪犯体裁的传记、执行前的自白以及书面的辩解加以说明，它们具有不同程度的真实性，且在17世纪与18世纪就得以繁荣。类似的描述持续到今天，充斥了书店“真实犯罪”的书架，此外还加入了多卷本来复述传奇式警察的英勇行为，好像他们就是小说中的侦探。在公开虚构的犯罪叙述中，超现实主义（经常是半纪实性体裁的说明方式）一直是占主导地位的风格。

随着通常所指的“纪实”电视或“资讯娱乐节目”的出现，事实/假想的区别已变得更加不稳定。诸如“英国犯罪观察”

① 作者［英］罗伯特·赖纳（Robert Reiner），文章原标题《传媒制造的犯罪：大众传媒中犯罪的表现》，李瑞生译，本章系译文的内容简介。

（“Crimewatch UK”）等再现当前案件并且明显地试图解决这些问题的节目一直在增加。真实事件的纪实片段大量地涌现在纪录片中，像罗杰·格雷夫（Roger Graef）的探索“泰晤士峡谷警察”系列。对特定的正在发生事件的现场直播新闻节目越来越普遍，例如O. J. 辛普森（Simpson）汽车追踪以及随后的审判。正在进行的犯罪事件片段经常被用在新闻广播中，像业余录像者抓拍的洛杉矶警察殴打罗德尼·金（Rodney King），或者闭路监视器拍下的杰米·巴尔杰（Jamie Bulger）被杀手带走的照片。警察反过来求助于传媒以作为其犯罪侦查的一部分，也作为获取更广泛支持的手段。传媒与刑事司法体系正在不断互相渗透，使得“真实的”与“虚构的”节目之间的区别更加缥缈。

对犯罪的描述与再现是并且经常是所有大众传媒内容的突出部分。埃里克森等发现相当大比例的新闻是关于“越轨与控制”的，从上乘报纸的45.3%到上乘广播电台的71.5%。与其他大多数研究相反的是，他们发现“上乘”广播有更多的越轨故事，因为“他们特别强调公共官僚体制中的越轨与控制”。埃里克森等使用了广义的“暴力”概念，其中“国家暴力”与“国家恐怖主义”都以与单个公民的各种各样的暴力行为相同的方式被概念化。它们包含了一些报道题材，例如，关于“有害驾驶、不安全的工作环境以及不安全的居住环境对健康与安全的危害”的报道。这涉及对“上乘”新闻的担心，而不仅仅是对“大众”新闻的忧虑。然而，尽管如此，埃里克森等发现在这些传媒中，更多的注意力被大众新闻的暴力所吸引，而不是被上乘新闻的暴力所吸引。广播使得暴力报道更为突出，而不是印刷使然。

埃里克森等采用了一个同样范围广泛的“经济”越轨概念，包括有问题的商业行为……财产法律纠纷……以及与经济事务有关的社会问题。在所有的新闻节目中，关于经济犯罪的报道是稀少的……所有新闻节目中更为普遍的是对信托的违犯，它们带有或没有犯罪侧面或者刑事起诉。对白领犯罪的报道通常集中在“上乘”

报纸中，且通常局限在专家金融页、专家版面或者专业报纸上。总之，埃里克森等发现，报道方式随着传媒与市场的不同而有各种不同的复杂表达方式。

二、新闻中犯罪的范围

大多数对传媒中犯罪内容表述的分析，严格地集中在法律所定义的种类上，而不是广义的社会学意义上的越轨。一些研究仅仅考虑关于特殊犯罪事件的新闻报道，而其他的研究则包括了关于总体犯罪态势的、关于刑事司法的以及像恐怖主义等有关政治与社会冲突的违法犯罪的报道、文章或社论。

较低的估计似乎来源于早期的研究。美国最近的研究已发现存在更高比例的与犯罪相关的项目。格雷菠（Graber）发现犯罪与司法主题占她所研究的报纸新闻报道的22%~28%，地方电视台新闻的20%，网络电视新闻的12%~13%。一个对美国36份1960年—1980年的犯罪新闻报道的内容分析所进行的文献述评，发现了犯罪的比例有相当大的变化：从1.61%~33.5%

英国的第一个对犯罪新闻的研究审视了1938年、1955年以及1967年9月的新闻报道。1967年9月犯罪新闻的百分比，在《镜报》（*Daily Mirror*）中是5.6%，在《每日快递》（*Daily Express*）中是4.4%，在《每日电讯》（*Daily Telegraph*）中是2.4%，在《纽卡斯尔期刊》（*Newcastle Journal*）中是2%。《世界新闻》（*News of the World*）给予犯罪更加突出的地位：新闻栏目的11%。这段时间发展的趋势并不明显。犯罪新闻在日报中的比例，1967年实际上与1938年是一样的，但是《镜报》（*Daily Mirror*）与《每日快递》（*Daily Express*）1955年的比例略高了一些。《新闻世界》显示了一种“U”形的发展模式：犯罪在1938年新闻中的比例是17.8%，1955年的比例是29.1%，1967年的比例是11%。

在英国，更多的晚近研究发现的犯罪新闻的比例要高于罗什尔得出的1938—1967年4%的平均值。例如，对苏格兰1981年的6

家报纸的研究发现，平均6.5%的栏目空间留给了犯罪新闻。这种比例的上升为后来的研究所进一步证实，这个研究对比了从1989年6月开始的4周内10个国家级日报的新闻中对犯罪的报道。“平均而言，12.7%的事件源发性新闻是关于犯罪的”。报纸越是“低档”，其栏目留给犯罪的空间就越大。最小的犯罪新闻比例是《卫报》（*Guardian*）的5.1%；最大的是《太阳报》（*Sun*）的30.4%。

广播新闻通常比报纸更加注意犯罪报道。在不同的市场中，犯罪行为项目的比例也有所变化。总体上看，商业性无线广播与电视广播犯罪新闻报道的比例要高于BBC，虽然后者有更多的关于一般性犯罪与刑事司法的报道。在每一级的市场水平上，犯罪新闻在每一种传媒上的使用频率要比其他内容更多。

考虑到不同的研究有不同的犯罪概念，而且跨越许多不同的报纸与地方，从文献评述中很难得出犯罪新闻比例是否在不断增长的结论。虽然后来的研究普遍地发现，犯罪新闻报道的比例高于早期的研究结论，但他们是采用了更为广义的犯罪概念，所以这个增长可能就是测量程序的结果，而不是对传媒中变化的反映。

总之，从广义上来说，越轨与控制就是新闻的基本内容。然而，对于特定犯罪行为的新闻报道在“大众”新闻节目中更为普遍（虽然对于官员或公司犯罪而言，其反面是正确的）。在过去的半个世纪里，致力于犯罪与刑事司法的新闻的比例获得了增长。

三、犯罪新闻的模式

在不同时间与地点进行的研究中，犯罪新闻展现出明显类似的模式。从早期的研究以来，对新闻报道的分析发现，暴力犯罪与其在官方犯罪统计数字中的发生率明显不相称。实际上，人们一般性地发现，犯罪新闻的模式与趋势与犯罪统计之间不存在什么关系。

马什回顾了美国1960年—1988年之间出版的36份犯罪新闻的内容分析，以及其他国家从1965年—1987年的20个研究。所有这些研究发现，相对于官方统计数字，犯罪新闻对暴力犯罪与人际犯罪有过度的再现，而对财产犯罪则报道不够。在美国，“在所调查的报纸中，在研究期间内，暴力犯罪对财产犯罪的比率是8∶2；然而，官方统计数字反映的财产犯罪对暴力犯罪的比例是9∶1强”。在对其他国家的内容分析的评述中发现了类似的模式。

一项对英国两种报纸第二次世界大战以来的历史研究发现，杀人罪是报道犯罪中最典型的，大约占该期所有犯罪新闻的1/3。其他的暴力犯罪位居其次。然而，描述其他犯罪的新闻报道的比例发生了重要的转移。特别是描述“大宗”财产犯罪的新闻报道有明显的下降，例如不带有暴力的夜盗。在20世纪40年代到50年代，财产犯罪经常在新闻报道中得以描述；但是20世纪60年代中期以后，它们几乎没有被报道，除非是有名流的视角。另一方面，一些犯罪仅在60年代中期以后才开始在新闻报道中得以突现，特别是毒品犯罪，到90年代大约已经占所有犯罪报道的10%。

最近的研究证实了在不断增加的对暴力与人际间（特别是性）犯罪过度描述的模式。在1951年—1985年间，英国审判的强奸罪数量几乎增加到4倍，从119起增加到450起。同期，在报刊上报道的强奸案数量增加到5倍多，从28起到154起。强奸案的百分比从1951年的23.5%跳跃到1985年的34.2%。在北爱尔兰报刊报道的性犯罪案件增加到3倍。

犯罪被报道的模式不仅随着市场变化，也随着传媒的不同而发生变化。在英国，电视台新闻播报的暴力犯罪的比例比上乘报纸更接近于通俗小报的数字，特别是对地方而不是对全国播出的新闻简报。对1987年1月到3月的研究发现，报道非性侵犯之人身暴力犯罪的新闻故事的比例，在“上乘”、“中等质量”、“通俗小报”中分别为24.7%、38.8%和45.9%。在国家新闻简报中是40%；在地方新闻简报中暴力犯罪报道占所有犯罪新闻的63.2%。在ITV（43.5%）与BBC1（42.3%）之间没有显著的不同，但是第4频道更像上乘报纸（18.2%）。在新闻频道之间有某种“市场”差异，但是总体上看，电视新闻中所描述的不同犯罪比大幅印刷新闻业更接近通俗小报。

一般来说，杀人罪是新闻报道中最突出的犯罪类型，但是个案被报道的可能性呈系统性的变化。最近的一个重要研究分析了英国3家报纸从1993年—1997年关于蓄意谋杀罪的报道。这个时期警方有记录的2685起蓄意杀人案中，不到40%的案件在研究的至少一家报纸中被报道。性杀人罪是最可能在所有的这3家报纸中被报道的，有明显的贪图钱财、嫉妒或报复动机的杀人罪也同样被报道。被报道可能性最小的是大多数普通蓄意谋杀罪，即由于“愤怒或争吵”而发生的谋杀罪。被害人的特点也是被报道可能性的重要决定因素。被害人是儿童（但不是婴儿）、女性或地位较高的人的谋杀罪更有可能被报道。

犯罪被新闻所报道的方式的间接后果之一是夸大警察在消除犯罪方面的胜利，“因为警察在解决暴力犯罪方面的成功性大于其在解决财产犯罪方面成功的可能性”。然而，一项对英国犯罪新闻报道的研究发现，在被报道的犯罪多数是警察所处理的同时，这种可能性正在下降。新闻报道案件的破案率从1945—1964年的73%下降到1981—1991年的51%。

四、犯罪虚构

一些社会科学家已经对电影与电视犯罪虚构进行了定量分析。然而，更为普遍的是，犯罪虚构（crime fiction）——报刊的、电影院的或者电视上的——已通过各种各样的定性技术与理论观点得到了分析，这些技术与观点是从文学、电影以及社会学理论中提取出来的。所有传媒的虚构性故事中对犯罪的描述，看起来像犯罪新闻的内容分析。

犯罪与侦探总是现代文学作品的重要内容，就像德佛（Defoe）、菲尔丁（Fielding）、波（Poe）以及狄更斯（Dickens）等说明的。一些作者已试图寻找侦探故事的祖先。“我们在古代民间故事中、在《旧约》的《旁经》中、在《哈姆雷特》(*Hamlet*)话剧的场景中发现了这方面零星的例子；而亚里士多德在其《诗歌》(*Poetics*)中早就提出了关于戏剧剧情结构的观察理论，今天这个理论可适用于侦探疑案小说的创作。”这种努力明显是在强调“势利行为”而不是古典推理侦探小说的“暴力行为”。占统治地位的犯罪小说的体裁变化，从塞耶斯与阿加莎·克里斯蒂（Agatha Christie）所例证的古典不解之谜类的疑案小说，到达希尔·哈默特（Dashiell Hammett）与雷蒙德·钱德勒（Raymond Chandler）所首创的坚忍不拔的私人侦探小说，以及埃德·麦克贝恩（Ed McBain)、约瑟夫·沃姆堡（Joseph Wambaugh）以及其他人的警察程序小说。据估计，“简装书总产量的1/4到1/3，可以被归入这样或那样的‘惊险小说’之类……自1945年以来，在全球，犯罪小说的销售量至少在1亿以上”。

犯罪故事也是电影的显著内容，而电影是20世纪前半期占统治地位的大众传媒。就像作为其后来者的电视与录像一样，电影院长期不断地被它所描绘的犯罪与暴力中不失体面的担忧所缠绕。关于犯罪的电影的比例，自从第二次世界大战以来呈周期性的起伏不定状态，但是没有长期性的增加或减少。在大多数时候，大约所有电影中的20%是关于犯罪的电影，且几乎所有电影的一半有重要的犯罪内容。

虚构犯罪的表现模式与新闻报道中的模式相似——并在官方统计数字所传达的图景方面显示出类似的不一致。谋杀与其他暴力犯罪被频繁地描述，这与官方统计资料中财产犯罪占据主导地位形成了对比。有研究对第二次世界大战以来英国票房收入最好的犯罪电影进行了历史分析，发现谋杀是其间众多电影中自始至终的首要犯罪［用希区柯克（Hitchcock）的术语来说是麦格芬（McGuffin）剧情］。然而，直到20世纪60年代，财产犯罪是麦格芬电影中重要的少数内容，虽然此后绝少有这种情形。性与毒品滥用只是到了20世纪60年代后期才成为叙述的中心。直到20世纪60年代中期，大多数电影并不描述任何与麦格芬没有直接联系的犯罪。从那时起，电影描述一个充满语境性的犯罪的世界，它与中心犯罪无关，使得叙述生气勃勃（达到一个顶点，像与电影同名的警探哈里（Dirty Harry）不能得到一块汉堡包，除非他在这个过程中遇到一个银行抢劫案）。犯罪被以一种全面渗透威胁的方式展现出来，而不是一种反常的、对于稳定秩序的一次性侵入。与这有关的是，电影中警察英雄不断地占据了统治地位，暗示犯罪已经足够常规性地为一个庞大的官僚体制提供就业机会，不仅仅是为农村周末的房间里的满腔热忱的业余爱好者提供消遣。

自第二次世界大战以来，对暴力的再现已逐渐变得非常逼真。直到 20 世纪 70 年代早期，几乎没有任何电影显示被害人多于一个镜头的疼痛或受苦程度——即使他们被谋杀了。从那时起，不断增多的电影描述被害人遭受的严重折磨。

在电视上也一样，它们曾经常对暴力犯罪进行非常突出的虚构描述，但现在更是将暴力犯罪作为焦点。对美国电视的研究发现，黄金时间电视节目中大约 2/3 的犯罪，由谋杀罪、侵犯他人身体罪或者武装抢劫罪组成。对随机挑选的 1955 年—1986 年间黄金时间播出的 620 个电视节目进行的内容分析发现，“自从 20 世纪 50 年代以来，电视暴力远远超过了现实……在我们研究的第二个 10 年，即从 1965 年—1975 年……联邦调查局（FBI）计算的暴力犯罪率……增加 1 倍到每 1000 居民中发生 3 起。电视播出暴力犯罪的比率，1000 个人物中有 114 起，高出 30 倍还多”。

虚构中描述的犯罪的定性化特征，也与官方记录的模式大相径庭。大多数“真实的”凶杀案是年轻人之间斗殴或民间纠纷的延伸，而虚构的谋杀则通常是由贪婪或精心策划引起的。强奸与其他性犯罪也被以虚构（或新闻）与刑事司法统计之间相反的方式进行描述。大多数强奸是由至交或熟人所为。在电视与其他虚构（以及新闻故事）中，强奸通常由精神变态的陌生人所为并伴随有极端兽性，经常是折磨与凶杀（电视上 5%的凶杀是由强奸所致）。

犯罪虚构描述财产犯罪的频率小于犯罪统计数字所显示的犯罪现实，而它所描绘的犯罪又比有记录的犯罪严重得多。官方统计数字与对被害人的调查取得一致的推测意见，即财产犯罪的绝大多数附带很少或没有损失或损坏，也没有对被害人人身的威胁或伤害——确实，通常没有与犯罪人进行任何接触。然而，在虚构中，大多数财产犯罪包含了周密计划的、高价值的住房盗窃，且经常伴有暴力。

虚构犯罪的最后的一个重要特征是其高破案率。在虚构中警察通常会抓到它们的犯罪人。在艾伦等所做的1945年以来的抽样中，1952年之前没有犯罪人能逃避抓捕的电影，直到20世纪70年代也几乎没有这样的电影。这之后，数量不断增多的电影中犯罪人在犯罪后逃避了抓捕，尽管其仍然是少数。电视上的趋势是类似的，警察破获了绝大多数犯罪，他们不能破获的不断增长的少数电影除外。警察与刑事司法系统就这样在大众虚构中被绝对正面地加以描述，他们被描述为使被害人免受严重伤害与暴力的成功的保护人。情况继续是这样的，虽然对警察的成功与完美不断地有疑问。虽然电影与电视节目中警察的大多数是被描述为有同情心的、诚实的以及公正的，但对警察越轨的描述也在不断增长。腐败、残忍以及歧视性的警官，在20世纪60年代中期以后的电影与电视中变得更加普遍，对警察常规性违反正当程序之法律限制的逆来顺受也是如此。

五、传媒犯罪形象的后果

大多数古典学者在研究刑法于“标定”传统中的出现时，都强调传媒在发展新的（并侵蚀旧的）犯罪种类方面的作用。贝克尔（Becker）有巨大影响的《局外人》（*Outsiders*）分析了1937年《美国大麻征税法令》（US Marijuana Tax Act）的通过，显示了联邦毒品局把传媒用作道德企业化的工具。乔克·扬分析了传媒报道怎样放大了毒品使用者的越轨行为。斯坦·科恩（Stan Cohen）研究了传媒与警察是如何发展起可观的对“摩登派”（“mods”）与“老客派”（“rockers”）的惧怕螺旋，他在其中创造了有影响力的“道德恐慌”概念。霍尔等分析了一种道德恐慌，即1973年对一种据传的新型抢劫——“公然行凶抢劫”（“mugging”）产生的恐慌，强调了传媒在其中所起的关键性作用。报纸激发了公众忧虑，使得警察与刑事司法发生变化，这又生成为自足的越轨扩大化的螺旋。

许多后来的研究都说明了传媒在塑造犯罪界限方面的作用，这种塑造是通过创造新的犯罪种类或改变知觉与敏感性来进行的，这导致了普通犯罪的波动性变化。例如，罗杰·格雷夫1982年著名的关于泰晤士峡谷警察（Thames Valley Police）纪实影片，是改革警察对强奸被害人处遇的主要推动力。然而，这也促成了强奸被害人报案比例的上升，这样就引起了犯罪率的上升。许多其他的研究也记录了传媒扩大“犯罪波”并强化了对治安的“道德恐慌”。这样，犯罪水平的上升或下降，可能部分地是由于传媒的越轨构建与强化行为所致。

经常有人宣称，传媒起着开放的犯罪大学的作用，传播犯罪技术知识。这种断言的作出经常与特定的轰动案件（*causes celebres*）或恐怖电影有关，例如，在20世纪50年代发起的反对犯罪与恐怖滑稽电影的运动。臭名远扬的实例是断言谋杀杰米·巴尔杰的凶手受到了录像《鬼娃回魂3》（*Child' s Play* 3）的影响，体现为受他们杀死那不幸的学步儿童方法的影响。与此相关的论证进路，是犯罪与暴乱的“无主见的模仿者”（“copycat” theory）理论。像“侠盗飞车”（“*Grand Theft Auto*”）类的录像游戏被谴责为学习犯罪的特殊的潜在根源，因为玩家被置于犯罪人的主体位置。除了有很多争论外，这些东西是犯罪主要原因的证据薄弱。新形式的传媒有时被认为会制造新的犯罪手段。这种忧虑特别是由互联网所激发的，人们担心互联网能促成各种各样的犯罪，从诈骗罪、身份盗窃、儿童色情作品及培养孩子从事性产业，到组织跨国犯罪与恐怖主义犯罪。

传媒可能会增加犯罪的机会，因它通过促进消费主义道德意识的发展，使得诱人盗窃目标之可获得性迅猛增加。它们还能改变“日常活动”（routine activities），特别是与闲暇时间有关的活动，这就为犯罪构建了机会。家用大众传媒硬件与软件的使用——电视机、影碟机、收音机、唱片、个人电脑、移动电话——是日常财产犯罪中普遍使用的通货，它们的猛增是犯罪机会扩展的重要方面。关于传媒的犯罪形象容易引起犯罪行为后果的焦虑，其程度是很深的，它是定期反复出现的主题，即传媒犯罪形象既侵蚀外部控制也侵蚀内部控制的有效性。它们可能通过对刑事司法的贬低性的描述来破坏外部控制，例如奚落其代理人，这是从多格贝里（Dogberry）时期开始的一个主要的抱怨，最近通过警察滑稽形象的流行而复苏，这种情况从“基斯通警察”（Keystone Cops）起一直如此。对刑事司法的不良描述，可能通过施以更多的批评，质疑警察的公正与完善或效率与有效性，破坏其合法性。对刑事司法的负面描述可能减少公众与该系统的合作，使公众与该系统的配合松懈或减低潜在犯罪人对处罚可能性的认识，从而导致犯罪的增加。最经常被提及的传媒报道与犯罪行为之间因果关系的思路，是断言传媒通过经常描述可怜兮兮的或者富有魅力的犯罪形象，破坏已经内化的控制。这以学术的形式出现在抑制与摆脱敏感的心理学理论中。

（详细内容见［英］麦克·马圭尔、罗德·摩根、罗伯特·赖纳等著：《牛津犯罪学指南》，刘仁文、李瑞生等译，中国人民公安大学出版社 2012 年版，第 231~249 页。）

犯罪数据与统计[1]

本文探索一些相互关联的关于“犯罪水平”、“犯罪模式”以及“犯罪趋势”的问题以及它们是如何被测量的。这些问题的范围，听起来可能像是（但实际上不是）简单易懂的经验性的与方法论的问题，诸如“有多少犯罪?”，“它如何变化?”以及“我们怎么知道?”，到更加具有社会性与政治性的两个事物之间的关系，一方面，是被收集的与公布的犯罪资料的种类，另一方面，是不断变化的对“犯罪问题”的本质与刑事司法政策及犯罪控制政治的发展的看法。本章分为四个主要的部分。其中的两部分（第一与第四）主要与上述后面类型的问题有关，而第二与第三部分讨论可获得资料的主要来源以及它们所描绘的各种各样的犯罪情形。

第一部分对英格兰与威尔士的犯罪进行“测量”的不断变化的方法，进行了广泛的历史性概述。这里认为，从维多利亚时代到20世纪70年代，该领域犹如众所周知的“官方统计资料”占据了统治地位，内政部对一系列警察记录的犯罪所进行的年度汇编，作为国家的犯罪“晴雨表”功效广泛，很少受到挑战。然而，在这之后，犯罪上升到政治的议事日程上去，且围绕减少与“治理”犯罪的目标形成了一个全新的产业，这个产业既有地方性的也有国家（并且，在不断地出现，国际）水平的。比较“隐藏”的犯罪形式也引起了相当大的注意，这些犯罪发生在家庭或工作地点的私

---

① 作者［英］麦克·马圭尔（Mike Maguire），李瑞生译，本章系译文的部分内容摘要。

密处，新型的跨境犯罪与网络犯罪也引起了注意，而这些都没有反映在官方的统计资料上。这些变化引起了犯罪统计数据在收集、分析以及公布方面的爆炸式增长，这些都来自新的信息源，更多的机构与个人已卷入其中。与此同时，犯罪记录数字的价值越来越受到质疑。它们被广泛地认为就所需的新资料而言是“不合目的”，它们所描绘的规模与不断变化的“犯罪问题”轮廓的一般情形，因为严重误导而受到挑战。内政部已对这些批评与需求的一部分作出了反应，不仅发展了其本身的几个重要的新信息源（主要是通过大规模的调查），而且采取了相当激进的措施公布“英国犯罪调查”（British Crime Survey）（BCS）的年度犯罪记录数据与结果。这实际上已将后者提升到第二套“官方统计数据”的地位。

第二部分仔细审视了这两个主要的“官方”数据信息源，就长时间以来的犯罪的一般规模与趋势似乎告诉了我们什么，并检查了其主要的问题与这方面的局限性。还对两者进行了比较，特别是有关它们似乎给出了相互矛盾的信息方面。自始至终的主要信息，在于这是个变幻莫测的领域，任何关于犯罪数字或趋势方面的断言，都应该建立在对数字的产生有了彻底了解的基础上。

第三部分研究了从替代性资料中显现的犯罪态势，从 20 世纪 80 年代逐步增加的对警察与 BCS 数据的挑战开始，这些挑战是由中心城区进行的地方犯罪调查提出的。也对特别难“计算”的、与/或不经常引起警察注意的犯罪类型的资料收集的最新发展（及其存在的问题）作出了简洁的叙说。这些包括家庭暴力、虐待儿童、停止营业的机构内的犯罪、商业犯罪、公司欺诈、跨境与有组织犯罪以及政府的犯罪。最后，注意力放在了被重新点燃的对犯罪人（与犯罪相对）的兴趣上，特别是通过自我报告研究之复兴。

第四部分回到犯罪数据与政策及政治领域内的发展之间的关系问题上。近来内政部对犯罪资料的统计与公布方面有重大的变化，有意见认为，主要是对政策制定者与从业人员新的资料需求作出的反应。这些需求既受新的操作性的需要（来支持地方与国家的减少犯罪的新方案，“以证据为基础的政策”，合作性的工作，等等）的驱使，也受政府强调对警察与刑事司法机构的业绩管理的驱使。它们通过两个方面的措施加以解决，一方面，通过收集与传播更加综合性的关于犯罪的信息；另一方面，通过对犯罪记录的完好性进行更多的审查（例如犯罪记录国家标准）。这些发展虽然受到政策制定者的欢迎，但它们有意想不到的后果，也就是使得公众与政治家对犯罪的趋势迷惑不解，并促成了对政府统计数据信任度的总体下降。这些问题将以一个新的统计委员会的报告为依据进行讨论，这个报告的结论是“官方统计数据”的统治应该被置放到独立的手中。

在开始前应该强调两点。第一，所讨论的大多数“官方”资料与统计数据系指英格兰与威尔士，这些就足够复杂的了，企图探究其他地方的类似资料将会是过于野心勃勃。然而，还是需要参考一些国际文献，并且所作出的结论会有常规的应用。第二，“资料”与“统计数据”的术语在犯罪学领域趋向于被非常松散地使用，政府部门也是这样。严格说来，经常以“犯罪统计数据”名义公布的简单的频率一览表，以数学家的眼光看来并不是“统计学数据”（其意指分析与诠释）。然而，我们不应该拆台，并像在日常生活语言中一样使用这些术语，来描述任何以系统的时尚方式所分析或呈现的数据组。同样的，“资料”术语将被非常广义地使用，来指任何种类的以量化表格形式收集的信息。

历史回顾：官方统计数据的盛衰

以系统的方式“测量”犯罪的思想——例如，企图计数所犯的罪行，或判断它们最经常在什么地方与什么时间发生——在 19 世纪早期首先在法国凸显出来，在那里被所谓的“道德统计学家们”如凯特勒与格雷[①]（Quetelet and Guerry）所发展，其作为科学视野的一部分发现社会学领域的规律与规则，类似于在自然科学领域发现的规律与规则。然而，这种思想也与集权控制的官僚机构高度兼容，后者在欧洲被扩展来支持新兴的民族国家。就像理论家福柯（Foucault）（1977）所辩论的，关于社会生活方方面面的详细信息的编辑是现代化发展的一种重要因素，与政府强化控制它们的人民密切地联系在一起。因此，不足为奇的是，对犯罪资料的收集与分析很快绝对性地成为政府职员的职责，而不是学术科学家的职责范围。

当然，由政府收集或代表政府收集的、与犯罪有关的信息有许多不同的种类，并且可被以不同的目的使用（善良的或其他的），它们也会随着时间的迁移而变化。其一，关于个人的详细信息，能够收集与储存在集权控制的档案系统与资料库内。与“测量”相比较，这通常更与直接的监督与控制有关：例如，在大约与凯特勒与格雷写作的同时，尤金弗-朗索瓦·维多克（Eugene-Francois Vidocq），巴黎保安局的首届领导，代表法国政府运行当时所发明的最复杂的监督系统，他在被确定为犯罪人或国家敌人的成千上万的人的情报档案中使用了创新卡片索引系统（莫顿 2005）（Morton）[②]。其二，所收集的信息可能由定期从地方法院或警察机构来的匿名化的统计报告所构成，它们具有很少的直接的操作性价值，但可能有较为广泛的作用（就像下面所讨论的）。在两者之间，有许多在一次性基础上收集的其他种类的资料，它们为国家或地方级别的政策或实践提供信息，包括对特定种类的犯罪进行调查或研究

① 本译名参见吴宗宪：《西方犯罪学》，法律出版社 2006 年版，第 66-67 页。

② 然而，现代储存个人信息的资料库，例如新的中控 IT 系统，能够储藏所有“e-OASys”的风险/需要，对英格兰与威尔士已定罪罪犯进行评估，也能被用来提供统计信息——例如，测定已定罪人口的毒品问题的程度。

的结果。

在英格兰与威尔士，从19世纪中期以来，赋予定期的系列统计以特定的价值，这些系列建立在从每个地方呈送到内政部的资料的基础上。第一套这样的国家犯罪统计数据是在1857年编纂的，同样的一览表持续性地每年在“政府命令文件”中公布——后来冠以《犯罪统计，英格兰与威尔士》（*Criminal Statistics*, *England and Wales*）的标题——这持续了近150年。这些一览表作为“官方统计数据”而著名，它们建立在从警察与法院的年度报告的基础上，并由政府统计员进行检查与汇集。虽然术语与覆盖范围随着时间的迁移有微小的变化，基本的版式许多年来却非常明显地保持相似。出版物被分成两个主要的部分，一部分包括警察所记录的犯罪，另一部分包括“受到警告的或确定有罪的犯罪人”。大多数的记录犯罪的表格（是我们这里感兴趣的主要目标）由对特殊犯罪类型的计数构成，它们被依据法定的标准分类并被根据，例如，警察部队的辖区进行拆分。在各种各样的长期或短期的总数中，它们也显示出一些趋势。以犯罪人为基础的表格，主要与对不同种类犯罪量定的刑罚种类及其长度有关，根据年龄、性别以及地区的标准进行不同的拆分。叙述或分析很少有创新，因为统计员（随着时间的迁移，他们与政策制定者在某种程度上疏远了）被生产持续性序列统计的目标所驱使，而不是生产适合于实际需要的资料或分析。

这些种类的年度犯罪统计数据的生产，有许多潜在的目的与用途，它们的显著性与价值随着时间的迁移而有相当大的变化。它们在英格兰与威尔士的引进，为中央管理者提供了一个重要的新窗口，来观察国家的不同地区都发生了些什么，且统计数据也被越来越多地用来帮助他们分配资源以及控制法院与警察的活动（例如，包括量刑的趋势与警察的破案率）。在更为抽象的层次上，它们被作为与官方“国家道德健康”晴雨表相似的东西，与使用死亡数量统计资料来评估生理健康同时使用。在某种程度上，它们也被作为测定政府保护公众免受犯罪侵害的政策之成功或失败的标准。然而，直到 20 世纪 60 年代，官方统计的犯罪率一般保持在较低的水平上，几乎没有快速上升的趋势，也很少有引起严重关注的年与年之间的剧烈增长。政治家之间也有类似的心照不宣的一致意见，即政府在短时间内影响犯罪率的力量是有限的，直到很久以后犯罪才开始被作为大选的重要问题对待。这样，年度《犯罪统计》（*Criminal Statistics*）的发布通常会吸引某种政治性的争论与媒体的注意，与此同时，这通常是相当安静且短寿的。再者，虽然（a）警察，作为唯一的犯罪数据提供者以及（b）内政部，作为使表格具体化的机构，它们应被记录与表现在其中，两者占据了几乎两强霸权的地位，决定了对国家怎样特别地来塑造“犯罪问题”的形势与规模，奇怪的是，几乎没有人对这些资料的有效性或其所描绘的总体图景的“真实性”提出过质疑。

就犯罪资料而不是刑事司法机构的定期报告而言，橱柜是空的——或者，充其量，贮存了非常有限范围的产品——许多年以来都是这样。与突出强调给予犯罪人康复在犯罪预防中的重要地位紧密相连，在 20 世纪早期与中期，政府进行的或委托的大多数更详细的研究与调查，将重点放在被监禁的犯罪人的背景与特征的分析上。与此形成对比的是，很少有对犯罪的物理环境或地理条件的注意。这不仅适用于政策的制定者，也适用于学术性的犯罪学家，这些犯罪学家数量少，而且主要来自心理学的或精神病学的背景。很少有人看到被警察与刑事司法系统确认的犯罪人背后的东西，很少有人进行实地的观察，以研究特定种类的犯罪是在什么地方以及是如何发生的。那么，从广义上讲，直到进入 20 世纪后半期，犯罪数据的收集、分析以及表现，是建立在有限资源基础上的，且是在狭窄的参考框架内以机械的方式来进行的。它具有相当低的公共形象且大多委身给政府统计员，偶或有学者的帮助，但他们很少向官方统计数字的后面看，也不会对数字生产背后的假定提出质疑。

然而，自从 20 世纪 70 年代以来，发生了重要的变化。犯罪成了公众关心的主要焦点，也成了政党政治的重要问题。政府越来越多地着手“治理”犯罪问题，而且犯罪预防与控制产业，从广义上讲，非常迅速地扩展。这不是仅仅依赖传统的刑事司法反应，例如威吓性量刑或康复干预，而是包含了控制环境的努力来减少犯罪的机会，也鼓励积极主动的与问题定向形式的治安维持。而且，这种关心从“传统”形式的犯罪（例如盗窃、故意破坏公共财物以及夜盗），这构成了记录犯罪的主干，超越到以前隐匿在官方视野后面的许多种类的犯罪行为（例如家庭暴力与儿童性虐待），以及新的与更加有组织的带有国际维度的犯罪形式（例如计算机诈欺、贩卖人口以及洗钱），这些犯罪由于技术的快速发展与全球化而变得可能。这样的变化造就了对地方的、国家的以及国际水平的各种新种类信息的需求，包括对特定类型的犯罪模式的详细分析，这样的分析能够直接给政策制定与功能性的实践提供信息，也包括对加工与传播比过去快得多的资料的需求。

作为反应，从事资料收集与研究的人的数量以及他们可以获得的信息源，有了巨大的增长，无数新的调查领域对外开放，在该领域产生了名副其实的“资料爆炸”。内政部本身对此就是明证，它的研究单位（现在叫“研究发展与统计数据理事会”）现在变得比任何其他政府部门都大很多，且在发展测量犯罪的新方法方面起到了重要作用（尤其是 BCS）。与此同时，大学中的犯罪学，从一个仅作为其他学位课程的一部分而讲授的小学科，发展为一门繁荣的专门学科，雇用了几百位科研人员，他们中的许多人从事实证研究。公共的、私人的以及自愿性行业的许多其他机构，现在也雇用有自己的研究人员，分析专门机构的记录或组织民意调查从而生产出关于特定的犯罪类型的新资料（有国家的、地区的、或地方的级别之分）。实质上，我们已经从只有一个关于犯罪的“官方图景”的情境中走了出来，走进了另一个情境，其中（a）内政部自己的官方统计数据现在是建立在不止一种资料的基础上；以及（b）从其他有威望（以及威望稍逊的）机构来的资料，它们提供了不同的、交叠的以及某些情况下竞争性的万花筒式的图景。在其他许多国家，同样的变化也在发生，刺激了可比较性信息的增长，也促进了关于跨境犯罪的本质及其规模的更为可靠信息的研究。

为了说明这些变化的规模，对当今形势与20世纪70年代的情形进行简单的比较说明，重要知识的新源泉在下列领域被发展出来。本章后面会有更为详细的讨论。

1. 没有报告的与没有记录的犯罪（*Unreported and unrecorded offences*）。在20世纪80年代以前，在英格兰与威尔士，很少有人收集没有向警察报告的或没有被警察记录的犯罪的资料。直到1982年才完成了第一次BCS。它现在已经成为对超过40000人进行的年度调查，并由多种地方调查所完成，还有对犯罪而无报告的特殊调查，例如那些对商业的犯罪。此外，通过刑事司法外的机构获得的资料，来预测某些犯罪趋势的可能性已经被发掘出来，（例如，通过受攻击被害人在“急诊部”就医的记录来跟踪暴力犯罪）。

2. 犯罪的地点与环境（*Locations and circumstances of offences*）。更加详细的信息现在正在被收集（在BCS，从警察记录以及其他的地方），例如，犯罪在哪里、什么时间以及如何发生，犯罪人走了多远去犯罪以及受害人遭受什么种类的损失或伤害。这种类型的信息的空间特征引起了研究人员的特别注意，这导致了一个新的繁荣的分支学科的产生，即通常所说的“环境犯罪学”也导致了分析与报告相关资料的新方法的发展。这些包括建立在警察将犯罪译成地球密码基础上的“地图绘制”，其通常是通过使用邮政编码，制作犯罪“热点”的视觉性再现。

3. 具体化（*Specificity*）。犯罪学家更加清楚地意识到犯罪行为的多样性。不是按照少数的广义犯罪分类来认识与分析“犯罪”，他们现在趋向于强调行为的高度具体的形式（而且，其种类随着犯罪人设计盗窃财产的新方法，或随着警察或传媒发现新的“犯罪威胁”而增加）。例如，现今罕见有人寻求对“抢劫”进行分析：研究者很可能去研究更加具体的问题，例如“街头抢劫”（譬如说，是与银行或社区抢劫、保安厢式货车抢劫相对的），甚或狭义到抢夺移动电话。

4. 隐藏的犯罪类型（*Hidden types of crime*）。越来越多种类的“私人”（private）犯罪行为，过去大部分隐藏于公众视野之外——甚至其如今在犯罪统计数字中也非常欠表现——不仅在电视节目或报纸文章上成为人们所熟悉的主题，而且被得以系统地研究。这些犯罪中突出的是家庭内的犯罪，例如家庭暴力与儿童性虐待；“白领”犯罪与公司犯罪；当事人同意的犯罪——有时候被称为“没有被害人”或“同意的”犯罪——例如提供与持有毒品。

5. 被害人视角与公众意见（*Victim perspectives and public opinion*）。更多的信息现在也可以获得——主要是通过犯罪调查、访谈研究以及对警察事件记录的分析——从被害人或潜在被害人角度所看的关于犯罪的信息。这包括不同种类的犯罪对情感或金融方面影响的详细知识；不同社会群体成为特定种类犯罪被害人的相对风险之预测；公众与被害人对犯罪人与刑事司法系统的态度；不同种类犯罪严重程度的分级。

6. 比较的与跨国的资料（*Comparative and cross-national data*）。自从20世纪90年代以来，对受害与犯罪的国际调查都有相当大的投入。这些调查都对来自几个国家的样本居民询问了类似的问题，其结果被单独地与一块地加以分析。也有人尝试探索跨境有组织犯罪的本质与规模，但是这些研究还相对欠发达。

当然，资料的收集、储存以及分析，都深受信息技术发展的刺激与促进。现今已有几个巨大的电子数据库，包括大规模被害调查的结果（特别是BCS）以及国家的犯罪人数据库（例如，犯罪人索引，国家警察计算机系统，以及后来的e-OASys数据库，它们最终将包括对英格兰与威尔士实际上所有的已定罪犯罪人的详细风险—需要的评估）。特定类型犯罪数据库还可以加入其中（例如，蓄意杀人罪索引与“Catchem”)[1]，由警察、法院、监狱、缓刑服务机构以及其他法定的与志愿性机构所保留的许多地方性的记录系统也可加入其中。其他大型数据组——其中许多可以通过埃塞克斯(Essex)大学的 ESRC 数据档案系统来获取，以进行二次性的分析——是由大型资助研究项目建立的，包括纵向的“同伙”研究、地方犯罪调查以及自我报告调查。在可以获得的分析工具方面也有重大进步，例如多变量分析与统计数据模型的计算机包（海尔等 1998）(Hair *et al*. 1998)。

然而，就像早就透露的，为了理解这个“资料爆炸”，重要的是不仅要看技术的进步，而且要看思考的方式与对犯罪进行反应的方式的变化。这些与犯罪资料的生产是一种动态关系，两者都驱动了对新类型信息的需求，并且反过来受到它们所产生的新知识的影响。下述可以被视为过去 30 年以来，对这个过程起促进作用的主要因素。

对犯罪统计数据的学术批评

虽然 20 世纪 70 年代有许多学术性犯罪学家（故意地）远离政府的决策圈，但这个时期学术理论与研究的丰富发展，还是对犯罪的测量方法，产生了相当大的长期的间接影响。所谓的“越轨理论家们”，在犯罪学先前狭窄的学科中引起了海变，他们深受美国“标签”观点及其对法律的、机构性的以及社会化过程在“制造”犯罪方面作用之强调的影响。他们认为，警察与法院的记录，不是中立性事实收集过程的产物，而首要的是机构性目的与需要活动的产物。这样，从其中延伸出来的统计数据所告诉我们的，更多

---

[1] “Catchem”(“集中控制分析组校勘蓄意杀人罪专门知识与管理”)(Centralised Analytical Team Collating Homicide Expertise and Management) 数据库是 1986 年建立的，现在拥有 40 年牵涉年轻被害人的蓄意杀人案件的详细情况，特别是出于性动机的杀害儿童案。

的是关于该机构的东西，而不是关于“真实”犯罪程度的东西（一种无论如何含义都没有用处的概念）：用基特修斯（Kitsuse）与西科利尔（Cicourel）的话来说，它们仅仅是“机构化过程的骰子”。这种“制度主义的”方法，相对于“现实主义的”方法，从广义上讲是博顿利（Bottomley）与科尔曼（Coleman）（1981）所采取的立场的起点，他们重点研究了警察局的犯罪记录过程，揭示了警察实践与态度在塑造官方统计数据方面的重要性。一些犯罪学家接受这些思想，但大多数的政策制定者发现其方向难以令人信服——这包括所有的犯罪上升都是一种幻觉的论点，以及在一些情况下它是警察、政府与（或）媒体故意制造的论点——与此同时，犯罪统计数字的变化并不必然反映犯罪行为变化，这种基本观点开始被广泛地接受。

除了他们对官方统计数字持续的批评以外，越轨理论家与紧接其后的研究者留下了重要的遗产，即将研究开放进入迄今为止在相当大的程度上被隐藏于官方视野之外的犯罪行为种类。为了做到这一点，他们不再使用机构制造的数据，更愿意通过定性的方法来产生自己的数据，这样的方法包括观察参与者、建立在“雪球”样本基础上的访谈（而不是，比如说，已经定罪的犯罪人样本）、对报纸故事的分析，等等。通过这么做，他们发掘了新的知识源，并对鲜有人知的活动，以及那时很少出现在警察记录上的活动，产生发掘性的新认识，这些活动涵括吸毒、工作地点“骗钱行为”以及商业诈欺等。应该注意的是，这些行为中的一部分，虽然被公认为属于非法行为的类型，但难以被划入出现在犯罪统计数据上的特定犯罪种类。就是部分地因为要摆脱传统上所强调的、把法律所界定的行为种类作为研究的主要客体，并鼓励代之以社会定义的不可接受行为的种类，一些学者才选择把他们的研究领域定义为“越轨”而不是“犯罪”。

需要强调的是，这些作者就发展关于犯罪的统计性数据（*statistical*）资料资源而言贡献甚少，他们也不对测量特定种类的严重事件的发生频率感兴趣。相反，他们主要对英国犯罪学的一个时期负责，这个时期的学科气候总体上是反统计学的，而且量化数据被忽视。尽管如此，不管是定性的还是定量的，他们毫无疑问地在为犯罪学家——最终也为政府研究人员——掌舵摆脱传统测定犯罪的路径，朝新的、更有创造性的方法迈进方面起了重要的作用。

压力群体与运动

关于“隐藏”的犯罪本质及其范围的更加系统性的信息的研究，也受到执著的运动或游说组织的强烈影响，它们的目的是为了使警察或刑事司法系统更加严肃地对待特定的行为形式。最值得一提的是，女权主义作家与运动家在 20 世纪 70 年代的开创性工作，它们激发了对家庭暴力与性侵犯进行大量的实证研究，包括对妇女的调查，说明两者的发生率比官方的统计记录要大好几倍。这样的研究进一步说明，家庭暴力并不主要集中在低产阶级家庭中，而是在广泛的社会层次上都有发现。几乎确定的是，通过给政府施加压力来逮捕犯罪人，而不仅仅是给出建议，这种运动也有制造更多官方犯罪记录的作用。一种类似的事件类型——有类似的结果——这在运动发生几年后，是非常明显的，这个运动要求政府与警察采取更多的措施来对付非常隐蔽的犯罪形式——儿童性虐待（特别是，通过“儿童热线”，1986 年在英国设立）。

从被害人的角度

对犯罪被害人的经历与需要的注意不断增长，这对 20 世纪 80 年代及其以后收集的资料种类产生了比较广泛的影响。这个视角——在美国早已凸显了十多年——开始迅速地影响英国犯罪学家与政策制定者的思维，特别是影响关于被害人与犯罪人的相对权利、治安政策、犯罪预防、法庭程序、种族侵扰以及对妇女的压迫等问题的讨论。更为重要的是，为了我们现在的目的，产生一般效果的做法是将注意力更多地指向犯罪而不是犯罪人，包括产生关于犯罪在哪里、什么时间、怎么样发生的以及侵害了谁，所犯的罪属于（或很可能属于）什么样的犯罪类型的详细信息。这里最明显的例子是 BCS。另一个例子是对 20 世纪 70 年代后期及 80 年代早期，出现于英国与北美的居室夜盗犯罪所进行的大量的学术研究。这些研究提供了对夜盗发生时的环境的详细分析、对犯罪人动机与行为的详细分析以及对被害人的详细分析。所确认的夜盗方式开始得到解释，一方面，用目标的吸引力及其所提供的风险与机会变量之间的互动来进行解释，另一方面，根据不同类型的犯罪人的行为方式进行解释。这种工作促进了对犯罪方式的更普遍的以及不断增长的理论兴趣，例如，作为“机会”的产物，或作为“日常活动”的副产品。这也有利于形成新的犯罪预防方法。

情境性犯罪预防

在重心向犯罪而不是向犯罪人转移中的另一个因素——且由此在产生关于犯罪的知识新形式中——是有影响力的政策制定者的幻想在不断地破灭，他们通常认为犯罪可以仅由，甚或主要通过警察与刑事司法系统的传统性的活动而得到控制。面对这样的活动不能遏制犯罪率的上升或减少再犯率——反映在现行的曼恒罗①“什么都不起作用”中——内政部研究署（Home Office Research Unit）主任，罗纳德·克拉克（Rolnald Clarke），在 20 世纪 70 年代作出决定来减缩对犯罪人的康复工作，将研究重心放在更加直接（“首要的”）犯罪预防的形式上。这导致了内政部犯罪预防署（Home Office Crime Prevention Unit）的成立，它的主要贡献是发展了“情境性犯罪预防”。它的研究者开始使用详细的犯罪模式分析，目的是确定环境的特定区域，这些区域能够被改变，以使潜在的犯罪人不容易在其中实施特定种类的犯罪或减少对潜在犯罪人实施特定种类的犯罪的吸引力。这可能需要增加额外的物质安全措施、建筑物

① 某些宗教的念咒。——译者注

或交通工具的新设计、增加监视或对财产进行标识。这种“目标”方法需要详细的关于特定犯罪的盛行、它的地理模式与时间模式、它的典型作案方法的知识，这促进了内政部资助更多的这些领域的实证研究。这个大致方向的最近的主要发展是对犯罪“地图绘制”兴趣的增长，这在前面已经提及。

“犯罪治理”与多机构合作

情境性犯罪预防为犯罪控制政策进行更大的转移铺垫了道路，这种政策大致形成于过去的十年，以“犯罪治理”概念为中心。这在警务的许多方面可以看到，其中“智能化的”与“问题定向的”方法已很普遍，在许多部门都能找到“犯罪治理组织”。它的要旨——被压缩概括在“国家情报范本”（National Intellegence Model）中，从2005年以来在所有武装力量部门中实施——趋向于确定与优先处理现存的或正在出现的犯罪问题（这可能涉及特定种类的犯罪，已知的犯罪人的群体或地点），然后部署资源来处理问题。这导致警察部门雇用许多分析家，并为运作的目的而形成了越来越复杂的对地方资料的收集、分析与再现的方法。

重要的地方还有，这些思想的传播超越了警察的界限，刺激了在犯罪控制措施方面“合作”的重要发展，特别值得一提的是“犯罪与失序合作”（Crime and Disorder Partnerships，简称CDRPs，在威尔士被叫做社区安全合作，Community Safety Partnerships）。这些都是地方机构的法定的合作（还有其他主要的参与者，如地方议会、警察、缓刑、社会服务以及卫生当局），是根据《1998年刑事司法法令》（Criminal Justice Act 1998）在英格兰与威尔士的每一个地方当局辖区内建立的。它们都有义务准备该辖区的详细的“犯罪检查”（“crime audits”）（很快被“战略评估”所取代，来使它们与国家情报的范本相匹配）并公布计划来共同处理出现的主要问题。后来，内政部还给它们制定了与“犯罪总量”有关的减少犯罪的目标。这些要求也极大地推动了地方层面上的资料收集与分析工作，包括机构之间的资料共享、警察与刑事司法部门的资料完善及与其他领域资料的相互覆盖。譬如说，这就使得可以在逃学的方式与冒充顾客在商店行窃的方式之间，建立起一种联系，并鼓励多个机构主动地去解决“问题的根源”，而不是仅仅抓几个犯罪人。

就产生关于犯罪的新种类的知识，及其转化为新种类的犯罪政策而言，再过几年这些发展的累积性影响将是相当大的。它们影响的一个主要方面，是地方层面上（*local level*）犯罪资料分析的扩张，这可被直接用于操作性策略的制定。

“以证据为基础的政策”与“什么起作用”

与犯罪治理观念紧密相连的，是“以证据为基础的政策”观念，它在世纪之交的时候成为新工党政府的曼恒罗，对“什么起作用”运动的成长与“减少犯罪工程”（CRP）的实施起到了基础性的作用，诞生了前所未有的4亿英镑的介入实验项目，目的是减少犯罪率或再犯率。CRP的一个关键要素是对介入（intervention）的评估（来决定它们是否已经“起作用”）。这使得内政部作出努力来改善用于该目的之资料的质量与连贯性，这些资料包括“犯罪人索引”（Offenders Index）与“国家警察计算机系统”（Police National Computer）所持有的定罪资料以及新信息库的发展，这些新信息库记录了，例如，对参加认知行为计划的罪犯使用的心理测量方法。它也使得研究者寻找新的方法，在地方的层次上，来测量高度特殊的犯罪行为类型之水平的变化，例如“涉酒精暴力”的变化。

管理主义与业绩文化的兴起

自从20世纪80年代早期开始，当政府引进了“三E”（效率、经济以及有效）（efficiency，economy and effectiveness）作为公共服务的指导原则以后，刑事司法机构日益受到检查、审计以及用其他方法来检验其“业绩”，这都根据规定的标准进行。在过去的几年里，这在强度方面有所增加，因为现在的工党政府将公共服务的“现代化”视为自己最重要的优先事项之一，而且资源的分配在不断地依赖于地方机构与“目标”有关的业绩的情况。测量业绩的可靠资料是这些程序最重要的必需品，这使得人们严肃认真地努力控制记录实践活动的质量、连续性以及完整性。就犯罪资料而言，一项重要的发展是“犯罪记录国家标准”（National Crime Recording Standard，简称 NCRS）的引入与执行，其目的是缩小作为犯罪向警察报告的事件的数量与实际上被记录为犯罪的数量之间的差距（它对有记载犯罪的总数产生的影响将在后面讨论）。同样重要的是，为了检查国家每一个“基本管辖单位”（BCU）的相关业绩，需要快速的资料生产，这导致了以互联网为基础的分析工具（i-量子）（i-Quanta）的发展，进而使得可以为英格兰与威尔士的每一个 BCU，产生以月为周期的犯罪数字，它们具有标准格式且没有任何延迟。①

犯罪的政治化与对统计数据信任感的下降

最后，如果没有政府资助的重大增加，数据收集与研究的许多进步都不会发生。反过来，如果犯罪不是作为公众所关心的最重要领域之一以及作为国家政治议事日程的主要事项而出现（就像民意测验等所证实的），这些资助也不会被批准。尽管犯罪总是在引起相当大的注意，它的显著性及其“政治化”程度，在过去大约 10 年时间里可能是史无前例的。对这个现象的解释超出了本章范围，但明显的是，公众对犯罪的不宽容与惧怕、耸人听闻的媒体报道以及政治家对这个主题的利用，综合起来产生了一个大致的认识——不管官方统计数字怎么说——犯罪是“失去了控制”。在更

---

① 参见 http：//police. homeoffice. gov. uk/performance - and - measurement/iquanta/。

深的层次上，这是由“晚期现代”经济全球化生活中普遍的不安全感与高度的风险意识所引起的。

犯罪的一般性的政治化已经延伸到犯罪统计数据，因为经常有人对政府公布的数字的可靠性与完整性表示怀疑。例如，最近一位反对党的国会议员（MP）认为 BCS 是一种“民意测验”而对之不屑一顾，这被用来支持他的论点——它虚假地描述犯罪率下降，（显示暴力犯罪近来有所上升）的犯罪记录数字更加可靠。民意测验也显示广大民众越来越不信任所有的政府统计数字，值得注意的是，BCS 的少数调查对象坚持认为，犯罪在过去的 10 年中从总体上来说是一直在上升，而 BCS 与警察记录（后者是经过了调整）显示的结果正好相反。就像后面会讨论的，这被统计委员会认为是一个潜在的非常严重的问题，有必要将生产官方统计数字的责任转移到独立实体身上。

现在对本部分进行总结。在过去的 30 年中，就如下方面而言，形成了多元化的格局：“测量”犯罪所使用的资料的来源，收集与分析这些资料的过程的所有权与控制权，以及通过对结果的出版物而传送给外部世界的、有关“犯罪问题”之形势的信息。警察记录的犯罪数据因此被降低到研究犯罪本质与规模的多种途径之一的地位，这种数据所产生的图像是有些停滞的并且是单色的，而许多机构与个人所生产的则是不断变化的万花筒似的景象，后者对前者提出了挑战。这不是在否定传统的犯罪统计数字的重要性，特别是在象征性政治的层面上。相反地，犯罪在现行政治与传媒的话语中的地位是如此的突出，以至于所记录的犯罪中即使某一种类有一点点的上升，也会引起通俗小报的大字标题与热烈的政治辩论。然而，它们再也不能拥有即使对其本身而言是完整的“官方统计数据”的领地。就像后面要讨论的，因为 2001 年和 2012 年犯罪的数字被一起公布，其在某种程度上与 BCS 所公布的结果形成了对比，后者是在一个被命名为《英格兰与威尔士的犯罪》（*Crime in England and Wales*）的新统计简报中公布的——这个行动无异于公开承认警察资料的局限性。类似地，在内政部是该领域主要玩家的同时，它再也不能独占关于犯罪程度说明方面的类似“垄断真理”的地位了。犯罪数字现在是一个充满竞争——且不断被政治化——的领域，其中的知识断言经常受到挑战，公众与媒体对“官方统计数据”越来越不信任，资料的正当合理性与其质量一样成为非常重要的问题。

（本文详细内容见［英］麦克·马圭尔、罗德·摩根、罗伯特·赖纳等著：《牛津犯罪学指南》，刘仁文、李瑞生等译，中国人民公安大学出版社2012年版，第185-230页。）

第三部分

法学理论服务社会实践

通过刑事法律援助实现刑事司法正义

在所有法律援助中，刑事法律援助制度对人权保护具有重要的意义。由于一些弱势群体在刑事诉讼中没有能力聘请律师，从而造成了他们难以对抗检方的指控，这对这部分群体的刑事实体权利和程序权利的保护是相当不利的，因而需要通过刑事法律援助机制，使弱势群体免于错误的刑事追究，避免权利遭受侵害。在这里将对刑事法律援助基本理论和我国刑事法律援助的现状以及我国刑事法律援助实践中存在的问题进行一些分析，并且对如何解决这些问题提出一些意见和建议，以期能使我国刑事法律援助操作性更强，并取得良好的社会效益。

一、法律援助是一项国家义务

（一）法律援助制度简介

法律援助制度是国家在司法制度运行的各个环节和各个层次上，对因经济困难或者其他因素而难以通过一般意义上的法律救济手段保障自身权利的社会弱者，减免收费，提供法律帮助的一项法律保障制度。它作为实现社会正义和司法公正、保障公民基本权利的国家行为，在国家的司法体系中占有十分重要的地位。

法律援助制度起源于西方国家，先后经历了慈善事业阶段（18 世纪至 19 世纪）、个人权利阶段（20 世纪前半段）和福利国家政策阶段（“二战”以后）。自 20 世纪六七十年代以后，法律援助制度逐渐被一些发展中国家接受。我国虽然在 1979 年刑事诉讼法中就已经有了指定辩护的规定，但严格意义上的法律援助制度，到 20 世纪 90 年代后才开始建立。我国《律师法》第 42 条（律师、律师事务所应当按照国家规定履行法律援助义务，为受援人提供符合标准的法律服务，维护受援人的合法权益）的规定，是法律援助制度的直接法律渊源。此外，在《未成年人保护法》、《老年人权益保障法》、《妇女权益保障法》和《残疾人保障法》颁布后，司法部都及时联合中央有关部门发出了在这些特殊群体中建立法律援助制度的通知，进一步扩大了我国法律援助制度的范围。国务院 2003 年 7 月 16 日通过了《法律援助条例》，标志着我国系统的法律援助制度正式建立。法律援助制度具有以下几个特点：

第一，法律援助是一种国家行为，它是现代法制社会要求国家承担的一种国家责任，受国家强制力保证实施。我国《法律援助条例》第 3 条明确规定："法律援助是政府的责任，县级以上人民政府应当采取积极措施推动法律援助工作，为法律援助提供财政支持，保障法律援助事业与经济、社会协调发展。法律援助经费应当专款专用，接受财政、审计部门的监督。"

第二，法律援助的对象是特定的社会阶层，即因经济困难或其他因素而难以通过一部法律救济手段保障自身基本社会权利的阶层人士。我国《法律援助条例》第 10 条规定，公民对下列需要代理的事项，因经济困难没有委托代理人的，可以向法律援助机构申请法律援助：（一）依法请求国家赔偿的；（二）请求给予社会保险待遇或者最低生活保障待遇的；（三）请求发给抚恤金、救济金的；（四）请求给付赡养费、抚养费、扶养费的；（五）请求支付劳动报酬的；（六）主张因见义勇为行为产生的民事权益的。省、自治区、直辖市人民政府可以对前款规定以外的法律援助事项作出补充规定。

第三，法律援助的内容有一个发展过程，各国早期仅限于为刑事案件中被关押的贫穷的被告人提供辩护，其后逐渐扩展到在民事诉讼程序中提供代理。"二战"以后，随着福利国家政策的兴起，法律援助扩展到了国家法制运行的各个环节。

第四，法律援助的宗旨是维护司法公正，实现社会正义，体现的是法律面前人人平等的精神。

（二）刑事法律援助制度

法律援助制度在我国法制建设中从无到有，并且逐步完善，初步实现了司法接近民众的目标，能够使更多的人获得法律的保护，解决了一部分经济困难的群众无力获得法律保护的局面，这在我国历史上是具有划时代意义的。在我国古代，有的朝代严刑峻法，有的朝代德主刑辅，但是普通民众始终是法律制裁的对象，而非保护的对象，他们不是法律的主体，无权享受尊严的司法处遇。我国已经构建了法律援助制度，不管是刑事诉讼、民事诉讼，还是行政诉讼，甚至在信访、法律咨询等非诉讼领域，当事人也可以获得必要的法律援助，体现了公民在法律上的主体地位。

作为我国法律援助制度的重要组成部分，我国的刑事法律援助制度的基本原则和框架始建于 1996 年全国人民代表大会修改的《刑事诉讼法》与全国人大常委会颁布的《律师法》。其中，《刑事诉讼法》确立了以经济状况为决定条件的一般刑事法律援助的基本原则与特殊刑事法律援助的两项基本原则，即被告是盲、聋、哑、未成年人或者可能被判处死刑而没有委托辩护人的，人民法院应当指定承担法律援助义务的律师为其提供辩护。《律师法》则确立了三项重要原则。一是公民有获得法律援助的权利，二是确立了律师的法律援助义务，三是法律援助职能归属于司法行政部门。国务院颁布了我国首部法律援助行政法规《法律援助条例》，标志着我国刑事法律援助制度的正式确立。作为一项年轻的法律制度，其不可避免地存在许多不完善的地方，如刑事法律援助的覆盖面过窄，法律援助机构与公检法在刑事法律援助案件中的衔接不畅等问题。

刑事法律援助的范围，同一国的经济发展水平和法制状况密切相关，在发达的资本主义国家中，由于有雄厚的物质基础作保证，加上民主法律制度完备，刑事法律援助的范围相当广泛，刑事法律援助贯穿了调查取证、提起公诉、审判和上诉等刑事诉讼的各个阶段，凡是生活在贫困线以下的被告人、自诉人，都可以获得无偿的律师帮助。据统计，早在1976年，英国就有96%的被告在巡回刑事法院的审判中得到了法律援助。与西方发达国家相比，受经济发展水平的限制，我国刑事法律援助的范围经历了一个逐渐扩大的过程。早期的法律援助仅限于少数几种特殊情况下的指定辩护，现在已逐渐扩大到其他领域。即使就制定辩护来说，早期仅限于审判阶段，修正后的《刑事诉讼法》已经提前到侦查阶段。

（三）刑事法律援助的宗旨目的是保障公民权利，维护社会公平正义

讲到法律援助的职能，就要从法律服务与法律援助的本质区别谈起。法律服务是具有法律专业资质的人员为社会提供的一种中介服务，法律服务是一种私人产品，社会成员必须通过购买的方式才能获得。法律援助则是由政府为社会成员提供的免费的法律帮助，法律援助是一种公共产品，是为弥补法律服务市场失灵采取的政府救助措施，简单概括就是，法律服务是市场行为，法律援助是政府行为。

由于法律援助的基本特点、核心内容和行为模式的特殊性，人们对法律援助职能的认识形成了两种不同的观点。一种观点认为法律援助是政府为保障公民权利，维护社会公平正义而履行的社会管理职能；另一种观点则认为法律援助是社会保障制度的重要组织部分，体现了政府公共服务的职能。本人的观点则倾向于法律援助是政府社会管理和公共服务职能的统一。从法律援助的核心内容看，法律援助是保障公民平等享有法律服务，尊重和保障人权，实现社会公平正义，履行了政府社会管理的职能。从法律援助的特点和行为模式上看，依公民申请作出的行政给付决定和由政府购买或直接提供的具体法律服务的行为，同时具备了政府公共服务的职能特征，按照政府社会管理和公共服务职能既统一又有区别的公共行政学基本原理分析，可以说政府的社会管理和公共服务职能在法律援

助制度中实现了有机统一。

无论两种法律援助职能观点存在多少区别，但基本点是共同的，即法律援助是政府的职能，“对法律援助，我们可以借这次刑诉法修改的机会，在理论上有所推动，但作为法律援助的承担者，它归根结底还是一种政府责任。”① 法律援助的目的是保障公民权利，维护社会公平正义。因此，国务院《法律援助条例》明确规定法律援助是政府的责任，其基本的职责是保障经济困难的公民获得必要的法律服务，推动法律援助事业与经济社会协调发展。根据法律援助的职能和政府的基本职责，国务院《法律援助条例》和各省、区、市地方立法又进一步确定了地方政府，司法行政机关，法律援助机构应当承担的具体职责任务，这些具体的职责任务为有效履行政府的法律援助的职能和基本职责提供了保证。陈瑞华教授指出，法律援助活动的开展，钱可以由政府出，具体事情可以委托给社会机构来做。美国的方式是设立大量的公诉辩护办公室，雇佣专门的律师，包括办公经费都是由政府出钱，由这些专门的机构来做法律援助。欧洲的方式是政府给每个法律援助案件提供经费，每个律师都可以申请办理。这是不同的制度安排方式，固定援助机构的方式和不固定的方式，但基础都是政府保证经费。援助律师应该是阳光下最让人敬重的事业，但我们的机制还不完美，仅仅扩大法律援助范围还是远远不够的，应该做多方面的努力。②

二、刑事司法正义在很大程度上依赖于法律援助

（一）刑事司法正义的重要性

法律援助制度作为保障公民平等地进入诉讼程序的重要机制，

---

① 田文昌、陈瑞华：《刑事辩护的中国经验——田文昌、陈瑞华对话录（增订本）》，北京大学出版社 2013 年版，第 368 页。

② 田文昌、陈瑞华：《刑事辩护的中国经验——田文昌、陈瑞华对话录（增订本）》，北京大学出版社 2013 年版，第 369 页。

是公民不论贫富都能平等地实现自身合法权益的前提条件。刑事法律援助在使公民获得平等的司法保护，保障当事人依法享有诉讼权利，实现司法公正方面有着不可或缺的作用，已成为一个国家法律健全、社会文明进步的标志。司法公正的最终实现，应当以诉讼主体能够充分而富有意义的参与到诉讼中为前提条件，为此，应建立相应机制以确保公民在诉讼中不受财产多少的影响平等地获得法律帮助以维护自身的合法权益。而刑事法律援助制度的建立，直接关系到刑事诉讼中公民能否平等地获得专门的法律服务以维护自身的合法权益，缺乏这一机制的有效保障，刑事司法公正就无从谈起，“法律面前人人平等”的原则在刑事诉讼中就难以实现。由于部分公民在经济上并不富裕，无法从市场上雇佣律师为其辩护，此时国家需要保护公民的辩护权，使其有能力对抗强大的国家追诉，以实现正当程序精神。国家负有为无力雇请辩护律师的公民免费聘请律师的义务，以体现国家对公民的保护。

我们通常所说的司法公正主要包括两个方面的内容：司法程序公正和实体法律公正，而后者实体法律公正的实现往往必须要依靠程序上的公正。在我国的刑事司法实践中，如果在审判过程中没有律师的参与，一般都会被认为是程序上的不公正，因此在刑事诉讼过程中辩护律师的介入是体现程序公正的重要标准。因此，如果想要保障司法上的公正就必须要保证刑事诉讼当事人在诉讼的各个阶段都能得到律师有效的帮助，这也是我国建立法律援助制度的重要意义所在，在为当事人实现法律援助的同时，实现对司法公正的保障，实现平等。法律面前人人平等是我国最为重要的法律原则，其体现出来的内容不仅表现为法律形式上的平等，同时也表现为法律利益和结果上的平等。而在实践过程中，法律上的平等如果想要变为现实中的实质性平等，其中一个重要的方面就是必须要让所有的个体都能拥有寻求法律保护的机会。由于我国在诉讼法中规定公民在进行诉讼活动和请律师的过程中都必须要缴纳一定的费用，但现实中确实存在有些公民无力承担诉讼费用的情况，如果没有法律援助制度，势必会让这类人群因为贫困或者其他方面的原因无法得到专业法律上的保护，其公民享有的法定权利就无法得以实现，在合法权益受到损害的过程中也无法得到有效的救济。

（二）刑事诉讼中犯罪嫌疑人、被告人最需要法律援助

田文昌律师认为刑事诉讼法修改的积极意义很明显：在立法上扩大法律援助的范围，加大了对法律援助的注重程度，在向国际化的援助制度靠近。同时作为预测，根据我国目前的司法现状，能否真正实现立法想要达到的这种效果，还有待观察。我们目前刑事案件的辩护率只有20%左右，这意味着有70%~80%左右的刑事案件要通过法律援助来实现，这在目前还不可能实现，我们缺乏足够的律师也缺乏足够的经费投入来进行法律援助，只能是一个逐步实现的过程。[①] 笔者进一步认为，刑事追诉对于公民来说，是一种负担，且刑事追诉不是一般的负担，而是可能会导致剥夺公民的基本权利，如生命权、自由权和财产权的结果。死刑对应的是对生命权的剥夺，无期徒刑和有期徒刑对应的是对自由权的剥夺，而罚金刑对应的是对公民财产权的剥夺。此外，公民的政治权利也可能会被刑事判决剥夺。可见，刑事追诉与公民的基本权利之间有着密切的联系。由于刑事司法机关和刑事办案人员在办案过程中可能会存在一定的错误，这种错误在某些时候是不可避免的，这就会导致犯罪嫌疑人和被告人处于非常不利的状态和非常危险的境地之中。即使办案人员能够依法办案，但是和强大的国家追诉相比，如果没有具备法律专业知识的人员为犯罪嫌疑人、被告人辩护，那么犯罪嫌疑人、被告人就不能有效地和公诉方对抗。更为严重的是，国家公权力都有天生的侵害性，且极易被滥用，如果无法得到刑事法律援助，那么犯罪嫌疑人、被害人极有可能会被错误地或者过重地追究刑事责任。

---

① 田文昌、陈瑞华：《刑事辩护的中国经验——田文昌、陈瑞华对话录（增订本）》，北京大学出版社2013年版，第367页。

（三）没有律师的帮助，整个法庭审判就会流于形式

陈瑞华教授认为，从法律援助事业的发展来看，这次对法律援助范围的扩大，适用阶段的延长，是一种进步。我们必须认识到，没有律师的帮助，整个法庭审判就会流于形式，形成一种公诉方与审判方联合起来对付被告人的局面，强强联手对付弱者，天平严重倾斜，倒向强势一方，正义无从谈起。而且，现在法律的专业化程度越来越高，术语越来越多，让一个没有法律素养的被告人面对专业人员，他没有任何的抗辩能力，完全是被动地承受国家的追究，消极地等待国家审判。① 田文昌律师指出："有时候，我们的检察官和法官还特别愿意对被告人讲术语，其实他们根本听不懂。"② 陈瑞华教授就此指出："我们有时把它称为一种专业主义的傲慢，利用专业技巧、专业能力来达到快速地惩罚犯罪的效果。但这里面隐藏着两种风险：一是被告人是不是真正的罪犯，有没有冤假错案的可能，二是被告人有没有得到最基本的辩护权。"③

三、我国刑事法律援助范围的扩大

（一）刑事诉讼法的规定

修改后的《刑事诉讼法》第 34 条规定：犯罪嫌疑人、被告人因经济困难或者其他原因没有委托辩护人的，本人及其近亲属可以向法律援助机构提出申请。对符合法律援助条件的，法律援助机构应当指派律师为其提供辩护。

犯罪嫌疑人、被告人是盲、聋、哑人，或者是尚未完全丧失辨

---

① 田文昌、陈瑞华：《刑事辩护的中国经验——田文昌、陈瑞华对话录（增订本）》，北京大学出版社 2013 年版，第 368 页。

② 田文昌、陈瑞华：《刑事辩护的中国经验——田文昌、陈瑞华对话录（增订本）》，北京大学出版社 2013 年版，第 368 页。

③ 田文昌、陈瑞华：《刑事辩护的中国经验——田文昌、陈瑞华对话录（增订本）》，北京大学出版社 2013 年版，第 368 页。

认或者控制自己行为能力的精神病人，没有委托辩护人的，人民法院、人民检察院和公安机关应当通知法律援助机构指派律师为其提供辩护。

犯罪嫌疑人、被告人可能被判处无期徒刑、死刑，没有委托辩护人的，人民法院、人民检察院和公安机关应当通知法律援助机构指派律师为其提供辩护。

（二）修正点评

本次修正的主要内容包括：一是将法律援助的起始时段由“审判阶段”提前到“侦查阶段”；二是将制定辩护的适用对象由可能判处死刑之人扩大到可能被判处无期徒刑之人；三是将指定辩护的方式由人民法院直接“指定承担法律援助义务的律师为其提供辩护”改为由人民法院、人民检察院和公安机关“通知法律援助机构指派律师为其提供辩护”，也就是说，人民法院不再直接指定辩护律师，而是听由法律援助机构指派律师提供援助。这些内容的改动主要体现了本次修法最大限度地保护犯罪嫌疑人、被告人合法权益的立法理念。

（三）理论分类

根据我国《刑事诉讼法》第 34 条和第 266 条的规定，对被追诉的法律援助，分为申请指派律师援助和法定指派律师援助两种情形：根据《刑事诉讼法》第 34 条第 1 款的规定，申请指派律师援助的情形，是指犯罪嫌疑人、被告人因经济困难或者其他原因没有委托辩护人的，本人及其近亲属可以向法律援助机构提出申请。人民法院在收到在押被告人提出的法律援助申请后，应当在 24 小时以内转交所在地的法律援助机构。对符合法律援助条件的，法律援助机构应当指派律师为其提供辩护。

根据《刑事诉讼法》第 34 条第 2 款和第 3 款及第 267 条的规定，法定指派律师援助是指在下列情形中，犯罪嫌疑人、被告人没有委托辩护人的，人民法院、人民检察院和公安机关应当通知法律援助机构指派律师为其提供辩护：（1）犯罪嫌疑人、被告人是盲、聋、哑人，或者是尚未完全丧失辨认或者控制自己行为能力的精神病人；（2）犯罪嫌疑人、被告人是未成年人；（3）犯罪嫌疑人、被告人可能被判处无期徒刑、死刑。

除了上述刑事被追诉者的法律援助之外，根据《法律援助条例》第11条的规定，刑事诉讼中有下列情形之一的，公民可以向法律援助机构申请法律援助：（1）公诉案件中的被害人及其法定代理人或者近亲属，自案件移送审查起诉之日起，因经济困难没有委托诉讼代理人的；（2）自诉案件的自诉人及其法定代理人，自案件被人民法院受理之日起，因经济困难没有委托诉讼代理人的。这两种情况在理论上应属于依申酌定指派法律援助的情形。

四、通过法律援助实现刑事司法正义

（一）刑事法律援助的实施与困难

法律援助在我国是一个老大难问题，一是提供法律援助的经费十分有限，律师获得的报酬微乎其微。一些地方把法律援助的国家责任、政府义务转嫁给了律师。二是法律援助的效果不尽如人意。既缺乏对法律援助的质量体系的控制和标准，又缺乏对援助律师经费的支持。[①] 笔者认为，要完善刑事法律援助制度绝不是法律援助机构一家所能做到的，要使刑事案件中的受援人在刑事诉讼的各个阶段都能得到充分的法律援助，公安机关、检察院、法院、法律援助机构在程序上的衔接与紧密配合是非常关键的。但目前刑事法律援助法律法规中涉及此处的规定缺乏可操作性，各地在落实公检法司四家开展刑事法律援助工作的衔接机制时也少有实施细则，事实上造成了有关部门对刑事法律援助不重视，宣传不到位，工作不落实。犯罪嫌疑人与刑事被告人不知晓有申请法律援助的权利，自然也无从保障其诉讼程序的合法利益。

---

① 田文昌、陈瑞华：《刑事辩护的中国经验——田文昌、陈瑞华对话录（增订本）》，北京大学出版社2013年版，第366页。

（二）通过法律援助实现刑事司法正义

贫富不均从而导致各种社会矛盾深化已是不争的事实，消除社会矛盾是不可能的，但是，有效地减少与缓解社会矛盾是一个社会主义国家应当也是可以做到的，这也是建立和谐社会的关键。由于法律特有的性质和特点，法律调整机制一方面能够获得社会最大多数人的认同，能够把不同的观点统一到法律的基础上，形成和而不同的和谐状态。另一方面提供了一个给当事人充分陈述自己的根据和理由的途径，使当事人的不满情绪有一个法定的发泄途径，可以减缓社会压力，化解社会矛盾。法律调整机制的正常运作的关键是当事人能平等地享受到法律服务。我国已经建立了法律服务的市场调节机制，把有支付能力的公民获得法律服务的条件交给了律师的有偿服务的市场机制调节。但毫无疑问，这种调节机制是有缺陷的。仅有律师的有偿服务机制，就无异于法律只保障“有钱人”的利益，从而导致诉讼程序的不公正。如果贫困群体无法得到刑事法律服务作为解决问题的途径，则法庭和监狱有可能沦为贫困阶层诅咒社会黑暗不公、滋长反社会和暴力破坏行为的温床和教室，社会矛盾也将进一步加深。为了有效实现刑事司法正义，必须注意以下几个方面：

第一，法官司法理念必须现代化。

第二，援助律师刑事法学知识必须深化（乌鲁木齐律师已做得相当不错）。

第三，援助管理机构必须提高管理意识和服务意识。

《法律援助条例》第 4 条规定，国务院司法行政部门监督管理全国的法律援助工作。县级以上地方各级人民政府司法行政部门监督管理本行政区域的法律援助工作。中华全国律师协会和地方律师协会应当按照律师协会章程对依据本条例实施的法律援助工作予以协助。第 5 条规定，直辖市、设区的市或者县级人民政府司法行政部门根据需要确定本行政区域的法律援助机构。法律援助机构负责受理、审查法律援助申请，指派或者安排人员为符合本条例规定的公民提供法律援助。

国务院《法律援助条例》规定律师应当履行法律援助义务，为受援人提供符合标准的法律服务，并接受律师协会和司法行政部门的监督。律师应当履行法律援助义务是中国特色法律援助制度的一个重要组成部分，与各国政府通过购买律师服务为穷人提供帮助不同，中国的律师从事法律援助是一种法律强制性要求，并且也不能按市场价格得到政府的付费。在这种情况下，对律师从事法律援助行为的监督就不能按照市场服务的机制和方式进行，而要靠具体而有效的行政手段和措施。这种监督工作是及时、大量和具体的，律协和司法行政部门都没有专门的力量从事此项工作。

构建刑事法律援助制度的质量保障机制可借鉴国外一些做法，如瑞士，援助律师在结案时，交给法律援助中心一份详细的结案报告汇报具体的情况，包括与当事人会谈的次数时间、调查取证的次数与证据的数量、阅卷的次数、出庭的次数。法律援助中心在审核确认无误后，才予以结案，并给予相应的援助补偿。这种监管方式给援助律师进行法律援助提出了一个量的要求，但尚难于在质的方面进行监督。笔者认为，对此可从两个角度入手：一方面由于援助律师始终与当事人处于一种互动的状态，当事人对援助律师是否尽职尽责履行其援助义务具有最直观的感受，故法律援助机构可向当事人征询有关援助最基本的情况，再要求援助律师作一个总结，两相结合进行审查；另一方面由于法律援助的水平和质量最集中反映于庭审过程中，人民法院作为整个庭审的主持者，并具有专业的知识，在结案后，由其依照法定的标准对援助者作一个评价将客观地反映法律援助的真实面貌。通过以上过程，将会把法律援助纳入有效的管理监督体系之中，从而提高法律援助的质量，保障人权、推进司法公正，最终实现法律援助制度的立法初衷。

作为一项国家责任、政府义务，法律援助事业要得到健康发展，不应该过多地转嫁给律师。目前一些地方的一些做法，可能还是不得已而为之，但从长远看，还是应该扩大政府的责任。这就需要援助经费的大幅增加。但仅仅增加经费还不足以实现法律援助的健康发展，我们还应该看到问题的另一面。[①] 作为法律援助的主管机关，对法律援助工作应该建立基本的法律援助工作标准，有基本的质量审查机制，最起码要有会见被告人的笔录，要有阅卷记录，要提交辩护思路和辩护意见，树立起基本的尽职义务。[②]

第四，扩大提供援助者的范围（如法学院的教师与学生）。

虽然立法扩大了刑事法律援助的范围，但是与社会发展的需要相比，这个范围还是太窄。在很多国家，只要可能判有罪的案件都有法律援助，所以将来我们还需要扩大法律援助的范围。我国目前向当事人提供法律援助的方式有以下四种模式：一是政府性质的法律援助机构。在国家司法行政管理部门设立专门的法律援助机构，并在机构中配有执业律师来完成法律援助案件。二是律师事务所律师提供法律援助。在律师事务所执业的律师按照律师协会的要求，每年完成规定的法律援助任务。三是各种社会团体提供法律援助。四是各大学法学院的学生组织成立的法律援助中心，学生们向社会弱者提供法律援助。第四种模式可以促进法律理论与实践的结合，同时满足法律援助的需要，但是鉴于资金、时间等方面的局限，其作用没有很好地发挥出来，建议司法行政机关将部分案件通过法学院委托给法学院的教师与学生，并提供必要的经费支持，使得法律援助制度最大程度发挥其积极作用。

【附】刑事法律援助的程序

对于法定指派律师援助的情形，法律援助机构只要接到人民法院、人民检察院或者公安机关的通知，就应当及时指派律师进行援

---

① 田文昌、陈瑞华：《刑事辩护的中国经验——田文昌、陈瑞华对话录（增订本）》，北京大学出版社 2013 年版，第 369 页。

② 田文昌、陈瑞华：《刑事辩护的中国经验——田文昌、陈瑞华对话录（增订本）》，北京大学出版社 2013 年版，第 369 页。

助，并将指派进行援助的律师名单回复上述机关。

公民申请代理、刑事辩护的法律援助应当提交下列证件、证明材料：（一）身份证或者其他有效的身份证明，代理申请人还应当提交有代理权的证明；（二）经济困难的证明；（三）与所申请法律援助事项有关的案件材料。申请应当采用书面形式，填写申请表；以书面形式提出申请确有困难的，可以口头申请，由法律援助机构工作人员或者代为转交申请的有关机构工作人员作书面记录。法律援助机构收到法律援助申请后，应当进行审查；认为申请人提交的证件、证明材料不齐全的，可以要求申请人作出必要的补充或者说明，申请人未按要求作出补充或者说明的，视为撤销申请；认为申请人提交的证件、证明材料需要查证的，由法律援助机构向有关机关、单位查证。对符合法律援助条件的，法律援助机构应当及时决定提供法律援助；对不符合法律援助条件的，应当书面告知申请人理由。

申请人对法律援助机构作出的不符合法律援助条件的通知有异议的，可以向确定该法律援助机构的司法行政部门提出，司法行政部门应当在收到异议之日起 5 个工作日内进行审查，经审查认为申请人符合法律援助条件的，应当以书面形式责令法律援助机构及时对该申请人提供法律援助。法律援助机构可以指派律师事务所安排律师或者安排本机构的工作人员办理法律援助案件；也可以根据其他社会组织的要求，安排其所属人员办理法律援助案件。对人民法院指定辩护的案件，法律援助机构应当在开庭 3 日前将确定的承办人员名单回复作出指定的人民法院。办理法律援助案件的人员，应当遵守职业道德和执业纪律，提供法律援助不得收取任何财物。根据《刑事诉讼法》第 34 条的规定，对于犯罪嫌疑人、被告人的法律援助，只能安排律师进行。

受指派办理法律援助案件的律师或者接受安排办理法律援助案件的社会组织人员在案件结案时，应当向法律援助机构提交有关的法律文书副本或者复印件以及结案报告等材料。法律援助机构收到前款规定的结案材料后，应当向受指派办理法律援助案件的律师或者接受安排办理法律援助案件的社会组织人员支付法律援助办案补贴。法律援助办案补贴的标准由省、自治区、直辖市人民政府司法行政部门会同同级财政部门，根据当地经济发展水平，参考法律援助机构办理各类法律援助案件的平均成本等因素核定，并可以根据需要调整。《法律援助条例》第 23 条规定：办理法律援助案件的人员遇有下列情形之一的，应当向法律援助机构报告，法律援助机构经审查核实的，应当终止该项法律援助：（一）受援人的经济收入状况发生变化，不再符合法律援助条件的；（二）案件终止审理或者已被撤销的；（三）受援人又自行委托律师或者其他代理人的；（四）受援人要求终止法律援助的。第 25 条规定：法律援助机构对公民申请的法律咨询服务，应当即时办理；复杂疑难的，可以预约择时办理。

（2013 年 11 月在乌鲁木齐市法律援助中心演讲稿）

新疆法援第一案

——法律援助依法保障 25 名聋哑人的刑事辩护权

案件类型：刑事法律援助案件

案　　由：盗窃　伤害

受 援 人：鲁某等 25 名聋哑人

指派单位：新疆乌鲁木齐市法律援助中心

承办律师：鲁小丽、陈立莹、武海军、博燕、文忠、阿不都克依木、李长贵、赵慧君、卢伟、孙靖宇、李新蜀、刘翠兰、苏成、李中旭、牛毅红、宁烁臻、李新建、李建强、黄海、张开发、朱晓方、曹学莉、张静媛、李纪萱、刘峰等 25 名法律援助律师

审理法院：乌鲁木齐市中级人民法院

案情简介：

2008 年年初，鲁某（聋哑人）和买某（聋哑人）通过互联网视频“聊天”结识。两人商定由鲁某从内地组织聋哑人来乌市实施盗窃，买某负责安排住宿。两人预谋后迅速利用互联网络、手机短信等手段，从河南、江苏、四川、重庆、新疆等地召集一批聋哑人来乌鲁木齐市实施盗窃活动。该盗窃团伙采取集中管理、分组实施、分工作案等方式在公交车、商场等地点共作案 42 起，盗窃金额总数达 8.8 万余元。2008 年 12 月，公诉机关依法对被告人鲁某、买某等 25 名聋哑被告人提起公诉。

承办过程：

2009 年 2 月，乌鲁木齐市司法局法律援助中心接到人民法院

《指定辩护人通知书》后，迅速组织25名业务素质高的律师成立“专案辩护组”，将此案定为重大疑难案件，针对聋哑人犯罪的特点，专门召开“专题辩护讨论会”，提出指导性的辩护建议：一是本案属于一起有组织的集团犯罪，被告人从各地纠集在一起，分工明确，组织严密。犯罪团伙主要负责人通过不定期召开会议，向团伙成员分派任务，传授和总结“经验”，惩罚表现不好的成员等管理手段，从团伙成员的纠集管理、生活起居、对外联系到案件的踩点、作案准备、着手实施、配合接应、赃款赃物的收缴、管理、销赃等一整套的组织、策划、实施，使这一案件在社会中造成非常恶劣的影响，社会危害性较大，已引起全社会的普遍关注。因此，法律援助律师要以高度责任感和敬业精神，集中精力办理好这一具有社会影响的重点案件。二是此案体现了“四多”的特点，即“涉案人数多、作案次数多、犯罪手段多样、案发地点多”，律师首先要在阅卷上下功夫，准确理清公诉机关指控的基本犯罪事实，注意甄别被告人供述间的矛盾和案卷证据的真实性、关联性，理顺被告人之间的相互关系，明确每一个被告人在犯罪集团中地位和作用。三是涉案人员均为聋哑人，文化程度普遍偏低。鉴于被告人语言上的障碍和文化教育的局限，其反映到案卷材料当中，就可能会出现事实表达不清或者不准确的情形，在阅卷了解基本事实的基础上，要充分听取被告人的辩解。会见在押被告人时要事先准备会见提纲，与手语翻译人员做好沟通，做到翻译准确无误，提高会见的质量和效率。四是聋哑人与正常人犯罪虽然给社会和他人带来的危害是共同的，但是聋哑人在生理和心理都具有一定的特殊性，其对自身犯罪行为也会存在不同的认识。律师在依法辩护时，要着重以“宣法、感化、教育、挽救”为主，准确运用法律对聋哑人犯罪量刑的特殊规定，认真区分每一个聋哑被告人在犯罪中的地位、作用和犯罪动机、成因，让聋哑人和正常人一样充分享受到法律赋予的权利，使其在接受法律援助的过程中认识到自身行为的社会危害性，真正做到认罪、悔罪。

为确保案件质量，乌鲁木齐市司法局法律援助中心启动案件全程质量监督机制，安排3名法律援助案件质量监督员进行全程监督。中心案件质量监督员均由资深律师、律师协会人员、司法行政机关工作人员组成。监督员全程监督每名法律援助律师的具体表现，填写《法律援助案件全程监督表》。表中除了有承办律师、受援人等基本信息外，还有“是否阅卷”、“是否会见当事人”、“是否准时参加开庭”、“是否着律师袍”、“庭审语言表达能力”、“辩护观点的把握”、“庭审应变能力”、“辩护效果”、“有无违纪违规”等几项内容，每项内容后面有不等的分值选项，如果哪位法律援助律师办理案件得分在60分以下，那么他得到的评查结果就是不合格；60分~85分为合格，85分以上为优秀。庭审结束后，由监督员针对法律援助律师的具体表现分别给予考评“打分”。

法律援助律师通过疑难案件讨论，严格按照法律援助工作程序和安排，依据会议制定的相关预案，在认真阅卷，了解事实、查找问题、会见在押被告人、细致甄别相关证据等基础上，依法按时出庭辩护。法庭上，全体法律援助律师统一着装、精神饱满、阵容整齐，显示出了法律援助律师的精神风貌和严谨负责的工作态度。庭审中，法律援助律师依据聋哑人犯罪量刑的特殊规定，针对各自被告人的主观意愿、犯罪的成因、动机、地位、作用以及实施手段、悔罪表现、量刑建议等分别发表了辩护意见。通过精心的组织安排和律师大量的工作，以及3天的审理，案件庭审辩护顺利完成。2009年6月24日，人民法院全部采纳了25名律师的辩护意见，对25名聋哑被告人分别作出了1年零3个月到8年的判决。25名法律援助律师被监督员评出了全部优秀的好成绩。

此案作为新疆迄今为止最大规模的法律援助辩护案件，得到了全社会的普遍关注。法制日报、新疆法制报、乌鲁木齐晚报、中新网等多家媒体进行了详尽报道。全社会对法律援助工作的表现以及体现的公平和正义给予了高度的评价，此案被多家媒体誉为“新疆法援第一案”。

法律援助是党和政府的一项“阳光”工程，如何让每一个需要帮助的弱势群众都能得到党和政府的温暖，是我们法律援助工作人员应尽的职责。此案充分展现了乌鲁木齐市法律援助工作的风采，使全社会认识到了法律援助的重要性和必要性。这一案件的成功办理，来源于平时严谨的工作作风和良好的管理机制。法律援助工作不仅要有高昂的工作热情，更需要我们时刻践行科学发展观，以科学的组织、管理和指导，完善的工作监督机制，确保法律援助队伍“拉出能战，战则能胜”。因此，只有扎实的业务素质、良好的工作机制和严谨的敬业精神相结合，我们才能完成好法律援助工作任务，不辜负党和政府对我们的殷切期望、人民群众对我们的迫切需求，才能适应当前法律援助工作的新形势、新任务和新要求。

本案的聋哑人虽然实施了犯罪行为，给社会带来了危害，但是他们同样渴望在法律面前得到公正判决，他们同样需要法律的平等相待。我们对残疾人的刑事法律援助工作始终以“感化、教育、挽救、关爱”为指导思想，对那些已经犯罪的残疾人，我们不但不能遗弃、厌恶他们，而是要尽力维护他们的合法权益，帮助他们早日走到正路上来，使他们通过法律援助认识到违法犯罪行为的危害性，让这些残疾被告人真正认识到，虽然身体有残疾，但社会对他们平等相待，没有抛弃，他们仍然可以通过自身改造，走向自新的人生之路。

专家评审意见

本案是一起典型的聋哑人共同犯罪案件，在新疆维吾尔自治区范围内具有较大影响，通过提供法律援助，切实维护了受援被告人的合法权益，也保护了社会利益，具有较大的社会影响。本案案情复杂，且被告人都是聋哑人，还涉及被告人保护与社会保护之间的利益衡量，具有相当大的难度。法律援助律师们尽职尽责，最大限度地保护了受援人的合法权益，收到了良好的社会效果。承办律师们认真阅卷，与被告人真诚沟通，辩护观点明确，适用法律准确，被裁判机关采纳。本案对于办理残疾人犯罪法律援助案件具有较大的参考价值和示范作用。

（2012 年 9 月作者作为评委参与乌鲁木齐市法律援助中心优秀案件评审，本案征得援助中心同意编入本书）

花季少女巴某贩毒案

一、概况

案件类型：刑事法律援助案件

案　　由：贩卖毒品

受 援 人：巴某

指派单位：乌鲁木齐市法律援助中心

援助机构：新疆迪哲律师事务所

承办律师：李琴律师

审理法院：乌鲁木齐市天山区人民法院

二、案情简介

2011 年 8 月 26 日，被告人韩某指使被告人巴某在乌市天山区兵团杂技团家属院门前，向吸毒人员刘某贩卖毒品时被公安机关民警当场抓获，缴获毒品 1 小包，后巴某带领公安机关在本市天山区兵团杂技团家属院 4 号楼 3 单元 502 室韩某的租住房将韩某抓获，并在现场查获韩某随身夹带毒品 10 小包。经鉴定，毒品成分均为甲基苯丙胺，净重分别为 0.6 克及 13.6 克。

三、承办经过

因被告人巴某系未成年人，乌市天山区人民法院对本案予以指定辩护。乌市法律援助中心指派新疆迪哲律师事务所李琴律师承办此案，担任巴某的指定辩护人。接手案件后，律师及时到受理法院调阅案卷材料，了解整个案情。律师在会见时，一方面，充分听取巴某对案件的辩解意见，认真为其讲解法律知识，帮助其认清毒品犯罪的严重性；另一方面，通过了解巴某的家庭背景、性格特点及成长经历，剖析其内心深处的不正确人生观、价值观，使其能端正态度认罪服法，真正做到悔过自新。巴某也表示后悔万分，保证今后远离毒品，永不再犯。

四、辩护意见

承办律师依据事实和法律，向乌市天山区人民法院提出如下辩护意见：

鉴于被告人承认公诉机关指控的犯罪事实，辩护人对公诉机关指控的贩卖毒品罪罪名没有异议。但根据本案事实，辩护人认为被告人具有若干法定和酌定的从轻、减轻处罚情节，请法庭量刑时予以充分考虑。

第一，被告人犯罪时年仅 16 岁，系未成年人，根据《刑法》第 17 条第 3 款“已满十四周岁不满十八周岁的人犯罪，应当从轻或者减轻处罚”的规定，应当对被告人从轻或者减轻处罚。

第二，被告人具有立功表现。从公安机关出具的抓获经过和法庭调查可知，被告人归案后，能够协助办案人员在天山区兵团杂技团家属院的出租房抓获同案犯韩某。根据《最高人民法院关于处理自首和立功具体应用法律若干问题的解释》第 5 条规定：“……协助司法机关抓捕其他犯罪嫌疑人（包括同案犯）……应当认定为有立功表现。”因此，应当认定被告人巴某有立功表现，依据《中华人民共和国刑法》第 68 条之规定，可以从轻或者减轻处罚。

第三，被告人在归案后和庭审调查中，能够如实交代和供述自己的罪行，在会见中她多次对辩护人表示了自己的悔罪之心，这可以看出被告人只是一时糊涂才做出这样的事情来。被告人认罪、悔罪态度较好，且系初犯、偶犯，依法可以从轻处罚。

第四，从本案犯罪情节和被告人犯罪动机来看，被告人巴某是受成年被告人韩某的指使向他人贩卖毒品的，且其贩卖毒品只有这一次，数量仅为 0.6 克。另据法庭调查，被告人韩某吸食毒品多年，而巴某并不吸毒，这次之所以帮韩某贩卖毒品，仅仅是为了报答帮助过她的韩某。与被告人韩某长期接触毒品相比较，被告人巴某的主观恶性、社会危害性明显较小，请法庭量刑时对这一酌定从轻情节也予以充分考虑。

第五，关于被告人的家庭背景、成长经历及犯罪原因。据辩护人了解，被告人巴某 7 岁时父亲因犯罪在监狱服刑，10 岁时母亲因病去世，小学毕业后辍学，2009 年到乌市打工，2011 年与韩某相识后两人生活在一起。结合庭审查明的事实，不难看出被告人走上犯罪道路的主、客观原因：被告人年龄尚小，文化知识匮乏，法制观念淡薄，辨别是非能力、行为自控能力差，交友不慎，盲从性强等是导致其犯罪的主观因素；另一方面，家庭、社会的因素也是促成本案不可忽视的原因。被告人自幼没有在良好的家庭环境中成长，过早进入社会，正是因为家长及其社会角色的不到位，正是因为许多法定责任的落空，才使得被告人走上了违法犯罪的道路。

综上，对未成年犯的刑事处罚能轻则轻，能减则减，能免则免，最大限度地降低对未成年犯限制人身自由的程度，是我国对未成年犯审判的一项重要原则。鉴于被告人具有以上情节，恳请法庭在量刑时，充分考虑到是否有利于未成年犯的教育、矫正和挽救，依法对被告人从轻处罚判处拘役或者免予刑事处罚，以给其一个改过自新、重新做人的机会。

五、承办结果

2012 年 1 月 13 日，乌市天山区人民法院以（2012）天少刑初字第 6 号对本案作出判决，辩护人关于被告人系未成年人，具有立功表现，认罪态度好应予从轻处罚的辩护意见得到采纳，被告人巴某因贩卖毒品罪被判处拘役 6 个月，并处罚金 1000 元。关于免予处罚的辩护意见，审判长特别释明：本案系毒品犯罪，社会危害性较大，贩卖毒品无论数量多少，都应当追究刑事责任，因此，不宜免除刑事处罚。

六、案件心得

作为一名法律援助律师，每每面对处于花季年龄却站在刑事审判席的未成年被告人，既为她们以身试法感到愤慨，更为她们的未来感到担忧，因为案件的审判关系到她们以后的生活和就业。在办理本案过程中，援助律师了解到被告人巴某的家庭情况、成长经历比较特殊：父亲因犯罪在监狱服刑，母亲因病去世，其小学毕业后辍学，无依无靠的她小小年纪就出来打工，由于心智不成熟，交友不慎，才卷进了毒品犯罪活动中。

被告人巴某走上犯罪道路，虽然本身的主观因素是第一位的，但是，家庭、社会的因素也是促成本案的不可忽视的原因。公平地说，这种家长、社会的责任如果全部让孩子来承担，是有失法律的公正的。因此，在庭审中，援助律师从有利于被告人改过自新和健康成长的角度进行辩护，提出被告人系未成年人，具有立功表现，受指使参与毒品犯罪，系初犯、偶犯，认罪态度好，对其应予从轻处罚的辩护意见，法院予以采纳，判处被告人拘役6个月。

未成年人参与毒品犯罪，本案发生的背景和原因是令人深思的。通过法律援助，律师不仅要让这些犯罪的未成年人深刻认识到犯罪行为的社会危害性，还要去教育、感化和挽救这些因一时失足而走上犯罪道路的未成年人。另外，社会各界也千万不能将未成年人遗弃在社会的角落不理不睬，应齐心协力，营造健康良好的环境，提供有利于其成长的条件，设法帮助其学习技术或者就业，使她们鼓起重新做人的勇气，认真改造自我，努力做一个有益于社会的人。

评审意见：

本案来源于律师承办的法律援助案件，所提供的基本案情、记录材料、案件进展情况等内容真实有效，记述客观。所提供的文字材料具备法律个案的基本要素，体现了个案工作的进展状况。案情比较复杂，涉及环节多，法律援助人员在办案过程中尽职尽责，认真调查取证，受援人满意，收到良好的社会效果。案件辩护观点明确，适用法律准确，全部被裁判机关采纳。案件写作规范，语言流畅，有一定的示范作用，对同类案件办理具有一定的借鉴意义。本文更大的亮点是承办人对被告人的犯罪行为不是贩卖毒品，被告人有立功表现，被告人的成长经历等展开辩论，论证充分有力，体现了现代司法理念与深厚的法学知识，值得充分肯定。

（2013年9月作者作为评委参与乌鲁木齐市法律援助中心优秀案件评审，本案征得援助中心同意编入本书）

王占强故意杀人、强奸、猥亵儿童、组织儿童乞讨案

一、概况

案件类型：刑事法律援助案件
案　　由：刑事辩护
受 援 人：王占强
指派单位：乌鲁木齐市法律援助中心
援助机构：新疆国法律师事务所
承办律师：刘延敏
审理法院：乌鲁木齐市中级人民法院

二、案情简介

公诉机关指控：（1）2012 年 2 月 19 日 11 时许，被告人王占强以寻找王鑫鑫为由，将王鑫鑫的同学马某某从乌鲁木齐市第 94 小学骗至米东区古牧地西路永丰北路的出租房内，对马某某进行强奸，因马某某挣扎喊叫，王占强用手捂嘴、扼颈的方法致被害人马某某机械性窒息死亡，王占强对马某某进行了奸淫，被告人王占强随后用菜刀等工具肢解了马某某的尸体，将尸块分别抛于出租房外的两个垃圾箱内。（2）2009 年 7 月，被告人王占强开始和被害人杨红霞同居，2010 年 8 月左右，杨红霞怀孕，王占强怀疑孩子不是自己的，由此产生矛盾。2010 年 10 月，王占强在米东区丰源市

场购买两瓶毒鼠强后，与杨红霞一起到丰源市场一卖啤酒摊位喝啤酒，趁杨红霞不备，将毒鼠强倒入受害人杨红霞的酒杯中，致其中毒。杨红霞回到育林路10号出租房内，身体不适，口鼻流血，12月1日在出租房中毒身亡。王占强将杨红霞的尸体埋于其出租房后。（3）2009年10月至2012年2月，被告人王占强在其出租房内，多次对被害人王某某进行殴打或采取捆绑等暴力手段，让王某某进行口交或对王某某进行奸淫。（4）2010年12月，杨红霞死后，王占强让杨红霞的子女王鑫鑫、王东东在乌鲁木齐市铁路局五一市场、爱家超市附近进行乞讨，王鑫鑫、王东东稍有不从，王占强便对姐弟二人进行殴打和威胁，在2012年1月至2月期间，王占强将乞讨所得财物占为己有并进行挥霍。被告人王占强在案发后，其家人没有为其聘请律师，被告人王占强法律知识非常欠缺。

三、承办过程

经乌鲁木齐市中级人民法院指定，乌鲁木齐市法律援助中心指派新疆国法律师事务所刘延敏律师担任被告人王占强的一审辩护人。辩护人在接受指派后，认真阅读了案件材料，会见了被告人王占强，庭前做了充分的准备，并且按时参加了法庭审理，发表了辩护意见。

四、辩护意见

被告人王占强有法定的从轻情节。辩护人认为被告人王占强有自首情节。根据法律规定，应当从轻或减轻处罚。辩护人在会见被告人王占强时，被告人王占强提出自己有自首情节，王占强称自己是接到派出所民警通知其到派出所，王占强没有逃跑，而是来到了派出所并且主动交代了罪行，辩护人认为王占强的行为可以认定为自首。被告人王占强自愿认罪。根据法律规定，对于自愿认罪的，可以酌情从轻处罚。辩护人在会见被告人王占强时，被告人王占强表示认罪，并且对所犯罪行表示悔恨。被告人王占强系初犯，此前没有受过任何刑事处罚。综合以上几点意见，辩护人建议法庭给被告人王占强一个公正的判决。

五、承办结果

乌鲁木齐市中级人民法院于2013年4月12日作出判决，被告人王占强犯故意杀人罪，判处死刑，剥夺政治权利终身；犯强奸罪，判处死刑；犯猥亵儿童罪，判处有期徒刑5年；犯组织儿童乞讨罪，判处有期徒刑3年，并处罚金3000元；数罪并罚，决定执行死刑，剥夺政治权利终身。

六、案件点评

本案是一起故意杀人、强奸、猥亵儿童、组织儿童乞讨且手段残忍、情节恶劣的犯罪案件，虽然被告人王占强有认罪态度好、有悔罪表现、系初犯这些可以酌情从轻处罚的情节，但被告人王占强犯罪情节特别恶劣，手段特别残忍，社会危害性极大，对于未成年马某某未达到强奸目的，将其扼颈窒息而死，在其死后对其进行了奸淫，并肢解尸体，对同居女友进行毒杀，对同居女友的两个子女进行猥亵并强迫其乞讨。本案中，辩护人注意到，被害人马某某的家属放弃了附带民事诉讼，但要求参加庭审，在庭审结束后，马某某的父母冲上去打被告人王占强，被法警和法官拉开，场面一度混乱，被害人家属哭声悲恸，令人同情。辩护人对于法庭的审判安排认为有欠妥之处，法庭应当预见到本案受害人的激动情形，增加法警的力量，但法庭只留了一名法警值庭，值得思考。本案中，辩护人尽到了自己的辩护职责，没有因为被告人犯罪情节特别恶劣，手段特别残忍而不尽力辩护。虽然被告人王占强最终被判处死刑，但是对于能得到法律援助律师的辩护表示满意。

评审意见：

本案来源于律师承办的法律援助案件，所提供的基本案情、记录材料、案件进展情况等内容真实有效，记述客观。所提供的文字材料具备法律个案的基本要素，体现了个案工作的进展状况，体现了现代司法理念。案件辩护观点明确，适用法律准确，大部分被裁判机关采纳。案件有一定的示范作用，对同类案件办理具有一定的借鉴意义。本案难能可贵的是辩护律师顶着很大的压力，坚决维护了穷凶极恶的犯罪人的合法权益。

钟仁强贩卖运输毒品案

一、概况

案件类型：刑事法律援助案件
案　　由：贩卖运输毒品罪
受 援 人：钟仁强
指派单位：乌鲁木齐市法律援助中心
承办机构：新疆井然律师事务所
承办律师：于敏
案件受理机关：乌鲁木齐市中级人民法院

二、案情简介

2013年1月24日12时许，在乌鲁木齐市天山区团结路鸿瑞商务酒店门前，公安机关根据掌握的线索，将被告人谭小平抓获，在其租用的一辆车牌为渝A-QS980东风标致小车的备胎里搜出白色晶体7包，净重900克。当日19时许，在乌鲁木齐市新市区西八家户路海逸酒店707房间，将被告人钟仁强抓获，从其房间内搜出白色晶体一包，净重13.5克，在钟仁强租住的位于新市区天山花园13号楼2单元203室的房间内搜出白色晶体两包，净重64克，经鉴定：从上述人员处查获的共计977.5克白色晶体均检出甲基苯丙胺成分。

检察院认为：被告人钟仁强贩卖、运输冰毒977.5克。触犯刑法347条第1款、第2款第1项，应当以贩卖运输毒品罪追究钟仁强刑事责任，受援人钟仁强属于可能被判处无期徒刑、死刑的情形，本人没有聘请辩护律师。依照法律的规定，由法律援助中心指定了辩护律师。

三、承办过程

新疆井然律师事务所接受乌鲁木齐市法律援助中心的指派，指派本所于敏律师担任被告人钟仁强的辩护人，出庭为其辩护。于敏律师在案件庭审前查阅了本案的全部案件材料，并前往被告人的羁押场所——乌市六道湾看守所，会见了被告人本人。同时，她参加了法院的法庭审理工作，根据案件的事实和有关法律发表辩护意见。

四、辩护意见

1. 被告人钟仁强不构成运输毒品罪。理由：同案被告谭小平运输 900 克毒品，是在乌鲁木齐天山区团结路鸿瑞商务酒店门前被抓获，抓获时间是中午 12 时，而被告钟仁强是在乌鲁木齐市新市区西八家户路海逸酒店房间里吸食毒品时被抓获的，抓获时间是晚上 19 时。两被告事前对于运输毒品并未商量密谋。钟仁强对于谭小平运输毒品 900 克，并不知情。所以说被告钟仁强与 900 克毒品没有任何关系，不构成运输毒品罪。

2. 被告人钟仁强的行为也不构成贩卖毒品罪，应当认定为持有毒品罪。理由：被告人钟仁强并不是因为贩卖毒品时被抓获，而是在吸食毒品时被抓获，并且从其房间查获了毒品 64 克。对于指认他贩卖毒品的证据，都是间接证据，传来证据，没有直接证据。有充足证据的就是其房间里查获的毒品。因而对于被告钟仁强应认定为构成持有毒品罪。上述辩护意见请合议庭充分考虑，对被告人钟仁强给予公正判决。

五、承办结果

2014年4月4日，乌鲁木齐市中级人民法院作出〔2014〕乌中刑一初字第13号刑事判决书：依照《中华人民共和国刑法》第347条第1款、第2款第1项、第48条、第57条第1款、第356条、第64条、《最高人民法院关于适用〈中华人民共和国刑事诉讼法〉的解释》第241条第2项之规定，判决如下：被告人钟仁强犯贩卖毒品罪，判处有期徒刑15年，并处没收财产5万元。办案工作结束后，被告人钟仁强对援助律师的法律援助工作表示满意。

六、办案启示

关于案件的定性问题：本案的具体定罪，辩护人认为本案定罪直接关系到对被告人犯罪的法律适用，还涉及具体的量刑。本案起诉书将被告钟仁强列为第一被告，关键在于谭小平运输的900克毒品，是不是和钟仁强有关系，辩护人通过查卷，与被告人询问案情。进而从此入手，成功地将运输900克毒品与钟仁强剥离，一是解除了一个运输毒品罪名，而是将被告钟仁强的涉案毒品克数，从977.5克降到77.5克。最终判决起诉时对第二被告谭小平判处死刑，缓期两年执行。而钟仁强只获有期徒刑15年。本律师依法提出的辩护意见，当庭被告人钟仁强非常满意，也同意律师辩护意见。对被告人正确定罪，关系到法律的正确适用，关系到被告人的认罪服法、正确的改造以及对社会的法律影响。正确的定罪和量刑，既关系到被告人的认罪和改造，也关系到广大人民群众对法律的认知，进一步影响到国家法律的正确实施。这一判决结果体现了法律的罪刑法定、罪刑相适应的原则。

评审意见：

本文系律师承办的法律援助案件，所提供的基本案情、记录材料、案件进展情况等内容真实有效，记述客观。参选案件所提供的文字材料具备法律个案的基本要素，体现法律理念及法理精神，反映出作者有深厚的法学知识底蕴。案件辩护观点明确，适用法律准确，认为被告人的行为构成正当防卫，且大部分被裁判机关采纳，有效地维护了被告人的合法权益。文章不足之处是存在一些语法错误和重复之处，法条引用不够规范。

（2013年9月作者作为评委参与乌鲁木齐市法律援助中心优秀案件评审，本案征得援助中心同意编入本书）

王凯故意杀人案辩护词[①]

审判长、审判员：

新疆家正律师事务所依据《中华人民共和国刑事诉讼法》、《中华人民共和国律师法》的有关规定，接受本案上诉人王凯亲属的委托，指派和鹭、李瑞生律师担任本案上诉人王凯的辩护人。接受委托后，我们审阅了本案的有关案卷材料，数次会见了上诉人，走访了有关证人。现结合本案情况，发表如下辩护意见，供合议庭评议时参考。关于本案的定罪，本案上诉人王凯因恋爱问题不能妥善解决，在杀人恶念的支配下，用单刃刀多次捅刺被害人，致其死亡，已构成故意杀人罪。辩护人对此不持异议。下面重点谈一下对于上诉人王凯的量刑问题。

一、本案上诉人具有法定从宽量刑情节

鄯善县看守所2011年12月17日出具的《自首证明材料》，证明王凯作案后欲自杀未果，即到看守所自首。自首是法定从轻处罚情节。根据《刑法》第67条，对于自首的犯罪分子，可以从轻或

---

① 案件基本事实：法院判决书认定王凯因与女友刘某有感情纠葛，欲将其杀害。2011年12月16日，王凯在鄯善县向东宾馆登记入住213房间，并在该县超市购买单刃刀一把。次日12时30分许，被害人刘某如约来到213房间，在二人发生性关系后，王凯手持单刃刀向刘某胸腹部连捅数刀，因刀把脱落又用被子捂住被害人头部，致其死亡。后王凯欲跳楼自杀，因产生恐惧心理未遂，即到鄯善县看守所自首。

者减轻处罚。其中，犯罪较轻的，可以免除处罚。

《人民法院量刑指导意见（试行）》第1条特别强调了依法量刑原则、罪责刑相适应原则、宽严相济原则以及量刑均衡原则；第2条规定了量刑的步骤和方法；第3条之4，对于自首情节，综合考虑投案的动机、时间、方式、罪行轻重、如实供述罪行的程度以及悔罪表现等情况，可以减少基准刑的40%以下。

二、本案上诉人具有诸多从宽量刑情节

（一）积极赔偿被害人家属经济损失

在本案原一审判决后，上诉人王凯家属已经向法院提交赔偿款，可以视为在审判的时候积极赔偿被害人经济损失。根据《关于贯彻宽严相济刑事政策的若干意见》第23条的规定，上诉人案发后对被害人积极进行赔偿，并认罪、悔罪的，依法可以作为酌定量刑情节予以考虑。根据《人民法院量刑指导意见（试行）》第3部分之9，对于积极赔偿被害人经济损失的，综合考虑犯罪性质、赔偿数额、赔偿能力等情况，可以减少基准刑的30%以下。请法院对此情节予以关注。

（二）犯罪时刚满19周岁，初犯，且一贯表现良好

其初中班主任的证言以及其他证人的证言（卷宗第×页）。根据《关于贯彻宽严相济刑事政策的若干意见》第20条，对于未成年人犯罪，在具体考虑其实施犯罪的动机和目的、犯罪性质、情节和社会危害程度的同时，还要充分考虑其是否属于初犯，归案后是否悔罪，以及个人成长经历和一贯表现等因素，坚持“教育为主、惩罚为辅”的原则和“教育、感化、挽救”的方针进行处理。上诉人虽然已满19周岁，但也属于未成年人犯罪的范畴，但一审判决没有理会这一规定。

（三）彻底悔罪

庭审情况证明。上诉人王凯的悔过书证明（卷宗第×页）。根据《人民法院量刑指导意见（试行）》第3部分之7，对于上诉人当庭自

愿认罪的，根据犯罪的性质、罪行的轻重、认罪程度以及悔罪表现等情况，可以减少基准刑的10%以下，依法认定自首、坦白的除外。

三、本案被害人方存在过错

本案被害人正值花季年少，本可以建立幸福美满的家庭，孝敬父母，为社会作贡献。其人生中途夭折，不仅对父母带来巨大痛苦，也是社会的一大损失。从法庭查明的事实可以看出，本案被害人在案发当天没有过错，是任何一个忠于感情、讲信誉的善良人都会作出的决定。但是，冰冻三尺非一日之寒，为了预防此类惨剧的发生，有必要对其被害原因加以分析：

其一，不听父母忠告。本案被害人自由恋爱，但是父母基于亲情有权对子女的婚姻问题提出重要参考意见，被害人刘某的父亲尽到了这样的责任。（“我是反对他们谈恋爱的，因为王凯没有固定职业”，见鄯善县公安局刑警队 2012 年 4 月 25 日对刘某之父的《询问笔录》第 2 页）但是被害人没有听从父母的建议。中华民族传统文化要求父慈子孝，听从父母的建议是孝顺的重要表现，但是被害人没有这么做，是本案发生的原因之一。

其二，我国婚姻法对于事实婚姻持否定态度，本案被害人不但不听父母劝告，继续与上诉人恋爱，而且发展到未婚同居的事实。（“他们谈恋爱 3 年了。”“2010 年春节，王凯在乌鲁木齐打工没有回家过年。王凯和刘某在乌鲁木齐租房子在一起同居了。”见鄯善县公安局刑警队 2012 年 3 月 22 日对王凯之母叶桂云的《询问笔录》第 1–2 页）这是被害原因之二。

其三，处理婚姻大事严重不当。在被害人亲属对王凯与被害人恋爱关系进行反对时，被害人立场不定，甚至作出与王凯“私奔”的决定（“我们看到两个人相约要私奔”，见鄯善县检察院 2012 年 6 月 7 日对证人方金宝的《询问笔录》第 3 页）。本案上诉人无固定职业，这是事实。本案上诉人与被害人恋爱 4 年，其间有不少摩擦，甚至吵架，这说明两人不具备婚姻的本质条件，但直到案发为止，被害人都没有察觉，更没有反思。（“他们在谈恋爱，他们两人经常吵架，但吵完没多久又好了，今天说分手，过几天又好了”，见鄯善县检察院2012年6月7日对证人方金宝的《询问笔录》第2页以及王凯的《亲笔供词》和供述等）这是被害原因之三。

所以，虽然被害人案发当天没有任何过错，但是就案件的起因而言，却存在重大的决策失误。根据最高人民法院2010年2月8日《关于贯彻宽严相济刑事政策的若干意见》第22条的规定，对于因恋爱、婚姻、家庭等民间矛盾激化引发的犯罪，因被害方过错的突发性犯罪，应酌情从宽处罚。

综上，上诉人具有多种从宽处罚情节，根据《最高人民法院关于贯彻宽严相济刑事政策的若干意见》第28条的规定，对于上诉人同时具有法定、酌定从严和法定、酌定从宽处罚情节的案件，要在全面考虑犯罪的事实、性质、情节和对社会危害程度的基础上，结合上诉人的主观恶性、人身危险性、社会治安状况等因素，综合作出分析判断。具体到本案而言，应总体从宽。在当今世界各国普遍珍视生命，有近60%的国家已经废除死刑，没有废除死刑的国家也都非常谨慎地适用死刑的时代大背景下，给王凯一个悔过自新的机会，是理性的抉择。

（王凯故意杀人案，被告人及其亲属一直委托笔者与新疆家正律师事务所和鹭律师作为辩护人，这是我们根据案情发表的辩护词。新疆维吾尔自治区吐鲁番地区中级人民法院2012年9月作出〔2012〕吐中刑初字第14号刑事附带民事判决，以故意杀人罪判处王凯死刑，没有采纳本辩护意见；王凯不服上诉，自治区高级人民法院于2012年12月13日作出〔2012〕新刑三终字第107号刑事裁定，撤销原判，发回重审，实际上是采纳了本辩护意见；2013年3月20日，吐鲁番地区中级人民法院作出〔2013〕吐中刑初字等3号刑事附带民事判决，以故意杀人罪判处王凯死刑，剥夺政治权利终身，还是没有采纳本辩护意见，很明显是迫于压力；王凯不服上诉，新疆维吾尔自治区高级人民法院〔2013〕新刑三终字第53号刑事判决，最终采纳了笔者的辩护意见，改判王凯死刑，缓期二年执行。）

十八届三中全会热点解读

刘华：今天新疆人民广播电台的特别节目：《新期待、新希望——十八届三中全会热点解读》将和您一起关注“国家安全、司法改革”两个话题。今天我们节目邀请到的是中国现代国际关系研究院反恐中心主任李伟和新疆财经大学法学院副院长、副教授、法学博士李瑞生老师来和您一起解读。今天的话题似乎格外严肃，首先，国家安全关系一个国家的生存，这次在《中共中央关于全面深化改革若干重大问题的决定》中首次提出要设立国家安全委员会。这是此次全会宣告成立的两大新部门之一，国家安全委员会在国际上并不是新鲜词。我们不妨先通过一段视频短片来看看世界各国的“国安委”。

视频：“作为一个大国，其安全标配既有硬件上的，如航母、核潜艇、新一代战机，也有软件或者说机制上的，如中国即将成立的国家安全委员会。在全球范围内看，拥有国家安全委员会几乎成了大国标配。美国早在 1947 年就根据国家安全法，设立了国家安全委员会。俄罗斯、法国、印度等国也都设立了类似机构。日本经过若干年的酝酿，已经启动设立类似机构的程序。有分析指出，成立国家安全委员会有利于对国家安全利益的跨部门维护，形成有效合力。因此，中国的国家安全委员会将是一个独立的指挥系统。在中央的领导下，高于一般的社会建设经济发展委员会，同国务院等日常运作的机构不同。国家安全委员会在一旦发生危及国家安全和国家利益的突发事件时才会发生作用。此外，很重要的一个职责是为国家安全发展制定长远的顶层战略。从这种意义上，中国的思想库和智囊团体系也将会由此全面升级。中国正在从一个地区大国向全球大国过渡的时期，经济外交等方面都体现在国家安全利益上。设立国家安全委员会体现的是国家安全理念，有助于系统地推动中国的军事和外交政策，提高政府在面临各种安全危机和挑战时的应变能力。同时，此举也宣誓着中国在捍卫国家安全和国家利益方面的决心和意志。”

刘华：看完短片，我们先来连线正在北京的中国现代国际关系研究院反恐中心主任李伟。李主任你好，您能不能给我们分析一下为什么我们要专门设立国安安全委员会这么一个部门？您认为它的意义在哪里？

李伟：我们知道当前的十八届三中全会宣布要成立中国国家安全委员会，我们也看到，在很久以前，包括 1997 年开始就陆陆续续有一些专家学者包括智库，提出中国应该设立国家安全委员会。我们看到经过十几年的酝酿发展，特别是国内外的环境都发生了很大变化，尤其是中国自身在国际关系和国际事务中的地位和影响也发生了很大变化。所以我个人认为正是因为当前的复杂的国际的安全环境以及国内面临的一些复杂的问题，才促使我们最终不得不成立国家安全委员会。我们说这是内外因素交织使得我们认为有必要成立这个机构。当然也还有很重要的一点，也就是说成立国家安全委员会符合中国国家发展的现实，也有利于中国维护世界的和平与稳定上发挥更大的作用。所以，我们认为国家安全委员会的成立既是中国发展水到渠成的结果，也是中国从地区性的大国到全球性的大国的发展的一个必然要求。我们看到中国的国家安全委员会的成立意义非常重大。它充分反映了中国在维护国家安全方面既完善了体制与机制，并且是在国家层面上对于维护国家安全的科学化、机制化建设方面的重大突破。这一点意义与我们国家的司法建设，与我们整体维护国家安全的一整套法制建设是密切相关的。大家一定要充分认识这一点。国家安全委员会使得当我们国家安全面临重大问题时发挥的作用是非常重要的与机制性的，而且是公开透明的，也是我们整体为了维护国家安全所作出的重大决策。

刘华： 也就意味着如果以后发生了涉及国家安全的危机事件时，我们在人员调配上，从管理上包括在整个预警机制上，可能更加理顺了，在执行起来也可能更加快捷。成立这样一个快速反应的机构，当然是有好处的。其实我们说成立这样的国家安全委员会，从管理上来说它好像不仅仅是为了强化反恐，它对于国内承担着重要的任务，怎么来理解这个整合呢？

李伟： 好的。我们知道没有成立国家安全委员会时，当然我们也有一套机制和机构来维护国家的安全，来维护国内的社会稳定。但我们要强调国家安全和社会稳定，专家学者把它分为境内和境外，我认为在当前的环境下境内外是一体的，以往我们维护国家安全与稳定存在很大的制约性的因素，或者说存在不科学决策这样一个问题，这个问题最突出的体现在维护国家安全或者社会稳定方面的条块分割，以及地区之间包括部门之间的相互协调作用与效率较为低下，这样的问题可能会使我们在当今的高速发展的社会以及国际形势瞬息万变的状态下，使得矛盾和问题日益突出，所以成立国家安全委员会十分强调它的协调作用以及统一指挥的作用。这样在整个整合方面，它会科学地分配维护社会稳定的资源，避免国家资源在不同的部门或者说不同的地区出现重复浪费的现象，所以这种决策的科学化和机制化可以避免以往在维护社会稳定中的矛盾和问题，以及在维护社会稳定方面的日常程序化的问题或者部门之间的沟通不良的问题，避免出现时间上的延迟导致事件恶化。从这些方面来看，我们认为国家安全委员会的成立既是非常必要也是非常科学的。这样的整合使得我们过去的条块形成整体来维护社会稳定。

刘华： 好，实际上成立这样的机构，对于我们一直承担着反恐前沿任务的新疆来说，可能意义就更加特别。就您的分析来看，国家安全委员会成立之后，会对新疆的反恐工作产生什么样的影响？对新疆整体的发展带来什么影响？

李伟： 首先我个人认为新疆的反恐与新疆的发展都是我们国家

安全的非常重要的组成部分，所以国家安全委员会的成立会促进维护新疆地区的安全与反恐，包括促进新疆地区的发展，会有非常重要的作用。我个人认为更重要的作用还不止于此，它可以将新疆的安全稳定与全国的安全稳定作为一个整体来看，并且我们也知道新疆面临的反恐问题以及其他问题与境外的反华势力以及敌对势力密切相关，所以维护新疆的安全与稳定仅仅依靠新疆的力量或者说机制和机构决策是远远不够的。所以包括今后的国际决策，包括今后全国范围内加强反恐维稳以及新疆地区的经济发展，会有更科学的规范化的机制化的促进，所以我认为对于新疆地区的影响是非常积极的，而且它对我们整体的发展会有更大的促进。

刘华：谢谢李主任给我们的解读。刚才是联系到了北京反恐中心的李伟主任，作为我们新疆的专家又怎么来看待这个问题呢？因为新疆特殊的地理位置和近两年发生暴力恐怖事件，国家安全委员会的成立也成为每一位新疆人格外关注的焦点，那么我们新疆的专家怎么来看这个新的机构和它带来的影响呢？今天我们在直播间还邀请到了新疆财经大学法学院副院长、副教授、法学博士李瑞生。李院长好，您认为国安委的成立对于目前新疆的打击暴力恐怖任务会有怎样的推进？

李瑞生：我认为国家安全委员会的成立会对新疆的打击暴力恐怖犯罪活动、预防暴力恐怖犯罪起到积极的重要的作用。我们知道国家安全可以分为国家的政治安全、经济安全、文化安全、意识形态的安全等，其中领土的安全是其中最重要的安全。按照国际上的一种分类方法，现在的暴力恐怖犯罪可以分为六种，一种是宗教极端型的暴力恐怖犯罪，二是民族分裂型的，还有极左型的极右型的，以及毒品与黑社会性质的、国际间谍性的暴力恐怖犯罪。这六类暴力恐怖犯罪在新疆最为突出的是宗教极端型的暴力恐怖犯罪，而这种犯罪的产生原因是非常复杂的，一些犯罪学家诸如意大利的龙勃罗梭、菲利等提出的，犯罪原因是各方面的，包括犯罪人自身的原因、生理的原因、社会的原因等，多方面的原因促成了犯罪的发生。暴力恐怖犯罪的发生的原因也是多方面的，其中一个重要的原因就是少数民族地区特定的群体对于文化、传统文化与现代文化的结合没有很好的把握，加上语言的障碍，对于现代科学知识的理解没有跟上时代的发展。我曾经到某监狱调研，发现有的罪犯特别是涉及暴恐犯罪的人分不清现实与虚幻，认为虚幻的就是现实的，我设计了一个问题：安拉说在一个房间里住着几个“魔鬼”，你去把他们烧死！其中一个罪犯属于伊斯兰极端主义的，他认为这种情况下就必须去烧，如果没有进监狱的话我就会去烧死里面的人，说明他们对于极端的宗教思想导致了认识产生了重大缺陷。国家安全委员会的成立可以统一认识，统筹社会各方面的力量，来针对犯罪原因采取相应的措施。譬如说针对特定群体的语言障碍问题，可以采取从教育部门、从民政部门以及其他部门来促进语言的传播、知识的传播，我认为这个是非常重要的。现在的国语即汉语已经在全世界成为第二大官方语言，第一大官方语言是英语，其次就是汉语。但是在中国的民族区域自治地方由于各种历史的与现实的原因，很多少数民族公民还没有完全掌握国语（汉语），甚至国语知识非常贫乏，这样导致跟不上形势的发展跟不上知识的发展，所以导致对于世界的认识产生错误，错误的认识导致错误的行为，会产生极端的行为，有的会去报复社会，演化为暴力恐怖犯罪。

刘华：简单地说就是对于科学知识的掌握，提高明辨是非的能力，这样的话就会从根本上预防出现暴力恐怖犯罪。成立这样一个机构不仅仅是对于危机的处理，而且是在危机出现之前进行预防，然后进行防范，进行一个统筹的规划。

李瑞生：是的。我们传统意义的一般的反恐就是国家安全机关、公安机关、法院、检察院这些强力机构进行国家机器的暴力的惩治与预防。但是我们更应该从犯罪原因上、从基层上去看问题，因为人的问题主要是精神的问题，法国著名学者迪尔凯姆认为对人的控制，精神的控制是自愿的服从，是最重要的，这可以不用花费很多的物质财富，就能达到有效地治理社会的结果与目的。我们以往的反恐，就我个人的理解而言，偏重于国家机器的治理，缺少从微观上、人文的、社会各方面的治理。我相信国家安全委员会的成立可以综合协调各方面的力量，特别是社区的、基层的人民群众自身的一些力量，来预防犯罪。这一点我认为是最重要的。

刘华：国家安全委员会不仅对于反恐，对于国内的社会稳定也具有重要作用。今后是不是对于警察的需求量会更大，警察的任务也会更重？

李瑞生：我个人认为警察的需求会增大，这种担心似乎没有必要。因为国家安全委员会统一指导国家的力量，在进行反恐的情况下或者维护国家安全的情况下，警察力量的运用会有所集中，在个别地区会出现警察需求的增加。但是国家安全委员会的一个重要的职责应该在不同的地区有不同的表现，对新疆来说就是从综合治理、从基层的地方做起，把犯罪消灭在思想状态中，使人不会产生犯罪的意念。如果从基层做起，从个人原因方面消除致罪因素，警察力量的需求相反地还会小一些。国家安全委员会也会统一采取一些措施，譬如说经侦的、技侦的一些措施。技侦措施主要强调现代科学技术在反恐中的作用，相应地对于警察人力的需求，可能会减少一些。同样的，我认为警察的任务不会必然地更重。不同的地区、不同的警种，会有不同的任务方面的表现，有的可能会重一些，有的可能会轻一些，不能一概而论。

刘华：嗯，看来还要根据事实的需要来进行不断的调整，而国安委主要是这样一个统合协调包括您刚才提到的预防犯罪，实施日常管理，应急预案的反应机制等，可能涉及的领域就比较宽泛了。在今天节目当中，没有时间一一分析，但是我们还可以展望一下。除了机构设置，还应该从哪些方面完善咱们新疆的反恐建设？您有什么样的想法与考量？

李瑞生：我认为从 11 月份的北京天安门暴力恐怖犯罪事件发生之后，新疆的恐怖犯罪与反恐就具有了全国性甚至世界性的特征，所以在这种情况下新疆应该有自己的灵活的一些措施，一些随机应变的处理的权力，这些权力就包括了地方立法权。我们对于反恐的地方立法权主要集中在全国人大及其常委会，中央层面上，地方层面的权力还比较小。需要三个方面的完善：第一就是争取相对独立的反恐的立法权，灵活地应对恐怖犯罪，为全国的乃至世界的反恐立法提供先进的经验；第二就是完善相关的配套机制，这种配套机制主要就是从教育的、民政的以及司法行政的等与反恐有或多或少关系的部门，作出相应的制度措施的配套；第三就是采取好的社会政策，德国著名刑法学家李斯特认为最好的社会政策就是最好的刑事政策，所以我们如果在社会政策方面诸如社会保障、文化上的相互尊重、相互融合、相互学习、相互欣赏，这样包容性的社会政策与社会氛围形成了，就更有利于预防恐怖犯罪。我想可以从这三个方面进一步做工作与完善，采取相应的措施。

刘华：司法改革是十八届三中全会《决定》的重点之一，在推进我国的法制建设方面也推出了一系列相互关联的新举措，包括有探索建立与行政区划适当分离的司法管辖制度、逐步减少适用死刑罪名、废止劳动教养制度等。司法不公、地方干预一直被公众所诟病，这次中央出台的重大改革决定，没有回避这些问题，而是对症下药，大胆改革，影响司法公正的大石头正在一块块被搬掉。我们先来看一段短片一起了解一下：

录音：“在司法领域，有时会出现这样一种现象，类似或几乎相同的案件，不同的法官、不同的法院会出现不同甚至相反的判决和裁定。原因之一就是地方政府、权力部门、利益团体对司法独立的干涉、干扰，而司法机关的经费支出、干部任免等事项又和地方有关联。如何排除这些因素，《中共中央关于全面深化改革若干重大问题的决定》指出的路径是：改革司法管理体制，推动省以下地方法院、检察院人财物统一管理，探索建立与行政区划适当分离的司法管辖制度，保证国家法律统一正确实施。切断法院在人财物方面同地方的关联，有望破解司法地方化的问题。不过有专家提到，从案件承办人到司法机关领导谁都管，而出了办错案等问题，却难以确定责任人，很难追究责任。这种司法行政化的障碍也必须破除，因为它不仅涉及每个人的切身利益，更关系到社会的公平正义。对此，《中共中央关于全面深化改革若干重大问题的决定》中明确规定：改革审判委员会制度，完善主审法官、合议庭办案责任制，让审理者裁判、由裁判者负责。明确各级法院职能定位，规范上下级法院审级监督关系。”

刘华：刚才我们看了一个短片，比较宏观的一种认识，现在让我们较为深入地理解一下。李院长，您认为目前一些地方存在的司法不公、地方干预司法最主要的原因是什么？

李瑞生：最主要的原因应该说比较难以界定，因为导致司法不公的原因很多，譬如司法工作人员如法官的“任务”观、警察的“任务”观。一个刑事大案发生之后，警察有现实的压力，特别是“命案必破”的要求，限时破案。在各种压力下，为了完成任务，为了职业利益，他可能就会违反刑事诉讼法有关程序的规定，刑讯逼供等违法犯罪现象就会发生。在侦查阶段就会开始产生冤假错案，案件到了检察院、法院阶段，如果把关不严就会最终产生错案。诸如浙江省高级法院的张高平、张辉叔侄“强奸杀人案”，再往前的杜培武冤案等，大多就是这么产生的。杜培武身为人民警察被自己的同事实施刑讯逼供，导致冤案，被关押了10年之后才获得昭雪。所以这些案件促使我们思考到底什么是真正的原因、刚才讲的是“任务”观，另外还有什么不正确的政绩观、权力观，我们的司法权力到底是为人民还是为司法工作人员自己，为了自己的权威、为了自己谋取利益，这都是非常重要的。再就是利益观，是以全国、全局利益为重呢，还是以地方利益为重，这些都会影响到司法工作人员到一个案件的正确处理，从实体、从程序上的正确处理。总体而言，我认为最重要的原因就是中央的决定中提出的“公正、高效、权威的社会主义司法制度尚未完全建立”，这是最重要的原因。这个原因说明人们的法治意识，特别是司法工作人员的法治意识不高，导致某些地方出现有法不依、违法不究、执法不严的乱象。在浙江张高平叔侄这个案件当中，法官已经认识到了案件错判的可能性，但是因为外界的干预，法官没有自信也没有能力也不敢去抵抗这种干预，最终放任错误的裁判发生，这是法院的悲哀也是法官的无奈。中央的决定出来之后，我相信，通过制度的设计，通过禁止地方干预司法，会使得这种现象大为减少。法官之所以不敢公正司法，地方干预是最重要的，是罪魁祸首。另外法官的知识能否正确积累，诸如民事法学、刑事法学知识的积累，诉讼法学知识的积累以及公平正义理念的形成与确立，也是一个重要的原因。现在全国法院的法官应该说素质还存在参差不齐的现象，有的已经具备正确的现代司法理念，有的还没有树立这样的理念。在没有树立现代司法理念的情况下，遇到一些问题、遇到私利产生的时候或者遇到外部或内部压力的时候，就会屈从于压力，屈从于私利，就会导致冤假错案的产生。所以说司法不公最主要的原因，宏观的来说就是“公正、高效、权威的社会主义司法制度尚未完全建立”，从微观原因上来看，最主要的原因就是司法工作人员的现代司法理念尚未完全建立，司法理念当中是把个人放在首位还是把社会放在首位。这就牵涉到“社会本位”与“个人本位”，如果将当事人个人放在最重要的位置，就会一切从当事人个人出发，从保障人权出发来处理问题，作出的判决就是符合法律规定的；如果是“社会本位”，为了保护所谓的“社会利益”，为了保护所谓的“集体利益”、所谓的“国家利益”，那么就有可能牺牲个人的权益。在现代社会应该采取的是个人本位的现代司法理念，因为我国宪法明确规定保护和尊重人权。司法工作人员将来必须确立的是个人本位的司法理念同，就是“以人为本”的意思。

刘华：您刚才谈及从总体来说就是制度上的保障，从细微处说就是法官等素质的提高，司法意识、人权意识，也是重要的方面。而《决定》中就明确提出，要推动省以下地方法院、检察院人财物统一管理，探索建立与行政区划适当分离的司法管辖制度。这对于今后的地方法院、检察院意味着什么呢？像您刚才提到的地方干预，是否就会起到隔离的作用，会起到什么样的推动？

李瑞生：我认为探索省以下法院检察院人财物统一管理以及探索建立与行政区划适当分离的司法管辖制度，这个措施非常有利于保障司法独立，而司法独立是正确适用法律的前提条件。我们可以通过现在与将来情形的对比来理解这个问题。我们现在的法院检察院司法工作人员的工资、经费的来源大都是地方财政，法官检察官也是地方人大及其常委会予以任命，好多情况下都受制于地方，有的学者开玩笑说如果你法院不服从地方政府的诸如建议或干涉，我们不给你发工资你怎么办？当然这样的情况应该不会发生，但是万一发生了怎么办？所以说法院检察院的压力是存在的。我有的法官朋友就对我说他们面临各种各样的事情，譬如说大的招商引资，政府给他们分配任务，小的诸如订报纸等，一个法官十几份报纸订阅任务。在订报纸的情况下，如果法官工资收入不够的话，会不会摊派到当事人身上；如果摊派到当事人身上，那就可能影响公正天平的倾斜。所以说现在的制度，地方财政的控制，司法人员的选任等，是不利于司法独立的。中央的决定就要改变这一状况，要求省级以下的法院实行独立的人财物的统一管理，由省自治区直辖市的财政或者中央财政来保证，这样就会使得法官、检察官没有后顾之忧。超脱一些，你地方的干预我可以不理，所以这种情况会有利于司法的独立。

刘华：一是财权，另一个是人权，如果这两项权力独立的话，就会达到像您说的这种境界。

李瑞生：对。财权与人事权力是最重要的制约权力，影响到任何一个制度的顺利执行。另外就是探索建立与行政区划适当分离的司法管辖制度，这与现在的刑事诉讼法、民事诉讼法的规定有所不同的，将来可以通过法律的修改来加以完善，来确定异地管辖。我们现在的异地管辖非常有限，像薄熙来这个案件，他是重庆市的领导，到山东省济南市中级法院进行审判，这种情况实际上就是一种“适当分离”的体现。如果“分离”适用于大部分案件的话，就会产生司法工作人员的流动问题，或者说是当事人异地诉讼的问题，动用的司法资源会比较大，所以说必须强调“适当”分离，而且需要逐步的探索。这里最主要的宗旨就是如何有效地保障公正司法。

刘华：这些可能都是比较专业的概念了，老百姓比较关注的是希望现实当中发现的问题得以扭转，比如说现实中诸如行政诉讼案件受理在增多，但是行政机关败诉的很少，某地行政诉讼中政府的败诉率只有6.8%，这就是“民告官”的低胜诉率。“民告官，难于上青天”，这种状况能否在司法改革中予以改变呢?

李瑞生：这种状况，我认为，很有希望扭转。因为随着司法机关的独立，加上我们司法职业资格考试等严格的入门制度，决定中还提出建立司法职业的保障机制，保障法官检察官在社会生活中至少处于中等水准，衣食无忧，司法工作人员只要进行公正的司法就行了。制度的保障，加上我们其他一些配套措施，我相信将来民告官难的情形会逐渐减少，甚至彻底消除。

刘华：由此看来，这是一个很宏大的工程，这样的进程什么时候会实现，会不会遇到阻力?

李瑞生：应该说改革的实现是需要时间的，也会遇到一些阻力，因为这样的改革牵涉到方方面面以及相关的利益，譬如说探索省以下法院检察院人财物统一管理就必然要求建立符合司法工作人员的管理制度，健全法官、检察官、人民警察的统一招录、有序交流、逐级遴选机制，完善司法工作人员的分类管理，在这种情况下更需要健全其职业保障机制，而职业保障是需要国家财力予以支持的，需要周密的制度设计，所以也需要时间。这种改革必然要求推进审批公开、检务公开，录制并保留案件审理的全程资料，以前修改后的刑事诉讼法是要求对重大案件在侦查过程中全程录像，而这一次中央的决定是要求人民法院、人民检察院对于所有的案件都要全程录像，以确保公正司法，这就需要投入大量的资金，特别是一些硬件设施。另外，决定要求增强法律文书的说理性，推动法院生效法律文书的公开，那么这就对法官提出了更高的要求，法官不能就法条论法条，而必须用法理来解释你的裁判依据，这就要求法官的法学知识要高于律师、高于检察官甚至高于法学学者，这样才能确保司法的公平，才能是一个有效的说理，这样的裁判文书公布出去人民群众才信服。总之，无论从硬件上，还是从软件上、人的知识的储备上、能力的提升上，都是需要时间的，这些就是实际上存在的一部分障碍。

刘华：也有人会强调一些其他的因素，诸如少数民族地区啊，经济文化落后啊，人才比较匮乏啊，等等。说一些改革措施在新疆实施起来困难比内地会更大一些，那么您分析这些司法制度的改革在新疆会遇到什么样的困难？您认为应该怎么才能实现这些改革？

李瑞生：这些司法制度的改革，与内地相比，实施起来确实存在更大的困难。我们可以撇开司法制度的改革去看这个问题，譬如说高校，在内地每一个省会城市都会有十几所高等学校，而且他们的教学科研水平也相当高，而我们新疆的高校在数量上比较少，在质量上虽然现在有了很大提升，但是进步的空间还很大。在这种情况下，我们自己培养的人才能不能适应当地的需要，这是问题的一个方面，问题的另一个方面就是我们有的司法机关偏重于录用内地高校培养的人才，特别是所谓“211”、“985”高校毕业的大学生、研究生，对我们当地的毕业生存在一种偏见，这种类似于歧视性的做法是不恰当的。如果优先录用内地的，内地的大学生由于各种各样的原因不能长时间在新疆工作，离开新疆，必然会造成人才的流动或者流失。一个法官、一个检察官，积累了那么多的司法经验，由于各种各样的原因调走了，这对于地方司法来说是一个非常大的损失。所以，我建议当地的司法机关多录用当地的司法人才，我们新疆财经大学等新疆的大学都在注重法科大学生质量的提高，在着重进行卓越法律人才的培养，在大力培养双语司法工作人员，注重其科研等各方面能力的提高，树立他们的司法公正意识，我相信他（她）们到了社会上会成为合格的优秀的法官、检察官、警察。事实也证明了这一点。

刘华：好，确实人才很重要，人才队伍的稳定也很重要。经济确实较为落后，但我们的教育事业特别是法学教育事业正在迎头赶上，可以为司法改革提供充足的人力资源。

刘华：让我们继续关注司法改革，在《决定》中，“废止劳动教养制度，完善对违法犯罪行为的惩治和矫正法律，健全社区矫正制度”的内容引起了很多人的重视，可以说，是这次《决定》当中的巨大亮点之一，有评论就认为这对中国的法律制度的建设具有里程碑的意义，下面我们通过一段新闻短片来了解一下新中国成立以来劳教制度的历史：

录音：“1955 年的时候，劳动教养首次登上了历史舞台。1957 年 8 月，全国人大常委会批准颁布《关于劳动教养问题的决定》，这成为了劳教的主要依据。1979 年 11 月，国务院颁布了《国务院关于劳动教养的补充规定》，明确了劳动教养的期限，可限制和剥夺公民人身自由长达 1 年至 3 年，而必要的时候可以延长 1 年。到了 1982 年 1 月，在这一年国务院颁布了《劳动教养试行办法》，可以说是确立了劳动教养管理委员会制度，延续至今。在《办法》当中，针对的对象包括家居农村而流窜到城市、铁路沿线和大型厂矿作案，符合劳动教养条件的人。此后，随着治安管理处罚条例，关于禁毒的决定、关于严禁卖淫嫖娼的决定等陆续的出台，更多的人员相继被纳入了劳教的范畴。到了 2005 年 9 月 13 号，公安部发布了《关于进一步加强和改进劳动教养审批工作的实施意见》，将赌博、买卖淫秽物品等相关的行为纳入了劳教的调整范围。最高的刑期是从 4 年缩短为 2 年。2009 年，中央政法委颁布了《关于进一步加强和改进涉法涉诉信访工作的意见》正式将违法闹访者纳入了劳教对象。而进入 2013 年，推进劳教制度改革的呼声是越来越高。年初，中央政法工作会议施放了改革信号，暂停使用劳教。11 月 15 号，十八界三中全会之后，全面深化改革的决定对外公布，提出了废止劳动教养制度。劳教制度在延续了 50 多年之后将会被废除，但是专家表示，劳教制度的正式废止还要等待全国人大常委会履行法定的程序。那么，现有的劳教人员怎么来处理，劳教所又将何去何从呢？这些都是我们接下来需要面对的问题。”

刘华：好，刚才我们看了有关劳教的过程，我们接下来说说有关劳动教养的问题。您对“废止劳动教养制度”怎么看？它的“里程碑”意义在哪？

李瑞生：好的。劳动教养制度的废除在我国法制建设的进程当中确实具有里程碑的意义。我记得北京大学法学院贺卫方教授曾经做过一个讲座，叫作《确定性的追求》，“确定性的追求”反映了老百姓对于自己权利、对于是与非希望有一个确定的实实在在的结果。那么以前实施的劳动教养制度具有一定的不确定性，为什么说它具有一定的不确定性呢？因为它的适用对象是一些触犯刑法但又不必适用刑罚处罚的行为，或者触犯行政管理法规完全适用行政处罚法又不太合适的行为，对这样的一些人进行关押教育的一种制度。这种制度存在比较大的弊端，譬如说它的决定权在于劳动教养委员会，在实际操作当中地方公安机关的人员占据多数地位，监督不力，会导致出现某些人利用这种制度达到自己的目的。这种制度与现代人权保护理念不太适应，必须予以废除。废除劳动教养制度的里程碑意义至少有三个方面：第一，有利于依法治国的全面实现。劳动教养制度本身存在违宪与违法两方面的流毒。我国宪法明确规定：“中华人民共和国公民的人身自由不受侵犯。任何公民，非经人民检察院批准或者决定或者人民法院决定，并由公安机关执行，不受逮捕。”而劳动教养是公安机关决定并由公安机关自己执行。同时，我国《立法法》和《行政处罚法》也明确规定，限制公民人身自由的强制措施和处罚，只能由法律作出规定。众所周知。宪法、法律与行政法规、部门规章存在法律价值位阶上的差异，本着上位法优先于下位法的基本原则，作为行政法规规定的劳动教养制度应该符合其上位法，但劳动教养制度却与上述法律存在本质上的矛盾和背离。第二，劳动教养制度不利于保护人权，其废除有利于保护人权。劳动教养制度在实践中的随意性、肆意性比较突出，实践中出现“法出多门”的混乱现象、劳教对象的肆意扩大，甚至不合适地被用来处理老百姓上访的问题。对于老上访户，没有办法了，就拿去进行劳动教养。这是非常错误的，严重侵犯当事人的人权。一些严重案件发生之后，像任建宇案件，引起了很坏的社会影响，促使中央下定决心予以废除。第三，有利于树立我国在国际社会的正面形象。我国在国际社会的形象有的学者总结为是警察国家，中央的决定是要实现一个重要的目标，即实现法治国家、法治社会、法治政府。由警察国家向法治国家的转化，劳动教养制度是最大的一个绊脚石。把这块绊脚石踢开了，就可以顺利地树立我们国家在国际社会的正面形象。《公民权利和政治权利国际公约》规定：“人人有权享有人身自由和安全。任何人不得加以任意逮捕或拘禁。除非依照法律所确定的根据和程序，任何人不得被剥夺自由。”我国已经是国际人权委员会的常任理事国，说明国际社会已经肯定我们国家对于人权的保护，这是应该予以强调的。

刘华：那么实际上对于我们新疆来说，新疆到底有多少劳教人员，您认为废止劳动教养制度对于新疆具有什么特殊的意义吗？

李瑞生：我没有新疆的统计数据，11 月 17 日我到中国社会科学院法学研究所参加了一个关于“后劳教时代的刑法结构调整”的学术会议，会议上据司法部原副部长范方平的介绍，他说司法实践中被劳教的人员有 4 种人，后来发展为 6 种，1990 年发展到 10 多种；法轮功、邪教人员等都可以依法进行劳教。关于劳教的人数，他指出 2010 年全国有 21 万人被收容教养，去年年末（除去强制戒毒者）这个数字缩减到 5 万。范方平同志指出北京市现在的劳教所实际上已经没有劳教人员在押，劳教所已经换牌子了，换成了看守所或者拘留所。可以看出，就全国来看，被劳教的人员已经越来越少，其废除实际上并不存在很大的阻力。

刘华：也就是说，实际上阻力不大，新疆应该与内地相近似了？

李瑞生：我对新疆的劳教情况确实不太清楚，虽然与新疆劳教部门的朋友有过相关问题的交流意见，但是没有提及数字方面的内容。所以不好意思不能回答这个问题。但是应当指出，劳动教养废除之后，对于违反治安管理法律法规而又屡教不改的人员，如何进行处理，确实是一个亟待解决的重大问题。我个人认为可以借鉴适用德国的保安处分制度，根据预防理论，保安处分分为羁押类的与非羁押类的两种，主要适用于吸毒成瘾者、酒精嗜好者以及性犯罪成瘾者等。为了有效应对风险社会的风险、保护社会，有必要将保安处分制度引入刑法之中，这样做既可以充分保护人权又可以有效保护各种法益。

刘华：不管是劳动教养制度废除也好，还是我们刚才谈及的司法改革措施，我们都可以看到一个更加美好的未来。有了坚强有力的安全保障和公平公正的法制保障，相信我们未来的生活一定会更加踏实安稳。好，谢谢！由于时间关系，今天不能对热点问题进行更多的解析，我们新疆人民广播电台特别节目《新期待、新希望——十八届三中全会热点解读》就为您解读就到这里。感谢二位嘉宾，也感谢收音机前的听众朋友和广大网友收听、收看并参与我们的节目。明天早上北京时间九点的新广行风热线《厅局长接待日》节目中，中国保险监督管理委员会新疆监管局的领导将做客视频直播间，就广大听众关心的保险业务办理和理赔难问题与大家在线交流。

（2013 年 11 月 22 日新疆人民广播电台特别节目：《新期待、新希望——十八届三中全会热点解读》）

关于依法治疆与法治新疆建设的阐释

刘华：本周自治区党委召开了八届八次全委（扩大）会议，会议上审议并通过了《自治区党委关于贯彻落实〈中共中央关于全面推进依法治国若干重大问题的决定〉的实施意见》，昨天早上，各大媒体都刊发了这个实施意见的全文，我想收音机前的听众朋友都已经看到了，那么这个实施意见到底有哪些重点内容，对于新疆未来的发展，对于我们每一个普通的老百姓来说意味着什么，在今天的新广行风热线节目中，我们就将来和大家详细说说。如果大家想参与，可以通过热线、网络和短信多种方式来表达自己的意见和建议。

刘华：自治区党委把依法治疆作为治疆基本方略，其中蕴含了哪些重大意义？首先我们来请自治区党委副秘书长、政法委常务副书记郭永辉给大家说说其中的要点。

郭永辉：依法治疆是全面推进依法治国在新疆的具体体现，是实现新疆长治久安的重要基石。当前，自治区正站在新的历史起点，既面临建设丝绸之路经济带核心区的重大机遇，又承担着维护社会稳定和长治久安的重任，风险与挑战之多前所未有。新疆是一个民族区域自治的地方，区情复杂，多民族、多宗教，文化多样、利益多元，信教群众比例高，宗教极端思想渗透严重，区域发展差距大，教育、就业等方面问题突出，现代社会发育程度相对较低，反分裂、反恐怖斗争形势严峻，正处于“三期叠加”的特殊形势。这些都要求我们必须更加注重发挥法治的引领、规范和保障作用，加强新疆法治建设比以往任何时候都更加重要、更为迫切。只有坚持依法治疆，坚持法律面前人人平等，才能有一个统一的准绳和标尺，妥善处置涉及民族、宗教等因素的社会问题，才能做到依法行使民族区域自治权和贯彻执行党和国家方针政策相统一、保护少数民族合法权益和依法履行公民义务相统一。通过厉行法治，切实维护各族人民权益、维护社会公平正义，进而凝聚人心；通过增强各族群众法律意识，引导他们擦亮眼睛、明辨是非、提高反恐意识，进而形成人民战争的汪洋大海。法治建设没有例外，越是区情复杂、任务特殊，越要坚定决心、加大力度、加快推进，切实使法治建设成为稳疆、兴疆的坚强保障。

刘华：在我们的直播间还邀请到了自治区法制办副主任李丰相和新疆财经大学法学院副院长李瑞生，有请二位来说说如何理解这个意义所在？

李丰相：全面推进依法治疆对于新疆的当前的区情和长远发展意义深远，新疆是一个多民族、多宗教、多元文化的边疆地区，许多问题相互交织，既复杂又敏感，把依法治疆作为治疆的基本方略，符合新疆的区情发展。依法治疆是为建设团结、和谐、繁荣、富裕、文明、进步、安居乐业的社会主义新疆提供一个坚强的保障。

李瑞生：我认为依法治疆是现代社会的特征所决定的，德国刑法学家乌尔里希·齐白指出：我们现在的社会是全球风险信息社会，中国也不例外，处于世界的大环境之中。新疆是中国的一个重要组成部分，新疆也处于这样的风险社会当中。正是基于这种情况，中共中央的十八届四中全会决议明确提出，我们全面建成小康社会进入决定性的阶段，改革开放进入深水区和深水期，国际形势复杂多变，我们党面对的改革发展稳定任务之重前所未有，矛盾、风险、挑战之多前所未有，这就是我们党对全球风险社会的一种认识，基于这样的认识，我们党我们自治区党委作出了依法治疆的重大决定。那么，新疆也面临着各种各样的风险，这样的风险主要是“三股势力”的挑战、宗教事务管理的挑战、整治“三非”问题、社会治安综合治理的科学化、网络信息安全、加快丝绸之路经济带建设、社会治理现代化、增强全面法治等任务和挑战。要积极应对挑战，实现肩负的责任，我认为唯一的出路就是全面彻底地贯彻党中央依法治国方略，因而自治区党委依法治疆方略具有重大的现实意义。在依法治疆方略中，必须坚持中国共产党的领导，坚持人民主体地位，坚持“反暴力讲法制讲秩序”，强化“法律面前人人平等”的理念，坚持依法治疆与依德治疆相结合。其实依法治疆与依德治疆是并行不悖的，法治是社会治理的底线，法治保障德治，相辅相成。

刘华：在全球风险社会中，我们必须提高自己抵御风险的能力，很多听众朋友也已经注意到，依法治疆意义深刻。其实自治区党委2010年就提出了“一反两讲”，现在又提出要全面推进依法治疆，这两者之间又有一些什么样的关联呢？我们有请郭书记给我们进行解说。

郭永辉：“一反两讲”是2010年自治区党委针对自治区面临的一些新的特点和复杂的社会环境提出的工作方针，它的着力点是推进维稳工作的常态化，强化社会的法治基础，营造安定有序的社会环境。4年来，应该说，我们就是牢牢遵循这个原则开展“破团伙”、“打三非”、“严管理”、“强基础”四项重要的工作，依法打击了各种暴力恐怖活动，依法打击宗教极端势力，尤其是在我们流动人口重点要素管理、重点人员和特殊群体的帮教、转化以及信访等方面，采取了一系列实实在在的措施，取得了明显的成效。实践证明，“一反两讲”是建设法治新疆的一个成功的经验，是行之有效的，应该讲现在我们提出全面法治新疆建设，这是我们“一反两讲”的进一步的深化与提升，也是对“一反两讲”的系统化。2010年自治区党委提出“一反两讲”，首先就是“讲法治”为引导，通过讲法治来反暴力来讲秩序，所以说现在法治新疆的建设就是在这样的基础上进行系统化、进行升华。我相信法治新疆建设在“一反两讲”的基础上，法治新疆建设会更加联系新疆的实际，也更好地推动我们实现社会稳定与长治久安的目标。

刘华：怎么依法打击“三股势力”，实现新疆的长治久安呢？郭书记也作了解读，继续听听郭书记是怎么说的。

郭永辉：大家都知道新疆打击“三股势力”，我们的的确确面临的形势是“三期叠加”的特殊时期，我们比以往任何时候斗争都更为尖锐更为复杂，在斗争中也的确出现了很多新情况新问题，越是在这种情况下，我们越要强调“依法”两个字。那么如何来依法打击呢？第一，在立法的环节要明确对于“三股势力”的打击方向、目标和方法；第二，就是一定要建立常态化的工作机制，需要用法律法规把这样一个机制确立下来；第三，就是依法加强宗教活动场所、宗教人员与宗教活动的三个方面的管理，使之在法律的规范下，既能够保证宗教信仰的自由，同时也能有效打击宗教极端，制止非法宗教活动；第四，就是要进一步完善立体化的防控体系，真正能够做到全社会齐抓共管，使“三股势力”如同过街老鼠人人喊打，使之没有空隙可钻；第五，要加强对网络世界的管理，加强网络的净化，使之不能通过网络扩展宗教极端思想煽动蛊惑迷惑群众；最后，就是必须高举民族团结的大旗，最大限度地团结各族干部群众，投身到这样一个事业之中，我们才能取得根本的胜利。

刘华：严厉打击“三股势力”是维护新疆稳定的基础，也是新疆法治工作的重中之重，对此我们新疆各族群众也表示要全面学习、准确理解、把握会议的精神与实质，做法治新疆的实践者与推动者，坚决与“三股势力”作斗争，促进社会的稳定与长治久安。让我们来听一听记者的报道。

记者：全会强调，把党的领导贯彻到依法治疆的全过程和各方面，切实体现在领导立法、保证执法、支持司法、带头守法上。昌吉市民马春发说，自己最希望看到的就是通过法制建设，将权力关进制度的笼子。“就应该建设一个法治政府，制定严密的法治监督体系，在法治的约束下，我觉得我们的政府为民办事就更加公开，也更加透明，我们老百姓也不用担心办事的时候有吃拿卡要的现象，不用担心办事的时候有不公平的现象，办事也就更加便捷了、公平了。让领导干部从此也不敢腐，也不能腐了。”奇台县古城乡纪委书记张建文主要分管纪检和群众信访工作。他认为推进依法治疆，领导干部首先要树立法治思维，坚持用法治方式化解现实矛盾。必须让行政权力在法制框架下运行，加强和完善法定渠道，降低维权成本，才能破解“群众信访不信法”的难题。“每天都接到大量的群众信访，有些事可以通过信访渠道来给群众解决的，有些是应该通过法律途径，但是老百姓不愿意通过法律程序来解决，通过找政府、找领导，来反映他们的诉求，信访不信法。自治区八届八次全委扩大会议让我们看到了自治区全面推进依法治疆，建设法治新疆的信心和决心。逐步引导群众通过法律途径解决他们的诉求，改变目前这种群众信访不信法的局面。”

刘华：依法治疆已经成为广大群众的共识，对于政府来说依法行政也是必然要求，在这方面我们还存在哪些不足，我们有请李丰相主任说一说，分析一下。

李丰相：全面推进依法治疆关键是贯彻落实，贯彻落实要依靠依法行政、公正司法。当前在推进依法行政的工作过程中，法治的引导和保证作用发挥得不充分，主要表现在这样几个方面。一是行政机关的工作人员特别是一些党员干部，运用法治思维和法治方式深化改革、推动发展、化解矛盾、维护社会稳定的能力还不够强，知法犯法、以言代法、依权压法、徇私枉法的现象依然存在，各级领导干部学法的制度需要强化和完善。二是提高制度建设质量方面还有待提高，仍然有一些地方性法规、政府规章针对性、操作性不强，立法工作中部门化倾向、争权诿责的现象还比较突出，规范性文件在违法设定、行政许可、行政处罚、行政收费、行政强制，扩大管理相对人义务或者限制管理相对人权利等方面的一些情形还没有消除。三是监督纠错缺乏力度，各级行政机关遵守行政程序的硬约束的意识不强，常态化的监督制度没有建立，行政纠错、监督、问责机制实施不够有力，政府法律顾问制度、责任倒查机制尚未建立，在推进综合执法、完善市县两级政府行政执法管理方面还需要强化。四是政务公开工作发展不平衡，全面公开政府职能、法律依据、实施主体、职责权限、管理流程、监督方式方面还不规范。五是法治工作队伍建设方面比较滞后，法治工作队伍的思想、政治素质、业务工作能力、职业道德水准还需要进一步提高。

刘华：需要提高的方面还真不少，不少听众反应，依法治疆要突出增强干部群众的法治观念，要提高运用法治的思维，用法治的方式来深化改革、推动发展，从而化解矛盾、维护稳定。接下来让我们听听记者的报道。

记者：（略）

刘华：下面请李院长谈谈依法行政方面的看法，在哪些方面需要强化与弥补？

李瑞生：我认为法治新疆、依法治疆，关键词是"法治"，必须强调法律的作用。建设法治政府的核心在于真正地把法律的精神作为一种政治信仰，作为社会的共识。所谓法律的精神就是法律的至高无上，法比天大，遇到事情要找法而不是找人。具体而言必须是树立宪法的最高权威，法律面前人人平等，一切组织和个人都必须在法律范围内活动，全民学法守法，做到有法可依、有法必依、执法必严、违法必究，我只是从一种宏观的层面、从精神的角度，来谈一点补充性的看法。

刘华：干部群众都意识到把权力关进制度的笼子里，能对党员干部、领导干部监督加以强化，您认为需要从哪些方面强化对权力的监督？

李瑞生：法治政府的地位非常重要，我的理解，不仅仅是一般的行政性的事务，它还肩负着新疆社会稳定、与"三股势力"作斗争等一些复杂的工作与内容，这些任务的完成、职权的行使有赖于国家行政机关、政府部门及其官员依法行政与积极的作为，所以如何把权力关进笼子里有很多机制，诸如反腐机制、监督的机制、官员的自律机制等，我认为这些都是切实可行的，关键是这些机制要综合发力，形成整体作用，来对政府官员进行监督，促使他们积极的作为。政府官员也要自觉地加强自己的能力建设，积极地建设法治政府，为人民群众服务。

刘华：总的来说就是提高公民的素质、提高民众的素质，也要提高党员干部的素质，这样才能面对不断发展的社会，不断满足各方面的社会的诉求。下面我们看看听众是怎么说的。（略）在这个《实施意见》中，也有不少需要关注的亮点，我们继续来听听郭书记怎么说？

郭永辉：亮点一是在指导思想和总目标部分，紧密结合贯彻落实第二次中央新疆工作座谈会精神，进一步明确围绕社会稳定和长治久安这个总目标，把“依法治疆、团结稳疆、长期建疆”作为依法治疆的指导思想，坚持“一反两讲”。

亮点二是结合坚持和完善民族区域自治制度，提出把着力构建符合新疆特色的地方性法规体系作为依法治疆的目标要求，突出在促进民族团结和宗教和谐、打击暴力恐怖犯罪、遏制宗教极端思想渗透等重点领域立法。

亮点三是在中央“五个坚持”总原则下，结合新疆实际和特殊需要，提出了“六个必须”的原则要求，即坚持了中央的总原则，还体现了推进依法治疆的必然要求，是新疆各民族的共同心愿。

亮点四是针对全力实现新疆社会稳定和长治久安总目标，提出“三个围绕”的主要任务。其中，突出严厉打击“三股势力”是维护新疆稳定的主要任务，也是新疆法治建设的重中之重。同时，法治新疆建设还要为新疆经济发展创造良好的法治环境，为人民幸福生活建设安定有序的社会秩序。

亮点五是在可操作性层面努力细化。如在各级干部进修或培训班中法治课时要占总课时的10%~15%；加大公益普法宣传力度，开展“法治新疆”主题文化活动；促进律师法律服务进机关、进单位、进企业、进农村、进调解委员会、进协会等各类组织；对法学专业毕业的硕士、博士可以以直通车的方式免笔试直接进入面试，到地州、县市法治专门岗位工作的，可以给予特殊生活照顾等。

刘华：通过这些亮点，我们也看到，这次《实施意见》指向性强，操作性强，对于我们的各级领导干部来说，更易于学习、理解和执行，我也想问两位嘉宾，您二位怎么看这些亮点？

李瑞生：非常同意刚才郭书记总结的亮点，特别是法学硕士直接进入面试的做法，我听了特开心，因为真正实施之后，我们全新疆高校的法学硕士生都有工作了，全国也会有很多的硕士生被吸引到新疆工作，形势与前途是非常美好的。我看了一下这个意见，我还有自己的看法。我认为还有其他方面的亮点，大约有这么七个方面：第一个亮点就是支持推进兵团法治建设，兵团是新疆的重要组成部分，对于新疆的长治久安与社会稳定具有重要的作用，所以决定提出要大力支持兵团法治建设、加强兵团的治理体系与治理能力现代化，这是非常好的一个亮点。第二个亮点是明确提出依法严厉打击“三股势力”，将来反恐法出台之后的打击是一种法律上的常态化，政策上也应该予以常态化，严厉打击“三股势力”是切实保护新疆各族人民利益的一个重要措施。第三个亮点是明确依法加强宗教事务管理，我认为应加强宗教事务管理的立法，加强宗教事务的行政执法，宗教事务方面的公民的守法，这些都很重要。第四个亮点是决定明确指出依法加强互联网管理，净化网络环境，保证网络安全，这就是我刚才提到的全球风险社会中的“信息社会”引起的信息安全的一个必然的应对措施，新疆的信息安全也是非常重要的，对于国家安全而言是至关重要的，所以这是一个非常好的亮点。第五个亮点是明确提出维护民族团结，推进去极端化。去极端化是新疆的社会稳定的一个重要的制度措施与途径，对于维护民族团结也具有基础性作用，决定加以明确化非常好。第六个亮点是决定明确提出要提高地方立法的针对性与有效性。我们要落实宪法，那么宪法明确规定了民族区域自治制度，我们以前的民族区域自治立法应该说是比较滞后的，没有大量的适合新疆区情的带有民族地方特色的立法，譬如说宗教管理方面的法律法规、人口、计划生育、社会管理方面的法规规章，我们没有充分利用国家所给予的地方立法权，导致一些地方、一些领域无法可依，导致工作人员执法时感觉没有依据，从而造成新的社会的矛盾，矛盾越积越多导致严重社会问题、甚至犯罪问题的发生，所以明确提出提高地方立法的有效性与针对性是非常大的一个亮点。第七个亮点是明确提出了要加强法治文化建设。我认为这也是一个亮点，因为加强法治文化建设可以增强全民的法治观念，只有全社会形成一种学法知法守法懂法的氛围，人们才能树立法治观念。中国民众受传统文化的影响非常深，存在“信权不信法”的现象，这种观念在某种程度上是根深蒂固的，我们观察一下：老百姓发生问题纠纷之后往往是先考虑人、考虑关系，而不是先考虑法律，所以决定针对这种情况提出要加强“法治”文化建设，非常好，通过文化、通过氛围的形成，使得老百姓、广大干部群众知道遇事先找法律，而不是相反。亮点很多，郭书记讲的是宏观方面的亮点，我找的是细节方面的亮点。

刘华：其实实施意见发布以后，很多群众都非常关注，大家纷纷表示，依法治疆要突出增强干部群众法治观念，提高运用法治思维和法治方式深化改革、推动发展。请二位嘉宾分别说说：在依法治疆的过程中，如何增强群众的法治观念？

李丰相：从增强群众的法治观念方面看，大力加强法治文化建设方面可以做很多的工作。要真正形成一种公平正义、权利本位、崇尚法治的这样一种文化环境，任何一种文化都是潜移默化、润物细无声的，一种文化一旦被人们接受其影响就带有根本性、长期性与广泛性。具体说来，可以采取群众喜闻乐见的各种各样的文化活动形式，营造一种法律至上、公平正义、权责一致、诚实守信的社会文化环境。

李瑞生：关于如何培养全社会的一种法治意识，我倒是有自己的想法，就是各国家机关、各公司、企业、事业单位，都要加强对于法治的宣传，法治文化的宣传与建设。公民个人也是重要的主体，也要积极地培养自己的法治意识，这非常重要。具体说来，我认为有这么几个方面：一是要加强契约精神的培养，西方学者孟德斯鸠写过专著《论法的精神》，法的精神在西方其实就是一种契约的精神，就是一种平等的精神。我们现在的市场经济是法治经济，法治经济特别讲求平等。中国传统文化中平等意识还是较为欠缺的，西方文化中平等意识比较强，不仅人与人之间，人与大自然之间、人与上帝之间都是平等的。中国群众还是缺乏一种终极性的平等意识，就会导致一种现象：我一旦富裕了，我一旦有权了，我就高高在上，超越他人。前一段时间发在乌鲁木齐小西沟的案件，一辆豪车的司机醉酒驾车，向执法交警身上扔大便，骂交警“是我们家养的狗”，实际上你挣钱多了你地位就高了吗？你还是与人家平等，交警等执法人员也是为你创造一个好的环境，你才能够做生意发财富裕起来。这说明他没有平等意识，也就谈不上有法治意识。现在一些为官者的腐败、为所欲为、不作为、渎职实际上也与没有平等意识、契约意识有关。平等意识是养成法治意识的重要的前提，契约精神的培养很重要。第二点就是公民个人包括全社会都要养成一种宽容、一种包容、一种宽恕的精神。因为社会生活非常复杂，人们面临的压力多种多样，必须以宽容的态度对待他人、对待社会与生活，遇到事情不要冲动，以这样的态度对待政治、经济、文化的生活，然后才能平心静气地学习法律遵守法律，第三是需要养成规范意识。中国有一句俗话：“没有规矩无以成方圆。”这个“规矩”就是规范。人们在自己的学习生活工作当中要遵守各种各样的规范规矩，这种规范确立之后对于秩序形成至关重要，上升到法律更是社会正常运转的保证，所以需要人们自觉地养成规范意识。这种规范意识与前面提到的契约的精神、平等的意识、宽容的精神都是相辅相成的。如果每个单位都大力培养这样的精神，每个公民个人也着力加强这方面的修养，从内心深处养成这样的意识与情怀，那么法治社会的基础就会具备，然后再加强法律的学习、法律的遵守、法律的执行与监督，全社会总有一天会形成很好的社会氛围、一种法治社会的氛围。

刘华：好，谢谢嘉宾的解说，由于时间关系，今天就只能聊到这里了。

（2014年11月29日新疆人民广播电台“新广行风热线”依法治疆特别节目）

王建疆编造虚假恐怖信息案点评

一、王建疆案概况

伊宁市人民检察院指控，2012 年 4 月，被告人王建疆因感情纠葛，经济纠纷，对其男性朋友严某怀恨在心。通过互联网花费 200 元制作严某的假身份证，于 2012 年 9 月 25 日在伊宁市斯大林街大盛文印，办理了号码为 18299211913 的移动手机号。2012 年 10 月 8 日 15 时 23 分，被告人王建疆向乌鲁木齐国际机场候机楼派出所值班室报警，谎称自己名叫“严某”，其声称听到几名维吾尔族人聊天，说到了南航 C2680 航班和搞圣战等词，随后便将手机关机。其行为造成飞往北京首都国际机场的南航 C2680 航班迫降兰州中川机场，造成直接经济损失 288139 元人民币，严重扰乱了社会秩序。

被告人王建疆对检察机关的指控无异议，辩称自己非常后悔，请求从宽处罚。被告人王建疆的辩护人辩称，对指控被告人王建疆犯编造虚假恐怖信息罪不持异议，但属一般犯罪情节。是否造成严重后果，应从人员伤亡、财产损失、社会恐慌程度等方面认定。由于本案不存在人员伤亡，社会恐慌程度亦不存在，但在客观上给南航航空公司造成了财产损失，这个财产损失究竟有多少，是否属于重大财产损失，现在尚无司法解释，如果认定属于重大财产损失，缺乏法律依据。同时被告人一经传唤，就如实供述自己的犯罪事实，符合自首的法律规定，并且被告人王建疆愿意对被害人积极赔偿，依法应当减轻处罚。

经审理查明，2010 年 7 月，被告人王建疆通过交友网站认识严某，二人确定同性恋关系后同居。期间，严某向王建疆借款 2600 余元后，便断绝了同王建疆的联系。王建疆认为感情和钱财被骗，产生报复严某的年头。2012 年 4 月，王建疆利用严某的身份证号及照片，制作了严某的假身份证，并以严某的身份办理了号码为 18299211913 的手机卡。2012 年 10 月 8 日，王建疆以严某的名义用该手机号码向新疆乌鲁木齐市民航客服中心和乌鲁木齐市民航派出所谎报恐怖信息，声称其在飞机场南区生活区一楼内出来时，听到有几位少数民族人聊天，说到“C2680 航班”和“圣战”两个关键词，这个航班是不是可能有危险，你们是不是要采取措施。乌鲁木齐民航局接报后，随机安排由伊斯坦布尔经乌鲁木齐飞往北京的南航 C2680 次航班于当日 17 时 30 分左右在兰州中川机场迫降。警方即对该机航班 186 名乘客和随机物品进行再次安检。该航班至 22 时 45 分起飞。造成中国南方航空公司新疆分公司直接经济损失近 30 万元。上述事实有作案工具、证人证言、抓获证明、扣押物品清单、通话清单等书证、常住人口信息、公安厅文件检验鉴定书、被告人供述和辩解、同步录音录像资料证实、指认照片、物证笔记本证、中国南方航空公司新疆分公司出具的 C2680 航班迫降直接经济损失情况的说明、中央电视台对南航客机遭恐怖信息报道的实况、现场勘查检查笔录以及搜查笔录等证据证实。

法院认为，被告人王建疆为泄私愤，采取极端手段，编造虚假恐怖信息，致使正常飞行的民航班机中途迫降，造成较大经济损失，严重扰乱社会秩序，以编造虚假恐怖信息罪判处王建疆有期徒刑 5 年。

二、点评

美国“9·11”恐怖袭击事件后，世界范围内的恐怖活动呈现愈演愈烈的高发态势，我国国内也出现了诸如邮寄虚假炭疽、霍乱等病菌、病毒，拨打 110 报警电话谎称爆炸等造成公众心理恐慌、严重扰乱社会公共秩序的事件。为了维护社会秩序，《中华人民共和国刑法修正案（三）》增设了编造、传播虚假恐怖信息罪。编造虚假恐怖信息罪是指故意编造爆炸威胁、生化威胁、放射威胁等恐怖信息，严重扰乱社会秩序的行为。从刑法理论说，成立本罪需要具备四个方面的要件：

第一，行为人实施了编造爆炸威胁、生化威胁、放射威胁等恐怖信息的行为。"编造恐怖信息"是指完全凭空捏造爆炸威胁、生化威胁、放射威胁等恐怖信息，或者对某些信息进行加工、修改，并向特定人或者少数人传达所编造的虚假恐怖信息的行为。"恐怖信息"是指能使公众产生恐慌心理，引起社会恐怖的信息。一般来说，只要满足了以下三个条件的都可以作为本罪的"恐怖信息"：（1）可感性，即需要被足够多人知道。（2）可信性或者说误导性，即需要使人相信它们是真的。（3）紧迫性，即其预报的"危险"往往一触即发，人们对避免"灾难"的可能性严重缺乏信心，因而陷于高度恐惧之中。总之，编造、故意传播"虚假"的恐怖信息危害社会的本质就在于，它以令人可信的面目出现而被足够多人接受并令人感到恐怖，从而导致不必要的社会恐慌。① 本案被告人王建疆用严某的假身份证办理手机卡，并用该手机卡向新疆乌鲁木齐市民航客服中心和乌鲁木齐市民航派出所谎报恐怖信息，完全符合"编造"的行为特征。该信息将"圣战"和"C2680 航班"联系起来，使得相关部门极度紧张，也引起了中央媒体的高度关注，符合"恐怖信息"的构成要件。所以说，被告人王建疆实施的行为是刑法所禁止的编造恐怖信息的行为。

第二，行为造成严重扰乱社会秩序的后果。所谓严重扰乱社会秩序，是指社会秩序受到的干扰和破坏达到了严重的程度。如行为人的行为导致机关、团体、企事业单位正常的工作、生产、经营等

---

① 覃剑峰、安军：《认定编造、故意传播虚假恐怖信息罪应注意的两个问题》，载《人民法院报》2008 年 7 月 9 日。

秩序被迫停止或中断一段时间，引起特定区域内社会公众的心理恐慌，公安、武警、卫生检疫等国家机关的正常工作秩序受到干扰与破坏，等等。由于“严重扰乱社会秩序”的后果比较抽象，在认定上必须具体化，应从实施该行为的时间、地点、场所以及行为所引起的社会心理反应、所产生的社会影响、所导致的社会秩序混乱程度等方面进行判断。本案被告人王建疆编造虚假恐怖信息的行为致使乌鲁木齐民航局安排由伊斯坦布尔经乌鲁木齐飞往北京的南航C2680次航班于当日17时30分左右在兰州中川机场迫降；警方对该机航班186名乘客和随机物品进行再次安检；该航班至22时45分起飞；造成中国南方航空公司新疆分公司直接经济损失近30万元。这起事件被中央电视台报道之后，引起了全社会乃至全世界的关注。由此，可以认为被告人王建疆的行为已经造成了严重扰乱社会秩序的后果。

第三，行为人是达到刑事责任年龄、具备刑事责任能力的自然人。本案常住人口信息证实王建疆于1980年5月27日出生，已达到法定刑事责任年龄。按照有关刑法理论，被告人王建疆已经具备了刑法意义上的辨认和控制能力，能够对自己严重危害社会的行为负责，是适格的犯罪主体。

第四，行为人在主观上是出于故意。编造虚假恐怖信息罪在主观方面要求行为人实施行为时的心态是故意，即明知自己的行为会发生危害社会的结果而希望或者放任该结果的发生。被告人王建疆图谋报复严某而以严某的名义编造虚假恐怖信息，这在刑法理论上称之为犯罪动机。犯罪动机如何，不影响本罪的主观方面，也不影响本罪的成立。因为无论出于何种动机，行为人对恐怖信息危害社会结果的态度仍然是希望或者放任，即刑法理论所谓的直接故意或间接故意。当然，这里的虚假，是对行为人主观认识的评价，所以在行为人将虚假的恐怖信息当作真实的恐怖信息加以传播的场合，其主观上缺乏本罪的故意，不能成立本罪。本案被告人实施行为时的主观心态是故意，符合本罪的主观方面的构成要件。

综上所述，被告人王建疆作为完全负刑事责任的成年人，为了报复他人，编造南航C2680次航班会遭受“圣战”袭击的恐怖信息的行为，造成了严重扰乱社会秩序的后果，其对该结果的发生持希望或者放任的态度。王建疆的行为完全符合编造虚假恐怖信息罪的构成要件，构成编造虚假恐怖信息罪。根据《刑法》第291条之一的规定，犯本罪的，处5年以下有期徒刑、拘役或者管制；造成严重后果的，处5年以上有期徒刑。

另外，根据2003年5月14日发布的《最高人民法院、最高人民检察院关于办理妨害预防、控制突发传染病疫情等灾害的刑事案件具体应用法律若干问题的解释》第10条第1款，编造与突发传染病疫情等灾害有关的恐怖信息，或者明知是编造的此类恐怖信息而故意传播，严重扰乱社会秩序的，依照《刑法》第291条之一的规定，以编造或者故意传播虚假恐怖信息罪定罪处罚。

（本文主要内容见中国网新闻中心2012年12月13日）

着力提高社会治理法治化水平的理解

《中共新疆维吾尔自治区委员会关于全面推进依法治疆建设法治新疆的意见》①（以下简称《意见》）中第四部分“紧紧围绕法治社会建设推进依法治疆，着力提高社会治理法治化水平”的两点：

一、关于推进多层次多领域依法治理

1. “推进多层次多领域依法治理”的说法在《意见》中被提出，有何重要的意义？

答：依法治疆，也可以称为“法治新疆”，是一个系统工程，牵涉到方方面面的领域、各种各样的主体。上到自治区立法、司法、行政等国家机关，小到最基层的农村大队、小队、城市的社区，从自治区领导人到广大的各族干部群众，都是依法治疆的主体。法治新疆涵括了政治、经济、文化、教育、社会等各个领域。要想彻底实现新疆社会稳定和长治久安的总目标，必须全方位地贯彻依法治疆方略，多层次多领域依法治理，坚持系统治理、综合治理、源头治理，大力推进依法治理，将法治建设融入各项创建活动之中，丰富内涵和形式，提高各地各部门法治化管理水平，切实做到法治教育、法治宣传、法治建设、法治实施、法治监督等全方位、无缝隙覆盖和深化。所以说“推进多层次多领域依法治理”

① 见《中共新疆维吾尔自治区委员会关于全面推进依法治疆建设法治新疆的意见》附录部分。

的说法在《意见》中被提出具有重要的实践价值和意义。

2. 在“推进多层次多领域依法治理”方面，目前新疆做了哪些工作？国内外是否有成功的经验可以借鉴？

答：在“推进多层次多领域依法治理”方面，新疆已经做了很多工作，具备了一定的基础。例如，各级法院、检察院、政府部门都已经建立了特约检察员、监督员制度，在加强内部监督的同时加强外部监督；对于矛盾纠纷的处理，已经建立了基层调解、和解、仲裁、诉讼、申诉、信访等一列的相互衔接的解决机制；各类学校在传授文化知识的同时，增加了法治课与法治实践课的内容；在打击恐怖主义犯罪方面，已经建立了军警民联合作战的模式，初步形成了打击暴恐活动的人民战争的氛围等。但是上述工作还没有取得很好的社会效果，需要借鉴内地和国外的好的经验和做法，譬如说美国、德国、俄罗斯等惩治恐怖主义犯罪的立法和司法经验等。

3. 立足新疆实际，您认为我们在“推进多层次多领域依法治理”方面应该有哪些做法？最终应该实现什么样的效果？

答：结合新疆社会稳定和长治久安的总目标，“推进多层次多领域依法治理”的重点包括：（1）加强民族区域自治立法，制定切实可行的民族地区宗教事务管理法律法规，（2）制定符合区情的人口政策、土地政策、经济发展策略；（3）加强对于城市以及农村流动人口的管理；（4）加强虚拟空间的政治，将网络安全放在重要的位置；（5）加强基层特别是农村基层干部队伍的能力建设；（6）纯洁干部队伍的思想和行为，不拘一格使用人才；（7）建立大学毕业生服务基层的长效工作机制，等等。“推进多层次多领域依法治理”的目标是发挥市民公约、乡规民约、行业规章、团体章程等社会规范在维护民族团结、推进“去极端化”、打击暴力恐怖等社会治理中的积极作用，最终目标是使法治理念深入人心，使得新疆各个领域井然有序且生机勃勃，从而实现自治区党委八届八次会议确定的宏伟蓝图。

二、关于建设功能齐全的法律服务体系

1. 原文中对“建设功能齐全的法律服务体系”已经作了简单的梳理，请李教授从您的理解角度对原文中的罗列再作一些细化。同样出现在《意见》中，它的重要意义是什么？

答：广义的法律服务业，包括了国家司法机关提供的职能服务以及民间的法律服务，狭义的法律服务业仅指民间法律服务，它涵涉律师、公证、法律咨询、司法鉴定、法律顾问、法律见证、法律援助等内容。目前，我国的法律援助包括民事法律援助和刑事法律援助，公民对下列需要代理的事项，因经济困难没有委托代理人的，可以向法律援助机构申请法律援助：依法请求国家赔偿的；请求给予社会保险待遇或者最低生活保障待遇的；请求发给抚恤金、救济金的；请求给付赡养费、抚养费、扶养费的；请求支付劳动报酬的；主张因见义勇为行为产生的民事权益的。犯罪嫌疑人、被告人因经济困难或者其他原因没有委托辩护人的，本人及其近亲属可以向法律援助机构提出申请；犯罪嫌疑人、被告人是盲、聋、哑人，或者是尚未完全丧失辨认或者控制自己行为能力的精神病人，没有委托辩护人的，人民法院、人民检察院和公安机关应当通知法律援助机构指派律师为其提供辩护；犯罪嫌疑人、被告人可能被判处无期徒刑、死刑，没有委托辩护人的，人民法院、人民检察院和公安机关应当通知法律援助机构指派律师为其提供辩护。

2. 目前我区在法律服务体系方面做了什么工作？在这方面是否有发达省市已经先期做出了成功的示范？

答：我区在法律服务体系方面已经做了不少工作，例如律师、公证、司法鉴定、法律援助、基层法律服务等公共法律服务体系已经初步形成。各大城市还加强了社区调解等工作。发达省份已经将法律服务工作扩展到基层特别是广大的农村地区，我区这方面的工作在城市做得比较好，在农村特别是南疆农村开展得很不好，或者说没有真正意义上的开展工作，因而社会效果很差。

3. 结合我区目前的实际，我们在建设功能齐全的法律服务体系方面还需要做哪些工作？将会给我区带来怎样的法治变化？

答：就是《意见》指出的，要统筹城乡、区域法律服务资源；推进覆盖城乡居民的律师、公证、司法鉴定、法律援助、基层法律服务等公共法律服务体系建设；司法行政机关及律师协会要积极引导律师定期为基层及边远县乡群众提供法律咨询、代理诉讼等法律服务，开展律师事务所与乡（镇、街道）、村（社区）对口联系，健全法律顾问制度，促进律师法律服务进机关、进单位、进企业、进农村、进调解委员会、进协会等各类组织；探索建立公证提前介入政府重大项目服务机制。完善法律援助制度，扩大援助范围，健全司法救助体系，实施司法鉴定管理体制改革。加强司法所建设，发挥司法所为基层政府提供法律服务、为基层群众提供法律咨询、调解纠纷、化解矛盾的作用。

（本文主要内容原载《新疆经济报》2014 年 11 月 30 日）

高等法学教育如何贯彻自治区党委八届八次会议精神

社会稳定和长治久安是新疆的核心问题，也是全中国的重要问题。党的十八届四中全会决定加快建设社会主义法治国家，自治区党委八届八次全会结合新疆实际，提出了全面推进依法治疆的指导思想、总目标以及具体的任务和措施等，对于切实加强新疆的社会稳定和长治久安具有重要意义。下面我结合自己的教学科研工作，谈谈贯彻自治区党委八届八次会议精神的看法。

第一，立场上必须明确“法治”是解决新疆社会稳定和长治久安问题的根本出路。“严打”半年多以来，收到了良好的社会效果，正气开始压倒邪气，老百姓敢说话了，基层干部特别是村干部的腰板硬了。但是社会风气还没有彻底好转，需要“严打”常态化。“法治”是严打常态化的根本保障：将“严打”中发现的严重危害社会的行为规定为犯罪，制定切实有效的、具有民族地区特色的宗教管理法律法规，加强社会治理现代化，等等，可以从“长期建疆”的高度保证新疆的社会稳定和长治久安。所以，自治区党委八届八次会议提出“全面推进依法治疆”具有重要的历史意义。

第二，法学教学中贯彻会议精神。高等学校肩负着为国家培养卓越法律人才的重任。新疆亟须大量的法律人才，特别是双语法律人才。在内地对新疆还存在这样那样的误解和担心的情况下，大力培养土生土长的法律人才尤为重要。基层政法干警长期奋战在一线，需要补充知识和能量，需要提升理论服务于实践的能力，这也要求高校担当起重任。基层干部干警需求量大，而现实情况是大学生特别是法科大学生就业难，其中一个重要的问题就是大学生不愿意到基层去工作。所以，我们高等法学教育必须结合自治区党委八届八次会议决议精神，不但要传授给学生扎实的法学知识，更要重视德育和国情教育，让“报效国家、服务社会、服务基层”成为大学生的理想和追求，这与党的十八届四中全会提出的“立德树人，德育为先导”要求并行不悖。此外，我们也应该建立相应的法律、制度、机制，使大学生服务新疆特别是南疆基层工作成为常态，解决新疆人才奇缺的迫切问题。

第三，高等法学科研中贯彻会议精神。如何着力构建符合新疆实际的地方性法规体系、高效的法治实施体系、严密的法治监督体系、有力的法治保障体系，形成完善的党内法规体系，坚持依法治疆、依法执政、依法行政共同推进，如何让坚持法治新疆、法治政府、法治社会一体建设，如何实现科学立法、严格执法、公正司法、全民守法，如何促进新疆治理体系和治理能力现代化以建设法治新疆，实现新疆的社会稳定和长治久安，不仅有大量的实践问题，更需要法学、经济学、社会学理论的支持。高校等科研机构有义务、有责任、也有能力开展依法治疆领域重大社会、法学问题的研究。新疆财经大学法学院已经立项国家社科基金课题“新疆兵地多元文化与犯罪预防关系研究”、“中亚宗教与犯罪预防研究”，并与新疆大学教师共同申请立项了国家社科基金课题“习近平总书记反恐战略研究”，等等。我们将认真学习自治区党委八届八次会议决议，进一步申请相关课题，撰写高质量的科研论文，出版高质量的学术专著，为自治区和国家提交有价值的研究报告，为新疆的法治建设服务。

第四，产学研联合培养卓越法律人才中贯彻会议精神。党的十八届四中全会提出要健全政法部门和法学院校、法院研究机构双向交流机制，实施高校和法治工作部门人员互聘计划，重点打造一支政治立场坚定、理论功底深厚、熟悉中国国情的高水平法学家和专家队伍，建设高素质学术带头人、骨干教师、专兼职教师队伍。产学研基地应该发挥作用，为新疆的卓越法律人才建设作出贡献。

第五，法学服务社会中贯彻会议精神。法学教学和研究服务于社会。大力进行法治宣传，积极参与“反暴力、讲法治、讲秩序”工作，强化法律面前人人平等的理念，使社会主义法治观念和理想深入人心。“三股势力”利用网络等手段向高校渗透，我们必须在高校工作中认真贯彻国家的法律、法规，突出依法打击“三股势力”，加强高校“去极端化”工作，加强高校互联网管控，杜绝暴恐音视频在高校的传播。

总之，自治区党委八届八次会议决议把依法治疆作为治疆基本方略，走符合新疆区情特点的法治建设道路，对新疆的社会稳定和长治久安具有重要的意义，它涵括了宪法法治、刑事法治、行政法治、民事法治以及社会法治等丰富的内涵，我们高等法学教育部门一定要加强学习，并加以切实贯彻，竭尽全力为新疆的社会稳定和长治久安贡献自己的力量。

（本文系作者在2014年11月28日在政法系统学习贯彻自治区党委八届八次会议精神座谈会上的发言）

后　　记

本人于2009年7月取得北京大学法学院法学博士学位后，就职于新疆财经大学法学院。其间发表论文二十四篇，主持或完成省部级以上课题三项，报送中央要报三个，专著四部，译著（合译）一部，参加全国性学术会议四次。期间为本科生共千余人开设并讲授刑法学、犯罪学、知识产权法课程，为经济法学硕士生、工商管理硕士生共五百余人开设并讲授经济刑法学、企业法律环境课程，取得了满意的教学成果。在认真完成教学工作的同时，到新疆人民广播电台、新疆电视台制作节目，到乌鲁木齐市法律援助中心、乌鲁木齐市图书馆、新疆建设兵团检察院等做报告多次。工作忙忙碌碌，但也得到了社会的肯定，生活充实，成就感满满。本书系作者在新疆工作期间发表的论文与法学实践的总结。值得一提的是，到电视台、广播电台做节目、到社会上作报告，是一种法学研究服务社会的活动，但本人认为它更是一种学术创作活动，可以启发自己进行另外一种形式的思考，其成果也是值得肯定的。本书是作者高校科研工作的第二次总结，自己感觉没有辜负母校北京大学的培养，但是深感做得还远远不够，期待以后有更好的表现。

李瑞生

2015年9月9日

于新疆乌鲁木齐市寓所